兒童發展
心理社會理論與實務

DEVELOPMENT THROUGH LIFE
A PSYCHOSOCIAL APPROACH

Philip and Barbara Newman／原著

郭靜晃　吳幸玲／譯

DEVELOPMENT THROUGH LIFE
A PSYCHOSOCIAL APPROACH

Philip and Barbara Newman

ISBN 957−9091−15−3

Printed in Taiwan, Republic of China

作者序

　　從這本教科書的第一版至第五版，我們已由青年發展至中年。當我們首次出版《畢生的發展》(*Development Through Life*)時，我們試圖由Erikson的工作的隱含，推展至荒裸浮現的人類發展領域，以建立起概念的橋樑。自那時以來，Erikson的工作仍不斷發展，這一領域也已成熟，而我們對我們自身：作爲丈夫和妻子，作爲父母，作爲學者，作爲教師，以及作爲公民，也有了新的認識。我們非常高興地歡迎你加入這一迷人的旅程。

觀點

　　《畢生的發展》(*Development Through Life*)是對關於由懷孕至老年之人類發展的研究的概括介紹。這本教科書涉及了所有十一個階段中的身體、智能、社會及情緒發展。它強調：發展是每一個階段中這些方面的相互依賴的產物。那些促進整個一生中的最佳發展的種種條件，得到了特別的注意。

　　心理社會學理論爲本教材提供了一個概念架構，因爲我們注重個體能力與文化要求和資源之間不斷的交互作用。發展被視爲遺傳、成熟、社會，以及自我指導的因素的產物。首先，雖然這一主題常使人束手無策，心理社會學架構幫助我們確認出畢生發展中的富有意義的方面。其次，這一架構幫助我們評價早期生活階段的經驗對後期發展的影響，以及關於後期發展的期望對早期階段的過程的作用。它有助於讀者理解他們自己的過去、現在和未來的期望，而這些期望能與較他們年長者或年幼者的生活來做一個有系統地連接。其三，這一架構使我們能對整個生命過程作出希望的展望：連續發展的可能性使青少年期及成年早、中期的諸多奮鬥均奏其效。

組織

本教科書的基本重點和組織在本版中仍繼續保存。然而，我們補充了許多新材料，並增加了不少新章節。第一章確定了本書的意向和假定，介紹了使一種系統的發展研究成為可能的科學過程。第二章呈現出對心理社會學理論之基本概念的詳細討論，包括對其優點和缺點的分析。簡言之，這一理論認為，人類發展可被概括為自懷孕至老年的一個階段序列。在每一個階段，皆有一系列重要任務要求有新的形式的學習；每一個階段中，都有一個重大發展衝突或心理社會危機，它可被緩慢或突然地解決，但一定得獲得解決。這一衝突源自當我們進入一個特定階段的能力與環境——家庭、學校或社會——的要求之間的矛盾。發展是在一個不斷變化的社會情境中發生的。每一階段成功地解決衝突和完成任務，使我們能面對和因應下一個生活階段中由文化和現時社會中的成員所提出的新要求。在每一個新的階段，我們重新確定我們自己及與他人的關係。連續性與變化，無論是對內部壓力和環境要求的反應，還是作為我們自己的選擇與承諾的結果，都是發展的產物。

第三章以其他理論角度，包括在這一版中首次提出的系統理論，概述了有關變化和發展的重要觀念。這些概念為以後討論身體、認知、社會和情緒發展提供了知識結構。它們幫助讀者分析對發展的成熟的、社會的和個人的力量之間的衝突。在所提供的多種理論觀點中，我們也提供了關於個體行為與變化模式的多向度的訊息源。

在第四章裏，針對與孕婦及其社會環境相關的胚胎發育加以研究。最近對行為遺傳學的研究潮流使我們對這方面的資料作了詳細介紹。我們認為，學人類發展的學生必須對與生命相關的基本遺傳學過程有較高層次的理解。

第五章至第十四章涵蓋了人生中的其餘各個階段：嬰兒期、嬰幼兒期、幼兒期、學齡兒童期、青少年前期、青少年後期、成年早期、成年中期、成年晚期，老年期。每一章都追溯了正常成長和發展的基本模式。我們考察了個體如何組織和解釋自己的經驗、關注自己的行為及所面對的環境的要求上的變化。每一章開始都考察所討論的階段中的四或五個關鍵的發展任務。這些任務反應了發展的各個方面，包括生體生長和感覺運動能

力，認知成熟，社會關係，及自我理解。我們相當詳細地考察了每一階段的心理社會危機。我們說明了一個危機的成功的解決如何有助於我們發展一種重要的適應的自我性質，以及不成功的解決如何引起一種核心病症。雖然絕大多數的人都不斷地成長著，儘管很痛苦而艱難，但還是有些人失敗。患有核心病症的人走向退縮，拘謹的生活；就其大部分人來說，他們是心理上不健康的，且常常也在身體方面不健康。

我們在每一個特定生活階段會應用研究與理論於一個具有社會重要性的主題，來總結每一章。這些討論似乎會引人爭議，由收集新觀念和訊息到應用這些觀念於棘手的社會問題，來提供一個更為積極的、實踐的創造性轉換。在第二章**表 2-7**，即提供這些基本任務、危機及應用主題的概論。

第五版

這一版中的變化並不影響本書的基本結構。許多新加入的小節對問題帶來了進一步澄清或新的思考方式。我們還增加了有關其他文化的資料，並在不同的幾個地方介紹了種族認同問題，以此強調在我們的社會中存在著許多次文化。這些新增內容透過提出有關哪些發展的方面是普遍性的、哪些則是由社會所塑造的問題，增強了本書的效果；它們還增加了我們對人類多樣性的重要性的評價。

在這一版中，我們強調遺傳與環境的交互作用這一主題。這在胎兒發育一章中最為明顯，但它與我們對我們此後生活中的氣質、技能發展、思春期、親職教育，及最佳地發揮機能的討論，也密切相關。

在好幾個地方我們總結了以我們的研究中發現了的有益的可靠的建議，包括Erik Erikson對衰老的看法以及Chester Pierce博士以一美國黑人身份，對整個達成統整過程的評述。

我們在這一版的工作中要求對基本概念的大量回顧和重新思考；由此對翻新教材帶來了新的活力。我們極為高興的是，越來越多的良好研究設計、進展成功的研究在各個不同心理社會發展的層面展開。這使我們的工作更增加了智能上的困難和鼓舞。

誌謝

我們在此對那些將其觀點與我們分享的許多學生、同事和朋友表示感

謝。我們的孩子山姆、亞伯、雷切爾，對本書的內容、出版及風格作了創建性的評價。像這樣一個計畫能得益於如此多的觀點，不能不說也是我們家庭發展中的一件快事。兩位特殊的朋友，Judy Woodall和Helen O' Leary幫助我們整理了手稿。這第五版是在我們的總編Vick Knight的指導下完成的。最後，我們感謝下列閱讀這本書的人之富有思想的、創建性評價和建議：Sheldon Brown，North Shore，明尼蘇達大學杜魯斯分校的Agit Das，德克薩斯大學奧斯汀分校的George Holden，克里夫蘭州立大學的Boaz Kahana，西密西根大學的Raymond Lish，加里福尼亞州立大學福勒爾頓分校的Robert McLaren，新墨西哥大學的Ann Nihlen，威斯康辛大學米爾瓦奇分校的Suzanne Pasch，威斯康辛大學的Virginia Paulsen，康乃狄克特大學的Ronald Sabatelli，和友誼大學的Anne Stan-berry。

Barbara M. Newman

Philip R. Newnan

譯者序

　　發展心理學於一八八二年成爲一門以科學方法求證理論的有系統學科，至今已有一百多年的歷史。其研究的主題是個體行爲發展的過程，尤其是個體隨著年齡改變而產生的變化。而發展心理學家主要即是探討發展變化的因素、過程及發展的時間表。

　　"*Development Through Life：A Psychosocial Approach*"作者紐曼夫婦(Dr. Philip and Barbara Newman)於1975年首次出版此書至今已經過五次修訂，其間並被翻譯成多國語言印行。本書共分爲十四個章節，以Erik Erikson的心理社會理論爲一整合性架構，探討個體由受孕至死亡期間有關生理、智力、社會及情緒各領域的發展，並強調人類實爲個體基因、社會及文化等因素的產物。

　　本書共有四大特色：(1)作者延伸艾氏八大危機理論將人生發展週期分爲「懷孕及胎兒期」、「嬰兒期」、「嬰幼兒期」、「幼兒期」、「學齡兒童期」、「青少年前期」、「青少年後期」、「成年早期」、「成年中期」、「成年晚期」與「老年期」等十一期，分別探討個體在各發展階段期間，融合身體、自我及社會系統因素所衍生的發展任務與危機。作者除了列舉遺傳與環境因素對母體及胎兒的影響外，並將艾氏所定義之青少年期分爲青少年前期(約十二歲至十八歲)及青少年後期(十八歲至二十二歲)，以詳細闡述青少年期的獨特發展。此外，由於二十世紀後期醫藥科技的發達，人的壽命有延長的趨勢，作者特別將艾氏所定義之老年期細分爲成年晚期(六十至七十五歲)及老年期(七十五歲之後)，以進行更深入的探討。(2)針對發展心理學的研究過程與方法作概述性的說明，並以專章評估心理社會理論。此外更引述研究人類發展的相關理論，如演化論、文化差異論、性心理論、認知論、學習論、社會角色論以及系統論等，以分析人類成長與變化的相關論點。

(3)藉由畢卡索抽象畫描述畢氏一生發展，且與畢氏發展過程中所處的文化、社會背景相互對照呼應，此一獨特觀點更突顯作者對人類發展連續性的看法與重視。(4)作者在每章節中附加「專欄」，特別指出不同發展階段中的重要問題，以提醒讀者正視此類現象，並預作調適。

綜觀本書的特色，實兼具學術性與實用性，讀者可由書中各發展階段的深入探討中，一覽整個人類發展的連續性與獨特性，不僅可對個人發展現況多一份瞭解與體認，更可藉此回顧過去，以驗證個人早期發展並前瞻未來的發展方向，進而對自己一生的發展作整體性的規劃。

本書是我們在美國俄亥俄州立大學修習「人類發展」課程時所指定的教科書，也是我們撰寫論文時極為重要的參考用書。除具資料詳盡、兼融最新發現、主題切合實際之特點外，更因其就理論、實務及研究三方面驗證人類發展，將能對研習人類發展相關課程的學生提供實質的參考價值。由於發展心理學偏重個體行為發展的探討，且本書以社會因素的認知來闡述個體之發展，因此建議學子們先熟悉有關社會學及普通心理學的書籍，相信在閱讀此書時必能得心應手，並對此學科有更精確的瞭解。

在翻譯的過程中，基於對這本書的特殊情感，使我們在反覆研讀後，對於人類發展有更新、更深一層的體驗及詮釋。此外，本書作者是我們修習學位過程中最衷心感謝的老師，不僅因為對我們亦師亦友的引領與指導，他們在家庭中所營造的和諧關係及對孩子的教育方法與態度，皆足以作為我們的典範。

雖然本書以用畢生觀來闡述人生的發展為特色，然而為顧及教學上的需要，特將書中第一至八章結集成為《兒童發展》一書，希望讀者能在此領域做更詳實的探索。

由於作者的推薦、美國Thomson International Publishing授予海外中文翻譯權、揚智文化公司葉忠賢先生的支持與鼓勵，本書得以順利出版，在此特申謝意。期望這本好書的出版，能對修習此科目的學子們有所助益。為了便於讀者查閱，本書在每一章的結尾都附上原著的參考文獻。唯譯者才疏學淺，恐有疏誤之處，尚祈諸學者先進不吝指正。

郭靜晃
吳幸玲　謹識
一九九三、二月　於台北

目　錄

兒童發展

我們對畢生歷程的分析的基本宗旨，是心理社會學理論。我們的目標是解釋發展
中的人和社會文化環境的動態的相互作用。

第 *1* 章

畢生發展觀

在這本書裏，我們將帶給你最準確的訊息和最新、最發人深省的關於人類發展的思想，藉此，你可以不斷地繪製自己的發展進程，宛如你在人生中旅行般。人類發展常令人迷惑，相對亦是較少有人問津的領域。如果我們要去理解它，我們就必須弄清楚在發展的各個階段上，人們是怎樣將他們的觀念與經歷統一起來，以期讓他的生命具有意義。這個過程就像每個人的生活故事，各有各的特色。然而，其組織與理解其中的脈絡，使我們能相互瞭解，相互關心，並促進彼此間的幸福感。

全書的論點

我們對畢生發展觀包括四個論點，它們即是這本書的組織結構和中心議題，是相當重要的。它們不僅是我們的心理社會導向，亦促使我們對行為發生的社會和歷史情景的意義產生認識。

(1)從受孕到老年，生命的每一時期都在成長。
(2)在發展的全部時間裏，個體的生活表現出連續性和變化性。對導致連續性與變化性過程的認識，是理解人類發展的關鍵。
(3)我們需要理解整個人，因為我們日常是以整體的方式生存的。為了達到這種理解，我們需要研究人的重要的內部發展，包括身體的、社會的、情緒的和認知能力的發展，以及它們相互的關係。我們還需要研究人的活動(可觀察到各式各樣的行為)。
(4)人的任何一種行為必須在相對的環境和人際關係的網絡中予以分析。人類有很強的適應環境能力。一個特定行為的模式或改變的含意，必須根據它所發生的物理及社會環境加以解釋。

心理社會學派

Erik Erikson(1963, p.37)指出，正如人所經驗到的，人類的生命是由於三個重要系統的相互作用和修訂而產生的：身體系統、自我系統和社會

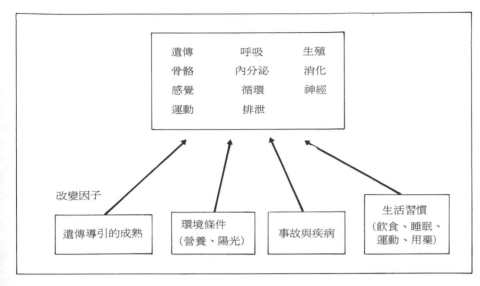

圖1-1　身體系統的元素

系統。

　　身體系統(somatic system)包括所有的為生物組織體正常活動所必須的過程(見**圖 1-1**)。我們的感覺能力、運動反應及呼吸系統、內分泌系統和循環系統，都是身體過程。身體過程是作為一系列因素的結果而發展變化的，其中包括由遺傳所導引的成熟和種種環境因素，諸如：營養、陽光、意外事故、疾病，以及與使用藥物、日常運動、飲食、睡眠等有關的生活習慣。

　　自我系統(ego system)包括那些對思想和推理很重要的過程(見**圖 1-2**)。我們的記憶和知覺，解決問題的、語言的和使用符號(表徵)的能力，以及我們的理想，都是自我過程。就像身體過程一樣，自我過程的發展和改變也貫穿人的一生。改變部分是由遺傳訊息所導引的，例如，智力機能的成熟是受到遺傳規則所支配的，許多遺傳造成的疾病導致智力缺陷和學習能力的減退。改變也來自於在各種各樣的教育環境中經驗和見識的積累。正規教育當然是這些經驗的重要成份，但眾多的其他生活經歷毫無疑問也增強了自我過程。體育運動、野營、旅遊、閱讀和與他人交談都可以豐富人的思想和推理能力。最後，改變也可能源於自我指導，例如，一個人可以決定去追求一種新的情趣、學習一門外語，或者採用一種新的思想

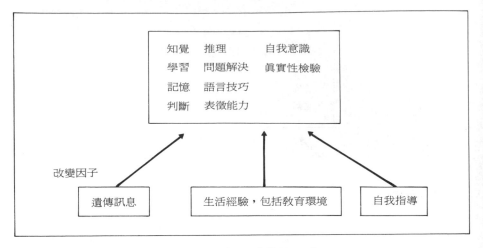

圖 1-2　自我系統的元素

方式。透過自我觀察或者心理治療，個人開始能以新的眼光看待自己和他人。

　　社會系統(societal system)涉及一個人能否與社會相整合的過程(見**圖 1-3**)。社會過程包括社會角色、禮儀、文化傳說、社會期望、領導類型、溝通模式、家庭結構、民族次文化影響、政治和宗教意識、富足或貧窮的經濟模式以及戰爭或和平。許多社會系統的影響來自人際關係，往往是與親近的人或重要的人的關係。

　　社會過程在人的一生中也是能夠改變的。發生這種改變的最突出的情境之一是當一個人從一種文化環境轉入另一種文化環境。在這種情況下，許多關於他個人的最初設想和社會聯繫都被改變了。

　　歷史事件——戰爭或和平環境，成為勝利者或被征服者，富足或貧窮——影響著一個特定文化中的人們看待他們自己的方式。例如，第二次世界大戰時的環境——強迫服兵役，可利用資源的減少和所造成的糧食配給制，越來越多婦女捲入勞動市場，歐洲城市被轟炸，人類前所未有的殘暴逐一顯形，第一顆原子彈在日本上空爆炸——即使人們並未親自捲入戰爭，歷史事件也會造成對生活在那個時期的人們在價值觀、意識形態上的持久影響。

　　即使在並不特殊的情況下，社會對個體的影響也會改變生命過程。每當進入一個新的社會角色，隨之而來的是新的要求和行為。大多數社會對

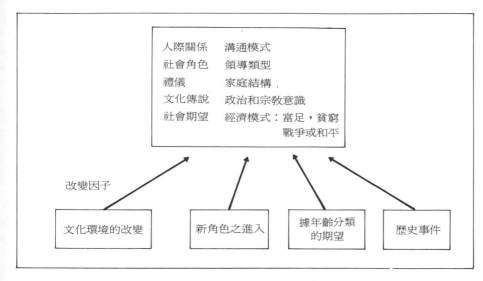

圖 1-3　社會系統的部分元素

其成員在不同生活階段的能力與參與，有著不斷變化的期望。這些期望可能與身體及自我過程的成熟相互協調或相互矛盾。

　　心理社會學派(psychosocial approach)著重內部體驗，它們是身體、自我和社會過程之間相互作用的產物。當我們考慮身體過程時，重點放在身體的特性及對我們的自我和個人感覺影響上的改變。著重自我歷程時，我們對訊息和關係的內部表徵加以透視，藉用這種方式，我們對經驗加以分類和解釋。當我們的注意集中在社會過程上時，我們考察在我們這一群體而不是其他群體中的成員如何影響我們的思想、感情及行為的方式。**圖 1-4** 描繪了三個系統——身體、自我和社會——中的任何一個系統的變化，如何普遍地造成其他兩個系統的變化。

　　在分析羅絲所面對的問題時，我們可以看到這三個系統是怎樣相互作用的。羅絲是一個六十歲的婦女，在感恩節將近時，她一直受到頭暈和氣喘的嚴重干擾。羅絲平常是積極活躍和精力旺盛的。通常她盼望能招待她的全家，包括三個結婚的女兒、一個已婚的兒子和她的孫子們。然而，她的兒子和他的前妻感情一直不和並且已離婚。羅絲要與她的兒媳或孫女交往的任何嘗試，都招致她兒子怨氣大發。羅絲知道她不能再邀請她從前的兒媳和孫女與兒子一同在家裏團聚。

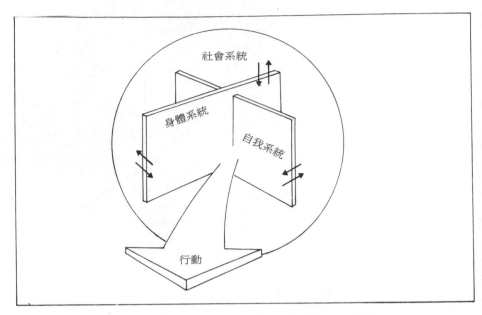

社會系統

身體系統

自我系統

行動

圖1-4 身體、自我和社會系統的相互關係

羅絲的女兒建議在她們之中的一家裏進行感恩節晚宴,以避免矛盾進一步加深。她們希望這種解決辦法可以減輕她們媽媽的壓力,減輕疾病的侵擾。羅絲同意了,但是她的不適仍未減輕。

所有這三個系統都與這情境有關。在身體系統中,衝突被表現出來──經由頭昏和氣喘的症狀,這是非常重要的。一個環境的種種要求會招致身體系統的反應,正如人們在壓力狀態下所發生的那樣。雖然必須在自我系統中尋找這一問題的解決,但身體系統常常通過身體症狀的發展來警告人們這問題的嚴重性。

羅絲的自我系統涉及她對兒子行為的解釋,在她看來那是強迫她在兒子與兒媳和孫女之間進行選擇。她也可以用自我過程試圖解決這個衝突。在這裏我們感覺到,羅絲沒有任何令人滿意的解決問題的答案。雖然在大多數時間裏她可以避免這個衝突,但是日益接近的感恩節晚宴正迫使她直接面對衝突。

自我系統還涉及羅絲的自我概念和她看待她在家庭中的角色的方式。在羅絲的記憶裏保留著她對於家庭早期的感覺,那時她與他們享有特別親密的關係。在必須面對這麼一個感恩節晚宴時,或許因羅絲她會對她兒子

感到生氣，或者因兒媳和孫女被排除在外而感到內疚，這使她陷於重大矛盾之中。感恩節晚宴也是一個象徵性事件，反映了羅絲對家庭團聚的慾望，然而她却沒實現它。

關於社會系統，可以從幾個層面來考慮這一情境。第一，這裏有著對母親角色的社會期望：母親意味著關懷、愛撫和保護。可是羅絲除了對她的兒子或她的兒媳和孫女發出拒絕的通知外，她履行不了關懷角色的職責。

第二，對於離婚後各種家庭成員如何聯繫，我們的社會還沒有明確的規範。應該以怎樣的方式對待離了婚的配偶、父母中非監護人一方和孩子，以及其他親戚(特別是祖父母)呢？要如何對待曾經是他們的家庭中的一員呢？羅絲感到困擾，不知所措。

第三，慶祝感恩節具有社會、宗教和文化意義。從還是個孩子時起，羅絲家裏一直舉行著這種家庭禮儀，當她成年後就將這個禮儀延續到她自己家裏。然而現在，她是在她準備轉移責任之前，被迫提前把有關這個節慶的責任轉給她的女兒。如果她不得不放棄她在這個文化禮儀中的角色，她不免有一種失落感。她也將失去她盡力維護的家庭和睦。

為了把握住社會過程中的文化成份的重要性，可設想一個日本人不能慶祝感恩節時會有何反應。感恩節不是日本人的節日，它在日本文化中沒有特殊感情上和歷史上的意義。然而對於羅絲，感恩節的重要性是與她的文化身份聯繫在一起的。

第四，特殊的人際互動也深具影響。羅絲和她的兒子有過衝突的歷史，這一歷史繼而妨礙了她與其他家人的關係。

這個例子表明了社會系統中的衝突如何引起身體系統中的症候。通常，人們可望利用自我系統找出解決衝突的辦法。或許因為羅絲以往的社會化、她的年齡和她的個性，她似乎是在身體上反映出這一衝突，却不能用自我過程去解決它。心理社會學派強調個體和社會環境間不斷的相互作用。在生活的每一個時期，人們花費很多時間去掌握對適應所生存的社會所必須的相對很小一部分的心理任務。每一階段有一個正常的危機，可以被看作人的能力和新的社會要求之間的一種壓力。每一次危機的解決提供一種新的和基本的社會能力，它影響著人們轉入下一階段的總體方向。

在人的一生中，一些關係引起人的注意，其中有些關係會比其他關係

來得重要；它們的品質和多樣性爲研究一個人的心理社會發展提供了根據。隨著個體在生活的各階段上邁進，他們發展起日益增長的、促成新的關係並革新思想與行爲的能力，以便指導自己的生活進程。

人類總是要試圖理解自身經驗並使其具意義性。他們所獲取的意義取決於他們對自己和對自己與他人關係的信賴程度。這種意義，作爲他們的身體系統、自我系統以及對社會系統日益參與的依據，進而改變了他們的生活。

試以愛的概念爲例。在嬰兒時期，愛完全是生理性的。愛完全取決於照顧者的出現以及是否舒適與具安全感。在青少年期，愛變成爲忠誠、情緒、交流，以及性。成年期，愛的概念可擴展至伴侶關係及親密開放的溝通。愛與被愛擴及一生皆是很重要的，但呈現愛的關係之自我及愛的象徵是會隨年齡增長而展現不同的風貌。

我們人類努力地藉由與一些人、團體的接觸，或藉此與別人分辨出不同之自我，來嘗試定義自我。在當中，我們找到自我之分類、品味，並澄清誰是我們喜愛、讚賞及彼此相互依賴的人。同樣的，我們也分清誰不是我們所喜愛、讚賞或接觸的對象。這些分類使我們趨向某些人或遠離某些人，或決定我們的人生目標而遠離其他的目標。這是我們人生中相當重要的部分：記住自我分類的性質，並且也要瞭解這些分類可能會改變。

科學的方法

科學的方法(scientific process)使我們能創立一個知識體系。事實上它是一種發展蘊含訊息的方法，這方法會有保證訊息正確的程序。這個過程分爲幾個不同的步驟。

科學的思想通常始於個人有計劃地對於一個複雜的思想或觀察，進行有系統地推理。觀察者試圖弄清楚該怎樣解釋所觀察的現象，思考什麼原因導致這種結果，哪一事件是其他事件發生的原因。其結果是，人們發展起一套相互聯繫的觀念以說明所觀察的事實。這些觀念往往涉及如：**假定**（assumption）、**假設**(hypothese)和**預測**（prediction）等，最後形成理論。但理論並沒有就此終結——它是不斷發展的。

科學研究進程的第二步驟是檢驗理論。檢驗是通過實驗和觀察進行的。如果一個理論是可靠的，它將包含對於原因和結果的有效預見。在闡明理論之後，必須弄清如何檢驗它的預見是否正確或是否可以觀察到假設的關係。

　　一個理論的概念必須透過**操作化**(operationalize)的過程來檢驗。換句話說，必須把一個抽象的概念轉換成為可以觀察和測量的內容。例如：如果決定測量人際吸引力，就要設想出種種人們之間表示相互吸引的方式。例如，我們應能觀察到彼此吸引的人們，往往目光相向而不是相背。目光接觸的次數是說明人際吸引這一概念的一種方法，這樣它就可以被觀察和測量了。因此目光接觸就成為人際吸引的一種**操作型定義**(operational definition)。

　　往往一個理論的建立者和檢驗者並不是同一個人。原因之一是理論家在論證其理論為正確時，可能帶有個人的侷限。科學研究的過程通常包括更多人的思想。有時，人們各持不同的觀點進行爭論，都力圖駁倒那些他們證實為錯誤的觀點。而有些時候，兩個或更多的人同時在理論的創建、檢驗、評估的不同階段上進行他們的工作。

　　採用這種工作方式，學者們構成一個團體，有助於確保不是簡單地站在理論家的個人偏見的基礎上來確認一個理論，例如：Erik Erikson並不是唯一檢驗他的心理社會學理論的人。研究者如James Marcia, Ruthellen Josselson, Alan Waterman 和Jacob Orlofsky繼續研究Erikson的關於認同發展的假設。他們也提出了多種策略，以使Erikson的概念更具操作化，尤其是個人認同VS.認同混淆的心理社會危機這一概念。他們的工作闡明了Erikson的概念，而且支持許多他的關於個體認同與後來發展間之關係的觀點。

　　科學研究過程的最後階段涉及到實驗和理論的評估。統計學的技術幫助我們判斷一系列觀察的結果是否為偶然發生的。如果我們觀察的結果是由於偶然因素，我們就沒有理由認為任何系統原因在運作，這種結果就不能證實理論。我們可以決定做進一步的檢驗或者修正。如果觀察結果偶然產生的可能性很低，我們就可以認為由於某些非偶然性的因素在運作，從而導致我們所觀察到的結果。如果理論預見的結果確定發生，我們大致可以認為我們的觀察支持了理論的解釋。雖然如此，我們仍可能有疑問，但

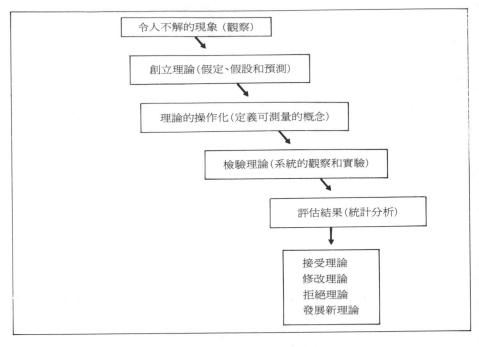

圖 1-5　科學研究的過程

可以透過進一步的實驗繼續檢驗這一理論。

　　簡言之，科學研究的過程包括創造理論，透過實驗檢驗它、修改它、拒絕或接受它。在理論被科學過程證實爲正確的範圍時，它幫助我們說明許多觀察材料的眞實性(見**圖 1-5**)。

　　以上提出了一個適於探索人類發展的研究過程之基本原理的概觀。重溫這些原理之後，你可以開始著手這一難題：試圖獲得關於生活歷程之連續性與變化模式的系統的知識體系。同時你將遇到一些概念，它們有助於改善你在解決後續章節及其他地方中所討論研究的重要分析性問題的能力。

科學觀察

　　科學觀察與個人觀察有些不同。人類發展的科學觀察，正如在社會科學的其他領域，有三個基本的特性：它必須是客觀的、可重複的和系統的。這些特性可以是也可以不是你用於檢驗你自己個人理論之觀察方法的特

點。

客觀性(objectivity)的含義是，觀察的結果準確地反映了發生的事件。它們不受觀察者預期或渴望看到的內容的不當影響。假定你想得到一個關於你的外貌是否具有吸引力的客觀評價。你不能僅僅去找你的朋友或親戚，讓他們告訴你他們是否認為你有吸引力。因為他們瞭解你，或許不想傷害你，他們會歪曲他們的回答。

一種較為客觀的方法是，將你的照片與其他隨機抽選出來的一百個人的照片混在一起。然後請其他學生把這些照片給十個不認識你的人看，請他們每個人按吸引力的大小給這些照片排序。你可能喜歡或者不喜歡最後的結果，但至少你的方法是客觀的！它揭示出其他人對你是否具吸引力的評價，且不因對你的任何感情而歪曲結果。

可重複性(repeatability)意味著其他人可以重做該研究工作，並能像最初的研究者一樣，觀察到同樣的現象。為滿足這個要求，研究者必須仔細地確定用於實驗研究的全部程序，描述受試者的全部本質的特徵(如年齡、性別和社會階層)，並描述進行觀察的環境或情景。

系統性(systematic)的含義是，研究是在全面的、有條理的方式下進行的。系統的觀察注重那些與變項具有基本關係相關的行為。科學研究不能在沒有聯繫的事物上東張西望。科學家們有一個關於基本問題的體系，對此他們努力地依邏輯層次給予有見地的回答。

理論和科學觀察在科學的過程中是緊密聯繫的。理論可在重要的研究領域中指導研究。理論產生種種可被系統觀察的方式所檢驗或評估的假設。研究可以支持理論和產生對理論提出質疑的觀察結果。正像我們前面說過的，研究的結果有時導致一個理論的修改，或形成一個新的理論。

研究設計

為數眾多的方法已經應用於人類發展的研究。調查研究的設計，就像汽車、橋樑和建築物的設計一樣。你將怎樣設計一個研究方案去解決你的問題呢？

在正規的科學工作中，一些受過高等專業訓練的專家小組聚集在一起，試圖找出可用於求得問題答案的絕對可靠的方法。科學家知道，從所進行的研究中獲得的訊息，受到他們收集數據的方式和參加他們研究之受

試者的特徵的極大影響。理論是誘發我們對基本概念和因果關係的注意的關鍵。同樣，研究設計是構造一個客觀的、易於解釋的證據的關鍵。

　　一項研究設計包括：所選擇的收集資料的方法，被選來參與研究的樣本，收集數據的次數，以及用於分析數據的統計技術。

選擇樣本

　　取樣(sampling)是為一項研究而選擇受試者的一種方法。參與某一研究的特定受試者及他們被選擇出來的方法，會對結果的性質有所影響。對人類發展的研究，正如其他社會科學領域中的研究一樣，對抽樣問題十分敏感。研究者選擇受試者的方式與研究問題的種類有關。如果這一研究是關於發展的某些普遍原則，其理想的作法是盡可能地包容廣泛的受試者。例如，研究兒童正常的語言發展，應該包括不同民族、不同種族、不同社會階層和文化團體的兒童。如果期望得到一個有普遍意義的兒童成長模式，它應能適用於各種家庭和社會背景中的兒童。

　　如果一個研究是要瞭解某些生活環境對發展的影響，那就要將經歷過這些環境的人與沒有經歷過這些環境的人進行比較。有時候很難決定哪些是最好或最恰當的比較組。如果要瞭解離婚對年輕成人的影響，什麼是很好的對照組？是有離婚經歷的年長成人？沒有離婚經歷的年輕成人？或喪偶的年輕成人？每一個對照組都可以解決一個稍有不同的問題。兒童和青少年至少存在於兩個典型環境中：家庭和學校。如果研究者研究學校環境中的兒童，他們可以獲得有關能影響兒童反應的學校環境的資料。同樣，如果研究者研究家庭環境中的兒童，他們會獲得有關能影響兒童反應的家庭環境的資料。但研究者不能假定在一種環境中(不管是學校、家庭、運動場、或實驗室)所觀察到的行為，也會在其他場合觀察到。

　　樣本及從中抽取出這一樣本的母群體，決定了從這些研究結果中能做什麼樣的普遍性推理。如果研究樣本僅僅選自中產階級和中上階層中的男性大學生，那麼，這一研究的結果能適用於女性、適用於非大學生、適用於較之年輕或年長的人、適用於較低或更高社會階層中的人嗎？對這類問題的回答並不明確。嚴格地說，我們的概括不能超出選擇樣本的母群體。然而我們卻經常進行概括。超出樣本母群體的泛化的正確性，在一定程度上取決於我們所調查的研究問題的類型。

某些研究問題不大需要注意樣本特性。例如：如果我們對大腦皮層中神經元的放電有興趣，可以假定任何沒有腦損傷的人類受試者都可以提供同樣的訊息。對於某些生理學問題來說，這樣做可能是正確的。然而，即使如此，受試者的年齡亦可能會影響放電的時間，所以樣本恐怕應包括不同年齡的受試者，這樣我們才比較有信心地將我們的結果去概括所有的人。

當研究的問題集中在態度、動機或信念時，絕對必須將受試者的背景列入考察範圍。我們不能簡單地假設所有受試者對研究的問題持有同樣的基本態度和價值觀，因為態度是由廣泛的社會化和社會歷史因素形成的。如果認為少數人種和民族的成員的態度與白人受試者的態度相同，這種設想是不明智的。

那麼，如何取樣呢？有四種經常使用的方法：

(1)**隨機取樣**(random sampling)：在母群體中每一個人有同樣的被選中的機會。研究者可以藉此確保機會均等：把每一個人的名字列在名單上，然後閉著眼睛選擇其中一些人為受試者，或者根據隨機數字表選擇名字。

(2)**分層取樣**(stratified sampling)：從母群體中的各個水平或類型(層次)的人中，經仔細考慮抽取出受試者。例如：樣本中高、中、低各收入組的比例，要按它們在總體中的比例來選取。然而，在每一水平上，受試者還是隨機抽取的。

(3)**配對組**(matched group)：研究者選擇兩個或更多組的受試者，他們在許多方面條件都相同。

(4)**自願者取樣**(volunteer sampling)：受試者從自願者中抽取。

隨機取樣和分層取樣被用以保證樣本是被抽取的母群體的代表。因此便有把握從樣本去推論母群體。例如：在樣本中男性和女性的比例，要和被抽取的母群體中的比例大致一樣。不論哪種方法，都可以保證在受試者的任何特徵上具有同樣的代表性，如種族、收入或教育背景。當目的是在於對同樣的受試組施以不同的處理時，常常要用到配對組。

給推論概括帶來最大限制的方法是自願者取樣。研究者根本不知道什麼類型的人會自願參加研究，因此他們不知道此結果可推論的範圍。信賴

在臨床研究中，資料既可來自於病例，也可直接來自於日常門診看病的病人。

自願者也會產生一些特殊的問題。例如：一個志願參加實驗、服從要求的人，可能特別順從，以致結果出現偏差。儘管如此，自願者樣本還是被經常採用。通常這是開始瞭解一個特定群體的態度和行爲的唯一方法。例如，正在進行某一病症治療的人被邀請自願參與關於這個問題的研究。沒有他們的自願合作，研究者就無法著手記錄下與這一問題有關的背景特徵、態度、應付策略或恢復進程。

你肯定會看到某些研究，它們被稱爲**臨床研究**（clinical study）。這個術語通常表示有些參與者或者整個的家庭接受某種類型的治療程序，或已排隊等待接受臨床治療。這一治療可能有關：(1)健康，例如：對體重過低的早產兒、氣喘病或糖尿病的青少年、年老阿爾次海默氏（Alzheimer's）病患者的研究。(2)心理健康，例如：對虐待兒童、自閉症、精神分裂症或自殺的研究。(3)殘疾，例如：盲、聾或喪失學習能力。(4)由於遺傳疾病、虐待或疏忽怠慢的家庭環境造成的發展遲緩。

對於理解這些臨床症狀的起因，這些症狀所遵循的演變方式，種種特定干預的效果，以及這些症狀對適應帶來的長期後果，上述研究尤其重要。同時，研究者必須小心，不要把來自臨床研究的結果推論到整個母群體。爲說明這些臨床症狀的原因或治療這些症狀而建立起來的理論，並不必然

適用於那些不尋求此種治療的人和家庭。對臨床病人的治療很有意義和有效的干預方法，對其他群體並不一定適合或恰當。

研究方法

研究發展的方法有很多種。每一種都有它的優點和缺點，且都能使研究者集中注意於某些行為而放棄另一些行為作為代價。所選擇的方法必須適合研究者所要研究的問題。這裏介紹五種常用的研究發展的方法：觀察法、實驗法、調查與測驗法、個案法以及訪談法。

㈠觀察法

在家中或在學校環境裏直接觀察兒童，是研究兒童發展的最古老的方法之一(Kessen, 1965)。研究者利用母親的日記和觀察記錄來收集無法由其他方式來瞭解的關於親密情境的訊息。Jean Piaget在其認知理論的形成中，就受了對自己孩子的自然觀察的引導。現今有些觀察者在家庭、學校、托育中心和托兒所進行觀察。也有的觀察者請受試者(有時也包括他們的家人或朋友)一起到一個舒適的實驗室裏，以便能在更為恒定的和可控制的物理條件下觀察行為(Kochanska, Kuczynski, & Radke-Yarrow, 1989)。

自然觀察(naturalistic observation)或不用任何其他的控制，對行為作詳細觀察，提供了對在真實環境中事物發生方式的認識。有時，觀察者進入到一種情境中去觀察各種形式的相互作用和行為模式，以他們的現場記錄為基礎，他們開始提出關於種種重要關係的假設，然後他們可以通過更專門的觀察，或通過控制更為嚴格的實驗去檢驗這些假設。

在其他情況中，研究者用自然觀察去考察一個特殊的行為或關係。他們可尋找各種同伴攻擊行為的形式，社會合作的模式，或促進兩性交往的條件。在這些情況中，研究者事先確定了那些與他們的主題有關的行為之觀察重點和觀察範圍。

自然觀察的優點是能夠隨時得到自然發生的反應。另一個優點是能夠讓正在發生的實際行為啟發研究者瞭解為何如此產生。這裏，觀察者不是設定一項特殊任務或一組問題讓受試者回答，而是檢查各種有關的行為。

作為一種研究方法，自然觀察法也存有一些限制。第一，在究竟發生了什麼這一點上，觀察者之間常常很難取得一致意見。常常兩個或更多的

觀察者對於同一情境的記錄要相互比較，以確定是否他們對該情境的評價是可靠的。當這種**評分者信度**(interobserver reliability)很高時，幾個人可同時進行觀察。當評分者信度低時，研究者必須確知為什麼，並透過訓練或一致性考驗來糾正存在於觀察技術中的差異。

使用觀察法的第二個困難是，有些環境中活動過於頻繁，因而很難全部都予以精確觀察。最後，如果你有興趣觀察一種特殊的行為或序列，你不能保證在實際觀察的時間範圍裏，這個目標行為一定會發生。

錄影技術為我們提供了一個獲得有效觀察的工具，它既適合實驗也適合自然觀察。錄影帶可以多次重複觀看，可以幾個觀察者一起來看錄影帶，並可隨時停止，討論他們看到了什麼。同一事件可以從不同的角度去觀察。例如：觀察者對兒童們的遊戲有興趣，可以錄下一個孩子在三、四個環境中的自由活動——可以在幼稚園、在公園、在家，和在朋友家。好幾個觀察者重複看錄影帶，每個人注意行為的一個不同方面，如創造力，同伴交往，複雜的運動技能，或語言的應用。錄影帶不干擾兒童的行為，卻為我們提供了考察細節和重複分析的工具。

觀察研究適於考察相關關係而不是因果關係。**相關**(correlation)是指已知一個變項(如年齡)的值，使人可去預測另一變項(如助人行為)的程度。觀察的研究者可以提出許多類型的問題。那些單獨玩耍的兒童經常在自己的遊戲中表現出更多的創造力嗎？那些最具攻擊性的青少年的父母使用大量的體罰嗎？從自己的孩子那裏得到大量幫助和支持的老年人，比那些從孩子那裏得不到什麼幫助的人有更高的自尊嗎？

一種可計算的統計量稱為**相關係數**(correlation coefficient)。相關係數告訴你，在變項之間是否有數學關係，關係如何。對發展的研究所獲得的許多發現，是相關性的報告。相關係數值的範圍是從＋1.0 到－1.0 之間。

讓我們以攻擊行為和學校學習成績的相關為例。如果較高的攻擊與較好的學習成績相關存在，兩個建構之間是正相關(趨向＋1.0)。當一個增加，另一個也增加。如果較高的攻擊行為與較差的學習成績相關存在，相關是負的(趨向－1.0)。當一個增加，另一個降低。如果在攻擊行為和學習成績之間沒有有規律的關聯性，相關係數接近零。變項之間關聯的強度反映為相關是否接近零或趨向＋1.0 或－1.0。**圖 1-6** 表示出一個完全的正相關、一個零相關和一個完全的負相關。

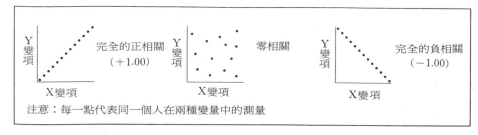

注意：每一點代表同一個人在兩種變量中的測量

圖 1-6　X 變項和 Y 變項之間的完全正相關、零相關和完全的負相關

　　兩變項之間高的正相關或負相關僅僅表示它們之間有關聯性存在，不表示有任何因果關係存在。攻擊與較差的學習成績有密切關聯，並不意味著攻擊是兒童學習差的原因，或許學習差是兒童攻擊的原因，或者有某些其他因素可解釋攻擊和低學習成績之變異，如注意力差或對學習成功的低動機，對攻擊和低學習成績雙方起了作用。

(二)實驗法

　　實驗法是最適用於測定單向的、因果性的關係的方法。在實驗中，對有些變項或變項組有系統的予以控制，而其它變項則保持恆定。實驗者控制的變項叫**自變項**(independent variable)，由受試者的回答或反應確定的變項叫**依變項**(dependent variable)。

　　在某些實驗中，一組受試者接受一種與其他組不同的經驗或訊息(通常稱為一個**處理**[treatment])。接受實驗者操縱的這一組叫**實驗組**(experimental group)。不受這種處理或操縱的受試組叫**控制組**(control group)。這樣兩個受試組在行為上的差異就歸因於處理的不同(這是為組間控制，樣本為獨立)。在另一些實驗中，對單一組受試者是在其接受處理之前與之後、或在各處理之間比較其行為。同樣，處理前和處理後行為的系統差異則是由於實驗的安排。在這種情況中，每一個受試者都要控制自己(這是為組內控制，樣本為相依)。

　　控制(control)是實驗成功的關鍵。實驗者必須學會選擇參加實驗的受試者或受試組。參加者必須對於實驗情境具有相同的能力。如果這個條件不具備，就不能假定組間受試者在行為上的差異是來自不同的處理。

　　實驗者必須控制受試者呈現任務的方式，以便使下列因素不干擾受試者的行為，例如：受試者理解指示語和實驗安排的能力，對環境的適宜與

熟悉程度。控制保證了受試者行為的改變確實是由於實驗操縱所造成的。

假定我們有興趣研究失業對兒童和不同年齡的成人的影響。我們不能(也不想)使某些人失去自己的工作而讓另一些人有工作。然而，我們可以比較在同樣年齡和社會階層中父母失業的孩子與父母沒失業的孩子。我們可以比較失業的和有工作的青年和成人。對一種「處理」的歸因是以實際事實的結果為依據的。科學家的任務就在於：比較這一處理——失業的經歷——的結果，說明由受試者進入此一處理組或其他組的方式對結果所帶來的限制。研究者可以比較有失業體驗和沒有失業體驗的兒童、青少年和成人，但是不能說失業是唯一可以說明在所觀察到的結果中呈現差異的因素。

實驗法 (experimental method) 具有提供有關因果關係結論的優點。如果我們能證明受試者行為的改變僅僅是因為某些實驗情境的改變，我們就可以作出實驗處理是行為改變的原因的結論。

實驗法也有其限制。我們不能確定一個受控制的實驗室情境如何應用至真實世界。在實驗室裏觀察到的行為也能在家中、在學校、在工作中觀察到嗎？通過對依戀的研究(將在第五章和第十章中討論)，我們知道嬰兒和幼兒在他們母親在場和不在場時行為表現是不一樣的。這個研究使我們意識到，對幼兒進行實驗研究，不讓媽媽在場所產生的幼兒的行為，與在一般情境的條件下，媽媽在場時所能觀察到的行為，在數量、質量和結果上都存有差異。

實驗研究傾向認為事件A引起反應B。可是在發展的許多領域中，是一個多方面的、相互作用的過程引起改變。請想一想大學生之間羅曼蒂克關係的發展。產生愛情仰賴於很多條件，在於兩個人在各個方面的相配或不相配。羅曼蒂克的依戀受到如身體外貌、共同利益、表達感情的能力、才華、氣質、智慧，以及父母和朋友們的反應的影響，這裏僅僅列出了一小部分因素。每一個人都對另一個人做出反應，或建立進一步的愛情和更親近的關係，或分道揚鑣。愛情關係的發展是一個複雜的過程。戀愛關係是一個系統，它的維繫和增進必須靠雙方之間不斷的交往和相互作用，以及許多其他因素，而不僅僅在於一、二個所謂的增進或妨礙浪漫式依戀的外部因素。

人類發展的許多研究是採用**準實驗法的** (quasi-experimental) 方法，

也就是說，研究者研究他們感興趣的變項，但他們並不實際操縱它。我們有興趣研究特定生活事件對嬰兒、兒童、青少年或成人的影響，但在人們的生活中有意製造這些事件可能是不道德的。

(三)調查和測驗法

調查研究是從大量的參與者中收集特定的訊息的方法。如果人們是直接回答調查問題，他們必須具備讀寫能力，否則應讀出要調查的問題讓他們瞭解。調查的方法普遍地用於中學生、青少年和成人。對於嬰兒和幼兒的調查訊息，常常來自父母、保母、內科醫生、護士和其他負責滿足這些孩子們的需求的人。因此調查研究為我們提供了關於成人看待幼兒的行為和需求方式的大量知識。

調查的方法可以用來收集關於態度的訊息(你認為應當允許老師對他們的學生實行體罰嗎？)；關於現時行為和習慣的訊息(你每天花多少小時看電視？)；關於抱負的訊息(高中畢業後你想做什麼？)；關於知覺的訊息(你的父母或兒女怎樣理解你的觀點？)。

調查的問題是按標準形式準備好的，對回答通常也按事先設定好的一系列類別進行記錄。在設計很好的調查問卷中，問題陳述清楚，備有可選擇的答案，這些選擇答案不是模稜兩可或內容重複的。在大部分有影響的調查中，受試樣本是經過仔細篩選出來以代表所研究的母群體的。調查可以採用電話、通信，在教室、工作崗位或參與者的家中進行。

測驗在形式上常常與調查法很相似。他們都由種種期望人作出回答的詢問或問題所構成。通常測驗被設計用來測量一種特殊的能力或特徵。毫無疑問，你很熟悉這種在學校中普遍進行的測驗。給你一組問題，請你作出正確的回答，或從幾個答案中選出正確答案。智力測驗和成就測驗就屬於這一類。研究者可以在進行這些測驗的同時也進行其他的測量，以便瞭解智力和社會生活、情緒與自我認識的關係。

另一些測驗是被設計用來測量各種心理建構的，例如：創造力、從眾行為、憂鬱症和外向行為。有些心理測驗是用來判斷一個人是否患有某種類型的精神疾病、學習障礙、發展能力喪失或缺陷。

為了能被使用，心理測驗必須是可信的和有效的。當對同一受試者的每次測量都能得出幾乎同樣的分數或診斷時，測驗就是**可信的**(reliable)。當然這不是說在變化發生時，測驗不能測出變化。但一個人在連續兩天中

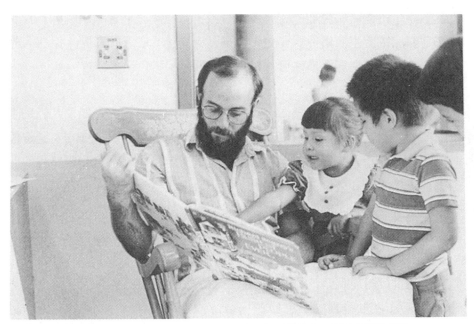

在幼稚園溫馨的氣氛下，美國本土兒童表現出發達的語音能力，而這在標準測驗
中的競賽環境裏可能是不顯著的。

作了同一個可信的測驗，應得到兩個幾乎同樣的分數，除非這之間引入了
有意的訓練或干預，否則這兩個分數之間應當有正相關(接近＋1.0)。

　　當測驗測得的是它們所要測量的內容時，測驗是**有效的**(valid)。設計
測驗的人們必須規定什麼是他們想測量的。他們也必須提供證據，證明測
驗確實測量了這一建構(Messick, 1989)。請看一下為嬰兒和幼兒設計的各
種測量智力的測驗。它們的測驗結果與對青年和成年人進行的智力測驗的
結果的關係不大密切(Bayley, 1970)。換句話說，對同一個受試者在嬰兒
期和長大後進行的兩次智力測驗的相關係數往往很低(不接近－1.0 或＋1.
0，而更接近於 0)。或許，潛在的智力之組成在嬰兒、青少年和成人時不同。
或者可能智力有相當多的發展途徑，因而成人的智力與他們嬰兒時的智力
沒什麼關係。或者，也許這些嬰兒所受的測驗不是真正對廣義的有適應性
的智力的測驗，而是關於感覺過程和中樞神經系統協調的測量。

　　調查和測驗有明顯的優點，因此廣泛地應用於對發展的研究。它們使
我們可以比較較大的受試群體的反應。調查和測驗被設計用來探討相當廣
泛的課題。用準備好的編碼或記分系統，許多測驗均可不費力地進行實施

和評估。

這些方法也有其限制。有些測驗引起人們以前所沒有的態度，例如：你可以調查六年級學生對自己學校課程的滿意程度。在這個題目上學生們可以回答很多問題，但是他們以前可能對這些問題想也沒想過。另一個問題是，對調查問題的回答或測驗的分數，與實際行為之間有差距。孩子們可以說他們寧願讀書而不願看電視，但在實際生活中，他們大部分時間在看電視而難得讀書。同樣，父母可以說在家裏他們允許孩子參與家庭決策，但當眞的要做某些決策時，父母們並不給予孩子們發言權。

用測驗決定學校的錄取和安置，受到嚴厲的批評(Weinberg, 1989)。某些測驗被批評為不公平地側重於從白種人、中等階層、歐洲文化的觀點源生的知識。而更有一些測驗被批評為不利於第一語言不是英語的兒童。一些測驗被批評為對不同的學習類型和綜合訊息的方式不敏感。

智力測驗受到特別的批評，因為它們被用來決定兒童的教育安排，但是它們沒有概括全部的與社會能力和適應行為相聯繫的心理因素。心理測驗繼續被用來研究探索各發展領域中的關係的研究。它們在學校和治療機構等環境中的應用引起了日益增多的爭論。

㈣個案研究法

個案研究是對個人、家庭或社會群體更深入的描述。個案研究的目的僅僅是描述特定的人或群體的行為。個案研究通常用於詳細描述個體經歷或考察一種與理論預見不一致的現象。個案研究被用於考察引起某種危機或重大決策的生活事件的後果；它們被用於記載精神障礙和治療的過程。在某些情況下它被用來闡明一個理論的結構(Runyan, 1982)。

個案研究可以各式各樣的訊息來源為依據，包括：訪談、治療期間的會話、長期觀察、工作記錄、信件、日記、回憶錄、歷史文獻、與瞭解受試者的人談話，或與參加實驗的受試小組成員的談話。

有些個案研究記載了一些偉人的生活。Erik Erikson(1969)在《甘地的眞理》中分析了莫漢達斯•甘地的生活。Erikson考察了甘地的兒童時期、少年時期和青年期，因為它們形成了甘地的個性、他的倫理學和他富有威望的社會領袖的行為。

另一些個案研究描述了臨床問題。Sigmund Freud曾用個案澄清某些精神障礙病的起因。他通過他的個案說明怎樣用精神分析的方法識別構成

Piaget 的訪談方法

　　從Piaget的著作中的兩段摘錄，可以看到Piaget應用臨床談話法，追踪一個幼兒的認知推理。在第一段中Piaget探究一個五歲的兒童對夢的理解。

> 「夢是從哪兒來的？」──我想你睡的很香所以作夢。──「它們是來自我們自己還是來自外面？」──從外面。──「我們用什麼作夢？」──我不知道。──「用手嗎？……什麼都不用？」──是什麼都不用。──「你在床上作夢時，夢在什麼地方？」──在我床上，在毯子底下。我真的不知道。説不定在我肚子裏（！）那麼骨頭一定在那裏，所以我才看不見它。──「夢在你頭裏嗎？」──是我在夢裏，而不是它在我頭裏（！）你作夢時，你不知道你是在床上。你知道你在走。你是在夢裏。你是在床上，但你不知道你是在那裏。（1929：97-98）

下面Piaget描述一個七歲兒童對種類包含的理解：

> 你呈現給孩子一個打開的盒子，裏面裝有木製的珠子。這孩子知道它們都是木製的，因爲他抓起它們，觸摸每一個，發現它是用木頭做的。大部分珠子是棕色的，一小部分是白色的。我們

病人症狀的根源的衝突。在他的一個經典案例中，Freud分析了一個他稱之爲小漢斯的五歲男孩對馬有嚴重的無名恐懼症（Freud, 1909／1955）。這個男孩的恐懼極爲強烈，甚至他拒絕走出他的房門，因爲他總想著有匹馬在街上要踢他。Freud推斷漢斯的恐懼症實際上是一種間接地表達關於性和侵犯行爲的強烈心理衝突的方式，因爲這些內容在孩子有意識的思想中是不允許存在的。Freud整理了孩子的父親(一個物理學家)所保存的詳細記錄。這些記錄的許多部分被這個個案研究所引用。在Freud的指導下，小漢

提的問題很簡單，它是：是棕色珠子多還是木頭珠子多？讓我們設定A為棕色珠子，B為木珠子，於是問題簡化為B包含A。對於七歲以前年齡的兒童，這是一個非常困難的問題。孩子說道所有的珠子都是木頭的，說大部分是棕色的，小部分是白的。但如果你問他是棕色珠子多還是木珠子多，他立刻回答：「棕色珠子多，因為只有兩、三個白珠子。」於是你說：「聽著，這不是我所問的。我不想知道是棕色珠子多還是白珠子多，我是想知道是棕色珠子多還是木珠子多？」同時，為了使問題更簡單，我拿一個空盒子放在裝珠子的盒子邊，問道：「如果我把木珠子放到旁邊的那個盒子裏，這個盒子裏還剩幾個？」孩子回答：「沒有，沒有一個剩下，因為它們都是木頭的。」於是我說：「如果我拿棕色珠子放在那個盒子裏，這個盒子裏還剩幾個？」孩子回答：「當然剩兩、三個白珠子了。」顯然，現在他理解這個問題了，事實是所有的珠子都是木頭的，其中有些珠子不是棕色的。於是我再一次問他：「是棕色珠子多還是木珠子多？」現在，很明顯孩子開始理解這個問題，知道確實有問題。這個問題不像他們開始想的那麼簡單。我看著他，看到他正努力地思索著。終於他斷定：「但還是棕色珠子多；如果你拿走棕色珠子，就只剩下兩、三個白珠子了。」(1963：283-299)

Source: "The attainment of invariants and reversible operations in the development of thinking," by J. Piaget, *Social Research*, 30, 283-299. Reprinted by permission.

斯由他的父親為他治療。

個案研究也能適用於社會群體、家庭和組織。Anna Freud的最著名的案例之一，是描述一群孤兒的依戀的發展，這群孤兒在第二次世界大戰期間一起生活在集中營裏(Freud & Dan, 1951)。該研究集中於孩子們彼此的依戀和被置於正常社會環境中維持相互聯繫感的策略。

個案研究具有描述個性生活的複雜性和獨特性的優勢。進行大樣本研究常用來驗證普遍的關係。個案研究則提供特定的個體是怎樣經歷這些關

係的具體例證。有些個案描述了一個少有的不平常的經歷的細節，這種經驗顯然不適於進行大規模的研究。有時個案研究引起研究者對某一問題的注意，於是研究者可以透過其他方法繼續研究它。

個案研究被批評爲不太科學。很明顯地因爲它們不代表大規模群體。從一個個案去推論其他個體或群體時，必須小心謹慎。如果爲個案研究提供依據的訊息，是以有偏差的或主觀的方式收集的，這研究的結果或結論可能就沒有什麼價值。最後，評論家們認爲個案研究缺乏可靠性。兩個人對同一個體進行個案研究，可能對事件和事件的意義產生截然不同的觀點。

這些限制表明，爲了進行符合科學觀察標準的個案研究，必須有明確的目的和收集訊息的系統方法。同時，眞實的記錄，令人信服的個案材料，始終刺激著人類發展領域的理論和研究。

㈤訪談法

許多個案研究大部分是以面對面的談話爲依據的。這個方法也可用於從大量的個體和從臨床治療的病人中收集資料。

訪談法可以是具高結構化的，幾乎像是一個口頭調查，或者可以是開放性的，讓受試者自由地回答一系列一般性的問題。訪談法的成功極大部分要依賴訪談者的技巧。在聽一個人回答時，要求訪談者不作評論。他們試圖通過表現出信任和理解的感情以建立與人們的融洽關係。在非結構訪談中，訪談者可以利用這種關係去鼓勵人們對某個問題暢所欲言，和訪談者分享他們的隱私的或私人的想法。

訪談法與臨床研究有著傳統上的聯繫，它也正在成爲認知和語言研究中的一個重要方法。Piaget的結構化訪談技巧（Piaget, 1929）爲對概念發展的考察提供了一個模型（見專欄 1‧1）。研究者試著以這個技巧問孩子問題（問：「雲彩是活的還是死的？」），然後，緊跟著問題的回答，詢問孩子是怎麼得出他或她的結論的。在其他研究中，Piaget要求兒童解決一個問題，然後請他們解釋，他們是如何得到答案的。兒童成了他或她自己概念能力的資料提供者。這個方法適合於道德發展、人際關係的發展和利社會行爲的研究。訪談法有讓人們在研究的題目上發揮他們自己的觀點的優點。他們可以告訴訪談者什麼對他們很重要，爲什麼他們做此種而不是彼種選擇，或他們認爲訪談者對問題的看法有何不妥。當然，人們也可以用

表1-1　發展研究的五種方法的優缺點

方　法	定　義	優　點	缺　點
觀察法	行爲的系統描述。	記載不斷發展中的行爲；獲得自然發生，沒有實驗干預的材料。	耗費時間；需要仔細訓練觀察者；觀察者會干擾正常發生的事物。
實驗法	將其他因素保持恆定，通過改變一些條件而控制其他條件以分析其中因果關係。	可檢驗因果關係假設，可控制和分離特殊變量。	實驗室的結果不一定適合其他環境；通常只注重單向因果關係模型。
調查與測驗法	對大群體問一些標準化問題	可從大樣本中收集資料；不大要求訓練；非常靈活方便。	修辭和呈現問題的方式會影響回答；回答可能與行爲無密切關係。測驗可能不適於學校或臨床環境。
個案研究法	對個人家庭或群體的深入描述。	注重個人經驗的複雜性和獨特性。	缺乏普遍性；結果可能帶有調查者的偏見；難以重複。
訪談法	面對面的交談每個人都可充分闡明他或她的觀點。	提供複雜的第一手資料。	易受調查者成見的影響。

他們希望訪談者看待他們的方式去表現自己。當他們這樣做時，被稱之爲表現出**自我表現偏誤**(self-presentation bias)。

　　一個人的回答極易受訪談者的影響。利用微笑、點頭、皺眉或看別處，訪談者可以故意或無意地表示贊成或不贊成。在建立親密關係和影響回答之間有一條微妙的界線。

　　這五種研究方法的優點和缺點摘要地列在**表 1-1** 中。

研究變化的實驗設計

　　發展研究的重要目的在於對連續性和變化模式的描述和解釋。有四種常用的考察變化的研究設計：回溯研究、橫斷設計、縱貫研究，以及族群輻合研究。

(一)回溯研究

在回溯研究中，要求參與者描述過去的經歷。在這個研究中，一對夫婦被問及在
過去的十年中，他們的生活怎樣受他們鄰居的變化的影響。

　　研究者進行一項回溯研究，請參與者報告他早期生活以來的經歷。許
多兒童教養的早期研究，利用父母對育兒經驗的追憶來評估照顧兒童的模
式。研究婦女懷孕期緊張的影響的研究者，常常請她們回憶在孩子出生前、
出生過程中和出生後的情緒狀態。人格發展的調查者，請青少年或成人受
試者回憶他們兒童時期的重要事件而獲得回憶資料。

　　這一方法獲得一個人對過去事件所保留的記憶的材料。我們不能確定
是否那些事件確實像他們記憶的那樣發生過。因此，我們無法確定它們發
生過。Piaget描述過一段他兩歲時的清晰記憶：

　　　　當一個人試圖誘拐我時，我正在坎波斯·艾利西斯，坐在我護士
　　推著的童車裏。我是被繩子牢牢繫住的，當時我的護士勇敢地擋在我
　　和強盜之間。她被抓傷多處，我至今仍可依稀地看見她臉上的傷。
　　(Piaget，1951：188)

　　十三年過後，Piaget十五歲時，那個護士加入一個宗教組織。她寫信
給Piaget的父母，並退回了Piaget父母因她保護Piaget免於被拐而送她的
手錶。她坦承是她編造了那個故事，她甚至抓破了自己的臉。Piaget相信，
是他從父母講的那個遭遇的故事裏，產生出視覺記憶。

隨著時間的推移，人的記憶中的某些往事的意義會有所變化。還有一些證據證明，隨著我們達到認知複雜性的新水平或改變我們的態度，我們會重新組織對往事的記憶，以便使它們與我們現在的理解水平相協調（Goethals & Frost, 1978）。

(二)橫斷設計

在同一時刻，比較不同年齡、不同社會背景、不同學校或不同社會團體的人的研究，稱爲橫斷設計的研究。這種設計非常普遍地應用於研究兒童的發展。調查者可以比較不同生理成熟水平或不同年齡的兒童，瞭解一個特定的發展領域是怎樣隨著年齡變化的。有一項這一類的研究，針對有多種可能的結果的問題，對七歲、九歲、十二歲的兒童的推理方式的差異進行了探討（Horobin & Acredolo, 1989）。就算較小的兒童知道有多種答案，和較大些的兒童相比，他們往往認定一種答案，並堅持它是正確的。

橫斷設計的限制是，它使個體發展的模式模糊不清。以上面的推理研究來說，橫斷研究告訴我們，大多數十二歲兒童比七歲兒童在推理上更靈活。但它並沒有告訴我們，和那些最不靈活的人相比，那些七歲時最爲靈活的兒童長大至十二歲時，其表現又如何呢？

(三)縱貫研究

縱貫研究包括在不同時間的反覆觀察。觀察時的時間間隔可能是短暫的，如出生後立即觀察和兩、三天後再觀察。觀察也可在整個生活歷程中重複，像Leo Terman對天才兒童的縱貫研究（Oden, 1968；Terman, 1925；Terman & Oden, 1947, 1959）。

縱貫研究的優點在於能使我們考察一組個體的發展歷程。我們可以發現在嬰兒或學步時期的某些特徵，與個體長成靑少年或成人時的那些特徵有著怎樣的關聯。我們也可以知道，是否兒童時期的某些品質，如智力或外向性，與以後年代中的整體的社會調節或對生活的滿足有關聯。

縱貫研究很難完成，尤其是當它們意欲涵蓋一個相當長的年齡階段時，如從兒童時期到成年期。在這個階段中，參與者可能會退出研究，調查者或許失去經費或對計劃失去興趣，或者實驗方法已落伍了，或者曾經看來很重要的問題已不再重要了。這些研究的最大限制之一，是它們僅僅注意於受試者這一代人。可能影響這些受試者的發展進程的歷史的和社會的因素，在觀察中錯綜複雜地纏繞在一起。你無法說明，是否所有這些在

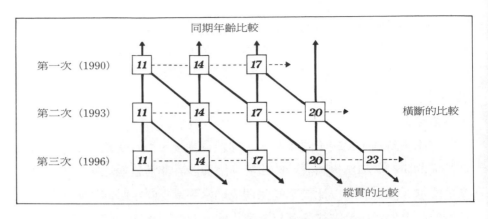

圖 1-7　族群輻合研究的各成分

歷程中不斷成長的人，都表現出那種作為這一特定群體的特點的變化模式。

㈣族群輻合研究設計

族群輻合研究設計將縱貫和橫斷兩種設計方法合成為一種研究方法 (Schaie, 1965)。參與者的各組，又叫作同族群，是被選定的，因為他們在年齡上相差一定的歲數，例如：我們開始時用一組十一歲、十四歲和十七歲的青年組受試者。每隔三年都與這組受試者談一次，直到十一歲的人長到十七歲。另外每三年一個新的十一歲受試組將加入研究。

縱貫和橫斷設計的聯合是非常強有力的一種研究發展的方法。它立即產生橫斷的數據，三年和六年後產生縱貫的數據，以及在三個不同時期的相同年齡(十一、十四、十七) 兒童的比較。這第三個比較使我們能夠識別可影響與年齡有關的差異的社會的和歷史的因素。族群輻合研究設計的各成分列於**圖 1-7**。

對現有研究的評價

除了收集新的數據外，社會科學家們付出相當大的學術努力去重溫和評價現有的研究。統計學技術使我們可以比較各種各樣的研究結果，從而使我們可以識別不同形式的結果，例如，一個學生可能被要求回顧有關你感興趣的題目的研究結果。這樣的回顧開闊了集中於單一觀察領域所能具有的視野。大部分研究者用這種方法及時瞭解他的研究領域中所報告的研

究，並分析別人的工作，以提出對研究十分重要且有充分依據的結論。這種對當前研究文獻的研究，分析和評價本身構成了一門特殊的技術。

研究倫理

對於活生生的人，特別是對兒童進行研究時，社會科學家們總要面對道德問題。**道德觀**(ethics)涉及到以社會道德觀規範為基礎的實驗原則。作為職業社會化的一部分，研究者有責任對所有活著的受試者，予以仁慈的、在道德上可接受的對待。

對於用人類受試者做研究的道德原則，包括多方面的考慮。因為我們關心受試者的隱私權，對受試者的身份一定要保密。受試者絕不可以是被迫參加研究計劃的，拒絕參加也不應有任何不良後果。例如：如果在一個教室中的孩子決定不想參加一項研究計劃，或是他們的父母不允許他們參加，這些孩子不應被羞辱、被處罰做令人討厭的作業或被給較低的分數。

研究者必須保護受試者免於身體上和情緒上痛苦的體驗，包括羞愧、失敗和社會遺棄。研究者必須權衡他們可能在一項特定研究中發現新訊息的益處與受試者可能的危險或傷害。兩個問題會引導研究者的決策：

(1)假如是你或你的某個家庭成員在這個研究中當受試者，你會有何感受？
(2)問題能以不涉及痛苦、欺騙，或者情緒、身體上的緊張方式進行研究嗎？

美國心理學會曾出版《用人類受試者進行研究的道德原則》的研究者指南(1982)。這個指南要求：人類受試者應被告知此項研究會影響他們是否參與的抉擇的所有訊息資料。任何時候他們都必須有退出研究的自由。一旦研究完成，他們有權知道有關研究的全部說明。當受試者是兒童時，他們的父母必須知道這個情況，且必須同意他們的孩子參加。大部分學校、托育中心、醫院、托兒所和其他治療中心，對於決定是否允許用他們機構中的人進行研究，也有他們自己的評估方法。

科學的過程是複雜的，需要許許多多收集訊息以指導思想的人的努力。理論經常是難以理解和驗證的。然而，一個好的理論為我們指引了適於進行觀察的方向。通過探索人類發展的理論和評價可用於檢驗它們的實

驗證據，我們將獲得關於我們自身發展性質上更為清晰的認識。理論和研究的結合，是我們已知的，建設巨觀上涉及人類發展、微觀上關於我們個人發展的知識的最基本、最有效的方法。

人的壽命

描繪一個人的未來的任務取決於他希望活多久。自然，我們僅能作出粗略的預測，我們知道，天災，意外事故或疾病會縮短我們的生命。然而，關於我們能生活多久的最好的猜測，是以我們中間其他人的預期壽命平均值為依據的。

表 1-2 繪出了七個時期美國人的平均壽命的資料。先看表的最上面標有「出生時」的一行。出生於本世紀初的人，平均預期壽命大約是四十九歲。股票市場瓦解和經濟蕭條初期年代出生的人，平均預期壽命大約為五十九歲。第二次世界大戰開始時出生的人，平均預期壽命大約為六十四歲。出生於 1978 年的人，平均預期壽命大約是七十三歲，出生於 1985 年的人，平均預期壽命提高到近七十五歲。當我們遍覽這幾代人，很明顯，越來越多的人的壽命在延長。

表 1-2 中接下來的幾行給了我們另一些訊息。在各個時期 (1900-1902，1929-1931，1939-1941，1954，1968 和 1985) 已活到較大年齡 (65、75、80) 的人，比同時期的人有更長的預期壽命。因此一個世紀

表1-2 不同年齡時的預期壽命平均值 (1900-1985)

年齡	1985	1978	1968	1954	1939-1941	1929-1931	1900-1902
出生時	74.7	73.3	70.2	69.6	63.6	59.3	49.2
65歲時	16.7	16.3	14.6	14.4	12.8	12.3	11.9
75歲時	10.6	10.4	9.1	9.0	7.6	7.3	7.1
85歲時	8.1	8.1	6.8	6.9	5.7	5.4	5.3

Source：U. S. Bureau of the Census, *Demograpbic and socioeconomic aspects of aging in the United States*, Current Population Reports, series P-23, No. 138 (Washington, DC： U.S. Government Printing Office, 1984), p. 59, and *Statistical Abstract of the United States*, 1988, 108th ed. (Washington, D.C.: U.S. Government Printing Office, 1987)．

初時為 65 歲(生於 1835 年)的人活到了 76.9 歲；在那時已有 75 歲(生於 1825 年)的人活到了 82.1 歲；在那時已有 80 歲(生於 1820 年)的人活到了 85.3 歲。這些數字表明生活早年和中年的不幸縮短了出生所預期的平均壽命。在世紀初，嬰兒的死亡率是限制預期壽命的重要因素。很多婦女在成年早期就死於生育。呼吸系統的疾病嚴重地威脅著中年人的生命。如果一個人倖免於這些災難，他長壽的機會就大大增加。

用這些統計方法估計壽命時，我們能夠相當精確地計算出壽命長度的變化模式。一般出生於 1985 年的人比出生於 1900 年的人預期多活 25.5 年。出生於 1985 年的人平均預期壽命為 74.7 歲。然而在生命的最末端，我們並沒有發現預期壽命有明顯的增長。1985 年 65 歲的人(生於 1920 年)將活到大約 82 歲；1985 年 75 歲的人(生於 1910 年)將活到 85.6 歲；1985 年 80 歲的人(生於 1905 年)將活到 88.1 歲。

社會安全局(Social Security Administration)制定了相當可靠的預期壽命的規劃。其數據列於 **表 1-3** 之中，分別表示男人和女人的預期壽命。它們表明由總體上來看，男性的壽命沒有女性的長。在美國的各個地區與

表1-3　不同性別在出生時和65歲時的預期壽命模式

社會安全局1981年11月制定 （括號內的數字表示規劃年齡的下限和上限）

年齡和性別	1980*（基年）	2000	2050	增　加	
				1980-2000	1980-2050
出生時					
男性	69.8	72.9(71.4-75.9)	75.0(72.4-80.2)	3.1(1.6-6.1)	5.2(2.6-10.4)
女性	77.7	81.1(79.4-84.9)	83.6(80.6-90.6)	3.4(1.7-7.2)	5.9(2.9-12.9)
差別↑	7.9	8.2(8.0-9.0)	8.6(8.2-10.4)	0.3(0.1-1.1)	0.7(0.3-2.5)
65歲時					
男性	14.3	15.8(15.0-17.4)	17.3(15.7-20.8)	1.5(0.7-3.1)	3.0(1.4-6.5)
女性	18.7	21.1(19.8-24.2)	23.2(20.8-29.3)	2.4(1.1-5.5)	4.5(2.1-10.6)
差別↑	4.4	5.3(4.8-6.8)	5.9(5.1-8.5)	0.9(0.4-2.4)	1.5(0.7-4.1)

*假定與1979年的預測數字相同。

↑女性超過男性年齡的數值。

Source: U.S. Social Security Administration, Office of the Actuary, *Social Security Area Population Projections,* 1981, by Joseph F. Faber and John C. Wilkin, Actuarial Study No. 85. (Washington, D.C.: U.S. Government Printing Office, July 1981, Table 18.

在全世界一樣，男性死的較早。在附錄中，你將看到在美國以及國際比較中各種族和性別的預期壽命的國別差異和宗教差異。

　　根據政府的統計，你能瞭解到從 1980 到 2050 年，男性和女性的壽命都可望增加。但有一個問題出現了：是否這個增長會繼續下去？或者生命的長度有一個上限？這兩個觀點都有理論支持。一位人類發展的著名學者 Bernice Neugarten(1981)論證說，如果像醫療與營養這些方面在未來的四十年裏，以其前六十年中的發展速度繼續發展下去，那麼到了 2020 年，許多人會活到一百二十歲。另一些人指出，對嬰兒、成人和老年人的重要危害已得到控制，人類壽命的延長已沒有多大餘地，他們認為這是受遺傳所限。他們認為，我們的最大希望是生活得更健康，而不是更長壽。

　　當你要估計自己的壽命時，你必須考慮到你所在的國家和地區，以及你的年齡、教育水平、民族和性別。你的比較越是謹慎，你的估計往往也就越準確。個體的生活習慣因素也與長壽有關。一個關於健康的老人長壽的研究指出，吸菸模式和日常生活的複雜性是能否長壽的最強有力的預測因子(Rosenfeld, 1978)。從不吸菸的人或後來六、七十歲時戒菸的人更可能長壽。長壽者日常生活的特點是有高度的組織性和豐富性。這兩個因素基本上都是由個人支配的，這表明個體自身扮演著影響他或她自己壽命的角色。

　　在我們最重要的生活決定中，有許多是由於我們期望活多長的內蘊或明確的假設造成的。我們對我們自身、我們的活動及我們關係的感受方式，常常由關於我們的生活所達到的目標的潛在假設所指引。

　　請設想一個出生於 1986 年的美國男性黑人；他可望活到六十五歲。一個生於 1986 年的美國白人婦女可望活到七十九歲。那黑人男子活到五十五歲或六十歲以後就看起來很老了，而那白人婦女恐怕要活到七十歲才會覺得自己老了。這兩種預測上的差異，加上健康和經濟狀況上的實際差別，將影響這兩個人在其中年和晚年看待自己及安排日常生活的方式。這裏能給予的最佳建議是，探索各種可能的隱涵，做出盡可能準確的估計。

本章總結

心理社會理論強調身體、自我和社會系統的相互作用。作爲每一個程序的成熟和變化的結果，人們對自身及相互關係的看法得到修正。雖然每一個生活經歷都是獨特的，我們仍能識別出重要的共同模式，使我們能相互理解和預見未來。

科學過程導致一個知識系統，使我們瞭解人類的發展。科學的觀察必須是客觀的、可重複的和有規則的。五個基本研究方法是自然觀察法、實驗法、調查和測驗法、個案研究法、訪談法。每一種方法都有它的優點和缺點，都提供了關於一生中連續性與變化的獨到見解。研究設計對於人生變化的研究也很重要。四種重要的設計是回溯研究、橫斷設計、縱貫研究和族群輻合研究設計。研究的方法和設計對於如何解釋結果具有重大影響。

有關壽命的人口統計的訊息促進了人對自身壽命的認識。在美國平均預期壽命在本世紀內幾乎增長了百分之五十。這個奇蹟般的變化影響了我們每一個人對自己的未來的看法。我們需要在一個不斷變化的背景中研究人類發展。我們絕不能只滿足於早期獲得的知識對後代人所帶來的觀點。

參考文獻

American Psychological Association (1982). *Ethical principles in the conduct of research with human participants.* Washington, D.C.

Bayley, N. (1970). Development of mental abilities. In P. H. Mussen (ed.), *Carmichael's manual of child psychology* (3rd ed., vol. 1). New York: Wiley.

Erikson, E. H. (1963). *Childhood and society* (2nd ed.). New York: Norton.

Erikson, E. H. (1969). *Gandhi's truth: On the origins of militant nonviolence.* New York: Norton.

Freud, A., & Dann, S. (1951). An experiment in group upbringing. In R. Eissler, A. Freud, H. Hartmann, & E. Kris (eds.), *The psychoanalytic study of the child,* vol. 6. New York: International Universities Press.

Freud, S. (1955). An analysis of a phobia in a five-year-old boy. In J. Strachey (ed.), *The standard edition of the complete psychological works of Sigmund Freud,* vol. 10. London: Hogarth Press. (First German ed. 1909).

Goethals, G. R., & Frost, M. (1978). Value change and the recall of earlier values. *Bulletin of the Psychonomic Society, 11,* 73–74.

Horobin, K., & Acredolo, C. (1989). The impact of probability judgments on reasoning about multiple possibilities. *Child Development, 60*(1), 183–200.

Kessen, W. (1965). *The child.* New York: Wiley.

Kochanska, G., Kuczynski, L., & Radke-Yarrow, M. (1989). Correspondence between mothers' self-reported and observed child-rearing practices. *Child Development, 60*(1), 56–63.

Messick, S. (1989). Meaning and values in test validation: The science and ethics of assessment. *Educational Researcher, 18,* 5–11.

Neugarten, B. L. (1981). Growing old in 2020: How will it be different? *National Forum, 61*(3), 28–30.

Oden, M. H. (1968). Fulfillment of promise: 40 year follow-up of the Terman gifted group. *Genetic Psychology Monographs, 77,* 3–93.

Piaget, J. (1929). *The child's conception of physical causality.* New York: Harcourt, Brace. (Originally published in French in 1926).

Piaget, J. (1951). *Play, dreams, and imitation in childhood.* New York: Norton.

Piaget, J. (1963). The attainment of invariants and reversible operations in the development of thinking. *Social Research, 30,* 283–299.

Rosenfeld, A. H. (1978). *New views on older lives.* DHEW Publication no. ADM 78–687. Washington, D.C.: U.S. Government Printing Office.

Runyan, W. M. (1982). *Life histories and psychobiography: Explorations in theory and method.* New York: Oxford

University Press.

Schaie, K. W. (1965). A general model for the study of developmental problems. *Psychological Bulletin, 64,* 92–107.

Terman, L. M. (1925). *Genetic studies of genius.* Stanford, Calif.: Stanford University Press.

Terman, L. M., & Oden, M. H. (1947). *The gifted child grows up: Twenty-five years' follow-up of a superior group.* Stanford, Calif.: Stanford University Press.

Terman, L. M., & Oden, M. H. (1959). *The gifted group at mid-life: Thirty-five years' follow-up of the superior child.* Stanford, Calif.: Stanford University Press.

Weinberg, R. A. (1989). Intelligence and IQ: Landmark issues and great debates. *American Psychologist* (special issue: Children and Their Development: Knowledge Base, Research Agenda, and Social Policy Application), *44*(2), 98–104.

心理社會學理論強調個體與環境之間的自然壓力。在每一個生活階段中，出現新
的力量，達到新的平衡。

第 2 章

心理社會學理論

什麼是理論？

　　理論(theory)是一個一般概念的邏輯系統，它為組織和理解觀察現象提供一個架構。科學有它們自己的正式理論，而我們也有對於我們的社會生活非正式的、直覺的理論。在這章裏，我們要定義理論的概念，並介紹心理社會學理論的基本概念，這一理論為我們分析人類發展提供了整體架構。

　　通常，理論是由從觀察所提出的問題中所建立的。例如，你的朋友珍妮對你說，她決定不和你去參加今天的晚會。她說她就是覺得不喜歡它。你發現她的解釋不完全，她的行為不合乎她的個性，因為珍妮通常是很好交際的。你會產生一個你自己對珍妮為什麼不參加晚會的假設。**假設** (hypothesis)通常是在一種潛在的理論基礎上所作的預測。如果假設被檢驗並發現是正確的，那麼從中衍生出這一假設的那個理論就得到支持。你的假設將與你對社會行為的直覺理論相聯繫。你會認為人們選擇自己的行為以圖避免被拒絕或贏得認可。帶著這種理論意向，你會假設，珍妮躲避這個晚會，是因為她不想被可能在這個晚會上出現的某個人所拒絕。

　　理論是被構造來組織和解釋那些人們希望對其有更多瞭解的觀察。理論幫助我們有次序地識別許多多樣化事件中的關係。它們指引我們鑑別哪些因素有說明性、哪些因素沒有。例如，在人格發展領域，一個理論會指出夢和舌頭的滑動是值得觀察的內容，而另一個理論則會把我們的注意引向目標和抱負。不同的理論往往從不同的角度強調同一種觀察。有些關於發展的理論強調社會角色，有些則強調認知，而另一些理論則強調動機。

　　人們把生活體驗作為所有這些因素的整合。一個恰當的人類發展理論，應強調在第一章曾討論過的身體、自我和社會這三個系統的相互作用。正是這些系統共同作用的方式，帶給人類的行為最大的影響。要評估一個理論，我們必須回答三個問題。

　　(1)這一理論試圖解釋那些現象？如果一個理論被用來解釋智力發展，它大概要包括關於腦的演化、邏輯思維的成長，或符號表徵能力的假設。我們不大會期望這一理論能解釋恐懼、動機或友誼。

Jean Piaget（1950）提出了一個邏輯思維起源的發展理論。他描述了一個自然發生的階段可預見的序列，每一個階段都有其獨特的從外部經驗獲取意義的策略。他的理論幫助我們理解幼兒如何不同於成人以及他們如何說明和解釋事物。這一理論通常不被用於解釋為什麼有些恐懼會產生或夫妻之間如何達成親密感。

　　理解一個理論的重點有助於確認它的**適用範圍**（range of applicability）。這並不是說來自一個理論的原理與其它領域的知識無關。然而，一般說來，我們是從一個理論所試圖解釋的事件方面著手來評估這個理論的。

　　(2)這一理論作了那些假定？**假定**（assumption）是一個理論的邏輯基礎的指導前提。為了評價一個理論，你必須瞭解它的假定是什麼。達爾文（Charles Darwin）假定，低等生命形式以演化的過程「發展」為高級形式。Freud假定，所有行為都是有動機的，潛意識是動機和慾望之「倉庫」。

　　任一理論的假定可能是正確或不正確的。太陽是太陽系的中心的假定，與地球是宇宙中心的假定，導致不同的解釋。假定會受文化背景、理論家據其作出推論的觀察樣本、此一理論的現時知識基礎，以及理論家的智慧能力所影響。

　　(3)這一理論作出那些預測？理論常藉著尋找因果關係、統一各種觀察、確認曾不被注意的事件的重要性，增加了新的認識水平。人類發展的理論，對人類行為的起源與機能以及可以預見的、由一個生命階段到下一個階段的變化，提供了解釋。

　　我們期望一個人類發展的理論能提供對四個問題的解釋：

(1)說明從懷孕到老年的生長過程的機轉是什麼？這些機轉在整個一生中有多大範圍的變更？

(2)那些因素構成了一生中穩定與變化的基礎？

(3)身體的、認知的、情緒的和社會的功能如何相互作用？這些相互作用如何說明思想、感情、健康狀態及社會關係的交織？

(4)社會情境如何影響個體的發展？

心理社會學觀點

心理社會學理論為探索人生成長與發展的重大問題提供了一個豐富的、發人深省的結構。它結合了三種沒有被其它發展分析學派所明確體現或整合的重要特徵。

其一，這一理論強調整個一生中的成長。它確認、區分出從嬰兒到老年的種種重要問題。

其二，這一理論假定，我們並不是完全任由生物與環境影響的擺佈，我們有能力在生命的各個階段為自身的心理發展作出貢獻。這一理論假定，人們以一件能保護自己並指導自己的生活進展過程的方式，整合、組織自己的經驗並使其概念化。

其三，這一理論說明了文化對個體發展的積極貢獻。在每一生活階段，文化的目標與抱負、社會期望與要求、文化所提供的機會，都對個體提出種種需要。這些要求引起種種反應。這些反應影響了人將被發展的能力結構。個體與環境之間重要的聯繫，是發展的關鍵機轉。

社會鼓勵父母養育模式，為教育提供獨特的機會，溝通價值觀與溝通行為包括性行為、親密關係和工作等基本方面的態度。這些模式發展起來以維持和保護文化。每一個社會都有其對進入成熟品質的看法。這些品質融入個體的生活，並幫助確定人在社會中的成長方向。

確立並發展心理社會學理論的著名理論家之一是Erik H. Erikson。Erikson最初所接受的是作為性心理理論學者的訓練，基於對於有關性對機能的影響和對生物學家Julian Huxley的觀點的興趣，使Erikson的注意力轉向社會本能對機能的影響。

心理社會學理論的基本概念

心理社會學理論把人類發展描述為個體(心理)需求和能力與社會期望和要求之間相互作用的產物。這一理論說明了產生於更為整體的心理社會演化過程的個體發展模式。

Julian Huxley (1941, 1942)用**心理社會進化**(psychosocial evolu-

人物傳記

Erik H. Erikson

Erik H. Erikson, 1902年出生於德國的法蘭克福。他父母是丹麥人，在他出生前已離婚。Erikson的母親在他五歲前和他的小兒科醫生Homburger博士結婚。Erikson在這個富裕的醫生家庭裏成長。在青少年期，他作過教師、學生以及另一位醫生Sigmund Freud家裏的病人。

在十八歲，讀完高中（gymnasium，德國以進大學學習爲目的中等學校）後，Erikson環遊歐洲一年。他在康斯坦茨湖（Lake Constance，瑞士、德國、奧地利三國交界處的湖）畔待了數月，在那裏他閱讀、寫作，並欣賞美麗的風景。返家後，進了藝術學校，在此後的幾年中一直從事這方面的學習。他到義大利的佛羅倫茲（Florence）旅行，在那兒他重新定義自己，認爲自己不會成爲一個成功的藝術家。他和他的一些朋友們（包括Peter Blos）閒晃了一段時間，尋找自我感覺和他們的個人才能(Coles, 1970)。

Erikson和Blos接受一份邀請到一所私立學校去教書，這是Anna Freud爲維也納心理分析學會的學生們的孩子所創立的學校。在維也納，Erikson學習心理分析技術，並隨Anna Freud接受分析訓練。他要成爲一位精神分析家的決定得到維也納心理分析學會具影響力的精神分析家Anna Freud的鼓勵，這位精神分析家渴望幫助有前途的人進入他們所開創的領域。從Erikson旣無大學文憑又無醫學文憑的情況看，他能接受訓練是不同尋常的。

在接受精神分析訓練和結婚後，Erikson來到美國定居。他成爲哈佛醫學院的一名兒童精神分析學家。三年後，他去了耶魯，再兩年後，他轉去南達科他(South Dakota)州研究印第安蘇族人。完成了在蘇族的研究觀察之後，他在舊金山開了一診所。在這期間，他也從事對印第安尤羅克族人的研究。1942年，Erikson成爲加州大學柏克萊分校的教員。

1950年，他離開柏克萊，到麻薩諸塞州斯托克布里奇的奧斯汀・里格斯中心作精神分析家。五十年代後期，Erikson成爲哈佛大學人類發展教授。他任此職直至退休。現今，他和他妻子Joan仍繼續他們的人類發展分析。他們的著作《老年期的重要困難》(1986)探索了許多八十多歲老人的生活歷史，並考察了與老年期充分發展的人性相關的種種問題。

Erikson的主要理論著作《兒童期與社會》(*Childhood and Society*)集成了他在柏克萊的工作成果，並於1950年出版，當時他四十八歲。在這部著作中，Erikson提出了發展的心理社會學理論。該書修訂版於1963年出版。他在其他著作和論文中擴展、修訂他的理論。在兩部傳記中，他應用心理社會學理論的原理，分析了馬丁・路德(Martin Luther)和穆罕德斯・甘地(Mohandas Gandhi)(Erikson, 1958, 1969)。

Erikson的生活歷程表明，他是一個以個人經歷來認識其潛能的人。他的著作混合了感情、敏銳的觀察力、觀念與經驗如詩一般的綜合，以及對個人生活與社會相互關係的不斷探詢。在他自己的智慧發展過程中，他掌握了多種原理，包括心理分析、文化人類學、心理學、神學及歷史。在他尋求深入理解時，他始終囊括所有能解開他的疑竇的人類行爲，記錄下生活歷史、臨床個案以及傳奇人物。

當他在診所的觀察提出許多研究文獻不能回答的問題時，他轉而研究傳統文化和歷史人物。他依循自己的觀念，從事能有助於澄清他對人類發展的分析的觀察。透過他的臨床與理論寫作，他聲稱：每一個人的發展的結構，雖然非常複雜，却是能夠被研究和認識的。他鑑別出一種過程，即心理社會危機，它聯繫著每個人與社會，這個社會是由人們以一種產生發展的基本方式建立起來的。

Erikson曾獲得普立茲獎(Pulitzer Prize)和國家圖書獎(National Book Award)。1984年，他因對發展心理學的突出貢獻，而接受美國心理學會發展心理學部的G. Stanley Hall*獎。

*G. Stanley Hall: 1844-1924年，美國心理學家，美國推動並指導心理學之發展的先驅，被公推爲兒童心理學和教育心理學的奠基人，他亦是美國發展心理學之父。——譯註

tion)一詞，引示那些使我們能從祖先那兒聚集知識，而傳與後代的人類能力。養育子女的實務、教育以及溝通模式，從一代向下一代傳遞了知識和思維方式。同時，人們學習如何發展新知識、新的思維方法，以及新的把發現授予他人的方法。依Huxley的觀點，通過這一過程，心理社會進化以迅速的步伐進行著，帶來了使我們創造、改造所生存的物質與社會環境的技術和意識形態上的變化。

心理社會進化有其生物系統中的基礎。在數百萬年中，人類進化了複雜的機轉，藉此創造並適應社會狀況。我們可以把Huxley的心理社會進化的定義擴展至包括所有由生物性驅動的、引導我們建立文明並在與他人的聯繫中創造生活的過程。這一生物系統對於確定人們如何體驗生活、他們有何能力，以及他們的潛能如何被引導，有根本的重要性。生物學往往與我們在心理所經驗的內容以及何時體驗，有很大的關係。

這一心理社會發展的理論，為由心理社會進化更為全面完整的角度來考察個體發展，提供了一個組織架構。在各代人之間傳遞價值觀與知識，要求能內化知識、適應它並能傳遞給他人的人格成熟。人們有規律地變化、成長的能力、發展自身和代代繼承的能力因而得到了加強。

正如我們所看到的，心理社會學理論以六個結構性概念為基礎：(1)發展階段，(2)發展的任務，(3)心理社會危機，(4)解決每一階段的危機的核心過程，(5)重要關係的散布網絡，(6)因應——人們生產出來以面對挑戰並構造生活中各種關係的新行為。**圖 2-1** 把發展描述為一個建造過程。隨著重要關係分布範圍的擴展以及早期階段的成就被納入到下一發展階段的行為之中，這一結構因而更形壯大。

在每一個階段中，先前階段所取得的成就被做為資源以應用於征服由發展任務、核心過程、心理社會危機及重要關係的混合所帶來的挑戰。這些因素的交互作用，為新的學習提供了經驗基礎。每一個階段都是獨特的，都導致獲得與新的能力相關的新技能。

發展的階段

發展的階段(stage of development)是生活中的一個時期，它以一種獨特的潛在結構為特徵。有許多種行為可視為每一個階段的潛在結構的表現。每一個階段都有某些特徵來將其與前後的階段加以區隔。階段理論為

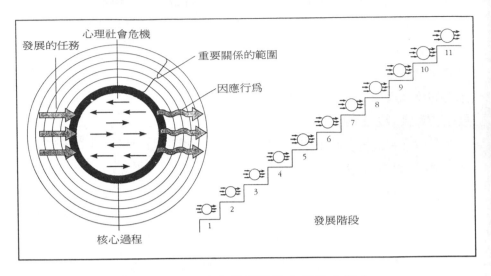

圖2-1　心理社會學理論的六個基本概念

發展提出了一個特殊的方向。每一個新的階段都結合了以前各階段所取得
的成就(Davison et al., 1980; Fischer & Silvern, 1985; Flavell, 1982;
Levin, 1986; Miller, 1989)。

　　階段這一概念使人想到各方面不斷出現的、可說明一定範圍的行為的
能力或衝突。在一定程度上,你可以透過對自己過去經驗的分析來證明階
段這一概念。你可以回憶過去的歲月中,你是如何先傾心於努力以博得父
母的讚許,其次是同伴們的接受,而後是瞭解你自己。這些關心存在於每
一時刻,但各自都總有自己最受關注的時刻。在每一個階段,人們都面臨
著一個獨特的問題,它要求個人的需要和技能與文化的社會要求相整合。
其最終產物是從事與他人交往的一種新的意向模式和一套新的參與他人互
動的能力。

　　Erikson (1950／1963)提出了心理社會發展的八個階段。這些階段的
概念部分可追溯到由Freud提出的性心理發展階段,其他部分則來自Erik-
son自己的觀察和豐富的思想方式。

　　圖2-2 是Erikson在《兒童期和社會》中所畫的描述心理社會發展的階
段圖。方框代表各個階段主要的心理社會自我衝突。這些自我衝突產生新

	1	2	3	4	5	6	7	8
8.成熟								自我整合 對 失望
7.成年期							創作生產 對 停滯	
6.成年早期						親密 對 孤立		
5.思春期與青少年期					認同 對 角色混淆			
4.潛伏期				勤勉 對 自卑感				
3.動作位移—生殖器			主動進取 對 內疚					
2.肌肉—肛門		自立 對 羞怯、懷疑						
1.口唇—感覺	信任 對 不信任							

圖2-2　Erikson的心理社會階段

Source: Erik H. Erikson, *Childbood and Society:* 2nd ed. New York: Norton, 1963, p. 273.

的自我技能。

　　發展的心理社會階段的概念其本身是很完善的，但Erikson的道路圖似乎不太完善。如果心理社會進化的觀念是可靠的——而且我們也相信它是有效的——那麼應能預期新的階段會隨著一種文化的進化而產生。

　　我們鑑別出十一個心理社會發展的階段，每一個階段都對應於一個大致的年齡範圍：(1)胎兒期，從懷孕到出生；(2)嬰兒期，從生出到兩歲；(3)嬰幼兒期，從兩歲到四歲；(4)幼兒期，從四歲到六歲；(5)學齡兒童期，六歲到十二歲；(6)青少年前期，十二歲到十八歲；(7)青少年後期，十八歲到二十二歲；(8)成年早期，二十二歲到三十四歲；(9)成年中期，三十四歲到六十歲；(10)成年晚期，六十歲到七十五歲；(11)老年期，七十五歲到死亡。

　　藉由討論一個胎兒期階段、兩個青少年期發展階段、一個老年期，作者在Erikson所提出的階段中加進了三個階段。這一修訂，是我們對研究文獻的分析、我們對研究與實務的觀察、與同事們的討論，以及來自其他階

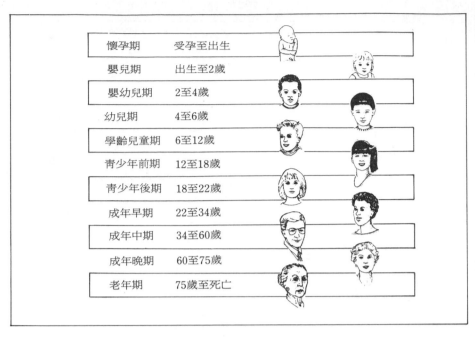

懷孕期	受孕至出生
嬰兒期	出生至2歲
嬰幼兒期	2至4歲
幼兒期	4至6歲
學齡兒童期	6至12歲
青少年前期	12至18歲
青少年後期	18至22歲
成年早期	22至34歲
成年中期	34至60歲
成年晚期	60至75歲
老年期	75歲至死亡

圖2-3　一生中的十一個階段及其大致年齡

段理論家們的建議所產生的結果。

　　藉由增加三個新的階段對心理社會理論加以推敲，對理論構造的過程提供了一個很好的說明。人類發展的理論在文化和歷史背景下不斷出現和變化。生物進化和心理社會進化的種種模式在文化的參照架構中不斷產生。例如，青少年期的擴展，是一系列現象的產物，這些現象包括現代社會中思春期開始的時間的改變，對進入工作環境前教育和訓練的不斷增長的要求，教育系統結構的有關的變化，以及我們社會中有關工作、婚姻、生育、意識形態方面可能存在之選擇的多樣性。正是我們對有關生活環境和特定階段群體的關注對象的觀察，導致對發展的新階段的闡釋。

　　圖2-3展示了我們所提出的十一個心理社會發展階段。每一個階段的年齡範圍只是一個近似值。一個人由一個階段轉入另一個階段是在其心理社會事件發生之後，而不是因為實際年齡的緣故。每一個人都有他或她自己的成長時間表。

　　本理論及其他階段理論的假定是，每一個階段所發生的心理社會發展，對所有此後的階段都有重要作用。這些階段被看作為一個序列。雖然

一個人可以預見以後階段中將出現的問題，人們是以有序的成長方式經歷這些階段的。

Erikson(1963)提出：這些發展的階段遵循一個**認識發生的原則**(epigenetic principle)；也就是說，一個生長的生物計劃使每一種機能以一種有規律的方式出現，直至發展成一個機能完善的有機體。這裏不存在向先前階段的倒退——經驗使倒退成爲不可能的事。在心理社會學理論的邏輯中，整個一生要求所有的心理社會發展的機能均予以出現並整合起來。

生命階段的概念使我們得以考察在一個特定生活階段中發展的各個方面，並說明它們的相互關係。它還鼓勵我們去注意每一個階段的獨特的經驗——這些經驗值得就其本身及其對後續發展的貢獻予以理解。

當設計一些計劃和服務項目以響應教育、健康、居住、社會福利方面的關鍵需求時，這種發展階段的研究非常有助於把注意力放在所服務的大衆對象的需求與資源上。

我們需要特別謹慎的是，避免把這些階段看作爲束縛人的格子。一個人被描述爲處於一個特定的階段，並不意味著他或她不能在其他水平上發揮機能。一些對應於以後階段的現象會在它們成爲主導內容之前預先出現，這不是什麼不同尋常的事。例如，許多幼兒玩「家家酒」，假裝一個丈夫、妻子或孩子。你可以說，在這個遊戲裏，他們預先出現了存在於以後階段的親密關係與生育後代的問題。有些重要的心理社會技能的元素可見於所有的階段，正是它們在特定時期所表現出的強烈程度，把它們帶入我們對發展的研究的注意之中，並標記出對說明一個階段的重要性。Erikson對此作了如下說明：

> 認識發生論圖也恰當地表明，個體從來不是只抵禦在那一時期處於主導位置的壓力。確切地說，在每一個連續的發展階段上，個體都愈益增多地預先介入尚未成爲主導的壓力，以及重新體驗那些在處於主導地位時被不恰當地整合的壓力；相似地，人們還會承受一些曾在相應的時期被恰當地整合但現今已不再適宜的壓力。(Erikson et al., 1986, p. 39)

當人們離開一個階段時，這一階段中的成就不會消失或與後來的階段

無關。Erikson警告我們當心，不要在思想上變得過於結構化：

> ……必須要避免對這整個概念的某些誤用。其中包括，信任感（以及所有其他的假設的積極感受）是一種成就，一旦在一個特定階段中獲得便一勞永逸。……我認爲，這種認爲每一階段所獲得的優點會免於新的內在衝突和變化的環境影響的假定，是對兒童的這種成功的意識形態發展的一種推斷，它會極其危險地彌散我們內在的和公然的幻想，使我們在新的工業歷史時代爲富有意義的生存而進行的激化的鬥爭中變得愚笨無能。(Erikson, 1963, pp. 173-174)

生活階段的這一概念應被用於強調對主導著各生活時期的自我及其他因素的不斷變化的取向。其重要的觀念是，一個人認識並體驗自己的生活方式，在不同的階段中有質的不同。

人類發展研究中另一種方法，是追蹤整個一生中的某種過程或系統。例如，我們可以考察從嬰兒期到晚年這一生中情緒機能方面的變化。這一方法或許可提供每一系統出現與變化的更爲詳細的細節。然而，在對人的各系統間的交互作用或對整體的人體驗自己生活方式的理解上，它並沒有多少貢獻。如果你希望研究一個特定系統在一生中的連續性及其變化，你不妨去參閱每一章中與你的興趣有關的那些段落。

在我們看來，從一個階段向下一個階段的轉變，是同一時間各種重要系統的變化的結果。需求、能力和期望的新的混合，產生對每一新階段中經驗的新取向。依我們的看法，一個人可以審視被研究者們所認爲每一階段重要的獨特的首要事務，來確認出每一階段重要系統。一般說來，發展的任務反映了在身體、認知、社會、情緒及自我的發展中要完成的各個方面。

發展的任務

發展的任務(developmental task)是心理社會學理論的第二個結構性概念，它界定了在一個特定社會中每一個年齡階段上健康的、正常的發展。這些任務形成一個序列：成功地完成一個階段的任務，導致發展及成功地完成下一階段任務的更大可能性。一個階段上的任務的失敗，導致今後任務的重大困難，或使今後的任務不可能完成。

Robert J. Havighurst

Robert J. Havighurst 出生於 1900年。1924年，他於俄亥俄州立大學在化學領域獲得博士學位。在他的成年生涯中，他是芝加哥大學人類發展委員會的會員。1974年他退休時，被授予發展與教育名譽教授。

Havighurst因在心理學、社會學和教育領域的許多貢獻而聞名於世。五十年代，他指導了一項重要的研究計劃，這項研究證明了在學校中不成功的孩子如何變得與社會相疏離。同時，他和他的同事們預測，約有30%的青年是生涯無目標的漂泊者以及與社會疏離的各社會階層的年輕人，雖然他們的背景多是中產階級和工人階級(Havighurst et al., 1962)。這是美國社會對大量不滿青年的少數評估之一。

Havighurst於1952年提出了發展任務的概念，並把這一概念運用於對整個一生的發展的分析之中。許多理論體系均圍繞這一概念而建立，因爲它關係著對人類發展基本過程的理解。Havighurst還提出了「可教導的時期」這一概念，即一個人對有關一項特定任務的學習最爲敏感的時期。

Robert J. Havighurst確信，人類發展是人們努力完成由他們所適應的社會所要求的任務的過程。這些任務隨年齡而變化，因爲每一個社會對行爲都有以年齡劃分等級的期望。「現代社會中的生活，是由要完成的任務構成的漫長序列。」(Havighurst, 1972, p. 2)任務完成得好的人，得到滿

帕伯羅・畢卡索,〈母性〉,1921年。進入父母身份的這一時期是一個可教導的時期。在這一重要的生活時期,成人們通常能夠接受新知識,願意嘗試新的行為,以便更有效地承擔起父母的角色。

足和獎賞;任務完成得不好的人,承擔不幸與社會譴責。

　　雖然Havighurst的發展觀強調社會在確定某一年齡需要獲得哪些技能方面的指導角色,它並沒有完全忽視身體成熟的作用。Havighurst認為,完成發展任務有其**敏感期**(sensitive period)。這是指一個人已成熟到最大限度地準備好獲得一項新能力的時期。Havighurst稱這些時期為**可教導的時期**(teachable moment)。大多數人都如期地、按照與他們的社會相適宜的順序完成發展任務。如果一項特定的任務沒有在敏感期中被掌握,要在以後完成它將會極其困難。

　　在敏感期內學習可提高以後生活中在此任務領域中的學習和表現。最初,技能是在敏感期裏發展起來的,這時期裏,許多內部和外部發生的條件都促進這一方面的發展。然而,即使這敏感期已過去,學習仍然可以繼續。例如,語言技能並不在幼兒期過去之後停止發展。使用新的複雜的語言方式在整個一生中都在持續擴展。老人問題研究專家們發現,在希望去歐洲旅行之前學習一門新語言的老年人中,動機在其語言技能的增進上深

具影響。

　　我們所辨別出的基本任務與Havighurst的有所不同。我們對任務的選擇集中在對現代、科技文化中每一年齡階段的心理與社會的成長相當重要的一般任務方面。我們認為，為數相對較少的一些極其重要的心理社會任務，主導著每一特定階段中一個人對問題解決的努力和學習。這些新的能力加強了人處理更為複雜的社會關係的才幹。依我們的思考方式，一個成功的社會，應促進那些幫助社會成員為自己及群體的生存而學習他們需要瞭解的事物的行為。

　　依我們的觀點，發展的任務由一套技能與能力構成，它們促進對環境的把握。這些任務可以反映出身體的、智力的、社會的或情緒的、技能的、或是自我理解的成就。例如，嬰兒期的發展任務之一，是產生對照顧者的依戀。這一任務出現於個人發展的早期，且必須在這一生中的這一時期完成。一個人在成年生活中發展親密關係的能力，是奠基於嬰兒期對照顧者最初的依戀感上。

　　要記住，人在每一生活時期裏是在各種重要水平間變化的。有關身體、情緒、智力、社會及自我發展的任務，都有助於提高人們應付生活考驗的能力。**表 2-1** 繪出了我們所確認的發展任務，它們對絕大多數現代社會中的人的生活經驗有著重要的影響；**表 2-1** 還說明了在其中各類任務具有重要學習價值的各個階段。

　　發展任務的完成受到前一階段中心理社會危機解決程度的影響。正是這一解決，導致了新的社會能力的發展。當一個人面對新的階段中的發展任務的考驗時，這些能力把他或她導向新的經驗、對種種關係的態度以及對自我價值的感受。接下來，在特定階段中，作為完成發展任務的結果而掌握的技能，為這一階段中心理社會危機的解決提供了有效的工具。任務的完成與危機的解決交織在一起，構成了個體的生活史。

心理社會危機

　　心理社會危機(psychosocial crisis)是心理社會學理論的第三個結構性概念(Erikson, 1950／1963)，它產生於一個人必須付出心理努力以適應每一發展階段中的社會環境的要求之時。「危機」一詞在這裏是指一系列的正常的緊張刺激與壓力，而不是一系列特殊的事件。在每一個發展階段中，

表2-1　各生活階段的發展任務

生活階段*	發展任務
嬰兒期（出生至2歲）	社會依戀
	感覺、知覺及運動機能的成熟
	感覺運動智能與原始的因果關係推理
	對物體性質的理解及範疇的建立
	情緒發展
嬰幼兒期（2至4歲）	移位運動的精確化
	幻想與遊戲
	語言發展
	自我控制
幼兒期（4至6歲）	性角色認同
	早期道德發展
	群體遊戲
	自尊
學齡兒童期（6至12歲）	友誼
	自我評價
	具體運算
	技能學習
	團隊遊戲
青少年前期（12至18歲）	身體成熟（包括性的成熟）
	形式運算（邏輯推理）
	情緒發展
	同伴群體成員資格
	性關係
青少年後期（18至22歲）	對父母關係的自主
	性角色認同
	內化的道德
	職業選擇
成年早期（22至34歲）	結婚
	生育子女
	工作
	生活方式
成年中期（34至60歲）	夫妻關係的培育
	家庭管理
	養育子女
	職業上的經營管理

（續）表 2-1　　各生活階段的發展任務

生活階段*	發展任務
成年晚期（60至75歲）	智慧活力的促進
	對新角色和活動的精力轉換
	對個人生活的接受
	建立一種死亡觀
老年期（75歲至死亡）	對老年身體變化的處置
	心理歷史觀的發展
	跨越未知的地帶

＊我們考慮，發展任務的概念不適用於出生前的階段。

社會及社會群體都對個體會有所要求。

　　社會要求隨階段不同而異。個體把這些要求體驗為對行為的適度卻持續的約束與期望。它們可能是對更好的自我控制、技能的進一步發展或對目標的更強之投入的要求。在每一個發展階段結束之前，個體努力達成一種解決，適應社會的要求，同時把這些社會要求轉換為個人內涵。這一過程產生一種**緊張狀態**(state of tension)，對此個體必須予以減除以便進入下一個階段。正是這一緊張狀態造成了心理社會危機。

　　(1)典型的心理社會危機。你或許對這種心理社會危機已極為熟悉，它是認同VS.認同混淆的危機，伴隨於青少年後期而出現。**認同危機**(identity crisis)是一個人賴以獲得日常生活意義和目的的價值觀與目標之體系的突然瓦解或退化。

　　認同危機通常涉及強烈的焦慮感和抑鬱感。這種焦慮的產生，是因為人們害怕沒有了這個明確的價值系統的結構，種種難以接受的衝動將會產生，自己會以可能有害或不道德的方式去行為。抑鬱的產生是因為人們突然感到自己沒有價值。當我們先前建立起的目標看上去似乎毫無意義時，我們往往會被種種覺得我們的行為對自己或對他人毫無意義或價值的感受所吞沒。

　　有兩種情況會使一個大學生的認同危機變得更加強烈，它們都引起對價值觀問題迅速且激烈的檢視。其一，進入一所與自己的價值取向顯著脫離且與教師接觸頻繁的大學的學生，認同危機會很突出。這些學生認識到，

他們與之頻繁交往且被假定對其認同的人，有著與自己相當不同的價值觀念。當這些有重要意義的成人考驗他們的價值觀時，他們突然感到一種失落。他們認為，他們應該敬仰和尊重成人，尤其是他們的教授。然而，他們也許會試圖拼命地維護自己舊有的價值系統，以便維持一種支配感。

當學生們有非常傳統的價值觀和明確的生涯目標，進入一所競爭性很強、很有聲望的私立學校時，就會產生這種衝突。例如，一個學生想進哈佛或耶魯大學，因為它們有地位和名氣。然而，這個學生可能完全沒有準備接受由這種學校所施加強烈的社會化壓力——客觀地檢驗思想、開放地面對新觀念，以及嘗試多種角色的壓力。進入一所有名望的人文科學學院與買一輛賓士汽車或一套布魯克斯兄弟牌(Brooks Brothers)西裝不同。它不只是一種地位的象徵；它也是一種會給無所準備的學生帶來強烈衝突的生活經歷。

如果外部要求強迫正處於探索、嘗試中的學生在尚不確定或困惑時作出價值觀的承諾，認同危機就會很突出。作出關於選主修課、投入一種戀愛關係，或在學校辯論中爭取某一立論之抉擇的需要，會使有些學生相信他們的確知道他們想要什麼。他們肯定會發現，他們的價值觀得到的塑造比他們意識到的更為全面。得到這一愉快發現的學生，會沿著達成認同的方向發展。然而，另一些學生會因這些對承諾的要求而陷入更大的混亂。對那種價值觀和目標最為適宜尚不確定的學生，在突然而至的對承諾的要求把這一現行的嘗試性價值結構推向瓦解時，會有被打敗的感覺。

(2)生活階段的心理社會危機。**表 2-2** 列出了自嬰兒期至老年的每一發展階段中的心理社會危機。這些危機被表示為對立的兩極——信任VS.不信任，自立VS.羞怯與懷疑。這些對立的狀態意味著每一心理社會危機沿其而得到解決的潛在向度的性質。依據心理社會學理論，絕大多數人都體驗過這一連續體的兩個極端。社會對個人在某一階段之初期與末期之發展機能的推動如果存有差異，會導致個人有消極狀態(至少是中等程度以上)的體驗。即使是在促進信任的愛與關懷的社會環境中，一個嬰兒也會體驗某些引起不信任感的挫折或失望的時期。即使學齡期最勤奮、有能力的孩子，也會遇上某些過於困難的任務，或某些與更有才華的同伴相比較之下的低能感。

每一階段中的危機的結果，是兩個相對力量的平衡或整合。對每一個

表2-2　各生活階段中的心理社會危機

生活階段*	心理社會危機
嬰兒期（出生至2歲）	信任對不信任
嬰幼兒期（2至4歲）	自主對羞怯與懷疑
幼兒期（4至6歲）	主動進取對內疚
學齡兒童期（6至12歲）	勤勉對自卑感
青少年前期（12至18歲）	群體認同對疏離
青少年後期（18至22歲）	個人認同對認同混淆
成年早期（22至34歲）	親密對孤立
成年中期（34至60歲）	創作、生產對停滯
成年晚期（60至75歲）	整合對絕望
老年期（75歲至死亡）	永生對死亡

＊我們認為發展任務的概念不適用於出生前的階段。

人來說，積極的和消極的體驗之相對頻率和重要性，都影響著這一危機被解決時在極為積極到極為消極的連續體上的某一點上。

應當注意到的是，完全積極或完全消極的解決的可能性是很小的。絕大多數人是朝著積極的方向解決危機的。也就是說，對大多數人來說，經驗的作用加上自然成熟傾向，有助於危機的積極解決。然而，每一個連續的階段上，隨著發展任務越來越複雜，以及遭遇到阻礙發展的社會障礙的可能性的增加，消極解決的可能性也不斷增加。每一個危機的積極解決，都提供了新的自我力量，這幫助人們完成下一階段的要求。

如果我們要理解每一生活階段的成長過程，我們就必須既考慮每一危機積極的一端，也考慮其消極的一端。這些消極的極端可讓我們瞭解人類脆弱性的基本方面。當這些消極面以中等程度被體驗時，可有助於澄清自我的狀況、個體性以及道德整合。例如，當令人所不期望的不信任不斷出現時，信任者能夠評估情境及人的可信任度是非常重要的。一個人必須能夠識別接觸中所發出的安全或危險的信號。能夠預見在某些關係中某些人與自己的需求或福利無關，算是一種長處。然而，一個傾向於不信任別人、在各種關係中都審慎從事的人，如果他或她想要有一種希望感，就還必須會評價人的可信任度。在每種心理社會危機中，與積極和消極的兩極相聯繫的經驗，對一個人所有方面的適應能力都有所貢獻。

為什麼用危機來概括人之生活呢？這一觀念恰當地描繪了個體的經驗

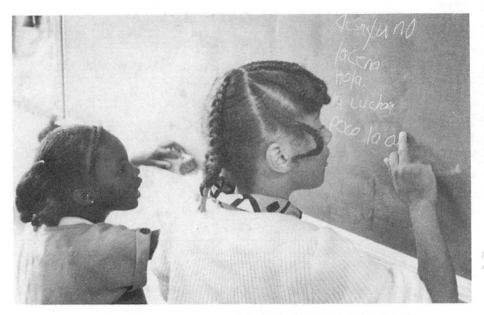

勤奮對自卑的心理社會危機表現為：一個兒童在其年輕的同伴眼光看來，發展出
語言技能上新水平的能力。實現新的成就水平的願望產生於同伴比較和社會評價
的文化背景之中。

嗎？它是否過分強調了衝突與異常？危機的概念意味著，正當的發展並不
是平穩流暢地進行的。這一理論假設：緊張與衝突是發展過程中的必要因
素。依據這一理論，危機及其解決是每一階段中基本的、有生物性基礎的
生活經驗的成分——實際上，正是它們驅動著自我系統發展出新的能力。
「生產之苦痛」發生在生活的每一個階段中。那些預期他們的問題在青少
年期後會消失的人，會極其失望的。

　　心理社會(psychosocial)這一術語在發展的危機這一概念加上了另一
方面。這些危機是文化壓力與期望的結果。這一理論認為，在正常的發展
過程中，無論處於何種文化，個體都將體驗壓力，因為社會總需要社會化
和整合它的成員。雖然這壓力本身並不是人的不適應性的結果，不能解決
它卻會嚴重地限制進一步的發展。在某種程度上，心理社會學理論嘗試說
明出現在生活每一個階段的發展中的失敗。危機的概念意味著，在任何一
階段中都有一些因素干擾成長，並減少一個人體驗個人成功的機會。

　　這種衝突的確切的性質在各個階段是不一樣的。例如，對嬰兒幾乎沒

有什麼文化限制；嬰兒期階段的結果極大地依賴於照顧者的能力。在學齡前期，文化在某些方面站在與兒童的主動進取相當對立的反面；而在另一些方面則對主動進取提供了豐富的鼓勵。在成年早期，主導的文化壓力是促進親密關係的建立；但由於文化規範反對某些形式的交往，一個人可能建立不起親密關係。

心理社會學理論認為，危機是成長中可以預測的部分。在每一生活階段，我們都能預見：在開始已經具備的能力與對這一階段的成長的期望之間的差異中，會產生某些壓力。除了這些可預見的危機之外，在一生中還會產生許多無法預測的緊張(Brim & Ryff, 1980; Klein & Aldous, 1988; Lazarus & Folkman, 1984)。父母離婚、兄弟姐妹的死亡、失業、喪偶，都是生活中某一時刻可能產生的危機。應付這些不能預料危機的需要也許會壓垮一個人，尤其是當幾個危機同時發生時。

然而，無法預料的危機也可能會導致新的成長和生命歷程中的某一時刻新能力的出現而成為轉機。換句話說，在心理社會學理論中所強調的可預見的發展壓力的構圖，還必須加以擴展以包括無法預料的危機的可能性(Kaplan, 1983)。這些偶然事件也許會促進發展，但也許會導致防禦、退化或恐懼。一種無法預料的危機的影響，決定於一個人此時是否正處於一種心理社會危機狀態。

解決心理社會危機的核心過程

每一種心理社會危機都反映了一個人在此階段之初的發展能力與指向更為有效、整合的機能的社會壓力之間的某種矛盾。在正常情況下，一個人對種種社會關係已準備好了某些新的技能和能力。我們的社會是以特定的方式組織起來的，它對依據重要的社會關係相互溝通的個體，提出與年齡相關的種種要求。例如，美國法律要求所有六歲的孩子要上學，但實際上是父母送他們去上學。美國法律要求美國國民要在學校待到十六歲，但促成人們一直就學的是同伴、老師、父母以及年輕人自己的抱負等因素。

由社會環境中的所有因素對一個人提出的要求，構成了Erikson (1982)所謂的**社會系統**(social system)。一個人的部分自我包括了一個社會過程系統，它對社會期望十分敏感。你周圍環境中的要求起著你的社會過程機轉的自然刺激物的作用。

帕伯羅‧畢卡索，〈兩歲的保羅〉，1923年。保羅是畢卡索的兒子，正伏桌聚精會神地畫畫。在這幅作品中，模仿這一核心過程得到極好的說明。不足為奇，一個幼兒會選擇這種行為作為對藝術家的父親的模仿形式。

　　我們已確認一種核心過程將會擴展心理社會學理論，每一個心理社會危機透過這一過程而被解決。**核心過程**（central process）是心理社會學理論的第四個結構性概念，它透過一種在每一生活階段中聯結個體需要與文化要求的機轉來展開。重要的關係與有關的能力在每一生活階段中變化。心理機能的特殊模式與社會交往的特殊模式，必然會隨一個人繼續的成長而產生。

　　例如，模仿被認為是嬰幼兒期（二至四歲）心理社會成長的核心過程。兒童透過模仿成人、兄長、電視人物、遊戲夥伴，甚至動物，來擴展他們的技能範圍。模仿似乎為幼兒提供了巨大的滿足。透過模仿，他們可增加自己與社會群體中他們所羨慕的成員之間的相似性。透過模仿遊戲中某些現象的成分，他們可以實踐對潛在危險或困惑的事件的某種控制。

　　兒童對模仿的準備性及可以觀察的對象的多樣性，促進了幼兒期向自主能力感的發展。模仿擴展了兒童所從事的行為的範圍。透過持久的模仿活動，兒童擴展對自己主動發生的行為和對自己行為的控制的認識。這種重複性經驗導致個人自主能力感的發展。

　　儘管模仿常被用於其他階段的學習和社會策略，它在嬰幼兒期的行為序列中比在其他任何生活階段都居為更主導的地位。而且，人們可以感到

表2-3　解決心理社會危機的核心過程

生活階段*	核心過程
嬰兒期（出生至2歲）	與照顧者的相互交往
嬰幼兒期（2至4歲）	模仿
幼兒期（4至6歲）	認同
學齡兒童期（6至12歲）	教育
青少年前期（12至18歲）	同伴壓力
青少年後期（18至22歲）	角色嘗試
成年早期（22至34歲）	同伴間的相互作用
成年中期（34至60歲）	個人-環境適應和創造性
成年晚期（60至75歲）	內省
老年期（75歲至死亡）	社會支持

＊我們認爲發展任務的概念不適用於出生前的時期。

社會——在這種情況中，是通過與父母的重要的關係——在敎一個兒童：
「很好，羅彼。現在看爸爸，照他的樣子去做。」這孩子的模仿傾向不僅
是發自內在的，他的社會也在告訴他：「模仿！它將幫助你學習。」

　　表 2-3 指出了種種核心過程。我們預期這些過程導致新技能的獲得、
心理社會危機的解決，以及成功地應付各個生活階段。所有這些過程似乎
都在一個特定階段的進程中具有重要的意義。每一個過程都可透過重要的
社會關係的組織得到鼓勵。

　　因應每一生活階段的挑戰的核心過程，爲獲取訊息和重組現有的訊息
提供了個人的和社會的機轉。它還提示了最有可能導致自我系統的修正以
便特定階段的危機得以解決的途徑。例如，五或六歲的兒童透過認同過程，
把許多他們父母的信念組合到他們自己的世界觀中去。他們開始評價許多
與他們父母同樣的目標和行爲。這樣，他們的自我系統以強調某些目標的
重要性而忽略其他目標的方式被重新組織。理想自我的形象因與新內化的
價值觀相聯繫而構成。每一種核心過程都引起自我系統的大量修正，包括
疆域、價值觀、對自己及對他人的印象的重新組織。

重要關係的範圍

　　Erikson(1982, p.31)指出了每一發展階段中**重要關係的範圍**(radius
of significant relationship)（見**圖 2-4**）。最初，一個人只集中於少數幾

在每一個發展階段中，我們有一個重要關係的範圍。那些與我們最密切的人是支持我們的思想的人，對他們，我們體驗著強烈的情感；和他們在一起，我們有理解、友誼和忠誠感。

種關係上。在兒童期、青少年期和成年早期，關係的數量不斷增多，且在深度和強度有了更大的多樣性。在成年中期至晚期，人們通常又退回到數量不多的幾種極為重要且為更大的深度和親密性提供機會的關係上。對一個人的大多數要求是由這些重要關係中的人所提出的。

在嬰兒期，這種重要的社會關係是與母親或養育者之間的。在這重要關係的另一方，最為常見的就是母親。不過，父親、兄長或替代性的照顧者，也可提供這種重要關係。一種重要的關係是必要的，但對一個嬰兒來說，可能不只有一種關係。

大多數嬰幼兒與更為廣義的照顧者們建立起關係。在學齡前期，與家庭成員(不僅包括父母，也包括兄弟姐妹、祖父母)之間的關係變得越來越強、越深。日益增多的與朋友和老師的關係也愈來愈重要起來。

在學齡期，重要的關係可見於與更為廣泛的人之間，包括鄰居和學校

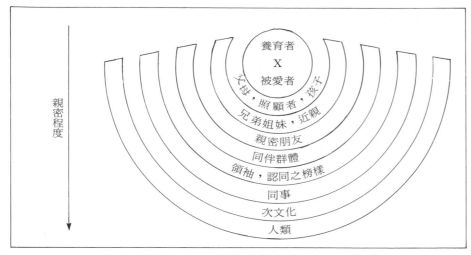

圖2-4　重要關係的範圍

裏的熟人。在青少年期,同伴群體、俱樂部和團體組織、工作及宗教群體,
都提供了幫助人們說明自身的新關係。

在青少年期,隨著人們努力於創建整合的個人認同,重要關係的範圍
擴展到包括導師、領袖和領導階層的對象。在成年早期,友誼、性關係、
競爭、合作伴侶都提供了重要關係。關係的深度成了新的注意焦點。此外,
對多數人來說,在這一時期自己的孩子的出現也成為重要關係的範圍。

在成年中期,重要關係是以家庭、工作和(或)社會團體為基礎的。關
係可擴展至在其他城市和國家中建立的友誼。成人們受著既對他們自己也
對他們的孩子和父母起作用的社會關係之影響。在成年晚期和老年期,重
要關係隨著一個人發展起對人類更為一般性的關係而變得更為抽象,同
時,也隨著一個人發展起對少數近親和尚存朋友的新的關心程度而變得更
為集中。就是這些關係傳遞了社會訊息並產生了緊張狀態。

依據Erikson的陳述,處理這一不斷變化的關係網的準備性是認識發
生論規劃的結果。每一個人在每一生活階段都有一個重要關係的網絡。這
一網絡確定了對每一個人提出的要求、他或她被照顧的方式,以及一個人
從這些關係中所推斷出的意義。這種關係網絡因人而異;但每一個人都會
有一個重要關係網絡及不斷增加的進入更廣闊社會領域的準備性(Duck,
1988; Grusec & Lytton, 1988; Higgins, Ruble & Hartup, 1985)。

因應行爲

因應行爲(coping behavior)是心理社會學理論的第六個結構性概念，包括解決壓力的積極努力和創設對每一發展階段的考驗的新解決方法。Robert White(1974)鑑別出因應過程的三個成分：(1)獲取和進展新訊息的能力。(2)維持控制人的情緒狀態的能力。(3)在環境中自由活動的能力。

因應行爲是心理社會學理論中的一個重要概念，因爲它使我們可以解釋新的、有想像力的、獨特的、有創建性的行爲是如何產生的。此外，它使我們能預見個體在其主動的社會生活中會採取新穎的、自發的和成功的行爲方式。因應行爲可被理解爲使個體有所發展和成長的行爲，以區別於那些在威脅面前維持心理安定的行爲。

White引起我們對高中畢業班學生應付考大學的策略的注意。那些走進大學校園、與那裏的學生交談、開始閱讀他們將要選的課程，或找一些能和大學生交往的暑假工作的學生，顯然不只是在維持他們現有的機能水平或重新確立平衡。他們是在設計種種因應策略，這些策略可導致有關這一環境的訊息的增加以及在這一環境中的能力的增加。

個體創造了他們自己的因應生活挑戰的策略。因應方式的差異旣反映了不同人對同一特定策略的反應，也反映了人們的才能和動機。試想一群

Robert W. White

五歲大的孩子第一天上幼稚園的情景。有些孩子只是坐著，害羞地看著老師和其他孩子。有些孩子在所有設施上爬來爬去，希望發現新的玩具。還有些孩子跟老師或其他孩子交談，打聽他們的姓名，交朋友，或談論上學校來的汽車。所有這些策略都可以認為是在一種新的、有潛在危險的環境中，保持一定程度的自立和整合性的同時蒐集訊息的方法。這些方法無所謂誰正確或最佳，只要它可幫助人獲得訊息、活動的自由，以及對由新挑戰引起的情緒的某種控制。

個人特殊的因應方式似乎受多種因素的影響，包括性別、可能的資源、人際關係的性質，以及生活經驗的積累。此外，人格對人的因應方式賦予了某種一致性。例如，有氣質性困難的兒童——即易怒的和膽怯的孩子，難於建立正常的飲食、睡眠、大小便習慣的孩子，以及活動量很高的孩子——被發現：在他們遭遇如離婚或家庭經濟困難的不幸時，缺乏對適應變化的準備性，而且顯得十分脆弱(Hetherington, 1989; Rutter, 1987)。

每個人的因應方式都會因經歷某些發展而轉換。隨著不斷的成熟，人們更加哲學化地探索壓力事件。他們不再像年輕人那樣使用簡單的因應方式，如對自己的不幸逃避、拒絕，詆毀他人。他們能夠重新認識消極事件，從中尋找某些積極的結果，或從更為積極的意義上重新說明它。已達到較高成熟水平的成人往往能夠確定什麼時候是採取行動的最好時機，什麼是調適情境的最好時候(Folkman et al., 1987; Labouvie-Vief, Hakim-Larson & Hobart, 1987)。

(一)主要適應自我的品質

Erikson(1978)提出**主要適應自我的品質**(prime adaptive ego quality)這個主張，認為這些品質是因作為特定階段心理社會危機的積極解決的結果而產生的，並且為下一階段的因應提供了資源。他把這些品質描述為心理狀態，它們構成解釋生活經驗的基本意向。例如，一種能力感可使一個人感到自由地運用他或她的智慧去解決問題而不被無能感所打敗。

基本的自我品質及其定義列在**表 2-4** 中。自我品質對一個人主導的世界觀起了很大的作用。在整個一生中，個體必須重新建構這一世界觀以調適新的自我品質。

(二)核心病症

與每一種潛在的自我力量相對應的，是潛在的**核心病症**(core pathol-

表2-4　每一心理社會階段中主要的適應性自我品質

階　　級	自我品質	定　　義
嬰兒期	希望	關於一個人能獲得深入的與基本願望的持久信念
嬰幼兒期	意志	進行自由選擇和自我控制的決定
幼兒期	目的	想像和追求有價值的目標的勇氣
學齡兒童期	能力	在競爭任務中自由地運用技能和智慧
青少年前期	忠誠（Ⅰ）	自願地承諾和維持對他人忠誠的能力
青少年後期	忠誠（Ⅱ）	自願地承諾並保守對價值觀和意識形態忠誠的能力
成年早期	愛	超越兒童期依賴的相互作用的能力
成年中期	關懷	對後代的關心的投入
成年晚期	智慧	面對死亡時，對生命本身的超然而積極的關切
老年期	信心	對自身的清醒的信賴和對生活意義的自信

Source: Adapted from Erik H. Erikson, "Dr. Borg's Life Cycle," in *Adultbood*, ed. Erikson, pp. 1-31(New York: Norton, 1978).

ogy)，或叫破壞力(Erikson, 1982)。每一種核心病症對行為都有一種指導意向(見**表 2-5**)。這是一種心理社會危機的嚴重消極解決的後果。在極端情況下，它往往阻礙對人際環境的進一步探索，並被帶入隨後的心理社會危機的解決方式之中。通常是指向將完成一個階段的發展任務的力量，轉變成阻止或避免變化。這些核心病症並不是對發展簡單的消極限制或障礙；它們是有效力的策略，可防止個體進一步捲入與社會系統所不期望的聯繫之中。

對心理社會學理論的評價

　　雖然我們認為心理社會學理論為人類發展領域中組織數目眾多的觀察提供了有用的理論架構，但我們也認識到它既有優點也有缺點。如果我們要做這一理論本身可能影響我們的思維的方式保持敏感，就必須瞭解它的優點和缺點。心理社會學理論的優缺點列在**表 2-6** 中。

優點

　　心理社會學理論為研究發展提供了一個十分廣泛的背景。這理論把兒

表2-5　每一生活階段的核心病症

階　段	核心病症	定　義
嬰兒期	退縮	社會及情緒孤立
嬰幼兒期	強烈衝動	由衝動或對表現衝動的約束所引起的重複行為
幼兒期	抑制	防止思想、表情和活動自由的心理約束
學齡兒童期	懶惰	阻礙創造性活動的行為與思想上的麻痺
青少年前期	孤獨	缺乏同伴
青少年後期	排斥	拒絕那些被認為是與自己相對立的價值觀和角色
成年早期	排他性	拒人千里的精英領導主義
成年中期	拒絕性	在對後代的關心中不願包括他人或其他群體
成年晚期	輕蔑	蔑視自己和他人的缺陷和脆弱性的感受
老年期	羞愧	因過度自我懷疑而不能行動

Source: Adapted from Erik H. Erikson, *The Life Cycle Completed* (New York: Norton, 1982), pp. 32-33.

表2-6　對心理社會學理論的評價

優　點	缺　點
這一理論提供了一個廣泛的背景，把各生活階段的發展與社會的支持與要求聯繫起來。	這一理論的基本概念是抽象的和難以操作化的。
這一理論強調自我的發展以及一生中健康發展的方向。	解決危機和從一個階段轉入下一階段的機轉沒有得到很好的闡述。
它為心理治療提供了一個有用的架構。	階段的特定數量以及它們與發展的遺傳規劃的聯繫沒有得到充分的說明，尤其是在成年期。
它強調遺傳規劃與文化和社會力量在指導個體發展中動態的交互作用。	這一理論由男性的以歐洲為中心的觀點為主導，對個體性的出現給予過多強調，而對社會能力和社會需要則強調不夠。
正常的心理社會危機的概念對檢查個體與社會間的緊張提供了一套有效的構念。	文化在每一生活階段促進或抑制發展的特殊方式沒有被清晰地說明。

童發展的過程與以後成人的生活階段、與社會的需要、與人際之間相互作用的社會能力，聯繫了起來。雖然許多學者都同意這樣一種廣泛的視野是必要的，卻鮮有其他理論嘗試說明個體發展與社會之間動態的相互作用。

心理社會學理論對自我發展和自我過程的強調，提供了對一生中健康的發展方向的說明。與此同時，這一理論在探索心理治療與諮詢方面是一個有用的架構，因為它為確認每一生活階段中可能擾亂發展的壓力提供了一個指南。它還提供了一種治療上的見解，肯定個體對自身的健康所起的作用。

這一理論提供了由遺傳所確定的發展規劃與在文化和社會的影響力之間，塑造每一生活階段發展過程上相互作用的動態架構。

正常的心理社會危機概念是這一理論的創造性貢獻。它確定出整個一生中社會化與成熟之間可預見的緊張。社會及其相關的結構、法律、角色、禮儀和禁忌，組織起來指導著個體向一個成熟的成年期的特定理想發展。如果人們沿著這一方面自然地、作為一種展開性、遺傳確定的規劃結果而發展，這些精緻複雜的社會結構恐怕也就沒有什麼必要了。但每一個社會在其試圖平衡個人需要與群體需求時，都會面對種種困難。所有的個體在其試圖體驗自身個體性的同時，又維持其對群體的支持，也面對種種困難。心理社會學理論給予我們種種概念來探討這些自然壓力。

缺點

心理社會學理論的缺點之一是，它的基本概念是以抽象的、難以實徵檢驗的語言所闡述的哲理(Crain, 1985; Miller, 1989)。諸如**主動進取的**(initiative)、**個人認同**(personal identity)和**創造生產性**(generativity)是很難操作定義的，甚至很難轉換為客觀的測量。然而，在這方面已有許多努力，以James Marcia的工作為先導。Alan Waterman, Anne Constantinople及其他人對檢驗個人認同的結構作了大量的貢獻。另一些研究者著手解決親密性這一概念，還有一些人則試圖使創造生產性這一概念操作化。這些研究表明：對心理社會學理論內涵的精細檢驗，似乎須藉助天才才會有大收穫。除了著手檢驗心理社會學理論的研究，有許多研究採納了它的結構。在我們將考察的每一個生活階段中，你會發現有一種研究與心理社會學理論的構成概念有明顯的聯繫。

這一理論的另一個缺點是，解決危機以及由一個階段轉向下一個階段的機轉並不很健全。Erikson並沒有爲危機的解決提供一個普遍化的機轉，他也沒有考慮那些能讓一個人成功地因應一個階段的危機所必要的種種經驗。我們在介紹每一階段發展的任務和發展過程的概念時，曾提出過這一缺點。發展任務提示了某些使一個人滿足各階段社會期望的重要成就。核心過程確認出種種在其中解決危機的主要社會情境。運用這兩種工具，我們隱約看到了有關選定發展任務的方式的答案。

各階段的特定數目，以及它們與發展以生物性爲基礎的規劃的關係，受到了批評(Crain, 1985)，尤其顯著的是在對成人期階段的討論中。其他人類發展理論家如Robert Peck, Robert Gould, Deniel Levinson和Marjorie Lowenthal，對成年期及其後的生活階段有相當不同的看法。我們透過把青少年期看作兩個不同的階段，並加上一個成人階段(即老年階段)，來對這些批評作出回應。你也將會讀到關於出生前胎兒期的重要發展問題。對這一階段Erikson的理論並未探討，但顯然這一階段在確定一生的脆弱性和能力方面扮演著重要的角色。在我們看來，這些修正對這一理論不具威脅性。事實上，它們表明了一個理論架構會隨著在新的歷史時期接觸新的觀察而自然進化。

最後，這一理論還因其是由男性的、以歐洲文化(例如維多利亞之男性化主義)爲中心的、個體性的觀點所主導而受到批評(Gillian, 1982)。由於它強調自我發展和自我認同，這一理論對探索諸如同情、助人、利他、採納他人的觀點取替、合作等能力如何在兒童期出現、這些重要的社會能力如何貢獻於成年期的有效機能等問題，並沒有很大價值。雖然這一理論說明了社會在塑造個人方面的作用，以及個人在指導他或她自己的發展過程中的作用，但我們人類似乎有著極爲廣泛的社會交往能力和對社會聯繫的需要，因此它們必須得到更爲詳盡的研究。

本章總結

心理社會學理論提供了一種畢生的發展觀。發展是個體與其社會環境之間相互作用的產物。在概括人類發展時，必須對個體的和社會的需要和

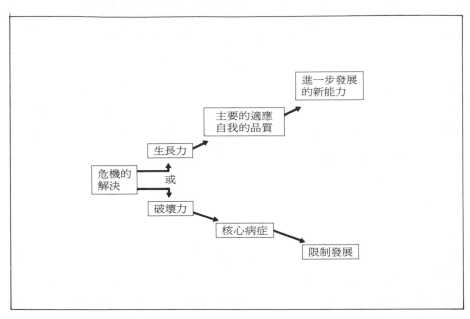

圖2-5　積極的和消極的心理社會發展的機制

目標均予以考慮。在心理社會階段的順序、涉及每一階段危機的解決的核心過程，以及重要關係的範圍上，發現有其預測性。個體性是在發展任務的完成、世界觀的發展、個體所採用於每一新的生活考驗中因應策略的方式和來源所呈現的。

　　在這一章開始處，我們討論了為評價一個理論而必須提出的三個問題。現在讓我們就心理社會學理論來回答這些問題。

(1)「這一理論試圖解釋哪些現象？」這一理論試圖解釋整個一生的人類發展，尤其是自我理解、社會關係及世界觀方面的模式變化。

(2)「這一理論作了哪些假定？」人類發展是三個因素的產物：生物進化、個體與社會群體之間的交互作用、個體對其自身的心理成長所作的貢獻。

(3)「這一理論預測了什麼？」有十一個獨特的發展階段。發展的任務由每一階段生物與文化的交互作用所決定。每一個發展階段中產生一種正常的危機，透過一個核心過程實現對危機的解決。每一個人是一個不斷擴張的、傳遞著社會期望與要求的重要關係網中的一部

表2-7　各階段的組織結構

生活階段	發展的任務	心理社會危機	核心過程	主要的適應自我的品質	核心病症	應用專題
出生前 (懷孕至出生)						墮胎
嬰兒期 (出生至2歲)	社會依戀 感覺、知覺、運動機能的成熟 感覺運動智慧與原始的因果關係 對物體性質的理解，建立範疇 情緒發展	基本信任對基本不信任	與照顧者的相互關係	希望	退縮	父母的角色
嬰幼兒期 (2至4歲)	動作的精細化 幻想與遊戲 語言發展 自我控制	自主對羞怯與懷疑	模仿	意志	強烈衝動	紀律
幼兒期 (4至6歲)	性角色認同 早期道德發展 群體遊戲 自尊	積極進取對內疚	認同	目的	抑制	電視的影響
學齡兒童期 (6至12歲)	友誼 具體運思 技能學習 自我評價 團隊遊戲	勤勉對自卑	教育	能力	懶惰	性教育
青少年前期 (12至18歲)	身體成熟 形式運思 情緒發展 同伴群體中的成員 性關係	群體認同對疏離	同伴壓力	忠誠(Ⅰ)	孤立	青年人酗酒
青少年後期 (18至22歲)	相對父母的自主 性角色認同 內化的道德 職業選擇	個體認同對認同混淆	角色嘗試	忠誠(Ⅱ)	排斥	生涯抉擇
成年早期 (22至34歲)	結婚 生育及養育子女 工作 生活方式	親密對孤立	與同伴的相互關係	愛	排他性	離婚
成年中期 (34至60歲)	夫妻關係的培育 管理家庭 養育子女 職業上的經營管理	創造生產對停滯	個人——環境適應和創造性	關懷	拒絕性	成人與他們的老年父母

（續）表 2-7　　各階段的組織結構

生活階段	發展的任務	心理社會危機	核心過程	主要的適應自我的品質	核心病症	應用專題
成年晚期 （60至70歲）	智慧活力的促進 對新角色的精力轉換 接受個人生活 建立一種死亡觀	整合對絕望	內省	智慧	輕蔑	退休
老年期 （70歲至死亡）	對老年身體變化的處置 心理歷史觀的發展 跨越未知的地帶	永生對死亡	社會支持	信心	羞愧	滿足脆弱的老年人的需要

分。這些關係也可在面對挑戰時提供支持。新的行為在整個一生中不斷成為可能。

　　如果一個人在每一成長階段的進程中因其技能的獲得和危機成功解決的結果而獲得了產生新行為和新關係的能力，發展就很樂觀。發展貧乏和核心病症是限制一般行為，特別是新行為（尤其是社會行為）和傾向的結果。積極的和消極的發展機轉描繪於**圖 2-5** 之中。

　　心理社會學理論的基本概念為分析十一個生活階段中的發展提供了一個架構。從第四到第十四章，每一章都用於描述一個生活階段。除第四章是以懷孕和胎兒期發展為主外，每一章都以對應階段的發展任務的討論為開始。隨著我們跟蹤身體成長、情緒成熟、智力、社會關係以及自我理解方面的發展，你會開始認識到：在每一生活階段中，各方面的發展是同時展開且相互聯繫的。在每一章的第二部分，我們用所討論的材料分析一個特選的、我們認為與我們的社會有關且持久關心的專題。這些專題可能是有爭議的：隨著它們被深入理解，它們會令人感慨不已。我們用這些內容的意圖在於促進發展原理對其他現實問題的應用。

　　花些時間研究一下**表 2-7**。你可以用這張表作為本書重大主題的指南。它會幫助你瞭解每章中各原理間的聯繫，或追溯各生活階段連續性的線索。你也可以用這張表為你自己做一幅生活圖。它將揭示出影響你的自我概念和你與他人關係的各種緊張層次和主要的心理社會因素。

參考文獻

Brim, O. G., Jr., & Ryff, C. D. (1980). On the properties of life events. In P. B. Baltes & O. G. Brim, Jr. (eds.), *Life-span development and behavior* (pp. 368–388). New York: Academic Press.

Coles, R. (1970). *Erik H. Erikson: The growth of his work*. Boston: Atlantic–Little, Brown.

Crain, W. C. (1985). *Theories of development: Concepts and applications* (2nd ed.). Englewood Cliffs, N.J.: Prentice-Hall.

Davison, M. L., King, P. M., Kitchener, K. S., & Parker, C. A. (1980). The stage sequence concept in cognitive and social development. *Developmental Psychology, 16,* 121–131.

Duck, S. (1988). *Handbook of personal relationships: Theory, research, and interventions*. New York: Wiley.

Erikson, E. H. (1950/1963). *Childhood and society*. New York: Norton.

Erikson, E. H. (1958). *Young man Luther*. New York: Norton.

Erikson, E. H. (1968). *Identity: Youth and crisis*. New York: Norton.

Erikson, E. H. (1969). *Gandhi's truth*. New York: Norton.

Erikson, E. H. (1978). Reflections on Dr. Borg's life cycle. In E. H. Erikson (ed.), *Adulthood* (pp. 1–32). New York: Norton.

Erikson, E. H. (1982). *The life cycle completed: A review*. New York: Norton.

Erikson, E. H., Erikson, J. M., & Kivnick, H. Q. (1986). *Vital involvement in old age*. New York: Norton.

Fischer, K. W., & Silvern, L. (1985). Stages and individual differences in cognitive development. *Annual Review of Psychology, 36,* 613–648.

Flavell, J. H. (1982). Structures, stages, and sequences in cognitive development. In W. A. Collins (ed.), *The concept of development* (pp. 1–28). Hillsdale, N.J.: Erlbaum.

Folkman, S., Lazarus, R. S., Pimley, S., & Novacek, J. (1987). Age differences in stress and coping process. *Psychology and Aging, 2,* 171–184.

Gilligan, C. (1982). *In a different voice*. Cambridge, Mass.: Harvard University Press.

Grusec, J. E., & Lytton, H. (1988). *Social development: History, theory, and research*. New York: Springer-Verlag.

Havighurst, R. J. (1972). *Developmental tasks and education* (3rd ed.). New York: David McKay.

Havighurst, R. J. et al. (1962). *Growing up in River City*. New York: Wiley.

Hetherington, E. M. (1989). Coping with family transitions: Winners, losers, and survivors. *Child Development, 60,* 1–14.

Higgins, E. T., Ruble, D. N., & Hartup, W. W. (1985). *Social cognition and social development: A sociocultural perspective*. New York: Cambridge University Press.

Huxley, J. (1941). *The uniqueness of man*. London: Chatto & Windus.

Huxley, J. (1942). *Evolution: The magic synthesis*. New York: Harper.

Kaplan, H. B. (1983). *Psychosocial stress: Trends in theory and research*. New York: Academic Press.

Klein, D. M., & Aldous, J. (1988). *Social stress and family development*. New York: Guilford Press.

Labouvie-Vief, G., Hakim-Larson, J., & Hobart, C. J. (1987). Age, ego level, and the life-span development of coping and defense processes. *Psychology and Aging, 2,* 286–293.

Lazarus, R. S., & Folkman, S. (1984). *Stress, appraisal, and coping*. New York: Springer-Verlag.

Levin, I. (1986). *Stage and structure: Reopening the debate*. Norwood, N.J.: Ablex.

Miller, P. H. (1989). *Theories of developmental psychology* (2nd ed.). New York: W. H. Freeman.

Piaget, J. (1950). *The psychology of intelligence*. New York: Harcourt, Brace; London: Routledge & Kegan Paul.

Rutter, M. (1987). Psychosocial resilience and protective mechanisms. *American Journal of Orthopsychiatry, 57,* 316–331.

White, R. W. (1974). Strategies of adaptation: An attempt at systematic description. In G. V. Coelho, D. A. Hamburg, & J. E. Adams (eds.), *Coping and adaptation* (pp. 47–68). New York: Basic Books.

人是怎樣從小變老的？本章論述的理論對這一問題提供了種種答案。

第 3 章

變化的理論

當我們考察人的畢生發展時，重要的是能夠從發展模式的一般性看法轉入對特殊變化過程的解釋。心理社會理論為我們探究人的發展提供了概念保護傘，但是我們也需要其他理論在不同的分析層次上來解釋行為。如果我們要說明一生中的穩定性和可變性，我們就需要有理論構想，來幫助說明全面的演化上的變化、社會和文化的變化，以及個體的變化。我們也需要有種種概念，來幫助解釋生活經驗、成熟因素，以及一個人自己的經驗結構對生理的、認知的、社會的、情緒的和自我的發展模式的作用。

本章介紹七個主要理論的基本概念：演化論、文化理論、性心理理論、認知理論、學習理論、社會角色理論和系統理論。幾種理論觀點的綜合運用，有助於我們解釋行為時保持靈活性，並能促進我們理解個體與社會系統的整合。

生物的演化

演化論乃是要解釋形形色色、日益複雜的生命形式是如何生存的。演化論假定，適用於植物和動物生活的自然法則同樣適用於人。這一理論對研究人類的發展非常重要，因為它把人類納入到了眾多生命形式的行列中。演化論著重強調種種生物力在支配生長中的重要性，以及**物種**(species)作為對特殊環境的生物適應的結果的變遷。

物競天擇

Darwin確信，不變的自然法則從始至終普遍適用。這一假設稱作**均變說**(uniformitarianism)，是由Charles Lyell(1830／1833)提出的。它所提出的挑戰，是要人們去發現物種由生命之初演變到現在的基本機轉。Darwain(1859)發現的這一機制就是**物競天擇**(natural selection)。

每類物種都要繁殖許許多多的後代，但由於食物供給和自然威脅的限制，存活下來能夠繼續繁殖的後代只佔少數。Darwin觀察發現，在任何一特定地區，同一物種的成員中都有諸多**變異性**(variability)。一些個體比其他個體更適合於當前的環境，它們更有可能存活、交配及繁衍後代。其後代也更有可能具有適合該地區的特性。於是物種將變得更能適應生存或將

進化為新的物種。若環境發生了變化，有機體中只有某些變種能夠存活，而物種也會再一次進化。那些沒有成功地適應環境的生命形式將逐漸絕跡。正是物種內的變異性保證了物種的延續，或物種的進化，理解這一點是非常重要的。變異性是經由遺傳機轉產生的。

物競天擇法則被人們稱作**適者生存**(survival of the fittest)原則。這是由Herbert Spencer(1864)首次提出的。適者生存一語通常會使人聯想到同一物種內的成員相互廝殺的情景。這並不是Darwin原理的本意。Darwin是以下述方式描述這一過程中的：

> 可以這樣比喻，物競天擇時時刻刻審視著整個世界最輕微的變化；剔除不好的成份，保留、增加所有有益的成份；潛移默化地起著作用，不論何時何地，只要一有機會，就去改善有機體，以使它能更好地適應生活環境。我們無法看到這些緩慢的發展變化的過程，直至時間已流逝長久，而我們對過去漫長的地質年代又所知甚少，以至我們看到今天的生命形式已與其原初大不相同，唯此而已。(Darwin, 1859／1979,p.77)

適應

適應是進化的基礎過程——透過這一過程，生物發展了那些使它們能夠在某一特殊環境中茁壯成長的特性。適應可以在生物水平上起作用，即導致後代某些身體特性的變化。適應也可以在行為水平上起作用，即引起行為類型的改變。

(一)生物適應

生物適應可由花斑蛾的顏色予以說明。花斑蛾最初都是銀白色的，身上帶有花斑。當它們在長滿地衣的樹上棲息時，其顏色提供了非常好的偽裝。地衣是一種生長在岩石和樹上的簡單植物形式。但在空氣污染殺死了地衣並弄黑了樹幹的地方，花斑蛾的黑色變種則具有適應優勢。因此，在許多工業區，黑色的花斑蛾幾乎完全取代了銀白色花斑蛾。

(二)行為適應

行為適應是學習而來的行為。它們並不影響後代從其祖先那裏繼承的遺傳訊息。我們人類通過撫養子女的實務經驗、學校和其他文化實體來遺

隨著環境污染的加重，銀白色花斑蛾更容易被發現和吃掉，而深色的花斑蛾則存活下來。

傳我們的行為適應。由於我們具有傑出的發展行為適應的能力，我們可以在相當多變的環境條件下生息繁盛。

行為適應可由世界各地不同氣候條件下出現的服裝類型得到證明。在炎熱的熱帶氣候、炎熱的乾燥氣候、溫帶氣候和寒帶氣候下，人們所穿的服裝類型各不相同。這類行為適應對個體的生存是十分必要的。其他的行為適應，如確定適宜的婚姻配偶的求婚儀式及規則，影響著個體繁衍的機會。

演化與人種

「如果我們把一月一日作為地球上生命的起點，那麼，海洋脊椎動物的首次出現是在十一月二十四日，恐龍是在十二月十六日，而人則在十二月三十一日晚上十點十五分出現。」(Lerner & Libby, 1976)

人類種族的演化始於約二百萬年以前的**能人**(Homo habilis)和**直立人**(Homo erectus)。人類學家對現代人的起源——**智人**(Homo sapiens)持兩種不同的觀點。這兩種理論可以很粗略地描述為進化的「分支燭架」模型和進化的「諾亞方舟」模型。**分支燭架模型**(candelabra model)認為，現代人是在世界的幾個地方同時進化的。這種觀點贊成進化的連續性，遠

Charles Darwin

　　Charles Darwin(1809~1882)生於一個對演化論思想有著傳統信仰的知識世家。Darwin的祖父Erasmus Darwin是創立演化論的先驅之一。還在學生時代，Darwin就厭惡機械式的傳統學習模式，他喜歡長時間待在戶外，探索自然並苦思其奧秘。

　　青年時期，Darwin被送去學醫。他發覺聽課令他厭煩，而工作也同樣乏味。於是，他離開了醫學院，這使他父親極為失望。此後Darwin又被送到劍橋學神學，準備將來當牧師，但他發現，學神學比學醫更加乏味。因此，他仍舊花大量時間到戶外，探索自然。

　　1831年，機會來了，Darwin成為英國艦船獵犬號(H. M. S. Bcaglc)上的隨船博物學家，這允許他以一種從個人和職業角度均可接受的方式縱情沉迷於其愛好。船員們的任務是航行到南美洲，勘查南美洲海岸及太平洋島嶼以繪製該地區的地圖，同時還要收集、記錄該地區植物和動物的生活資料，航行從1831年持續到1836年。在這些年裏，Darwin在探索他所遇到的自然現象中顯示了無限的活力。

　　回到英國以後，Darwin專心於著手研究所收集的標本，並思考其觀察資料。他不辭勞苦地留心每一細節。二十年過去了，他漸漸形成了他自己的關於物種如何變化並發展成新的植物或動物形式的理論。然而，他一再延遲發表自己的觀點，並不斷去搜集支持其論點的實例。直到1859年，當他得知另一個博物學家Alfred Russell Wallace將要提出一個非常相似的觀點時，Darwin才不得不出版了《物種起源》(*The Origin of Species*)。

從進化的觀點來看，物種的未來依賴於物種內的各個成員交配、生殖及撫養幼兒，直到他們能夠交配、生殖為止的能力。

古的直立人祖先隨著身體外觀與特徵的逐漸變化而進化為現代的智人。按照這種觀點，亞洲人、非洲人、歐洲人和澳洲人的種族差異是非常古老的，在各個地理區域，在直立人向智人轉變的早期，這種差異就已經出現了。

　　諾亞方舟理論(Noah's Ark theory)認為，現代人由一群共同的祖先——智人進化而來。這些智人極可能源於約二十萬年以前的非洲，後來分散到整個東半球(指歐洲大陸)，取代了較原始的人類。按照這種觀點，從遠古人到現代人並不存在進化的連續性，而是一群人的迅速絕跡(迅速〔rapid〕指的是大約在一千到一萬三千年之間)和另一群人的迅速膨脹。諾亞方舟理論導出這樣的結論，我們今天所觀察到的人種差異並非基於遠古時的地區差異，而是智人在世界許多地方定居以後逐漸形成的。

　　化石證據和遺傳學證據的結合強有力地支持了諾亞方舟理論(Lewin, 1987; Tattersall, Delson, & Van Couvering, 1988)。在世界許多地方發現的化石證據，其特徵如此相似，以至於看起來這些人類似乎不大可能沒有一個近代的共同祖先卻沿著那樣共同的進程獨立地進化。藉助於分子生物學的技術，我們能夠追踪粒線體DNA的特徵，其結果表明，在歐洲、亞洲和美洲的許多地區發現的現代人彼此非常相似，這暗示著他們有共同的

進化理論與情緒

　　透過對人類行爲和與之相關的各種動物行爲之間的關係的研究，Darwin（1872／1965）對情緒的適應機能發生了興趣。他提出，情緒表現最初是重大的生存行爲如攻擊、移動、防禦、呼吸和注視的一種準備形式。經過進化，這些情緒表現變成了交際系統的組成部份。情緒表現，特別是面部表情，表露了個體對社會群體中其他成員的內部狀態。

　　皺眉是一種有明顯的適應性根源的表情。它由緊張地注視於接近面部的物體而引起。許多物種——包括狗、捲尾猴和人——當他們皺眉時，眉毛一般都降低。這種移動可能有助於眼神集中於物體，避免目光分散，並在物體位置突然變化時保護眼睛。就大多數動物而言，直視是興趣集中、很少或沒有恐懼的跡象。通常，兩眼直瞪和隨即皺眉是攻擊的先導。皺眉已成爲猴子、猿和人自信與表示威脅的一種表情。

　　進化觀點認爲，一些基本的情緒是先天的，它們無需練習或模仿他人即可發生。嬰兒的情緒發展爲這種觀點提供了一些證據。在嬰兒早期，我們可以觀察到嬰兒的吃驚、愁眉苦臉、微笑和厭惡的表情，所有這些都是反射性的反應。當然，個體在兒童期和成年期對情緒的解釋、表達或抑制，依賴於文化背景和個體的認知能力。

遺傳祖系。如果他們由當地的原始祖先獨立進化而來，那麼其DNA就不會如此相似。

　　於是，漸漸成形的畫面是，一群共同的現代祖先，他們的後代移居到世界各地並統治了其他人種。這種統治可能是微妙的，而不是靠公開的戰爭或競爭。現代人在狩獵技能、製造工具和制訂計劃方面的一些優勢使他們能夠建立可靠的高品質食物來源，這使他們掌握進化的優勢。假定兩種人類形式——現代的和古代的智人，他們暫時在同一地理區域並肩生活，那麼一種分析認爲，較古老的人種死亡率百分之二的增長，會導致他們在三十代之內被較現代的人種所取代（Zubrow，引自Lewin, 1987）。

人類是由**哺乳動物**（mammal）進化來的，人類具有種種使之與哺乳動物這一更大的群體相聯繫的特徵。人類生育活潑的幼兒。母親用乳腺分泌的乳汁哺乳幼兒。我們的身體覆蓋著皮膚，它們為毛髮所保護。我們也有與其他**靈長目**（primate），包括人、猿、猴子、狐猿和眼鏡猴一類的哺乳動物相聯繫的一些特徵。靈長目具有十個主要特徵：

(1)眼睛逐漸向頭部中綫位置移動，並繼而形成立體(三維)視覺。

(2)手足保留五指，四肢保留主要的骨骼——鎖骨、橈骨和腓骨。

(3)手指和足趾(尤其是拇指)逐漸發展，增加了手足的靈活性。

(4)指甲變平，取代了爪，而且指尖的肌肉也日益敏感。

(5)鼻子逐漸變短，嗅覺器官體積減小，嗅覺的敏銳度隨即降低。

(6)腦的體積大大增加。

(7)胎兒期和嬰兒期的發展時間延長。

(8)牙齒數量減少並保留簡單的臼齒系統。

(9)身體體積全面增加，漸漸發展成直立的身材，增加了運動對下肢的依賴。

(10)出現複雜的社會組織。

上述每一特徵都對人類行為的基本特性有所貢獻。手的結構的變化允許我們以物體為工具靈活地操作。對嗅覺依賴的降低和對視覺依賴的相對提高，改變了我們探索環境的方式。也許，對人類來說，上述特徵中最關鍵的一項是腦的體積、結構和複雜性的變化。胎兒和嬰兒發展期的延長，為我們研究人的發展提供了進化的根據。

所有的人，不管其文化背景如何，都共享其作為同一物種聯結在一起的一些特性。他們能夠交配並生兒育女，其子女又能繼續生育。他們創造用於交際的符號語言。他們累積知識並將知識世代相傳。他們有自我意識，即他們提出關於自身起源的問題並預測自身的死亡。

動物行為學

動物行為學（ethology）是從演化的觀點出發，對行為的生物基礎的比較研究。它根源於Charles Darwin關於「本能」的進化的思想。這種思想在二十世紀三十年代為歐洲動物學家Konrad Lorenz和Niko Tinbergen

進一步發展。動物行為學運用觀察、實驗和比較法研究行為動作的先在起因、遺傳和學習對這些動作的相對作用，以及物種內和物種間的各種行為模式的適應意義和進化歷史。動物行為學家強調在自然情境中研究行為的重要性(Blurton-Jones, 1972; Eibl-Eibesfeldt, 1975)。實驗室實驗則用於發現觀察得到的問題的答案。

演化理論把我們的注意集中於那些有助於物種的長期生存和持續適應的能力與行為模式上。從這個角度來看，對個體行為與發展的研究，便集中於一個特定的行為是如何不僅有助於個體的成長與發展，而且還有助於物種的適應與延續。

物種的未來依賴於物種內的各個成員生存、交配、生育及撫養其後代幼兒的能力。影響一個物種的強盛和延續的因素很多，其中有：個體具有生育能力時的健康狀況，促進或抑制生育的環境特點，以及性成熟的配偶撫養其後代的能力。

生物學家們從Darwin對物種進化的興趣中滋長起對那些於物種生存至為重要的行為的興趣，包括攝食能力、雄性為爭奪雌性而進行的競爭，以及雄性在為抵禦天敵和競爭首領中的合作。

動物行為學領域已作為研究特定物種的先天的、特殊的重大進化行為的領域脫穎而出。動物行為學研究的行為通常與進食、交配和保護物種免遭傷害相聯繫。

動物行為學領域的二個早期貢獻者——Konrad Lorenz (1935/1981)和Niko Tinbergen (1951)，集中研究了**先天行為**(innate behavior)和先天行為在自然條件下是如何表現的。先天行為存在於物種內所有成員的一般性或共有的形式之中。它們不需要預先學習即可發生，而且它們會保持相對恆定，不隨經驗而變化。先天行為包括反射，即對簡單刺激作出簡單反應。嬰兒抓握置於其手心的手指或其他物體，這就是一個反射。許多嬰兒反射在第一年後便消失了。部份反射成為習得的習慣模式的基礎。

表 3-1 列出了三種嬰兒反射：(1)為新生兒生存提供一些適應機能的反射。(2)適合於進化過程中有遺傳關係之物種的生存的反射。(3)機能不明的反射。第三組包含一些模式行為，它們或者是其他物種的較複雜行為模式的遺跡，或者也許是我們尚未注意到的未來適應機能的潛在泉源。

表3-1　人類嬰兒的一些反射

反　射	誘發刺激	反　應
促進適應與生存的反射		
吸吮反射	嘴唇和舌頭上的壓力	由嘴唇和舌頭運動產生的吮吸
瞳孔反射	微弱或明亮的光綫	瞳孔的擴張與收縮
覓尋反射	輕輕觸摸面頰	頭部向觸摸方向轉動
驚跳反射	大聲的噪音	類似於摩羅反射，肘部彎曲且手指緊握
游泳反射	新生兒俯伏於水中	手臂和腿的運動
與相關物種的能力相聯繫的反射		
爬行反射	脚蹬地面	手臂和腿牽拉、頭部抬起
屈肌反射	脚底上的壓力	腿不由自主地彎曲
抓握反射	手指或手掌上的壓力	手指緊握
摩羅反射	嬰兒仰臥，頭被抬起——頭被快速放下	手臂伸展，頭向下落，手指張開，手臂在胸前交叉
彈跳反射	嬰兒直立並微微前傾	手臂前伸且腿向上縮
踏步反射	嬰兒由腋下被舉起，脫離平坦的地面	規律性的踏步運動
腹壁反射	觸覺刺激	腹部肌肉不自覺地收縮
機能不詳的反射		
跟腱反射	敲擊跟腱	腓肌收縮且脚向下彎曲
巴賓斯基反射	輕柔地敲擊脚底	脚趾散開並伸展
僵直性頸反射	嬰兒仰臥，頭轉向一邊	與頭部面對的方向一致的一側手臂和腿伸展，而另一側手臂和腿則彎曲。

　　一些被稱作**固定或模式化動作方式**(fixed or model action pattern)的先天行爲比反射更爲複雜。鳥兒築巢、松鼠埋藏堅果、小鵝尾隨母親，這些行爲都是遺傳導向的結果，它們由釋放或誘發行爲的特定刺激模式所喚起。**釋放刺激**(releasing stimulus)旣可以是某種氣味、顏色、運動、聲音，也可以是某種形狀。刺激之間需要有特殊的關係。

　　近年來，一些動物行爲學將注意轉向對人類行爲的研究。Lorenz(1943)首先假設，嬰兒外貌的某些方面會引起成年照顧者的積極情緒反應。Lorenz確定的嬰兒「逗人」或「可愛」的品質包括：與身材相稱的大腦袋、大眼睛和圓圓的胖臉蛋。

John Bowlby（1958, 1988)透過對依戀的研究，在把習慣學觀點引入發展領域方面起了很大影響。Bowlby把**依戀行爲系統**(attachment be-havioral system)看成是一套複雜的反射與信號行爲，它們能夠引起成人施與關懷的反應。這些反應反過來塑造了嬰兒的期望，並有助於嬰兒形成一個善於關心和安慰人的父母的內部表徵。

嬰兒微笑、咿呀作語、抓握與哭叫的先天能力能引起成人的注意，並喚起成人的同情反應。成人的溫柔摟抱、安慰與微笑能使兒童建立安全感。從這個角度來看，依戀是一種先天的行爲系統，它能增進後代在嬰兒期的安全，並爲後代提供了信任社會關係的基礎，這些社會關係對他們在成年期的婚配與爲人父母都是必須的。

Bowlby指出依戀行爲符合基本的生存機能：保護。

> 依戀行爲在兒童早期最爲明顯，同時，它在整個生命周期中都可以觀察到，尤其是在緊急情況下。由於依戀行爲在所有的人身上都可觀察到(雖然模式不同)，因而它被看作是人性的主要成份，也是我們與其他物種的成員共有(從廣義上說)的成份。依戀行爲的生物機能是保護機能。接近有準備並願意在緊急情況下幫助我們的熟悉的個體，顯然是一個良好的保險策略——無論我們年齡有多大。(Bowlby, 1988, p. 27)

William Charlesworth（1988)集中研究了社會交互作用的重要性，它是允許人們在一生中的任何時候從環境中獲得資源的機轉。他提出，解決心理社會階段的危機所需要的資源隨階段而變化。嬰兒可能需要保護、食物或注意；蹣跚學步的小孩可能需要玩具或有人與他說話；上中學的孩子可能需要學功課的工具和材料；年輕的成人則可能需要配偶。

Charlesworth認爲，獲得資源的行爲方式是發展變化的。嬰兒透過哭叫或小題大作學會表達他們的需要。隨著年齡的增長，他們會獲得越來越多的、各種各樣的策略，他們努力運用這些策略以獲得他們所需要的資源。攻擊與助人行爲都是用來誘取所需資源的策略。

其他有關發展的動物行爲學研究領域包括：同伴群體的行爲，特別是遊戲行爲；利他主義；攻擊與支配；情緒交流，特別是透過面部表情的交流；以及自然出現的問題解決。

對人類發展的啓示

人是進化的產物。演化理論使我們的注意集中於行爲的生物基礎。經由許許多多代人形成的遺傳方案規劃著嬰兒的天資、能力和感受性。演化理論指出，嬰兒帶著一套先天的能力與潛能來到世界上。他們並非黏土，可由父母、教師和其他照顧者雕鑄和塑造。相反，他們有能力自己建立社會接觸、組織訊息、認識並交流其需要。

有機體在童年期是最脆弱的；如果兒童要活到生育年齡，他們就必須得到關懷。重要的是，要理解他們的行爲是由其生物能力與環境共同作用產生的。童年期的經驗塑造了人種的未來，因爲它提供了建立依戀的背景、有意義的社會適應能力，以及問題解決能力，所有這些都與個體成年期的行爲有關。

從進化的觀點來看，物種的未來依賴於物種內的各個成員交配、生育與撫養其幼兒的能力。有助於物種的強盛與延續的因素有：物種內的各個成員在獲得生育能力時的健康體魄、有助於交配的環境，以及性成熟的配偶雙方撫養其後代的能力。在青春期，當性活動開始出現、對待婚姻和撫養子女的態度開始形成時，年輕人的生活品質對每個文化群體中人類的未來便十分關鍵了。

進化的觀點也引起人們注意變異對物種生存的重要性。個體差異有助於物種的強盛。遺傳決定了人們有可能在身體大小、體形、膚色、力量、天資、智力和人格上存在廣泛的變異。這種變異有助於我們成功地適應各種各樣的環境條件。變異也能保護物種作爲一個總體而免於絕跡。

人種的一個獨特方面在於人能以有效的方式改造環境。我們不但適應環境，而且能改變環境以適合我們的需要。我們都希望能以增強人類生存的方式改變環境。然而，一些環境危險卻暴露在孕婦、小孩和其他所有人面前，這使我們警覺到這樣一個事實，即並非人對環境的所有改造都是有益的，我們大家面臨的重大責任就是保證人類不會成爲我們自己的發明創造的受害者。

文化差異

Ruth Benedict是最先贊成人類發展的多樣化觀點的文化人類學家之一。地球上有許許多多的文化,各種文化都慶祝各自的節日,信奉各自的宗教,確定各自的家庭形式,並規定各自的角色類型和角色期望。依據Benedict的觀點(1934/1950),個體的發展過程主要是文化期望的產物。

文化決定論(cultural determinism)指的是文化力量塑造了個體的經驗。這種觀點與進化觀點明顯對應。與文化角色相比,生物因素對控制人格發展模式來說是相對次要的。

Benedict認為,有些經驗具有普遍性。任何人都要完成由一個具有依賴性的兒童到一個獨立的、賦有責任的成人的轉變,這是一個不變的共同線索。但是,Benedict觀察發現,一個人由兒童轉變為成人所走過的道路因文化而異,對轉變所體驗到的情緒緊張或平靜的程度,端賴於文化調節是連續的還是間斷的!

當給予兒童直接適合於他或她的成年行為的訊息和責任時,我們便可看到**連續性**(continuity)。例如,Margaret Mead(1928/1950)觀察到,在薩摩亞島人的社會中,六歲或七歲的女孩通常要照顧她的弟弟妹妹。隨著她們年齡的增長,她們介入這種照顧角色的程度便會增加;但不管怎樣,這種**角色期望**(role expectation)並沒有實質性變化。

當兒童被禁止從事只對成人開放的活動,或者被迫「忘掉」可為兒童所接受但對成人卻不適合的訊息或行為時,我們便可看到**間斷性**(discontinuity)。在美國社會中,由婚前的純潔期望到婚後的性反應期望的變化就是一個間斷性的例子。性慾和性遊戲被認為是不適合於幼兒的行為,但卻是適合於成人的行為。

Benedict指出,行為在各階段出現的程度依賴於文化制約中間斷性的程度。對個體在一生中的不同時期具有不連續的、按年齡區分的期望文化產生的發展模式是,各年齡組具有不同的特徵且在不同的技能水平上發揮作用。這樣的社會以公共禮儀、畢業典禮和其他從一個階段過渡至另一個階段的儀式為標誌。寬容的、開放的、承認兒童的責任與成人的責任存在

在正統的猶太教文化中，男人和女人是不在一起跳舞的。這種傳統一直保留在結婚慶典中，它強調了文化在塑造性別角色中的力量。

很少差異的文化則不會產生按年齡界線的發展階段。在這樣的社會裡，發展多是一個漸進的、順暢的轉變，在這個轉變中，成人的能力直接建立在其童年期的才能之上。

　　文化決定論思想已成爲指導關於人類發展的基本問題的泛文化研究的重要思想，特別是關於個體發展、家庭生活和性別角色差異的某些特徵的普遍性問題。在一項關於兒童發展的雄心勃勃的泛文化研究中，Beatrice Whiting與Carolyn Edwards對十二個文化團體進行了系統觀察，以研究「由文化決定的環境影響童年期性別上分化的行爲的發展過程」(Whiting & Edwards, 1988, p.3)。這些研究者將男孩和女孩的發展與男人和女人的地位、男人和女人的勞動分配、母親日常工作負荷的範圍，以及母親在孩子早年所得到的社會支持的數量聯繫起來。在男人地位高於女人的社會裡，男孩在五至十歲之間便開始與女人保持距離，包括他們的母親。

種族次文化

　　雖然各社會可以突出地表現出一些共有的文化特點，但是認識到大多

Ruth Benedict

Ruth Benedict 1887年生於紐約市。她曾在瓦薩（Vassar）學院學習英國文學。Benedict對一種文化中的文學、宗教、語言和美學對該成員的全面文化衝擊抱有強烈的興趣。她曾進入哥倫比亞大學在Franz Boas的指導下學習人類學，並於1923年獲得了博士學位。她的學位論文集中研究了北美印第安人守護靈的概念。在三十年代初以前，她還以筆名寫了許多詩歌，表達了她對生活中宗教和美學的興趣。

Benedict於1930年成為哥倫比亞大學的助理教授，並於1948年，她臨終那年，晉升為正式教授。在她的職業生涯中，她研究了一些美洲印第安部落的民間傳說和宗教。其《文化模式》（*Patterns of Culture*）一書中，她詳盡闡述了文化決定論的概念，說明了文化形成的巨大差異。

數現代社會包含大量的次文化是十分重要的。由於美國在世界各國中相對年輕，也由於美國一貫及目前的移植人口的方式，美國的種族次文化尤其豐富。

人種群體已被定義為「一個較大社會中，具有真正的或共同的祖先、擁有同樣的歷史經歷的記錄，且文化集中於作為他們種族縮影的一種或多種符號元素上的集合體」(Schermerhorn, 1978, p.12)。雖然人種群體內的各個成員認同這種次文化的強度會有所差異，但他們一般都共有一些相同的價值觀、信仰、愛好或興趣，以及關於行為的規範。他們也共有對人種群體的忠誠感，如果群體的安全受到威脅，這種忠誠感就可能增加。有些人種群體在某種程度上被共同的種族祖先所限定，因而可以稱作種族次文化。然而，種族關係是更一般性的、範圍更廣的概念。它包含共有經驗的許多方面，包括種族相似性，它們都有助於形成群體的認同(See & Wilson, 1988)。

認同種族次文化帶來了文化決定論過程中的另一層影響。頑固的人種陳規或偏見可以影響種族次文化成員的自我概念。偏愛於與一種族次文化成員接觸，會影響一個人與其他次文化成員接觸的類型和數量。種族次文化價值塑造了人們對重要的生活領域，如撫養子女的實踐、教育志向和性別角色定義的看法。一個人世界觀的這些方面與工廠、學校和較大的政治團體的價值觀既可以相互衝突，也可以協調一致(Horowitz, 1985)。

對人類發展的啓示

根據文化決定論的概念，不同發展階段的事件被人們體驗爲緊張還是平靜，依賴於文化是如何解釋這些事件的。在不同的文化對青春期女子的第一次月經的記錄方式中，我們可以看到這種差異(Mead, 1949/1955)。一些社會的人們害怕月經，認爲來月經的女孩對其他人很危險。在另一些社會中，人們則認爲該女孩具有了影響她自己及其部落未來的強大魔力。還有一些社會的人們把性看成是可恥的，因而要求對女孩子的月經盡可能保密。所以就這樣決定了生物變化是如何被標記，以及該變化在兒童看來是否重要。

各個社會期望人們在每一階段作出重大生活決定的程度是不同的。它們提供可予以選擇的範圍也有所不同。美國青少年要對性、工作、政治、宗教、婚姻和教育作出抉擇。在上述每一領域，抉擇都是複雜而多樣的。結果，青春期被延長，而且，經過了這一階段仍沒有找出解決這些問題的辦法的風險是很大的。在自由選擇較少且提供了由兒童期到成人期的較明確路徑的文化中，青春期則可以非常短暫。

研究人類發展必須與評價文化背景相聯繫。對某些生活事件，如上學、工作、結婚、撫養子女以及成爲政治和宗教領袖的時間安排的文化期望，影響著人們生活經歷的步調和風格。各種文化所崇尚的個人品質和認爲不適當或是可恥的品質也有所不同。美麗、有領導能力和天賦的社會標準決定著個體在社會中獲得地位的難易程度。

個體的生活進程既受其總體文化的總體規範與價值觀的影響，也受他或她對次文化的規範和價值觀的認同的影響。很難評價次文化影響對個人發展的相對貢獻。這大多依賴於個人對次文化群體忠誠的強度，以及該群體在較大的社會中被人們看待或對待的方式。然而，當我們考慮一生中的

帕伯羅・畢卡索〈兩兄弟〉，1905年。這幅兩兄弟的油畫暗示著文化連續性的主題。哥哥承擔著保護和照顧同胞弟弟的責任。我們可以設想，當他成年以後，他會把這種愛擴展到他自己的孩子身上。

正常的發展動力時，我們必須牢記，不同種族次文化的人們可能對這樣一些問題有著獨特的見解，如順利成熟的定義，婚姻和撫養子女的意義，以及個人的成就與對家庭和團體的責任之間的適當平衡。

性心理的發展

　　Sigmund Freud(1933/1964)的心理分析理論集中於個人的情緒與社會生活的發展。雖然該理論大部分已被修正、駁倒或扼殺，但是，許多Freud的最初假設仍然存留在現代人格理論中。Freud集中研究了性慾和攻擊驅力對個體心理活動的衝擊。他把性慾驅力對心理活動的作用和它對生殖機能的影響區分開來，作為人類行為的觀察者，Freud看到了性慾對兒童心理活動的影響。他主張，兒童雖不能生殖，但他們的性慾驅力卻在運轉著，以支配他們的幻想、問題解決和社會交往。

　　Freud提出，所有的行為(除疲勞引起的行為以外)都是被激發起來的。這是一個意味深長的假設。它隱含著行為有一個內隱的心理需要。行為是

帕伯羅‧畢卡索，〈藝術家的漫畫〉，1903年。
本我是我們每個人身上的本能和衝動的源泉。
畢卡索在22歲時給他自己畫了幅魔鬼似的漫
畫，它暗示著他的衝動的、原始的本性。

有意義的；它並非隨機或無目的地出現。

　　Freud的大部分工作在於試圖描述動機激發行為的過程。Freud假定，
有兩種基本的心理動機：性慾和攻擊。他對所有心理事件的解釋都基於這
種假設。每一行為，就其本性來說，都或多或少是性慾和攻擊衝動的表現。

　　心理分析理論的第二個假設是，人有一種叫作**潛意識**(unconscious)
的精神領域：它是人沒有覺察到的強大的、原始的動機儲藏庫。無意識動
機和有意識動機可以同時激發行為。這樣，顯得有些不尋常或非常強烈的
行為就可以看作是由**多重因素決定的**(multiply determined)——即單一
行為可表達多種動機，一些動機是個人能夠意識與控制的，而另一些動機
的作用則不受意識思想的支配。

意識領域

　　Freud的不朽貢獻之一是他對心理活動的分佈狀態的分析。Freud認
為，人的心理猶如一座冰山。**意識過程**(conscious process)就像露出水面
的尖端：它們僅構成心理的一小部分。我們的有意識思想轉瞬即逝，任何
一個時候，我們擁有的僅是一點點思想，能量剛由一種思想或一個表象轉
移，它就從意識中消失了。

　　Freud認為，有一個區域類似於冰山上接近水面的那部分，在這一區域
裏，被注意、所指向的內容可被人意識到。他稱這一區域為**前意識**(precons-

cious)。前意識思想透過集中注意很容易進入意識中去。你現在也許並沒有想你的家鄉或你喜歡的甜點。但是，如果有人問起，你就會很容易地回憶並談論起來。

潛意識(unconscious)則像冰山的其餘部分，深藏在我們看不到的水面下。它是一個巨大的、被主動排斥於意識之外的內容和過程的網絡。Freud假設，潛意識內容，這一願望、恐懼、衝動與被壓抑的記憶儲藏庫，在指導行為中發揮主要作用，雖然我們並不能有意識地說明它。不尋常的或非常強烈的行為如果只根據有意識的動機來解釋則是不夠完善的。

Freud有一個剛剛結婚不久的年輕病人，他時常會忘記他妻子的名字。Freud假設，該病人在意識中覺得他愛他的妻子並認為他們在一起很幸福。Freud用忘記名字這一事實作為該病人潛意識內容的線索。他認為，病人在潛意識中對他的妻子有一種難以接受的、否定的情感。Freud推論，由於年輕人不能直接表達這種情感，因此它們便以阻止妻子名字進入其意識的方式表現出來。

在過去的三十年裏，對認知過程的學術興趣導致了對**認知潛意識**(cognitive unconscious)學說的重新注意，這種認知潛意識是在意識之外活動但卻對有意識的思想和行動起重要作用的心理結構和過程領域(Kihlistrom, 1987)。研究結果越來越明白顯示，有意識的思想，正如Freud所主張的，僅能說明我們識別、分析、回憶和綜合訊息的能力的一小部分。

人類處理訊息方式的一個模型認為，人腦中有大量的處理訊息的單位或分子，它們各自致力於一個特定的任務或門類(Gazzaniga, 1989；Rumelhart & McClelland, 1986)。一個單元的刺激可以興奮某些單元並抑制其他單元。我們可以在許多單元中找到某一物體的訊息。例如，蘋果的概念可以表徵在與紅色的東西、水果、教師、健康(每日一蘋果，不用看醫生)有關的單元和其他更具特色的單元(如對爛蘋果周圍擠滿的蜜蜂的恐懼，或者對全家外出摘蘋果或母親在廚房裏做的蘋果醬氣味的愉快記憶)之中。雖然它們大都是潛意識地出現的，但許多心理機能，包括語言、記憶和計劃，都可以作為對呈現蘋果這一刺激的反應來發揮作用。這種腦的組織方式的觀點認為，潛意識加工起著主要作用，它伴隨著所有類型的意識活動。

人格的三重結構

　　Freud(1933／1964)描述了人格的三種成分：本我、自我和超我(見**圖3-1**)。**本我**(id)是本能和衝動的源泉。它是心理能量的主要來源，而且，它與生俱來。本我根據**唯樂原則**(pleasure principle)表現其需要：本我激發我們去尋求快樂並逃避痛苦。唯樂原則並不考慮別人的情感、社會的規範或人們之間的契約。它的法則是使衝動得到即時釋放。當你為保護自己的形象而對朋友說謊，或當你不願排隊等候而插隊時，你就是在依據唯樂原則而行事。

　　本我的邏輯也是夢的邏輯。這種思維稱作**原始過程思維**(primary process thought)。它的特點是不關心現實的制約。在原始過程思維中不存在否定，一切都是肯定的。也無所謂時間，過去或將來都是虛無，現在就是一切。符號象徵變得更靈活。一個物體可以代表許多事物，而許多不同的物體又可以表示同樣的事物。許多男性的面孔都可以代表父親。房子既可以指房子，也可以代表一個人的母親、情人或女性的生殖器。

　　自我(ego)是針對與個人同環境的關係有關的所有心理機能的術語。Freud認為，自我在生命最初的六或八個月便開始形成，到二或三歲時便已建立得很好。當然，大部分的變化與成長在這以後也都出現了。自我的機能包括知覺、學習、記憶、判斷、自我察覺和語言技能。自我對來自環境

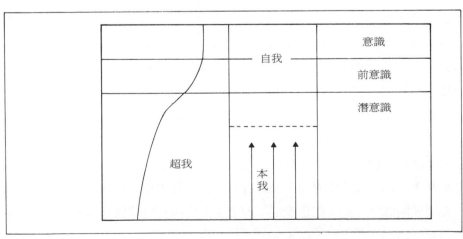

圖3-1　Freud的人格結構模型

的要求作出反應，並幫助個人在環境中有效地發揮作用。自我也對本我和超我的要求作出反應，並幫助個人滿足需要、達到理想和規範的標準，並建立健康的情緒平衡。

自我根據**現實原則**(reality principle)來運轉。在這一原則下，自我一直等到能夠發現一個可為社會所接受的表達或滿足形式時，才去滿足本我衝動，以此來保護個人。在自我中，原始過程思維變得服從於一個更以現實為取向的過程，稱作**次級過程思維**(secondary process thought)。當自我成熟時，這一過程便開始發揮了支配作用。

次級過程思維是當我們談論思維時通常所指的一類邏輯、序列思維。它允許人們作出計劃和行動以便與環境打交道，並且允許人們以個人和社會可接受的方式獲得滿足。它能使人們延遲滿足。它通過審查計劃能否真正起作用來幫助人們檢驗計劃。後面的這種過程叫**現實檢驗**(reality testing)。

超我(superego)包括一個人心中的道德格言——**良心**(conscience)——以及個人成為道德高尚者的潛在理想——**自我理想**(ego ideal)。Freud的工作使他斷言，超我直到五歲或六歲時才開始形成，而且在過幾年以後才有可能牢固建立。超我為一個人的觀念，如哪些行為是適當的、可接受的、需要追求的，以及哪些行為是不適當的、不被接受的，提供了一個很好的度量。它也規定著一個人做一個「好」人的志向和目標。

一個人會因不被接受的行為而在心理上受到超我的懲罰，也會因可接受的行為而受到超我的獎賞。超我在其要求上是苛刻而不現實的。超我尋求適當的行為就像本我尋求快樂一樣，都是不合邏輯且鐵面無私的。當一個兒童想要以道德上不被接受的方式去行事時，超我便通過產生焦慮和內疚感來發出警告。

超我是透過一種叫作**認同作用**(identification)的過程發展起來的。在愛、恐懼和敬慕的驅使下，兒童會積極地模仿他們父母的特徵，並將其父母的價值觀內化。透過認同作用，父母的價值觀變成了他們子女的理想和志向。父母和環境中的其他人可能會提出孩子沒有把它們的內化為超我的一部分的要求。自我既要應付本我要求，又要應付超我的已內化的要求。

自我所處的位置在於既要試圖在環境中滿足本我衝動，又不會在超我中產生強烈的內疚感。在某種意義上說，自我既服務於本我又服務於超我：

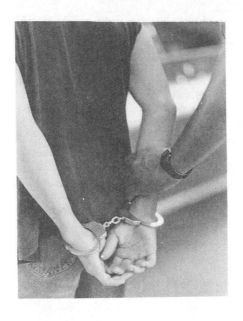

當自我沒有找到表達衝動的可接受方式時，社會就不得不以外部控制來進行干涉。

　　它努力提供滿足，但提供的方式卻是個人可接受的。從另一種意義來說，自我又是人格的執行者。自我的力量決定著個人滿足他或她的需要、處理超我的要求，以及應付現實的要求的有效性。假如自我很強大，能夠在本我、超我和環境要求之間建立良好的平衡，那麼個人就會得到滿足，並從固著的內疚與無用感中解脫出來。

　　當本我和超我比自我強大時，個人就會被尋求快樂的強烈願望與阻止達到願望的強烈限制擾亂內心。當環境要求強烈而自我卻很弱小時，個人也許會被壓垮。在Freud的心理分析理論中，正是自我的崩潰導致了心理失常。

　　本我、自我和超我的大部分關係是在潛意識水平上表現出來的。在最初的幾年裏，基本驅力和原始過程思維方面在兒童的意識中是引人注目的。這是本我在意識中出現的跡象。隨著自我的漸漸強大，自我便能把本我的願望和幻想壓至潛意識，這樣個人就能照顧到外部世界的探究和要求。Freud認為，超我多半也能在潛意識水平上起作用。而他認為，自我則既在意識水平上也在潛意識水平上起作用。

　　自我的大部份工作是調解本我尋求滿足的要求和超我尋求良好行為的要求之間的衝突。這種工作是在個人意識之外進行的。當潛意識衝突快要

突破意識防線時，個人便會體驗到焦慮。如果自我能有效地發揮作用，它就會把這些衝突壓入潛意識，這樣就能保護個人擺脫不愉快的情緒。自我透過指導行為和社會交互作用，以可接受的障礙去滿足願望。

　　強烈的、未解決的衝突會使人處於持續的焦慮狀態並出現衝突的症狀。覺得自己的願望很「壞」，如欲傷害父母或與同胞兄弟姊妹發生性關係的潛意識願望，會使一個人體驗到焦慮而不知道其原因。未滿足的衝動會繼續尋求滿足。超我會繼續發現不被接受的衝動，於是衝突繼續在個人的意識經驗中產生焦慮。個人就會被不愉快的情緒狀態所佔據，從而難於處理日常生活的正常要求。

防禦機轉

　　如果衝突持續產生焦慮，自我則會努力設法減少焦慮。防禦機轉是用來保護個人擺脫焦慮以維持有效的機能作用的。它們歪曲、替代或完全阻塞衝突的來源。它們通常是由潛意識開始行為。

　　人們運用的防禦機轉通常依賴於個人的年齡和他們知覺到的威脅的程度。小孩傾向於運用否定和潛抑(把思想由意識中擠出)。更多樣的防禦機轉，需要更複雜的認知，它們會在以後的發展過程中漸漸出現。在最危險的情境中，否定通常是人們最先使用的防禦方式，無論人們年齡有多大。

　　對Freud來說，基本的防禦機轉是潛抑：不被接受的衝動被壓入潛意識。這就好像是在潛意識和意識之間建造了一堵牆。這樣，激起焦慮的思想和情感便不能進入意識。隨著不被接受的思想和衝動越來越遠離意識，個人就會擺脫不舒服的焦慮感，並可以把剩餘的心理能量用於與人際環境和自然環境的交往。以下是一些防禦機轉的介紹：

潛抑(repression)：不被接受的願望被隔離在意識思想之外。

投射(projection)：把不被接受的願望判歸於他人。

反向作用(reaction formation)：不被接受的情感以相反的情感表現出來。

退化(regression)：人們透過恢復生活早期的有效而愉快的行為來避免面對衝突和壓力。

轉移作用（displacement）：不被接受的衝動向可接受的替代性目標

Sigmund Freud

Sigmund Freud 1856年生於捷克斯洛伐克的弗雷堡（現在的 Pribor）。他的祖父和曾祖父都是猶太法學博士。Freud的一個早期記憶是，在他十九個月時，他的弟弟出生了。他對他的嬰兒弟弟充滿了強烈的怨恨。當他弟弟在八個月後夭折時，Freud對自己的憤怒感充滿了內疚。

十九世紀七十年代，Freud在維也納接受了神經病學家的訓練。他的早期研究集中於脊椎的功能、神經衝動在腦和脊髓中的傳導，以及可卡因的麻醉特性（Freud，1963）。1882年，由於與Josef Breuer的合作，Freud的興趣由生理學轉到了心理學。Breuer和Freud創立了一種關於癔病的理論，在這種理論中，他們把某些癱瘓形式歸因於心理衝突，而不是歸因於生理損傷（Breuer & Freud，1895／1955）。

作為一個醫生，Freud堅持對其病人進行仔細記錄，從而繼續發展了他對心理學的科學興趣。在他的許多著作中，他描述了從中衍生出其心理機能作用理論的許多案例。

發洩。

合理化(rationalization)：不被接受的情感與行動藉助於邏輯的或僞邏輯的解釋而得到辯解。

隔離(isolation)：情感與思想分離。

否定(denial)：否定一部分外部現實。

昇華(sublimation)：不被接受的願望轉變爲社會可接受的行爲。

根據Freud的觀點，所有的正常人在生活中的各個時候都會求助於防禦機轉。這些機轉不但會減少焦慮，而且還會產生積極的社會效果。運用隔離法的醫生也許能更有效地發揮作用，因爲他們在應用其知識時能夠不受情感的妨礙。將失敗合理化的兒童會認爲自己是有希望的，這能保護他們的自尊。把憤怒的感情投射到別人身上的兒童會發現，這種技術能刺激

1905年，Freud發表了嬰兒性慾及其與成人生活關係的理論。他對這一論題的看法招來了人們的猛烈攻擊和非難。他的醫學同事們不能接受兒童期性慾的觀點。他們認爲他對這一論題的公開演講低級而可惡。Freud沒能得到維也納大學教授的職位主要是因爲這些演講和著作。甚至連Breuer，Freud長期的同事與合作者，也認爲他對性慾動機的偏見令人厭惡，並因此停止了他們的交往。

Freud被排擠出醫學界，他的反應（對策）是幫助建立了國際心理分析協會。在那兒，他發展了自己的性心理理論，並向他的追隨者傳授心理分析原理。Freud非常不能容忍任何對其觀點的質疑或背離。Alfred Adler和Carl Jung在反覆試圖説服Freud按照他們的想法修正其理論失敗之後，便脱離了心理分析協會，去建立他們自己的學派。

臨近晚年，Freud像德國的Albert Einstein一樣，被迫離開了奧地利，以保護自己和家人免遭納粹迫害。在二十世紀三十年代，Freud和Einstein就他們對反猶太主義的感受進行了通信交流（Einstein ＆ Freud，1933／1964）。他們擁有遭受同樣形式悲慘打擊的科學家的相同經歷。

1939年，Freud在英格蘭死於癌症。他將生命的最後幾年致力於大量的寫作，這促進了其他分析家和學者對其理論的研究。

增強行爲的競爭意向。

有些人傾向於更多地依賴某一種或兩種防禦技術。結果，**防禦風格**(defensive style)便成了整個人格模式的一部分。它允許人們控制環境的影響，並允許人們以與其需要相調節的方式去感受種種經歷。

然而，當防禦機轉使用過度時，則會出現更深層的心理問題。運用防禦機轉要從自我中提取能量。而用於阻止某些願望進入意識思想中去的能量並不適用於其他的生命活動。把能量用到防禦策略中去的人，也許就不能發展其他的自我機能，也不能充分使用機能。

性心理階段

Freud假定，最重要的人格發展發生在從嬰兒期到青春期的五個生命階段中。按照Freud的觀點，經過這段時期以後，表達與控制衝動的主要模

帕伯羅·畢卡索,〈Silenius舞蹈〉,1933年。Freud強調性慾衝動在指導和塑造人格與人際生活中的作用。

式便建立起來了。以後的生活僅用來發現新的滿足方式和新的挫折來源。

　　Freud描述的階段反映了他對性慾作為驅動力的重視。Freud所用的**性慾**(sexuality)一詞含義很廣,它指的是身體快樂的整個範圍,從吸吮到性交。他也給性慾的概念附加上了積極的、有生命力的符號,它們暗示著性慾衝動給成長和更新提供了推力。他指出,在每一階段都有一個特定的身體區域有突出的性慾重要性。Freud所確定的五個階段是口腔期、肛門期、性慾期、潛伏期和生殖期。

　　在**口腔期**(oral stage),生命的第一年中,口是滿足性慾和攻擊的位置。Freud認為,嬰兒具有依賴、不合作、難於區分自身與外界的特點。隨著嬰兒漸漸學會延遲滿足,自我便較清晰地分化出來,他們變得能夠覺察到自身與外界的區別。

　　在**肛門期**(anal stage),生命的第二年裏,肛門是最具性特徵的身體部

位。隨著擴約肌的發展，兒童學會了隨意志控制排便。這一階段的衝突主要是兒童的意願(透過父母)服從於適當的便溺習慣的文化要求。

　　性慾期(phallic stage)始於生命的第三年並持續到兒童六歲為止。這是一個性感受性增強但伴隨青春期的內分泌變化還沒有出現的時期。Freud認為，這一階段兒童的行為具有兩性特徵。他們的性活動指向於男女兩性並進行自我刺激。在這一階段，我們可以觀察到戀母情結和戀父情結。男孩子的**戀母情結**(Oedipal　complex)和女孩子的**戀父情結**(Electra complex)來源於圍繞著增強了的性慾的矛盾情緒。兒童對父母中異性的一方有一種強烈的性吸引。兒童會希望擁有該父母的全部注意，並幻想父母中的另一方離開他們或者死掉。同時，兒童又害怕對異性父母的愛戀會引起同性父母的敵意或報復。兒童也擔心他們所愛的父母會不再愛他們。父母為試圖阻止兒童手淫所進行的威脅，往往會增加兒童對性幻想將導致懲罰或失去愛的恐懼。

　　Freud確信，戀母情結和戀父情結一旦解除，兒童便進入了**潛伏期**(latency)。潛伏期大約從七歲持續到青春期，在這一階段裏不再出現新的重大衝突。這一階段的主要的人格發展是超我的發展。其他的理論家，特別是Harry Stack Sullivan(1953)和Erikson(1963)，則把這一時期看成是社會關係和成就發展的重要時期。

　　Freud描述的最後一個發展階段始於思春期的開始，這就是**生殖期**(genital stage)。在這期間，個人的性衝動指向於某一異性。青春期重新喚醒了戀母或戀父衝突，並使人對童年早期的認同作用進行再加工。Freud認為，青春期的緊張是成熟的青年給家庭帶來性威脅的結果。為了逃避這種威脅，青年人可能會脫離家庭或暫時貶低父母。隨著他們對永久的性配偶的選擇，年輕人與其父母間的性親近威脅便減少了。到青年期之末，年輕人便可能與其父母建立起一種更加自主的關係。

　　Freud確信，青年人和成人所體驗的心理衝突起因於沒能滿足或表現童年期的特殊願望。在任何一個童年階段，性慾衝突都可能受到阻撓或過度放縱，導致個人會在以後的生命階段中繼續尋求滿足。Freud用**固著**(fixation)一詞來指一個人不斷地做出適合於早期發展階段的尋求快樂或減少焦慮的行為。由於沒有人能夠滿足每個生命階段的所有願望，因而正常的發展在於把能量由這些衝動轉移到以社會可接受的形式表徵或表現它們的

活動上的能力。這個過程叫作**昇華**(sublimation)。

在青春期和成年早期，衝動的表現類型，固著和昇華都具體化爲一種生活定向。從這個角度來看，本我的內容、超我的控制機能以及自我的執行功能，透過反覆的一系列參與、衝突，以及衝動滿足或受挫來再次進行著童年期的奮鬥。

Freud的心理分析強調童年早期對兒童發展的巨大推動力。但不幸的是，這種對考察早期發展的大有必要的重視，會使心理分析導向的心理學家們忽略了考察後期發展的重要性。

持心理分析傳統的現代學者已開始注意到成年期的發展問題(Greenspan & Pollack, 1980)。與一生發展特別有關的是對自我發展的興趣日益增加，這主要表現在對自我、自我理解以及相對於**物體關係**(object relation)的自我—他人關係的研究上(Gardner, 1983; Goldberg, 1988; Stern, 1987)。此外，女權主義者對Freud的女性性心理發展分析的批評，特別是他的戀父情結和對女性明顯的性別歧視的觀點，導致了人們對性問題和女性心理的一種新的心理分析探討(Alpert, 1986; Fast, 1984, Westkott, 1986)。最後，對早期物體關係的研究已擴展到了對成年期死別與喪失的體驗的研究(Parkes, 1987; Viorst, 1986)。

對人類發展的啓示

心理分析理論強調人際需要與內在需要在塑造人格中的重要性。自我發展了應付人際世界現實的技能。它也發展出滿足個人需要並使這些需要被滿足方式服從於個人的標準和抱負。其他人的期望，特別是父母的期望則被個體內化並賦予個人意義，從而形成超我。超我一旦形成。個人就必須對衝動受到的限制作出反應，這些限制代表著成爲個人心理的一部分的期望與互動。透過建立這種觀點，Freud能夠說明個人如何把人際世界的要求轉化爲他或她自己個人的作用方式。同時，新的要求和經驗會繼續在人格發展中起作用。Freud注重於性慾衝動對個人和人際生活的影響。Erikson則擴展了Freud的思想，他強調，許多心理分析的概念同時也闡明了社會衝動和經驗對個人和人際生活的影響。

心理分析理論的一個主要早期貢獻是確認了童年期經驗對成人行爲的影響。心理分析理論是唯一用發展階段、家庭互動及未解決的衝突來解釋

成人行為的理論。Freud對撫養子女的實務及其對性心理發展意義的重要性的強調，為研究父母─子女關係提供了一個少有的理論架構。發展心理學中早期經驗研究的許多問題都源自於他的理論，如撫養子女與教養訓練、道德發展及童年期的攻擊。

　　心理分析研究承認動機、情緒和幻想對人類行為的重要性。在這種理論架構中，因為人類行為在起源於情緒需要和起源於理性上至少是等量的。這種理論提出用潛在的動機和願望來解釋那些無法解釋的行為。心理分析理論承認對觀察者來說也許似乎是不合邏輯的、但從個體的觀點來看卻是有意義的思維領域。許多心理活動領域，包括幻想、夢、原始過程思維與象徵，以及防禦機轉，影響著人們由經驗獲得意義的方式。透過構築潛意識，Freud為那些看起來似乎是不合理的、自毀的或矛盾的思維和行為提供了一種理論解釋的工具。認為發展涉及到努力發現強大的、通常不被社會允許的衝動的可接受的發洩方法的觀點，仍然指導著對兒童、青少年和成人的治療措施。

　　另一個關鍵點是Freud公開承認童年期性慾衝動的作用。Freud確信，與相愛伴侶間的性關係對成人健康地發揮機能是十分重要的。他斷定，性慾衝動在成人生活中會引起直接行為上的發洩。他認為，兒童有刺激和滿足肉體的需要，但他們似乎沒有滿足這些需要可接受的方式。今天，我們已更加地注意到了兒童對擁抱、依偎和從給他愛的人那裏獲得身體上溫暖的需要，但是，我們社會中的大多數成人仍然感到難以承認或允許小孩有更直接的、性行為的表現。童年期的願望和需要透過防禦機轉被壓入了潛意識，它們透過象徵性的表現、夢，或者有時候是心理失調症狀，來間接地指導行為。我們只需看一看每天的報紙便可認識到人們對現代社會中性衝動表現的普遍關注。人們對性機能障礙、性虐待、被陌生人或熟悉的人強暴、工作場所的性騷擾、性傳染病、避孕、墮胎、私通、相姦和憎惡人類的爭論，展現了美國人應付性衝動表現的困難。成年及老年期變化的性需要與行為的關係仍需要人們在終生發展中進行研究。

認知發展

認知(cognition)是經驗的組織與解釋意義的過程。解釋一個聲明、解決一個問題、綜合訊息、批判性地分析一個複雜的課題——所有這些都是認知活動。Jean Piaget的工作促進了理解認知發展的現代研究。

根據Piaget的觀點，每個有機體都在努力獲得平衡。**平衡**(equilibrium)是一種組織結構的平衡，無論它們是運動的、感覺的還是認知的。當這些結構處於平衡狀態時，它們便提供了與環境互動的有效方式。每當有機體或環境中發生變化，要求對基本結構進行修正時，它們則會陷入不平衡(Piaget, 1978／1985)。Piaget集中研究了有機體與環境的平衡，這種平衡是透過基模和運算的形成而獲得的，而基模和運算構成了理解與分析經驗系統的邏輯結構；Piaget也著重研究了這些基模和運算本身中的平衡。

在Piaget的這一理論中，認識是獲得與再獲得平衡的一個積極過程，而不是一種恆定的狀態(Miller, 1989)。認識是個人與環境不斷地相互作用的結果。我們帶著過去形成的期望去探索新的情境。每一新的經驗都在某種程度上改變了原來的期望。我們理解和解釋經驗的能力隨著我們所過環境的多樣性和新穎性而不斷地變化。

Piaget假定，認知根植於嬰兒的生物能力。只要所在的環境提供充分的多樣性和對探索的支持，智力則會系統地逐步發展。在闡明Piaget理論的概念中，有三個有特殊關係的概念：基模、適應和發展階段。

基模

Piaget和Inhelder(1969)把**基模**(scheme)定義為「在相同或類似情況下透過重複而遷移或概括化行動之結構或組織」(p. 4)。基模是對事件、情感，以及有關的表象、行動或思想的任何有組織、有意義的分類。Piaget喜歡用基模而不喜歡用**概念**(concept)這個詞，因為基模一詞在字面上更容易與行動連在一起。Piaget用基模一詞來討論在語言和其他符號系統尚未形成以前的嬰兒期與概念和概念網絡相對應的內容。

基模是在嬰兒期透過重複有規則的動作序列而開始形成的。嬰兒期出

自畫像，1896年

唷，畢卡索，1901年

拿著色碟的自畫像，1906年

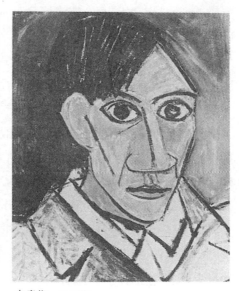

自畫像，1907年

自我概念是一個經過不斷修正和改變的複雜基模。在畢卡索於15歲、20歲、25歲和26歲時完成的這四幅自畫像中，他不僅塑造並修改了他的藝術表現手法，而且還塑造並修改了他的自我形象。

現兩種基模。第一種基模支配某一特定的動作,如抓握一個撥浪鼓或吮吸一個奶瓶。第二種基模連接動作序列,如爬上很高的椅子吃早餐,或者當父親回家時爬向門口迎接父親(Uzgiris, 1976)。嬰兒已能區分他們熟悉的人和不熟悉的人。他們也能區分嬉戲的聲音(如低聲細語和呀呀學語)與能夠引來照顧者的聲音(如哭喊和尖叫)。他們還能區分他們願意吃的食物與拒絕吃的食物。這些區分表明,基模是透過心理調節過程而形成的,它隨著嬰兒與環境的各個方面的反覆相互作用而發展。人的一生在不斷地產生並改變基模。

適應

Piaget(1936∕1952)認為,認知是一個連續發展的過程,在這一過程中,經驗的內容與變化刺激了新基模的形成。人們不斷努力以達到與環境的平衡以及自身心理結構認知成分的平衡。根據Piaget的觀點,認知是**適應**(adaptation)的結果,或者是已有基模為容納每一經驗的新穎性和獨特性而逐漸改變的結果。我們可以看到,這裏所用的適應一詞與演化理論所用的適應具有相似性。Piaget擴展了適應的概念,他提出,適應導致邏輯思維能力的改變。「正是通過對事物的適應,思維構造了其自身,」他說道,「而正是通過構造自身,思維組織起種種事物。」(1936∕1952,pp. 7-8)

適應是一個兩方面的過程,在這個過程中,已有基模的連續性與改變基模的可能性互動。適應過程的一個方面是**同化**(assimilation)——趨於依據已有基模解釋新經驗。同化有助於認識的連續性。例如,Karen認為在她所在的城市裏凡上私立中學的人都是勢利小人。當她遇到Gail時,Gail正讀私立中學,她預料Gail一定是個勢利小人。在與Gail進行了五分鐘的談話後,她斷定Gail確實是一個勢利小人。從這裏我們可以看到同化:Karen根據她對讀私立中學的學生的已有基模來解釋她與Gail的交往。

適應過程的第二個方面是**順應**(accommodation)——趨於為說明物體或事件顯露出的新的方面而改變原有基模。例如,如果Karen與Gail在一起的時間更多些的話,Karen就可能會發現,Gail並不富裕,他靠獎學金讀私立中學。她和Karen事實上有許多共同的愛好。Gail相當友善並希望再次見到Karen。 Karen斷定 ,並非每個上私立中學的人都是勢利小人。她意識到她應該更深入地瞭解一個人以後再作出判斷。從這裏我們可以看到順

帕伯羅·畢卡索，〈睡眠中的瑪雅〉，1938年。適應包括二個互補過程，同化和順應。透過同化，我們把熟悉的基模應用於新的經驗。透過順應，我們改變基模以容納經驗的新的方面。嬰兒運用吸吮基模來同化新的物體。他透過改變吸吮基模，使其既提供營養，又提供舒適，以此來獲得順應。

應：Karen為了整合她得到的新的訊息，改變了她看待私立中學學生的基模。

　　在一生中，我們透過相互關聯的同化和順應過程逐漸獲得知識。為了得到一個新觀點，我們必須能夠把一個新的經驗、思想或事件與一些原有基模聯繫起來。我們也必須能夠改變我們的基模，以便區分新奇的和熟悉的事物。一方面，我們歪曲現實以使它適合已有的認知結構。另一方面，當目前的認知結構不足以說明新的經驗時，我們就必須根據現實的需要來調整當前的認知結構。根據Piaget的觀點，具有適當差異的經驗能被順應，但是如果新經驗與我們當前的理解水平差異太大，那麼我們將不會獲得新的理解。

發展階段

　　Piaget的興趣在於理解我們是怎樣獲得認識的。他對**認識**(knowing)作為一種積極的過程、一種構造意義的手段而不是我們知識的特定內容感興趣。因此他的研究集中於作為兒童探索經驗的方式之基礎的抽象結構。由於和兒童在一起工作，他對觀察兒童是怎樣得到所解問題的答案，比對答案本身更感興趣。

Jean Piaget

Jean Piaget(1896-1980)年生於瑞士。像Darwin一樣,他早在童年時期就顯示出了博物學家的天才。他觀察並研究鳥、化石和貝殼,並在十歲向一家科學雜誌投了一篇關於白化病麻雀的短文。上高中時,他開始發表文章,描述軟體動物的特徵。他在這一領域的工作給人們留下了深刻的印象,爲此他被請到日内瓦博物館作軟體動物收藏品的保管員。1918年,他獲得了Neuchâtel大學的博士學位;他的論文就是關於Vallais的軟體動物。

Piaget所受的博物學家的訓練對認知心理學的最直接的結果,是他感覺到生物學原理能夠用於解釋認識的形成。而他掌握的觀察技能對他創立其理論則很適用。

在經過了幾年的研究以後,Piaget已能夠對指導他的研究程序和理論建設的一套問題和方法作出定義。1918年至1921年間,他在Theodore Lipps的實驗室工作,這個人的研究集中於同理心和美學。他還花了一些時間在蘇黎士附近的Eugen Bleuler的精神病診所工作,在

從這種觀點出發,Piaget創立了認知發展的基本階段理論。他描述了認知成熟的基本模式、一種普遍的路徑,人的邏輯推理能力就是沿著這條路徑發展起來的。因此,他所描述的階段包含著能夠應用於許多內容領域的抽象過程,以及能在泛文化條件下、在實際年齡大致相同的階段中觀察到的抽象過程。Piaget並非試圖要解釋爲什麼一些兒童數學知道得多些,而另一些兒童歷史知道得多些。他並非試圖解釋爲什麼一些兒童透過說和聽(聽覺方式)學起來更容易,而另一些兒童則透過讀(視覺方式)學起來更容易。他並非試圖解釋爲什麼一些兒童在八歲就能解決一個問題,而另一些兒童則要到八歲六個月才能解決同樣的問題。換言之,他的理論偏重於

那兒，他學會了治療精神病的談話技術。他曾去過巴黎大學，從而有機會在Alfred Binet的實驗室工作。Binet的實驗室實際上是一所進行智力性質研究的小學。在那兒，Piaget研究了兒童對推理測驗的反應。他發明了一種臨床訪談技術，以確定兒童怎樣得出推理問題的答案。漸漸地，他對兒童的錯誤答案所顯露出的思維模式發生了興趣。事實上，Piaget集中研究的正是兒童是如何思維的，而不是他們知道多少。

Piaget的觀察是他關於兒童思維過程特點的早期文章的基礎。其中的一篇文章使他受到了《心理檔案》(Psychological Archives)編輯的注意，這位編輯為他提供了日內瓦讓-杰奎斯·盧梭(Jean-Jacques Rousseau)學院的研究室主任的職位。在那兒，Piaget開始研究兒童的道德判斷、關於日常事件的理論以及語言。直到1923至1929年間，當Piaget對前言語期嬰兒進行實驗和系統觀察時，他才開始揭開邏輯思維發展的根本奧秘。他對自己的孩子的觀察更是豐富了這項工作。

Piaget提出了許多關於認知發展、邏輯、思維史、教育以及知識理論(認識論)的研究和理論。由於Piaget的工作徹底改變了我們對人類和知識的本質和智力發展的理解，因而1969年美國心理學會授予他卓越科學貢獻獎。他繼續對兒童的認知發展本性進行研究，直到他1980年去世，享年八十三歲。

邏輯思維的認識發生論——即新的思維結構的發展——而不是對認識和推理個別差異的解釋或可能源於文化和次文化經驗的差異。

Piaget認為，智力遵循著有規則的、可預言的變化模式。他假定認知發展有四個階段。在每一新的階段，先前階段的能力並沒有喪失，而是被整合到了新品質的思維與認識方法中去。

第一階段，**感覺運動智力**(sensorimotor intelligence)，始於出生，持續到大約十八個月。這一階段的特徵是形成了越來越多的複雜的感覺和運動基模，這些基模允許嬰兒組織並練習控制他們的環境。

第二階段，**前運思思維**(preoperational thought)，在兒童學習語言時

戶外環境是感覺運動探索的豐富刺激來源。

開始，大約五或六歲時結束。在這一階段，兒童透過語言、模仿、意象、象徵遊戲和象徵繪畫，形成了象徵性地表徵基模的工具。他們的認識仍與他們自己的知覺緊密聯繫在一起。

第三階段，**具體運思思維**(concrete operational thought)，六或七歲開始，青少年早期約十一或十二歲左右結束。在這一階段，兒童開始瞭解某些因果關係的邏輯必然性。他們能夠大量使用範疇、分類系統和等級。他們解決與外界現實明顯相聯繫的問題比形成有關純哲學或抽象概念的假設更為成功。

認知發展的最後階段，**形式運思思維**(formal operational thought)，於青少年期開始並一直橫貫成年期。這種思維的層次使個人能把許多同時相互作用的變量概念化。它使人能創造出用於問題解決的規律或規則系統。形式運思思維反映了智力的本質，科學和哲學即建立在此基礎之上。

以後，當我們進一步深入探討這些階段時，我們既會發現支持Piaget的認知發展理論的證據，也會發現反對其理論的證據。認識到人的推理和

認識能力發展的重要性，必然會導致人們進行大量的學術研究。我們現在已有大量的檢驗Piaget的許多結論的文獻和把Piaget的理論往新方向擴展的另一些文獻。支持Piaget描述的這種具有質的獨特性的發展水平的證據，給人們的印象非常深刻。同時，文化、經驗和學習條件影響人在各個階段的行為的證據也很有說服力。個體因素也會帶來出現時間、順序和行為上的差異(Fischer & Silvern, 1985)。

對人類發展的啓示

在發展的最初階段，兒童依賴他們的感覺和運動技能來「認識」世界。每個隨後出現的階段都會使他們在某種程度上擺脫對感覺的依賴。經過與環境的反覆交互作用，兒童和青少年發現了組織和解釋經驗的邏輯基礎。他們的語言發展成了交際和驗證他們解釋的工具(Chomsky, 1972; Lorenz, 1935／1981)。到了青少年期，他們能夠通過一系列的邏輯假設來解釋一些現象，無論他們是否觀察到了這些現象或是否做過假設中的任何行為。他們的思維過程在分析經驗時越來越有效了。

除了描述各個階段的思維特點以外，Piaget還對兒童研究的方法論做出了貢獻。他的嬰兒期智力理論(感覺運動智力)主要基於他對自己孩子的行為的仔細觀察和稍許的控制(1936／1952)。他的幼兒期智力理論(前運思思維)則基於兒童對一些問題的回答，這些問題都是關於他們的夢和熟悉的生活事件的，如生物是怎樣有生命的，白天和黑夜是怎樣產生的(1924／1952，1926／1951)。他藉由提出各種問題、觀察受試者如何解決，並詢問其解法的來歷，完成了對學齡兒童思維(具體運思)和青少年思維(形式運思)特點的研究。這些研究的重點在於個體是如何得出答案的，而不是答案本身。受試者成了合作者，他們使Piaget領悟到從他們自己的角度所看到問題的意義和通向解答的路徑。

人們對認知發展的興趣在沿著幾種不同的方向發展。新皮亞傑學派在接受了認知發展階段和順序概念的同時，把研究重點轉移到了促成發展中的變化的訊息處理能力的變化基礎(Case, 1985; Case et al., 1988)，以及和特殊領域相聯繫的技能變化上，如數學推理和角色取替(Fischer, 1980; Resnick, 1989)。

道德推理研究，是在Lawrence Kohlberg對道德衝突的判斷發展階段

的分析指導下進行的，它是Piaget理論直接的衍生物(Kohlberg, 1978, 1984; Haan, Weiss & Johnson, 1982; Smetana, 1989)。這項工作把作出道德判斷的能力與理解意向性、公正和可逆性的某些概念變化聯繫起來。道德推理似乎遵循著一個階段順序，特別是在人們處於學齡前期到青少年早期的時候(Walker, 1989)。

人們感興趣的另一個領域是社會認知。研究者已注意到關於自我與他人認識的發展。他們通過研究個人在種種向自己觀點提出挑戰的課題上的表現，追蹤了人們採納他人觀點能力的發展。對角色取替能力、交際技能和友誼的研究，都採用了社會認知的觀點。在已被研究的許多社會概念中，性別的概念尤其引人注意。這方面的研究已集中在兒童是怎樣理解性別的，他們與性別之間的聯繫有何特點(Bem, 1989; Fagot & Leinbach, 1989; Levy & Carter, 1989)。社會關係和自我理解的性質，與一個人形成適合於社會生活的規則與規律的概念的能力方面的根本性變化緊密相聯。

認知發展研究的一個重要新傾向是提出了**後設認知**(metacognition)或關於思維的思維發展問題(Cole & Means, 1986；Flavell, Green & Flavell, 1989; Moore, Bryant & Furrow, 1989; Neisser, 1987; Ruffman & Olson, 1989; Sternberg & Smith, 1988)。個體對他們自己的推理能力的操作方式以及訊息怎樣被組織是如何認識的？這種認識是怎樣產生的？我們怎樣獲得概念的意義？我們是怎樣將現實與信仰和觀念相區分的？我們怎樣評價我們對某一事物的認識的好壞，或什麼樣的策略會幫助我們更好地認識它？

認知理論家剛剛開始為成年期的發展變化提供資料。關於成人問題解決和推理的研究尚不充分。一些研究表明，成人解決課題傾向於更實際些而不是去假想。另一些研究則強調，成人堅持對立觀點和尋找適合於特定條件解法的能力均有所增加(Cornelius & Caspi, 1987；Denney, 1982; Kosslyn,1986; Labouvie-Vief, 1980)。

學習

　　學習理論提出了解釋由經驗而引起的相對持久的行為變化的機轉。人類之所以具有巨大的適應環境變化的能力，其原因就在於他們做好了學習的充分準備。對人類發展的研究作出了重大貢獻的學習理論有四種：(1)古典制約；(2)操作制約；(3)社會學習；(4)認知行為主義。當你閱讀這些理論時，你將開始瞭解，**學習**(learning)一詞包含了廣泛多樣的過程。

古典制約

　　古典制約的原則，有時稱巴卜洛夫制約，是由Ivan Pavlov創立的(1927/1960)。Pavlov的工作集中研究了反應由一種刺激轉移到另一種刺激的控制方法。在他的大部分研究中，他運用唾液反射作為反應系統。為了努力理解環境中的其他刺激誘發或抑制唾液分泌的條件，他進行了大量的研究。

　　古典制約模型由**圖 3-2** 可見。在制約之前，鈴聲是一個**中性刺激**(neutral stimulus，NS)。它能誘發一個好奇或注意反應，僅此而已。食物的呈現和食物的氣味是誘發唾液分泌，即**非制約反應**(unconditioned response，UR)的**非制約刺激**(unconditioned stimulus，US)。在制約試驗期間，鈴響之後立即呈現食物。當狗在呈現食物之前已對鈴聲分泌唾液時，我們則說狗已被制約化了。於是，鈴聲便開始控制唾液分泌反應。僅在鈴響時就出現的唾液分泌反應稱作**制約反應**(conditioned response，CR)。

　　對巴卜洛夫制約的現代研究表明，制約是學習者用以識別環境結構的一種工具(Davey, 1987; Rescorla, 1988)。兩個例子如鈴聲與呈現食物之間的匹配變得富有意義，因為一個刺激已成為另一刺激的信號。CS不必總是出現在US之前。CS可以經常隨US出現，但是如果二者之間沒有有規律的關係，制約則不會發生。例如，每當電話鈴響時，廚房的燈也許正亮著，但是，由於在燈和電話之間並不存在可預測的關係，因此燈就不會成為電話將響的信號。制約不是一個人工範式；它是一個刺激為另一刺激提供訊

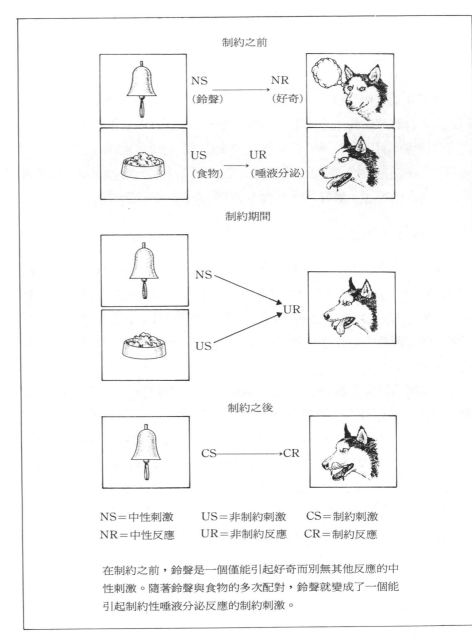

制約之前

NS (鈴聲) ── NR (好奇)

US (食物) ── UR (唾液分泌)

制約期間

NS ┐
   ├── UR
US ┘

制約之後

CS ────── CR

NS＝中性刺激　　US＝非制約刺激　　CS＝制約刺激
NR＝中性反應　　UR＝非制約反應　　CR＝制約反應

在制約之前，鈴聲是一個僅能引起好奇而別無其他反應的中性刺激。隨著鈴聲與食物的多次配對，鈴聲就變成了一個能引起制約性唾液分泌反應的制約刺激。

圖3-2　古典制約

息的一個實際過程。

　　制約並非在任意二個及時連接的事件之間隨機發生。制約的建立要求在CS和US之間存在一種「意義」關係。而且，CS本身不能是完全中性的。例如，視覺刺激如彩色燈光可以引起視覺定向，而聽覺刺激則僅能增加注意或提高喚醒水平。在制約實驗中，學習者同時建立了許多聯合。雖然某一特定的實驗僅在一個CS和一個US之間建立聯結，但是，學習者會在許多環境成分——視覺的、聽覺的和嗅覺的成分，包括US之間建立聯結。巴卜洛夫制約為理解在概念形成、記憶和問題解決過程中多重聯合是怎樣建立和引起的，提供了一個模式(McClelland & Rumelhart, 1986; Rumelhart & McClelland, 1986)。

・對人類發展的啟示

　　古典制約可以說明一生中出現的大量的聯想學習。當一個特殊信號與某個表象、情緒反應或物體匹配以後，該信號便獲得了新的意義。透過古典制約建立的聯想可能包括符號和概念，但這不一定需要語言技能。在嬰兒期和幼兒期，隨著兒童依戀的發展，各種正性的和負性的情緒反應便與人、物和環境建立了制約作用。我們對某類食物的味道或某一特殊的質感所作出的反應可能就是我們持續到成年的制約的結果。同樣，恐懼也可能是古典制約的結果。許多人都至少可以回憶出一次恐怖經歷，如曾險些溺水、挨打或從滑坡上摔下來。一個人的恐懼或痛苦若與某一特定目標相聯繫，則此人會在以後的生活中一貫逃避那一目標。

操作制約

　　E. L. Thorndike (1898)研究了一種不同的學習類型，稱作**操作制約**(operant conditoning)。他觀察了貓是怎樣設法逃出迷籠的。Thorndike描述了一種嘗試錯誤學習過程，在這種學習中，貓的盲目活動越來越少，行為越來越接近正確解法(拉動繩子以打開門閂)。操作制約強調學習中重複的作用和行為的結果。

　　B. F. Skinner是最著名的美國心理學家之一。他回顧了Pavlov對古典制約的研究和Thorndike對嘗試錯誤學習的研究，並從中受益。Skinner(1935)在其早期的一篇論文中總結了這兩種學習之間的根本差異：

(1)在古典制約中，條件反射可以在零點起始；即根本不出現條件反射。在嘗試錯誤學習中，如果要強化或加強反應則必須先作出反應。

(2)在古典制約中，反應由發生在它之前的事物控制。在嘗試錯誤學習中，反應由發生在它之後的事物控制。

(3)古典制約最適合於內部反應(情緒和腺體反應)。嘗試錯誤學習最適合於外部反應(肌肉運動，言語反應)。

Skinner的工作沿襲了Thorndike的路線。他的研究集中於由行為的結果而引起之隨意行為的改變。

在傳統的操作制約實驗中，研究者預先選擇一種反應，然後等待受試者作出預期反應(或者至少作出部分反應)。然後實驗者再提供增強。**增強**

1931年，Skinner獲得了哲學博士學位並留在哈佛作了五年的研究人員。他的教學生涯始於明尼蘇達大學，在那兒他撰寫了《有機體的行爲》（*The Behavior of Organisms*）一書。在二次大戰期間，他是一個從事研究的科學家，爲一項訓練鴿子爲魚雷和炸彈導航的計劃而工作。雖然這個計劃從未應用，但Skinner卻繼續用鴿子進行了大量研究。他製作了允許鴿子作出複雜反應的獨特的實驗裝置。他甚至教鴿子打乒乓球！在爲古根海姆工作兩年後，Skinner當上了印第安納大學的心理系系主任。1947年，他重返哈佛，一直在那兒工作到退休。

　　Skinner的工作主要強調從經驗的角度探討理解行爲。他爲觀察到的行爲及其結果之間的關係尋找有關解釋。在此過程中，他創造了許多著名的發明，包括：Skinner箱（一種用來改變、監視和記錄動物行爲的儀器）、可以爲嬰兒提供理想環境的溫控機械兒童床，以及用來進行逐步教學和及時強化的教學機器。除了對學習實驗做出貢獻以外，他的烏托邦小說《沃爾登第二》（*Walden Two*）（1948）以及在《超越自由與尊嚴》（*Beyond Freedom and Dignity*）一書中應用行爲主義原則對社會所進行的批評，強有力地支持了環境在決定和控制行爲中的強大作用。

(reinforcement)的操作定義是，使反應更易重複的任何刺激。

　　增強物有兩種。有些增強物，如食物和微笑，當它們出現時，反應速率便增加。這些增強物稱作正性增強物。而另一些增強物，如電擊，當它們被解除時，反應速率便增加。這些強化物則稱作負性增強物。

　　在這樣一個實驗中，研究者把一隻老鼠放到實驗箱內。箱底的電柵欄是帶電的。只要老鼠一按開關，電擊則被關閉。不久，老鼠便學會了迅速壓桿(開關)以關閉電擊。電擊就是一個負性增強物，因爲它的解除加強了壓桿反應。假定有個母親一聽到自己的嬰兒啼哭就心煩意亂。她爲阻止孩子啼哭會做許多事情——搖晃孩子、給孩子餵奶、和孩子說話、爲孩子換尿布。如果其中某一行爲能使孩子停止啼哭，那麼此行爲就得到了增強。

母親下次就更可能嘗試這種行為。由於停止啼哭能夠加強一個特定的照顧反應，因此，嬰兒的啼哭就是一個負性增強物。

只有當一個刺激確實能使某些行為更有可能出現時，我們才認為它是一種正性增強。在社會化過程中，父母可能會提供一種對孩子不具有增強特性的獎賞，因而無法增強某一反應。例如，只要孩子連續兩週夜裏不尿床，他的父母就給他買一輛新的腳踏車。如果尿床是孩子想要一直得到父母的嬌寵和保護的一種表現，那麼，腳踏車會讓他帶來更大的運動性並會使他離開父母，那腳踏車就不能成為不尿床的一種增強。

操作制約（operant conditioning）指的是受學習者隨意控制的行為模式的發展（Davey & Cullen, 1988）。個人可以根據與行為相聯繫的結果來選擇是否作出某一反應。然而，在許多情況下，將要習得的行為往往是以前從未做過的行為。如果你從未過這種複雜的反應，那麼你怎麼得到增強呢？答案在於增強那些指向最終複雜行為的一系列行為，直到最後出現那些複雜行為。

(一)塑化

塑化（shaping）是發展一個新的複雜反應的一種方法。這裏，反應可以分解為一些主要的成分。最初，只要反應僅接近複雜行為中的一個成分就可以得到增強，然後再漸漸增加新的行為成分，只有當反應中有二個或三個成分連結在一起時，反應才能得到增強。一旦個人做出了完整的反應，先前的近似反應便不再被增強。

父母經常運用塑化過程敎小孩學習一些複雜的行為，例如如廁訓練、餐桌禮儀與保管自己的財物。父母訓練孩子使用廁所，最初是對孩子做出的部分預期行為，如告訴父母他們要上廁所，進行增強。最後，兒童只有在完成了完整行為序列(包括擦、沖、整理衣服與洗手)時才會得到獎賞。

(二)增強時制

自Ferster和Skinner於1957年首次提出那些學習制約導致最強烈、最持久的習慣以來，人們為了確定這些制約進行了大量的研究。**增強時制**（schedule of reinforcement）指的是增強呈現的頻率和規律性。如果增強物在每次學習試驗中都呈現，那麼新的反應就會迅速被制約。這種程序叫連續增強。在連續增強下建立的反應非常容易**消退**（extinction）──也就是說，如果在幾次試驗中撤除增強物，那麼行為就會迅速消失(見**圖 3-3**)。

操作性條件作用與迷信行爲

你有一件「吉祥」衫嗎？你總避免在梯架下穿行嗎？你曾見過有些棒球運動員在擲球前先對球說話，或在擊球前揮動球棒嗎？所有這些怪癖都是迷信行爲的例子。我們經常可以見到某一行爲與其預期結果之間的邏輯聯繫：我們洗手是爲了除去手上的灰塵；我們穿外套是爲了在冷天保暖。然而有些行爲，既使它們並沒有明顯地與一些

如果你曾認識一個有「吉祥帽」的孩子，你就會知道，爭辯是沒有用的，帽子總歸是要戴的。

可觀察的結果聯繫在一起，它們也仍然反覆出現。

根據操作性條件作用理論，迷信行爲是某一行爲與某一強化偶然匹配的結果。假定，擊球員恰好在過來擊球前，敲了一下鞋後跟上的泥。而這次擊球，他恰好打了個三壘安打，爲球隊贏得了獲勝的關鍵分。下次他再擊球時，他就會先敲一下鞋後跟，希望能再打一個三壘安打。如果這種行爲每次都跟隨著一個正向積極的結果，那麼就足以使他保持這種行爲。從這裏，我們可以看到行爲中的間隔強化程序。

有些人擔心如果他們不做出某些行爲就會有不愉快的事情發生——比如說，當他們經過公墓時，若不摒息而過則會惡運臨頭。於是，他們便遵守規矩，以減少恐懼。恐懼減少本身就是一種強化，所以規矩就會被繼續遵守。

在觀察者看來似乎是不合邏輯的行爲，也許與維持它們的強化經歷聯繫在一起。

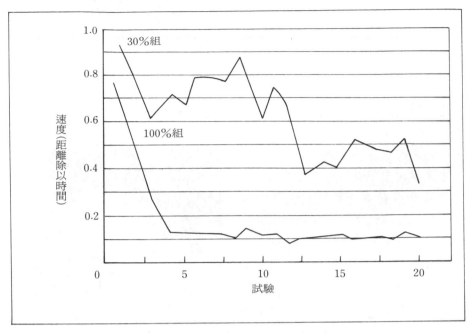

圖 3－3　連續增強與間歇增強的比較

本圖顯示了增強物終止以後二組老鼠的逃跑速度。一組老鼠在先前的每一次試驗中都得到增強，另一組老鼠則僅在30%的試驗中得到增強。連續增強訓練組的老鼠逃跑速度迅速下降。間歇增強訓練組的老鼠在最初的十次試驗中仍然跑得很快，並且在全部的二十次試驗中的逃跑速度始終超過100%增強組。

Source: Adapted from H. Gleitman, *Psychology* (New York: Norton, 1986), P.111.

　　有些增強時制在增強之間的時間間隔或試驗次數中改變。這種時制叫**間歇**(intermittent)增強。學習者在許多時候的反應並沒有得到變化，但他的反應確實偶爾得到了增強。這樣的時制可導致最持久的學習。在增強永久中止以後，間歇增強能夠延長操作行為在學習者的行為儲存庫中保持的時間(Ferster & Culbertson, 1982)。

　　可變增強時制可能與現實生活更接近。任何人在學習一種行為時，每次表現出這種行為都得到增強則是非常困難的。人們通常是在沒有觀察者出現時、在老師注意其他事情時，或者在有消極結果尾隨其他行為的背景下，做出某一新的反應的。關於操作制約的研究表明，間歇增強的制約恰恰是形成最持久的習慣的條件。

㈢對人類發展的啓示

帕伯羅‧畢卡索，〈戴著寶石項圈的名妓〉，1901
年。模仿是許多社會學習採納的過程，模仿是
形成藝術風格的普遍策略。這幅名妓的油畫，
是畢卡索二十歲時創作的。展示出名妓
Toulouse-Lautrec的強大影響力。

　　每當環境有利於人們表現行為並為人們接近預期行為提供了制約獎賞
或懲罰時，操作制約的原則便可發生作用。當人們的操作行為適應了環境
中偶然事件的變化時，人們的行為就會有所改變。環境透過它在建立和改
變偶然事件中所起的作用控制著人的適應過程(Skinner, 1987)。只要制約
的支配者控制有效獎賞的安排，行為就可以按預期方向改變。我們確信，
這些原則尤其適合於嬰幼兒期(二至四歲)和幼兒期(四至六歲)兒童從事的
學習。這些年齡的兒童還不能形成當前的增強結構的概念。一旦個體能夠
解釋增強時制，他們就會作出選擇，或適應它，或抗拒它，或者重新確定
環境以發現新的增強物來源。

　　毫無疑問，操作制約可以出現在所有的年齡階段上。由工作、配偶和
自己設立的增強時制影響著成年人的大部分行為。增強制約決定著將形成
的行為。學習制約影響著某一特定行為在強化撤除後的持續時間。

社會學習

　　社會學習(social learning)的概念是由這樣一種認識發展來的，即大
量的學習是由觀察和模仿別人的行為而引起的(Bandura ＆ Walters,
1963)。我們強調，**模仿**(imitation)是解決幼兒期自主性與羞怯和懷疑危機
的中心過程。在幼兒的年齡，模仿是迅速習得新行為的機轉。想想一個四

歲的孩子能說或能做的所有事情就知道了。父母特意去教孩子每一個單獨的行為將是不可能的——他們將沒有剩餘時間吃飯、睡覺或工作。兒童必須透過觀察和模仿他人來習得他們的大部分知識。成人為許多活動提供了**榜樣**(model)。他們表達情感、說明態度、解決問題並表現其道德觀念。透過觀察和模仿這些行為，兒童便習得了適應社會的家庭和社團的生活方式。

人們進行了大量研究來確定兒童是否模仿某一榜樣的決定性條件(Bandura, 1971, 1977, 1986)。人們發現兒童喜歡模仿攻擊、利他、助人和吝嗇的榜樣。他們最可能模仿欺騙、控制資源或自己受獎的榜樣。社會學習的概念強調榜樣的行為在指導他人行為中的重要性。榜樣可以是父母、哥哥姐姐、娛樂界明星或體育健將。在任何生活階段都可以出現新的**認同**(identification)，在認同的範圍內，透過示範過程進行的新的學習總是可能的。

・**對人類發展的啓示**

人們認為社會學習理論的原則在一生中是以同樣的方式產生作用的。觀察學習可以發生在任何年齡。接觸某類榜樣或某類獎賞會導致人們模仿某些行為而不是其他行為。同年齡層的人行為的相似性反映了他們有過同樣的榜樣和獎賞的經歷。

認知行為主義

對古典和操作制約作為學習理論常常被提出的一個異議是，它們沒有言詞或概念來描述學習者心智所發生的事件。學習被描述成了環境事件和個體反應之間的關係。Edward Tolman(1932/1967, 1948)提出了影響學習的一套中介反應的概念。他指出，學習者建立了**認知地圖**(cognitive map)，它是關於學習環境的內部心理表徵。在某一環境中執行一個特定任務的個體主要注意的是那一特定任務，但他們同時也能形成有關其餘環境成分的內部表徵。所有內部表徵構成了認知地圖。此地圖包括對運作的獎賞系統的期望、對現存的空間關係的期望，以及對最佳的行為的期望。個體在某一情境中的行為僅代表部分已發生的學習。人們對環境中的變化進行反應的事實表明，複雜的心理地圖實際上就是在這種情境中發展起來的。

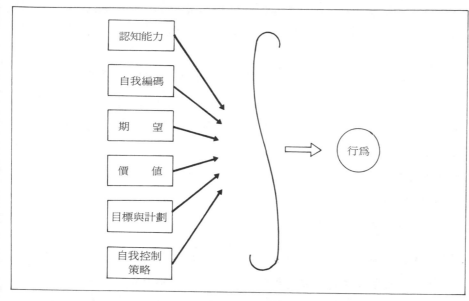

圖 3-4　影響行為的六個認知向度

　　認知行為主義者研究影響行為的許多內部心理活動。根據Walter
Mischel(1973, 1979)的觀點，如果要理解一個人的行為，則至少要考慮六
種認知因素：認知能力、自我編碼、期望、價值、目標與計劃，以及自我
控制策略(見**圖 3-3**)。**認知能力**(cognitive competency)是由知識、技巧
和能力所組成。**自我編碼**(self-encoding)是對自我訊息的評價與概念化。
在自我編碼方面的一個有趣發現是，消沉的人比不消沉的人傾向於更現實
地評價自己。Mischel(1979)認為，「自我感覺良好會使我們的自我評價高
於別人對我們的評價」(p.752)。換言之，大多數並非長期消沉的人傾向於
以提高自我的方式來誤評自己。
　　期望(expectancy)指對一個人的操作能力、行為結果和環境事件的意
義的預期。**價值**(value)由一個人賦予環境中的結果的相對重要性構成。有
人看重高水準地完成任務，而有人則看重社會情境中的成功。一個人在某
一情境中的行為受他如何評價自己行為的可能結果的影響。**目標和計劃**
(goal and plan)是個人的行為標準和達到標準的策略。顯然，個體的目標
和計劃是有差異的，這些差異會導致行為上的巨大差異。**自我控制策略**
(self-control　strategy)是個體調節他或她自己的行為的技術。**自我控制**

(self-control)有助於我們理解我們是如何脫離刺激控制的範圍，從而控制自己的行為。我們越是意識到刺激對我們行為的影響，我們就越能有效地克服、改變或消除它們的影響。

在上述的六個領域中，有一個領域已得到對學習和行為感興趣的人們的廣泛注意，這就是期望領域。人們對自己行為期望程度的判斷，或是否期望通過訓練來改善自己的技能水平的判斷，明顯地影響著他們的行為。Albert Bandura(1982, 1989)指出，自我績效是行為的認知基礎中的關鍵成分。**自我績效**(self-efficacy)是指人們做出環境所要求的行為的自信感。根據Bandura的觀點，人們對某一情境作出反應的決定和他們在此情境中所花的努力程度一樣，都依賴於個人對成功的自信。

> 具有高績效感的人設想能積極指導自己行為的成功方案，並在認識中尋找潛在問題的好的解法。斷定自己無績效的人更傾向於設想失敗的後果，並仔細研究事情會怎樣出差錯。這種無績效思維降低了動機並削弱了行為。(1989, p.729)

Bandura指出，適應是依賴於個人對情境結果的判斷。一個具有強烈的自我績效感的婦女如果處於較敏感且對良好行為提供獎賞的環境中，她就可能以自信的、稱職的方式去行事。同樣是這個婦女，如果讓她處於不敏感的且對成功不提供獎賞的環境中時，她就可能增加努力程度，甚至試圖去改變環境。斷定自己低績效的人在不敏感的環境中會放棄行動並無動於衷。在敏感的環境中，當他們看到似乎與他們類似的人獲得成功時，他們會變得更加消沉和自責。

自我績效的概念闡明了人們在進入新角色或新情境時是如何適應。我們觀察到別人的成功和失敗，以及我們從別人那兒得到的鼓勵，影響著我們的期望。先前的績效經歷也能影響我們如何對待行為。

· 對人類發展的啓示

認知行為主義認為，藉由古典制約、操作制約和觀察學習的過程，學習者便習得了影響其以後學習和行為的認知結構。我們也可以說，學習者習得了對學習情境的看法。這種看法會影響學習者對任務的熟悉感、接受任務的動機、成功地完成任務的樂觀態度，以及對待任務的策略。除了父母、教師或監督者對構造學習環境可能做的每件事情以外，人們還必須始

表 3－2　四種學習過程

古典制約	操作制約	社會學習	認知行為主義
當兩個事件在非常接近的時間內一起出現時，它們就習得了相同的意義並產生相同的反應。	隨意控制的反應旣可以加強，也可以消除，這取決於和它們相聯繫的結果。	新的反應可以透過對榜樣的觀察和模仿而習得	除了新的反應以外，學習者還習得了關於情境的心理表徵，它包括對獎賞和懲罰的期望、適當的反應類型的期望以及反應出現的自然和社會環境的期望。

終考慮學習者對任務的看法。人們對自我績效、自我控制策略、價值和目標的判斷上的差異影響著他們對待學習情境的方式。

學習理論小結

所有這四種學習理論都對洞察人類行為有所貢獻(見**表 3-2**)。

古典制約能夠說明信號與刺激之間形成的廣泛的聯想脈絡、對環境的持久的情緒反應，以及與反射類型相聯繫的學習的組織。操作制約強調以行為結果為基礎的行為模式的習得。社會學習理論增加了重要的模仿成分。人們可以透過觀察他人學習新的行為。最後，認知行為主義認為，一組複雜的期望、目標和價值可以看作是行為，它們能夠影響操作。訊息或技能在被習得之時並不能在行為上表現出來，除非關於自我和環境的期望允許它們表現。這種觀點強調了個人指導新的學習方向的能力。

社會角色

關於環境對發展的影響的另一項理論探討，是由Orville Brim(1966)等心理學家和Talcott Parsons(Parsons & Bales, 1955)等社會學家提出的。他們透過使個人承擔越來越多複雜的社會角色，遵循了社會化和人格發展的過程。**角色**(role)是具有社會承認的功能和可接受的常模規範的

任何一套行為(Bidde, 1979; Biddle & Thomas, 1966； Brown, 1965)。角色一詞來自戲劇背景。在戲劇中，由於每個演員都根據腳本扮演各自的角色，因而演員的行為都是明確的及可預言的。角色理論把同樣的結構應用於社會生活(Biddle, 1986)。角色理論所關心的三個成分是社會行為的定型特徵(**角色扮演**，role enactment)、個人承擔的角色或身分(**社會角色**，social role)，以及腳本或與角色相聯繫的行為的期望(**角色期望**，role expectation)。

社會角色可以充當個體和社會之間的橋樑。每個社會都有許多角色，而個體則學習與這些角色相聯繫的期望。當人們進入新的角色時，他們就改變自己的行為以符合新的角色期望。

嬰兒幾乎不具有被社會所承認之功能角色。在我們自己的文化中，嬰兒的角色可包括孩子、兄弟姊妹和孫兒。在一系列生活階段中，個人既在家庭又在其他社會機構如學校、企業和團體的環境中扮演著各種各樣的角色。

角色的概念強調社會背景在發展過程中的重要性。個體自己的獨特氣質、技能和價值影響著他們對自己扮演的角色的詮釋和表現。然而，大多數角色都獨立於它們的扮演者而存在。例如，我們對教師角色的期望支配著我們對所遇到的每一位新老師的評價。同樣這些期望影響著教師角色的扮演者實際表現這一角色的方式。對任何特定角色的功能和行為規範的認識，既影響角色扮演者的行為，又影響與其相關的人的整個網絡的反應(Bidde, 1979；Goffman, 1959)。每一角色通常都與一個或更多的有關的或**互惠的**(reciprocal)角色相聯繫。學生與教師、父母與子女，以及售貨員和顧客都是互惠的角色。每一個角色都由支持它的另一角色所部分地界定。角色的功能由該角色和與其相聯結的周圍角色群的關係所決定。

社會角色的四個向度

社會角色有四個向度。首先，人們會問一個人所捲入的**角色的數量**(number of role)。隨著該數量的增加，個人對作為一個整體的社會系統的瞭解就會增加。認知複雜性、所持的社會觀點以及人際問題解決能力也會隨著社會角色的數量和種類而增加。事實上，Parsons(Parsons & Bales, 1955)已提出，把社會化過程看成是介入數量不斷增加的、越來越多

親密朋友的角色是一個通常具有高情緒強度而低結構的例子。朋友間為了保證愉快、親密的關係,可以建立他們希望的任何角色期望。

樣而複雜的社會角色的結果,能使社會化過程得到最好的理解。抗拒介入新角色的人可被看作是在透過封鎖新的責任和新的需要的入口來阻止自己的發展。

角色變化依循的第二個向度是角色需要的或個人帶給角色的**介入強度**(intensity of involvement)。Sarbin和Allen(1968)提出了一個角色介入的八點量表,從 0 表示無介入,到 7 表示自我與角色無法區分。在低分的一端,他們舉了一個俱樂部會員身份已終止了許多年的會員的例子。此人目前的身份已使他不再期望有行為上的直接介入,雖然他隨時都可以重新介入。在高分的一端,他們舉了一個確信自己被施與巫術的人的例子。由於整個人強烈地介入這一角色,因而有可能會致死。

角色介入越強烈,注意和能量的投入就越大,進入角色的情緒投入也越大,而達不到角色期望的焦慮也許就越大。隨著個人與角色的融合,他或她的人格就越來越受與角色相聯的社會化壓力的影響。

社會角色的第三個向度是**角色要求的時間量**(amount of time the role demand)。這一向度很重要,因為,花費大量時間的角色構築了許多

專欄 3‧3

角色緊張與父母身分

在關於父母身分的文獻中，反覆出現的一個主題是角色緊張體驗。角色緊張 (role strain) 可定義爲當過多的期望與某一角色聯繫在一起時所產生的一種超載感 (Biddle，1986)。社會角色的四種向度各自都能促成父母角色的緊張。當父母角色加入其他成人角色，特別是工作角色和夫妻角色時，新的角色要求就會處於壓倒優勢。由於父母角色具有很高的強度，因而對與此角色相關的所有行爲的參與感就會增強，對達不到角色期望的焦慮也會增強。初次做父母的人對他們完成其角色的能力往往沒有信心，因而與其角色相連的焦慮層次就會相對提高。

父母角色確實要佔用很多時間。大多數初次做父母的人都低估了嬰兒和年幼的孩子需要父母的時間。當第一次有孩子的父母（特別是母親）在報告過去她們所花在種種社會角色上的時間時指出，父母角色比其他角色更費時間。

與做父母相聯繫的這種角色緊張，與角色結構有關。某些成年人對他們應該怎樣扮演自己的父母角色有著一套非常明確的理論，而很多人卻沒有。丈夫和妻子可能對撫養孩子的技術有不同的看法。解決這些差異需要時間。由於想起自己童年的辛酸或不幸，很多成人不想按照上一輩撫養他們的方式來撫養自己的孩子。他們必須爲這個角色掌握一個新的脚本。

日常交互作用的基本結構。例如，加油站服務員的角色可能不需要高強度的投入，但它每天却要求很長時間，導致使人幾乎沒有機會扮演其他角色。事實上，如果低強度的角色持續要求大量的工作時間，它就會成爲經常性的個人挫折的來源。

影響人格的角色的第四個向度是詳細說明**角色的構造程度** (degree of

使與父母角色相連的角色緊張減低到最小的方法至少有四種 (Rollins & Galligan，1978；Bvhr，Chappell & Leigh，1983；Cowan & Cowan，1988)：

(1)對角色扮演的獎賞頻繁的出現時，角色的要求似乎很少人感到艱鉅，積極投入父母角色而從家庭、朋友和團體中得到很多鼓勵的成年人，可能會對他們投入角色的時間和努力感到沒有太大壓力。

(個人的酬償)

(2)分散角色責任的能力能減少角色緊張。能夠雇用他人來幫助分擔做父母的責任或者能向家庭成員尋求幫助的成人，比那些獨自承擔父母角色的人感受較少的角色緊張。爲滿足做父母的要求而能靈活的改變並分享家務責任的夫婦，將在父母角色中體驗到更多的滿意和較少的緊張。

(社會支持)

(3)在一項活動中整合不同方面角色的能力，能減少角色緊張。有些父母很會掌握與自己嬰兒保持接觸的方式，同時仍能完成家務與其他工作，且有時間彼此共處。

(時間管理)

(4)當婚姻配偶對其父母角色的看法達到一致時，角色緊張便較少。若初爲父母者在育兒哲學、保育活動和家務責任的分配方面，分歧的觀念已取得協調，將會比在這些問題上繼續持有相反觀點的父母，體驗到較少的角色緊張且婚姻滿意的水平較高。

(角色的一致性)

structure)。社會角色在詳細說明期望的程度上以及表現角色的一致性程度上，均有所不同。有些社會角色，如國會議員、警官和大學校長，都有角色扮演的書面標準。這些知名人士通常要對他們由選舉、雇用或任命而承擔的工作中的行爲負責。角色表現者和觀眾對什麼行爲是適合角色的行爲有一致的看法。甚至連知名度較低的角色，如秘書、記帳人和售貨員，

也都有詳細規定了構造程度的書面標準。像知名人士一樣，人們也期望這些工作人員做好他們受雇的工作。

其他角色則很難說明清楚。它們或者由文化謎思定義(如探險者的角色)，或者由團體常模定義(如鄰居的角色)。有些角色的扮演是很秘密的——僅為最親近的家庭成員或幾個親密的朋友所看到。在這類情況下，個人可以自由地定義或扮演角色，只要此角色適合於所涉及的幾個人就可以了。情人、同胞、親密的朋友和婚姻配偶可以沿著多種途徑發展他們的關係，而不必經受特定角色表現所受的精密的社會化壓力的檢查。但這並不意味著沒有期望伴隨著這些角色；相反地，它們為個體達成協議和即興發揮提供了轉圜餘地。

當角色高度結構化時，**個人角色適應**(person-role fit)問題就會出現。在缺乏適應的條件下，角色佔有者會因角色對行為的要求與他或她自己的氣質、天賦或動機不協調而體驗到連續的挫折。相反，當適應愉快時，高度結構化的角色就會為行為提供來自對期望的認識的信心和支持。在個人與角色一致的條件下，高度結構化的角色可為有助於個人成熟和成長的新能力的發展提供機會。

當角色缺乏一致性時，角色佔有者通常會有更多的機會塑造角色，從而反映出個人的心理傾向。然而，如果處於相應角色的位置上的人們對如何表現角色持有不同意見的話，私下定義的角色就會產生大量的衝突。例如，雖然丈夫和妻子的角色為人們表達個人偏好和價值提供了相當大的自由度，但是如果配偶雙方對伴隨這些角色的期望意見不一致的話，婚姻則將經受不斷的衝突和不穩定之苦。

對人類發展的啟示

當個體以一個生活階段進入另一個生活階段時，所有的文化都提供了等待他們的新的角色。這些角色可能與年齡有直接關係，如「年長者」的角色或高中生的角色。另一些角色則僅僅在某一年齡中的人身上才顯現的，因為這些人表現著另一些相應的技能、特點或個人偏好。例如，保母的角色一般到青少年期才出現；牙科醫生的角色直到成年早期才可以得到，教授的角色通常要到成年中期才有可能獲得。文化本身包含著一個內隱的發展理論，它決定著對各個年齡組開放的職位。

有些最重要的生活角色一直持續幾個階段。例如，我們從出生到死一直是某人的孩子；而從青少年期到成年晚期，我們又可以是一種親密性關係中的配偶。在每一個角色中，既有連續性又有可變性(Feldman & Feldman, 1975)。對角色表現的期望在有些方面會保持不變，而在另一些方面則會有所變化。我們將看到，社會角色是如何為生活經驗提供一致性線索，以及它們是如何促進新的學習。

在後面的各章中，我們描述了許多生活角色，包括親戚角色、性別角色、年齡角色和職業角色。隨著人們同時承擔的角色數量的增加，個體必須學會一些角色扮演、角色分化和角色整合的技能。青少年期的發展危機(個體認同與角色混淆)強調了個人能夠整合幾種不同的角色以便保持個人連續感的重要性。伴隨著每一個新的角色，人們的自我定義會發生變化，影響環境的潛能也會增加。

在一生中我們也會失去一些角色。最引人注目的例子來自相對角色一方的死亡。當父母、兄弟姊妹或配偶的死亡，我們便失去了一個重要的角色。從學校畢業、離婚、失業和退休是導致角色喪失的其他轉變。社會角色理論透過考慮時間、情緒強度、結構和文化賦予單個生活角色的意義，幫助我們理解了這些變化的重要本質，以及可能因角色喪失而隨後出現的定向障礙。

系統

直到現在，我們一直在從看待個體行為的一種方式轉換到另一種方式。無論我們審查的行為是否與物種生存或社會組織生存相聯繫，我們的注意都在反覆指向個體與環境間進行著的交互作用。如果我們不把思維或行為的個別成分相互聯繫起來，不把它們與其出現的環境背景聯繫起來，我們就無法瞭解思維或行為的個別成分的意義。我們已審視過的每一種理論，都以其自己的方式，將我們的注意引向於這一事實：個體是在複雜的系統中發展的。

系統理論試圖描述並說明系統的特性，它把個體看作是相互聯繫的組成部分(Sameroff, 1982)。這些理論在很大程度上強調**觀點的差異**(difference in perspective)。系統理論主張，整體大於各部分之和。任何系統，無論它是一個細胞、器官、個體、家庭，還是團體，都是由具有一些共同的目標、相互聯繫的機能、疆域和身份的**相互依賴的元素**(interdependent element)構成。我們無法靠識別系統的各個組成部分來達到對系統的完全理解。系統的各部分的過程和關聯傾向於形成一個更大的密切相聯的實體。例如，語言系統不僅僅是發出語詞、運用語法和獲得詞彙的能力。它是這些成分在共同的意義背景中以一種有效的方式的協調。同樣，家庭系統也不只是各個家庭成員的特徵與能力之和。家庭是夫妻二人的共同命運感、遺傳特質以及隨後養育起的孩子的組合體。隨著夫妻二人不斷發展或創造他們自己的共同財產，家庭便等同於這種交流模式和互惠角色關係中的「我們狀態」。開放的或可滲透的家庭疆域能對來自家庭內外的刺激作用和訊息作出反應。這種開放允許家庭運用有助於健康地適應成長和變化的輸入訊息。封閉的家庭疆域則不允許與環境進行交換和作出適應性反應。隨著一個家庭努力求生存並經歷種種變換，共同命運、先天特性、交流模式和互惠角色關係是可以改變的。

系統不能違反控制著各部分機能的規律，但同時它又不能僅被這些規律來解釋。生物作用不能違反物理和化學規律，但物理和化學規律又不能完全解釋生物作用。同樣，兒童認知能力的發展不能違反生物作用的規律，但生物發展又不能完全解釋思維的本質。

當我們考慮個體、家庭、團體、學校和社會時，我們正在與**開放系統**(open system)打交道。按照Ludwig Von Bertalanffy (1950, 1968)的定義，開放系統是指即使各部分不斷變化也仍維繫整體的組織保持不變的結構。正如江河裏的水不斷變化，而江河本身却保持著它的疆域和流向，人類細胞的分子不斷變化，而各個生物系統却保持著協調的機能。

開放系統具有某些共同的屬性。它們都從環境中吸取能量，都把能量轉變爲具有系統特點的某些產品，再把產品輸送到環境中，並從環境中吸取新的能量來源以繼續發展(Katz & Kahn, 1966)。正如我們已指明的那樣，這種過程要求有開放的疆域。疆域越開放，此過程運行得就越有活力。每一特定系統都有一套唯一的過程，它們適合於與系統有關的特定能量、產品和轉換形式。人們對系統的分析更多地集中在允許系統生存和發展的各部分間的過程和關係上，而不是集中在部分本身的特性上。

系統朝著適應或包容越來越多的環境的方向運動，以便阻止由環境波動引起的紊亂(Sameroff, 1982)。無論是由Darwin、Piaget、Skinner還是Bandura來表示適應的概念，適應似乎都是一個基本過程。Ervin Laszlo(1972)把開放系統的這種特性描述為**適應性自我調節**(adaptive self-regulation)。系統運用**回饋機轉**(feedback mechanism)來識別環境變化並作出反應。系統能夠發覺的環境訊息越多，回饋機轉可能就越複雜。例如，當環境中的氧氣量減少時，你就會充滿睡意。當你入睡後，你的呼吸減慢，於是消耗的氧氣就會減少。像這類調節是通過生物系統的組織無意識地進行的。而另一些調節則是通過努力減少環境變化的影響來有意識地進行的。大多數系統都具有儲存和積蓄資源的能力，因而暫時的資源短缺並不會中斷系統的運行。

當開放系統遇到新的、穩定的環境條件時，它們便表現出**適應性自我組織**(adaptive self-organization)能力。系統通過產生次結構、改變各個組成部分之間的關係，或產生與現存的次結構相協調的新的、更高層次的組織來維繫其重要的同一性。

從系統觀點來看，部分和整體總是相互牽制的。個人理解和觀察到的內容取決於人們在這套複雜的相互關係中所處的位置。所有生命實體都既是部分又是整體。個人是家庭、課堂或工作群體、同伴群體和社會的組成份子。個人也是一個整體——一個由生理的、認知的、情緒的、社會的和自我的次系統構成的協調且複雜的系統。人類發展的部分情形在對這些次系統的適應性調節和組織的分析中得到了說明。同時，人類發展的情形也在這樣一種方式中得到了說明，即較大的系統影響和衝擊著個體，迫使個體把適應性調節和再組織作為在更高的系統組織層次上達到穩定的一種方法。

對人類發展的啟示

系統理論在家庭中的應用最容易使我們瞭解它與人類發展的關係。家庭系統理論集中於家庭是如何建立並保持穩定的作用模式。在它看來，家庭是由特定**疆域**(boundary)和**規則**(rule)確定的情緒單元(Giles-Sims, 1983; Kantor & Lehr, 1975)。家庭的疆域決定著誰是家庭成員，誰是外來人。它們影響著家庭尋求家庭單元的訊息、支持和有效性的方式，以及

這些親戚在種植菜園時展現了家庭系統的概念，每個家庭成員都扮演著一個不同的而又相互聯繫的角色。總體來看，他們達到了他們的目的；而每個人的努力都從其他人進行的工作中獲得了意義。

家庭吸收新成員的方式。有些家庭具有非常嚴格的規則，它們維持著環繞家庭的狹小疆域。這些家庭幾乎不接受任何訊息來源或與外界的接觸。而另一些家庭則把歸屬感擴展到了能給家庭系統帶來觀念和資源的眾多人們身上。家庭系統靠交際模式來維持。**正和負回饋回路**(positive and negative feedback loop)的運行可以穩定、減少或增加某些類型的相互作用。當孩子提出的建議得到了父母的承認與誇獎時，回饋回路就是正性的。在這種模式中，父母鼓勵孩子繼續提供建議，他們把孩子看成是能夠提供有價值建議的人。如果父母忽視孩子的建議或指責孩子提建議，那麼回饋回路就是負性的。孩子可能很少再提建議，而父母則可能認為，孩子提供不出有價值的觀點。所有的家庭中都運行著許多正性和負性的回饋回路，它們維持著系統的基礎性質，如權力等級、衝突水平，以及家庭成員間自主性和依賴性的平衡。

家庭系統的一個最普遍的著名特性，是家庭成員的相互依賴。一個家庭成員的變化會隨即引起其他成員的變化。我們想像一下，所有的家庭成員站成一圈，手裏拉著一根繩子。每個人都試圖對繩子施加足夠的拉力，以使繩子拉緊並保持圓形。各人所用的力量依賴於其他每個人的行為。現在想像，有一個家庭成員鬆開了繩子，走到了一邊兒。為了保持繩子的形狀和張力，其他每個人就必須作出調整，重新握繩。鬆開繩子，類似於家

庭中可能出現的各種各樣的變化，父母生病、孩子上大學，或者父母外出工作時，系統便透過重新確定關係、改變交際模式與調整疆域來作出調整。於是，家庭成員和他們的相互依賴就發生了變化。當家庭系統增加一個成員，或者經歷其他一些較大的轉變時，類似的調整就會發生。

系統的觀點對臨床問題提供了特別有力的探討。已被鑑定爲有機能障礙的人並不是一個孤立的個體，而是一個家庭系統的組成部分。系統理論的假設是，個人出現的問題是由其他家庭成員對待此人──不論是小孩、父母或祖父母──的方式而引起的。因而，使個人的機能發生變化的唯一方式，是去改變系統中其他成員的機能。如果此人**機能不足**(underfunction)──即不負責任地行動、不善交流、不按自己的角色能力行事、退縮或做事衝動──人們便假定其家庭中的其他成員**機能過度**(overfunction)──即承擔了此人的許多角色和責任以**填補空隙**(take up the slack)。機能障礙行爲之所以能持續是因爲它是情緒單元的一個成分。換言之，機能障礙既不屬於此人，也不屬於其他家庭成員，而是屬於家庭成員間的相互依賴，這種依賴對保持家庭系統作爲一個整體的生存能力來說似乎是不可少的(Bowen, 1978)。

以定義上看，家庭系統也與鄰近的系統相互依賴。因而，要理解家庭就要分析作用於家庭的其他社會系統的資源和要求，以及家庭所擁有影響鄰近系統的機會。例如，在工作環境中體驗到過分的要求、緊張和性別歧視的婦女，可能會經常感到疲倦、緊張，而且對待家庭成員行爲急躁。她可能會把工作中的憤怒帶到家裏，以此來對待家人，不論男女，並且希望他們也能這樣對待自己。如果這份工作對她和她的家庭非常重要，那就沒有人願意承認工作環境對其家庭生活產生不尋常的衝擊。家庭暴力、失業對家庭的影響、母親外出工作、托育以及父母在孩子學校教育中的角色，都是人們從系統理論觀點正在研究的課題。

本章總結

我們已回顧的七種理論觀點對一生中的連續性和變化性進行了不同的探討。

演化理論提供了一個理解個體發展的總體的時間架構。雖然八十五或九十歲的壽命看起來很長，但是它在人類生物適應的一至二百萬年中，僅是曇花一現。演化理論強調成長和發展的生物控制，特別是遺傳控制的方面。但這種觀點並不忽視環境；相反地，它指出環境提供了需要適應的特定條件。然而，適應性變化只有在得到基於遺傳的有機體特性的支持時才能出現。人類發展的速度和模式是由遺傳規劃所控制。

　　文化理論採取了幾乎相反的看法。在這種架構中，生物成熟的意義依賴於文化對待它的方式。在一生中，文化變化的可能性是非常巨大的。我們所理解的正常或自然模式，以及能力、角色和地位的變化速度，強烈地依賴於社會所確認不同年齡、性別和血緣關係等之影響。

　　性心理理論將演化觀點和文化觀點連結在一起。在這種理論中，人類發展遵循著生物決定的路徑，社會關係模式則沿著這一路徑隨著性慾衝動和身體各部份性特徵的逐漸展露而發展變化。文化在建立導致衝突、固著和昇華策略的禁忌和可接受的性滿足模式中，扮演著主要角色。性慾衝動、願望和恐懼，許多都是潛意識的，它們指導行為並賦予其意義。性心理理論強調，嬰兒期和幼兒期是建立基本人格模式的時期，這段時期也建立家庭關係，特別是親子關係，它們是解決與性衝動的社會化有關的衝突的主要背景。

　　與性心理理論一樣，認知理論把發展看作是以生物性指導的成長和變化規劃的產物。使認知成長成為可能的要素在控制腦和神經系統發展的遺傳訊息中都已經出現了。然而，智力的成長過程需要與各種異質性和反應性的環境的交互作用。促進認知發展需要藉助於瞭解既有基模與新經驗間的差異。通過相對的同化和順應過程，基模得以改變與整合，從而構成了組織與解釋經驗的基礎。

　　性心理理論和認知理論強調各個發展階段個體的多種相似性，而學習理論則說明了廣泛的個體差異。學習理論集中研究了允許個體對多樣的環境作出反應的機轉。行為可以透過有系統地改變環境條件來塑化與矯正。根據學習理論學家的觀點，人具有特別靈活的行為系統。根本不存在普遍的發展階段。隨著環境條件的變化，反應模式也變化。某一特定生活階段個體間的相似性，可由這樣一個事實來解釋，那就是：他們曾得到過同樣的環境條件、增強模式和榜樣。

社會角色理論既沒有在學習理論的微視層次來考察環境，也沒有考慮每一個獨特的刺激和它的相對反應，但它卻指出，學習是圍繞著角色這一關鍵社會功能來組織的。當人們扮演角色時，他們便把自己的行為整合到有意義的單元中。意義是由該角色的定義與相對角色的期望所提供的。人的發展就是進入一生中日益增多的複雜角色的結果。當人們獲得與失去角色時，他們就改變其自我定義以及他們與社會群體的關係。大多數社會都定義了與性、年齡、婚姻狀況和親屬關係相連結的角色。這些角色提供了生命過程的特有模式。但這些模式並不是遺傳訊息的產物，而是社會結構和功能的產物。

系統理論採取了一種獨特的科學立場。系統理論並沒有去分析因果關係，而是強調影響個體的多種資源，及個體對他們所構成系統的同時性影響。每個人既是一個或多個較大系統中的一個組成部分，每個人自身又是一個系統。人們應該從許多角度探究人的發展，識別關鍵資源、資源流動和資源轉換，這是適應性的重組與成長之連續過程的基礎。

參考文獻

Alpert, J. L. (1986). *Psychoanalysis and women: Contemporary reappraisals*. Hillsdale, N.J.: Analytic Press.

Bahr, S. J., Chappell, C. K., & Leigh, G. K. (1983). Age at marriage, role enactment, role consensus, and marital satisfaction. *Journal of Marriage and the Family, 45*, 795–804.

Bandura, A. (ed.) (1971). *Psychological modeling*. Chicago: Aldine-Atherton.

Bandura, A. (1977). *Social learning theory*. Englewood Cliffs, N.J.: Prentice-Hall.

Bandura, A. (1982). Self-efficacy mechanism in human agency. *American Psychologist, 37*, 122–147.

Bandura, A. (1986). *Social foundations of thought and action: A social cognitive theory*. Englewood Cliffs, N.J.: Prentice-Hall.

Bandura, A. (1989). Regulation of cognitive processes through perceived self-efficacy. *Developmental Psychology, 25*, 729–735.

Bandura, A., & Walters, R. H. (1963). *Social learning and personality development*. New York: Holt, Rinehart & Winston.

Bem, S. L. (1989). Genital knowledge and gender constancy in preschool children. *Child Development, 60*, 649–662.

Benedict, R. (1934/1950). *Patterns of culture*. New York: New American Library.

Bertalanffy, L. von (1950). The theory of open systems in physics and biology. *Science, 111*, 23–28.

Bertalanffy, L. von (1968). *General systems theory* (rev. ed.). New York: Braziller.

Biddle, B. J. (1979). *Role theory: Expectations, identities, and behaviors*. New York: Academic Press.

Biddle, B. J. (1986). Recent developments in role theory. In R. H. Turner & S. F. Short, Jr. (eds.), *Annual Review of Sociology, 12*, 67–92.

Biddle, B. J., & Thomas, E. J. (1966). *Role theory: Concepts and research*. New York: Wiley.

Blurton-Jones, N. (1972). *Ethological studies of child behavior*. Cambridge: Cambridge University Press.

Bowen, M. (1978). *Family therapy and clinical practice*. New York: Jason Aronson.

Bowlby, J. (1958). The nature of the child's tie to his mother. *International Journal of Psychoanalysis, 39*, 350–373.

Bowlby, J. (1988). *A secure base: Parent-child attachment and healthy human development*. New York: Basic Books.

Breuer, J., & Freud, S. (1895/1955). Studies on hysteria. In J. Strachey (ed.), *The standard edition of the complete psychological works of Sigmund Freud* (vol. 2). London: Hogarth Press.

Brim, O. G., Jr. (1966). Socialization through the life cycle. In O. G. Brim, Jr., & S. Wheeler (eds.), *Socialization after childhood*. New York: Wiley.

Brown, R. (1965). *Social psychology*. New York: Free Press.

Case, R. (1985). *Intellectual development: Birth to adulthood*. Orlando, Fla.: Academic Press.

Case, R., Hayward, S., Lewis, M., & Hurst, P. (1988). Toward a neo-Piagetian theory of cognitive and emotional development. *Developmental Review, 8,* 1–51.

Charlesworth, W. (1988). Resources and resource acquisition during ontogeny. In K. B. McDonald (ed.), *Sociobiological perspectives on human behavior.* New York: Springer-Verlag.

Chomsky, N. (1972). *Language and mind.* New York: Harcourt Brace Jovanovich.

Cole, M., & Means, B. (1986). *Comparative studies of how people think.* Cambridge, Mass.: Harvard University Press.

Cornelius, S. W., & Caspi, A. (1987). Everyday problem solving in adulthood and old age. *Psychology and Aging, 2,* 144–153.

Cowan, C. P., & Cowan, P. A. (1988). Who does what when partners become parents: Implications for men, women, and marriage. In R. Palkovitz & M. B. Sussman (eds.), *Transitions to parenthood* (pp. 105–132). New York: Hawthorn Press.

Darwin, C. (1859/1979). *The illustrated "Origin of species."* Abridged and introduced by Richard E. Leakey. New York: Hill & Wang.

Darwin, C. (1872/1965). *The expression of the emotions in man and animals* (2nd authorized ed.). Chicago: University of Chicago Press.

Davey, G. (1987). *Cognitive processes and Pavlovian conditioning in humans.* New York: Wiley.

Davey, G., & Cullen, C. (1988). *Human operant conditioning and behavior modification.* New York: Wiley.

Denney, N. W. (1982). Aging and cognitive changes. In B. B. Wolman (ed.), *Handbook of developmental psychology* (pp. 807–827). Englewood Cliffs, N.J.: Prentice-Hall.

Eibl-Eibesfeldt, I. (1975). *Ethology: The biology of behavior* (2nd ed.). New York: Holt, Rinehart & Winston.

Einstein, A., & Freud, S. (1933/1964). Why war? In J. Strachey (ed.), *The standard edition of the complete psychological works of Sigmund Freud* (vol. 22, pp. 195–218). London: Hogarth Press.

Erikson, E. H. (1963). *Childhood and society* (2nd ed.) New York: Norton.

Fagot, B. I., & Leinbach, M. D. (1989). The young child's gender schema: Environmental input, internal organization. *Child Development, 60,* 663–672.

Fast, I. (1984). *Gender identity: A differentiation model.* Hillsdale, N.J.: Analytic Press.

Feldman, H., & Feldman, M. (1975). The family life cycle: Some suggestions for recycling. *Journal of Marriage and the Family, 37,* 277–284.

Ferster, C. B., & Culbertson, S. A. (1982). *Behavior principles* (3rd ed.). Englewood Cliffs, N.J.: Prentice-Hall.

Ferster, C. B., & Skinner, B. F. (1957). *Schedules of reinforcement.* New York: Appleton-Century-Crofts.

Fischer, K. W. (1980). A theory of cognitive development: The control and construction of hierarchies of skills. *Psychological Review, 87,* 477–531.

Fischer, K. W., & Silvern, L. (1985). Stages and individual differences in cognitive development. In M. R. Rosenzweig & L. W. Porter (eds.), *Annual Review of Psychology, 36,* 613–648.

Flavell, J. H., Green, F. L., & Flavell, E. R. (1989). Young children's ability to differentiate appearance-reality and level 2 perspectives in the tactile modality. *Child Development, 60,* 201–213.

Freud, S. (1933/1964). New introductory lectures on psychoanalysis. In J. Strachey (ed.), *The standard edition of the complete psychological works of Sigmund Freud* (vol. 22). London: Hogarth Press.

Freud, S. (1963). *The cocaine papers.* Vienna and Zurich: Dunquin Press.

Gardner, M. R. (1983). *Self inquiry.* Hillsdale, N.J.: Analytic Press.

Gazzaniga, M. S. (1989). Organization of the human brain. *Science, 245,* 947–952.

Giles-Sims, J. (1983). *Wife battering: A systems theory approach.* New York: Guilford Press.

Goffman, E. (1959). *The presentation of self in everyday life.* Garden City, N.Y.: Doubleday.

Goldberg, A. (1988). *A fresh look at psychoanalysis: The view from self psychology.* Hillsdale, N.J.: Analytic Press.

Greenspan, S. I., & Pollack, G. H. (1980). *The course of life,* vol. 3: *Adulthood and the aging process: Psychoanalytic contributions toward understanding personality development.* DHHS Publication no. ADM 81-1000. Washington, D.C.: U.S. Government Printing Office.

Haan, N., Weiss, R., & Johnson, V. (1982). The role of logic in moral reasoning and development. *Developmental Psychology, 18,* 245–256.

Horowitz, D. (1985). *Ethnic groups in conflict.* Berkeley: University of California Press.

Kantor, D., & Lehr, W. (1975). *Inside the family.* San Francisco: Jossey-Bass.

Katz, D., & Kahn, R. L. (1966). *The social psychology of organizations.* New York: Wiley.

Kihlstrom, J. F. (1987). The cognitive unconscious. *Science, 237,* 1445–1452.

Kohlberg, L. (1978). Revision in the theory and practice of moral development. *New Directions for Child Development, 2,* 83–87.

Kohlberg, L. (1984). *Essays on moral development,* vol 2., *The psychology of moral development.* San Francisco: Harper & Row.

Kosslyn, S. M. (1986). *Image and mind.* Cambridge, Mass.: Harvard University Press.

Labouvie-Vief, G. (1980). Beyond formal operations: Uses and limits of pure logic in life-span development. *Human Development, 23,* 141–161.

Laszlo, E. (1972). *Introduction to systems philosophy: Toward a new paradigm of contemporary thought.* New York: Harper & Row.

Lerner, I. M., & Libby, W. J. (1976). *Heredity, evolution, and society* (2nd ed.). San Francisco: W. H. Freeman.

Levy, G. D., & Carter, D. B. (1989). Gender schema, gender constancy, and gender-role knowledge: The roles of cognitive factors in preschoolers' gender-role stereotype attributions. *Developmental Psychology, 25,* 444–449.

Lewin, R. (1987). Africa: Cradle of modern humans. *Science, 237,* 1292–1295.

Lorenz, K. Z. (1935/1981). *The foundations of ethology* (trans. K. Z. Lorenz and R. W. Kickert). New York: Springer-Verlag.

Lorenz, K. Z. (1943). Die angeborenen Formen möglicher Erfahrung. *Zeitschrift für Tierpsychologie, 5,* 235–409.

Lyell, C. (1830/1833). *Principles of geology* (3 vols.). London: J. Murray.

McClelland, J. L., & Rumelhart, D. E. (1986). *Parallel distributed processing* (vol. 2). Cambridge, Mass.: MIT Press.

Mead, M. (1928/1950). *Coming of age in Samoa.* New York: New American Library.

Mead, M. (1949/1955). *Male and female: A study of the sexes in a changing world.* New York: Mentor.

Miller, P. H. (1989). *Theories of developmental psychology* (2nd ed.). New York: W. H. Freeman.

Mischel, W. (1973). Toward a cognitive social learning reconceptualization of personality. *Psychological Review, 80,* 252–283.

Mischel, W. (1979). On the interface of cognition and personality: Beyond the person-situation debate. *American Psychologist, 34,* 740–754.

Moore, C., Bryant, D., & Furrow, D. (1989). Mental terms and the development of certainty. *Child Development, 60,* 167–171.

Neisser, U. (1987). *Concepts and conceptual development: Ecological and intellectual factors in categorization.* New York: Cambridge University Press.

Parkes, C. M. (1987). *Bereavement: Studies of grief in adult life* (2nd ed.). Madison, Conn.: International Universities Press.

Parsons, T., & Bales, R. F. (eds.). (1955). *Family socialization and interaction process.* New York: Free Press.

Pavlov, I. P. (1927/1960). *Conditioned reflexes.* New York: Dover Press.

Piaget, J. (1924/1952). *Judgment and reasoning in the child.* New York: Humanities Press.

Piaget, J. (1926/1951). *The child's conception of the world.* New York: International Universities Press.

Piaget, J. (1936/1952). *The origins of intelligence in children.* New York: Humanities Press.

Piaget, J. (1941/1952). *The child's conception of number.* New York: Humanities Press.

Piaget, J. (1950). *The psychology of intelligence.* New York: Harcourt, Brace; London: Routledge & Kegan Paul.

Piaget, J. (1954). *The construction of reality in the child.* New York: Basic Books.

Piaget, J. (1978/1985). *The equilibration of cognitive structures.* Chicago: University of Chicago Press.

Piaget, J., & Inhelder, B. (1969). *The psychology of the child.* New York: Basic Books.

Rescorla, R. A. (1988). Pavlovian conditioning: It's not what you think it is. *American Psychologist, 43,* 151–160.

Resnick, L. B. (1989). Developing mathematical knowledge. *American Psychologist, 44,* 162–169.

Rollins, B. C., & Galligan, R. (1978). The developing child and marital satisfaction of parents. In R. M. Lerner & G. B. Spanier (eds.), *Child influences on marital and family interaction: A life-span perspective.* New York: Academic Press.

Ruffman, R. K., & Olson, D. R. (1989). Children's ascriptions of knowledge to others. *Developmental Psychology, 25,* 601–606.

Rumelhart, D. E., & McClelland, J. L. (1986). *Parallel distributed processing* (vol. 1). Cambridge, Mass.: MIT Press.

Sameroff, A. J. (1982). Development and the dialectic: The need for a systems approach. In W. A. Collins (ed.), *The concept of development: The Minnesota Symposia on Child Psychology* (vol. 15). Hillsdale, N.J.:

Erlbaum.

Sarbin, T. R., & Allen, V. L. (1968). Role theory. In G. Lindzey & E. Aronson (eds.), *The Handbook of Social Psychology* (2nd ed., vol. 1). Reading, Mass.: Addison-Wesley.

Schermerhorn, R. A. (1978). *Comparative ethnic relations: A framework for theory and research.* Chicago: University of Chicago Press.

See, K. O., & Wilson, W. J. (1988). Race and ethnicity. In N. J. Smelser (ed.), *Handbook of sociology* (pp. 223–242). Newbury Park, Calif.: Sage.

Skinner, B. F. (1935). The generic nature of the concepts of stimulus and response. *Journal of Genetic Psychology, 12,* 40–65.

Skinner, B. F. (1938). *The behavior of organisms.* New York: Appleton-Century-Crofts.

Skinner, B. F. (1948). *Walden two.* New York: Macmillan.

Skinner, B. F. (1967). Autobiography of B. F. Skinner. In E. Boring & G. Lindzey (eds.), *History of psychology in autobiography* (vol. 5, pp. 387–413). New York: Appleton-Century-Crofts.

Skinner, B. F. (1971). *Beyond freedom and dignity.* New York: Knopf.

Skinner, B. F. (1987). Whatever happened to psychology as the science of behavior? *American Psychologist, 42,* 780–786.

Smetana, J. G. (1989). Toddlers' social interactions in the context of moral and conventional transgressions in the home. *Developmental Psychology, 25,* 499–508.

Spencer, H. (1864). *Principles of biology* (vol. 1). London: William & Norgate.

Stern, R. (1987). *Theories of the unconscious and theories of the self.* Hillsdale, N.J.: Analytic Press.

Sternberg, R. J., & Smith, E. E. (1988). *The psychology of human thought.* New York: Cambridge University Press.

Sullivan, H. S. (1953). *The interpersonal theory of psychiatry.* New York: Norton.

Tattersall, I., Delson, E., & Van Couvering, J. (1988). *Encyclopedia of human evolution and prehistory* (pp. 267–274). New York: Garland.

Thorndike, E. L. (1898). Animal intelligence: An experimental study of the associative processes in animals. *Psychological Review, 2* (Monograph Suppl. 8).

Tinbergen, N. (1951). *The study of instinct.* Oxford: Clarendon Press.

Tolman, E. C. (1932/1967). *Purposive behavior in rats and men.* New York: Appleton-Century-Crofts.

Tolman, E. C. (1948). Cognitive maps in rats and men. *Psychological Review, 55,* 189–208.

Uzgiris, I. C. (1976). The organization of sensorimotor intelligence. In M. Lewis (ed.), *Origins of intelligence: Infancy and early childhood* (pp. 123–164). New York: Plenum.

Viorst, J. (1986). *Necessary losses.* New York: Simon & Schuster.

Walker, L. J. (1989). A longitudinal study of moral reasoning. *Child Development, 60,* 157–166.

Westkott, M. (1986). *The feminist legacy of Karen Horney.* New Haven, Conn.: Yale University Press.

Whiting, B. B., & Edwards, C. P. (1988). *Children of different worlds: The formation of social behavior.* Cambridge, Mass.: Harvard University Press.

胚胎在懷孕婦女的體內、家庭及文化中孕育。帕伯羅‧畢卡索,〈懷孕的婦女〉,
Vallaun's (1950).
銅 (1955鑄造) 41¼×7⅝×6¼
Collection, The Museum of Modern Art, New York, Gift of Mrs. Bertram
Smith,©1991. ARS, New York/SPADEM

第 *4* 章
懷孕期及胎兒期的發展

我們的心理社會發展的分析始於懷孕及出生之前的發育階段。其實，你可以將你個人的生活經歷追溯到這之前。你可以詢問你的父母是怎樣相識的，瞭解他們每個人承擔父母角色的社會化過程，甚至他們在嬰兒期和童年期所處的文化背景。你也許會詢問那些可能影響你胎兒期發育的環境因素，諸如你母親的營養狀況、所接觸的環境危害，或是在分娩期中使用藥物的情況。你也可以向你的祖父母、曾祖父母甚至更上一輩詢問同樣的問題。過去的每一代人都以某種具特定意義的方式對你的生活經歷產生了影響。

這一章中，我們要對誕生中的新生兒和懷孕期間的父母做一番剖析。對雙親來說，生兒育女的決定、懷孕期的經歷以及嬰兒出生等事件都對父母角色的實現產生了影響。就嬰兒而言，成長發育的過程在受精那一瞬間便開始了。

遺傳因素決定了發育的速度和個體特徵的產生。隨著人類胎兒的生長，產生了感覺和運動能力。懷孕期間的心理社會環境對健康的發展既提供了資源，也帶來了困擾。對懷孕及生兒育女的文化態度、母親的營養與情緒緊張、**壓力**(stress)、產科藥物的使用，都是會影響出生方式的因素。

遺傳與發展

遺傳訊息為發展提供了一套綱領，它決定了一個人全部資源的自然本性，並且，在某些情況下，對發展設定了嚴格的限制。對於一種以特定的遺傳為基礎的潛在可能性而言，仍存在相當廣泛的個體差異，這取決於環境的品質、人與環境間相互適應協調的程度，以及一個人因應環境獨特及整合的資源。

基因與染色體：遺傳訊息的來源

當我們談論遺傳特徵時，我們實際上是涉及了兩種遺傳類型。第一種包括了由我們作為人類的一個成員所獲得的全部遺傳訊息。我們繼承了所有人類所共有的訊息，諸如行為活動的方式(如直立行走)，腦的大小，身體結構，包括頭、軀幹、四肢的比例。這些與種屬相關的特徵中最有意義

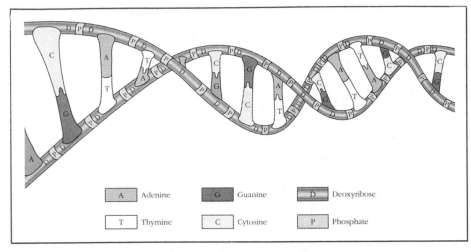

圖4-1　一小段DNA分子

　　的，是學習的準備和參與社會交往的性向。所有人類成員都具有這些屬性。

　　　第二種遺傳由通過特定的**基因庫**（gene pool）所傳遞的特徵而組成，諸如頭髮的顏色、膚色、血型、身高等特質，都是由一代向下一代傳遞的遺傳訊息所決定。我們將要討論的遺傳原理，主要是指這第二類遺傳特徵，即特定遺傳基因庫的產物（Garder & Snustad, 1984；Vogel & Motulsy, 1986）。遺傳訊息既在一般意義上把一個新生命與人類這一種屬聯繫起來，也與其特定的祖先聯繫起來。

　　　遺傳訊息的最小單元是**DNA**（deoxyribonucleic acid，去氧核醣核酸）分子。這種分子是雙股螺旋體結構（見**圖 4-1**）。這種DNA分子看上去很像扭成螺旋狀的鏈梯。這一遺傳鏈梯的兩邊由脫氧核糖（deoxyribose）和磷酸鹽單元交替組成。鏈梯的橫檔由成對的氮基構成。命名為氮基是因為它們不僅含有氫和碳元素，而且含有氮元素。四種氮基分別是：**腺嘌呤**（A: adenine）、**鳥嘌呤**（G: guanine）、**胞嘧啶**（C: cytosine）和**胸腺嘧啶**（T: thymine）。這些氮基通常用他們起首的第一個字母來標記，而A、G、C、T就稱為遺傳字母。

　　　腺嘌呤和鳥嘌呤的結合是**嘌呤**（purine）基（尿酸化合物之基元）。胞嘧啶和胸腺嘧啶的結合是嘧啶二氮三烯六圓基（pyrimidine）。嘌呤基比嘧啶二氮三烯六圓基來得小。只有在A與T或G與C的結合，其大小才恰好適合

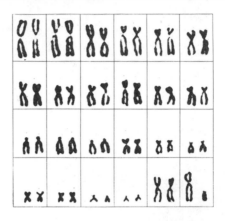

圖4-2　人類的染色體對

圖中顯示了一個人類男性的23對染色體。第23對染色體決定了這一個體的性別。
在男性中，這對染色體中的一個組成份子是X染色體，另一個是Y染色體。在女性
中，這一對染色體中的兩個成員都是X染色體。

於遺傳鏈梯兩個邊索之間的空間距離。因此，C≡G，G-C，A=T和T-A是
DNA分子中可以存在的僅有的氮基對。**圖 4-1** 表示出了DNA分子的構造
和形狀。氮基對以及伴隨在兩側邊索上的脫氧核醣和燐酸鹽的順序，決定
了遺傳訊息的含義。

　　DNA分子構成了長鏈，叫作**染色體**(chromosome)。這些染色體位於
細胞核中。十九世紀後期，細胞生物學家學會了如何對細胞核中的這些又
細又長的鏈著色。染色體這個詞的意思就是染了色的物體。在發現染色體
能被著色以後，生物學家們便能對它們進行計數和研究了。他們發現，每
一個種屬的體細胞內，都含有特定數目的染色體。一直到本世紀五十年代，
瑞典Lund市的遺傳學研究所的Joe Hin Tjio和Albert Levan才確定出人
類的體細胞含有 46 個染色體。被人們用於大量的遺傳學研究的常見的果
蠅，只有 8 個染色體。生物學家們還瞭解到，每一個細胞中的染色體，都
是成對存在的。人類細胞中有 23 對染色體(見**圖 4-2**)。

　　一對染色體中，一個來自父方，一個來自母方。在其中的 22 對染色體
中，每一對的兩個染色體在形狀和大小上都是相似的，它們都含有同種的
基因。而第 23 對染色體則有著不同的組成。女性擁有兩個X染色體。男性

擁有一個X染色體和一個Y染色體。之所以使用X和Y來命名，是因為這些染色體在形狀和大小上有差異。X染色體比Y染色體長。X和Y染色體在基因的表現上幾乎沒有什麼相似之處。

一個應予注意的重要之點是，同組的染色體並不出現在一個配偶子(卵子或精子細胞)中。當細胞分裂時，染色體獨立地分離出來。對每一個個體的配偶子來說，其染色體的分離有 2^{23} 種可能的組合方式。

遺傳訊息模式的其他多樣性來源於染色體的**局部互換現象**(crossing-over)。當細胞在**減數分裂**(meiosis)期中分離時，來自父體和母體的染色體鏈上的部分物質交叉換位到對方的染色體鏈上去。由此而產生的染色體上特定遺傳訊息的序列，不同於父親或母親任何一方原來的編號。

經過局部交換，遺傳訊息的新排列便會傳遞給子孫後代。這種遺傳訊息模式上的變異說明了任何一個個體作為後代所可能具有的多樣性。考察受孕過程以及一個卵子和一個精子相遇的可能機遇，由兩個成人所可能產生出不同個體的數量是 $2^{23} \times 2^{23}$，或者說是 64 兆兆，這尚未將局部交換作用估算進去。

控制遺傳訊息由親代傳遞給子代這一過程的定律，最初是由孟德爾(Gregor Mendel) 發現的，他是個僧侶，致力於研究植物(尤其是豌豆)的遺傳特徵(Mendel, 1866)。他的原理遠在由基因和染色體組成的生化物質被發現以前，便已形成了。

遺傳訊息的每個基本元素叫做一個**基因**(gene)。一個基因是DNA上的一個片段，它編碼了一種遺傳特徵，並在染色體上佔據著一個特定的位置。據估計，人類大約有十萬個有用的基因。繪製基因圖也就是要在一個特定的染色體上確定出每一個基因的特定位置。這是一項非常繁雜的工作。在顯微鏡下能夠辨認出的最小的人類染色體含有兩百到五百萬對DNA和許多基因。何況每對染色體的大小各異；據估計，有的染色體含有一千多個基因，而有的則含有兩千多個。

在 22 對由同樣的染色體配對的染色體中，每個基因至少有兩種性狀，每對染色體上的基因各具其一。這些二者必居其一的性狀稱作**等位基因**(allele)性狀。無論來自親代一方的基因的等位性狀如何，來自親代另一方的基因的等位性狀既可與之相同，也可與之不同。如果兩個基因的性狀相同，則這基因稱作為**同質的**(homozygous)。如果基因性狀不相同，則這基

因稱為**異質的**(heterozygous)。

關於一個特質的遺傳訊息叫作**原型**(genotype)，所觀察到的特徵叫做**顯型**(phenotype)。原型以三種方式決定了顯型。有時，等位基因性狀上的差異會產生累積的相互關係，即不是由一對而是多對基因決定著一個特質。遺傳對身高的作用便是這種關係的一個例子。一個人接受了大部份「高」基因會長得很高；一個人接受了大部分「矮」基因便會長得很矮。絕大多數人接受的是「高」基因和「矮」基因的混合配置，故而形成中等身材。

在有些情況下，等位基因上的差異會產生**共同支配現象**(codominance)，即不同的基因均由一個新的細胞表現出來。AB血型便是這種共同支配現象的一個例子，它是由A性狀和B性狀結合在一起而造成的。這種血型並不是A和B的混合物，也不是由A從屬於B或B從屬於A，而是形成了一種新的血型，AB型。

等位基因的差異還會產生一種**優勢型關係**(dominance)。優勢意味著如果這一性狀存在，不論與其配對的另一個基因的性狀如何，它的特徵總能表現出來。具有這一種優勢作用的性狀的基因叫作**顯性基因**(dominant gene)。而那種雖然存在但其特徵卻由顯性基因掩蓋的基因，叫做**隱性基因**(recessive gene)。

眼睛的顏色便是由優勢關係造成的。棕色眼睛(B)的基因是顯性的，優勢於藍色眼睛(b)的基因。與棕色或藍色眼睛有關的可能的基因組合是BB, Bb, bB和bb。只有當父母雙方都帶有隱性基因b，並且這一性狀的基因存在於形成子代的每一個配偶子中時，其孩子才可能有藍眼睛。**圖 4-3** 描述了藍眼睛這一隱性特質出現在一對異質型父母的後代中的概率。正如圖中所示，平均說來，異質型父母的後代僅有 25％ 的人會有藍眼睛。

在優勢關係的情況下，遺傳訊息並非總是能夠在外顯的特徵中觀察到的。例如，携帶BB和Bb基因型的人，雖然所携帶的遺傳訊息不同，但卻都會是棕色眼睛。就棕色眼睛和藍色眼睛而言，它們是兩種顯型——棕和藍——但卻是三種原型——BB, Bb, bb。

有些遺傳訊息被認為是與性別聯繫在一起的，因為與這些特定特徵相關的基因是在性染色體上發現的。雌性的卵子只携帶X染色體。男性的精子

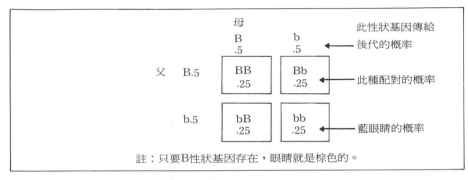

圖4-3　異質型父母生出藍眼睛後代的概率

中，一半携帶Y染色體，一半携帶X染色體。只有當一個携帶Y染色體的精子與一個卵子相遇受精，使第 23 對染色體構成XY配對，才會生出一個男性嬰兒。所有携帶X染色體的精子都會生出女性嬰兒。

　　與性別相聯繫的特質大多見於男性，即使它們存在於女性的原型上。如果你在內心裏描繪出XY染色體的圖像，你就能很快地理解這一點。當一個特質是由Y染色體所携帶的，它就只會被男性所繼承和傳遞，因為只有男性才有Y染色體。

　　有趣的是，Y染色體非常小，而且幾乎很少會發現什麼與Y染色體相關的特質。然而，即使是由X染色體所携帶之與性別相聯繫的特質，也是在男性而不是女性身上更容易觀察到。這是因為，男性不會再有另一個X染色體以藉此抵消一種與X相聯繫的特質的作用。

　　一種與性別相聯繫的特質是血友病。血友病患者缺乏一種特殊的血蛋白以使血液在身體受傷後能迅速凝結(Lawn & Vehar, 1986)。這種引起血友病的等位基因是由X染色體所携帶的。不論等位基因是同質的還是異質的，如果含顯性基因(能正常地凝結)，則一個女孩會具有正常的血液凝結的能力。只有當她携帶有一對同質的隱性基因(一種極少發生的現象)時，她才會成為血友病患者。另一方面，男性只有一個使血液凝結的等位基因，是從其母親那裏繼承來的。如果這一等位基因是顯性的，他的血液會正常地凝結；如果它是隱性的，他就會得血友病(見圖 4-4)。

　　有一些基因是只能由單一種性別表現出來但卻不是存在於性染色體上。與男性的鬍鬚和女性的乳房發育有關的基因，都不在性染色體上。然

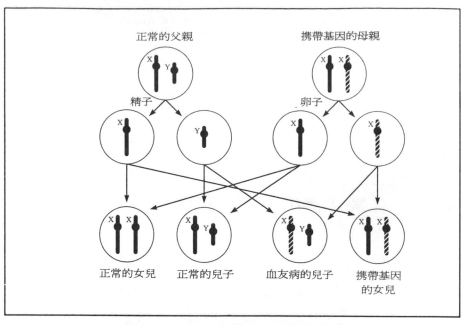

正常的父親　　　　　　　携帶基因的母親

精子　　　　　　　　　　卵子

正常的女兒　　正常的兒子　　血友病的兒子　　携帶基因
　　　　　　　　　　　　　　　　　　　　　的女兒

圖4-4　與性別相關的血友病的遺傳

與性別相聯繫的血友病的遺傳，源自於X染色體上第ⅤⅢ號因子的基因位置。一個
男性若携帶一個變種的ⅤⅢ號因子，而缺少正常的ⅤⅢ號因子，則會患血友病。
一個女性變種因子携帶者受到其第二個X染色體上正常基因的保護，但她的女兒
中有一半會携帶變種因子，而她的兒子中的一半會患血友病。至於一個患血友病
的父親（圖中未顯示），他的兒子可能不是血友病患，因爲他們得到的是Y（而不
是X）染色體，但他的女兒將會携帶變種因子。

Source: From "The Molecular Genetics of Hemophilia," by R. M. Lawn
and G. A. Vehar, p. 50. Copyright © 1986 by SCIENTIFIC AMERICAN,
Inc. All rights reserved.

而，這些特徵都是僅在適宜的激素環境存在時才會出現，這種激素環境則
正是由性染色體控制的。

個體的遺傳來源

　　遺傳學研究顯示：個體差異大多是來自於成長中的個體所面臨的環境
與經歷的種種差異之外的因素。這種差異是根植於遺傳機轉之中的。每一
對成年夫婦都有著生產出許許多多遺傳上相互區別的孩子的能力。遺傳因
素影響個體差異的三個方面是：發展的速度，個體的特質，異常的發展。

(一)發展速度的遺傳決定論

　　基因規範著發展的速度和順序。這種生長和發展的種族發展規化的認

識，是基於這樣一種假定：存在一個由遺傳所引導的系統，它能在整個一生中促進或抑制細胞的生長。業已發現，遺傳因素在行為發展，包括各種不同層次的推理，語言和社會適應中，扮演著特定的角色。

遺傳在規範發展速度和順序方面的作用之大量證據來自於同卵雙生子的研究。即使同卵雙生子被分開撫養，在他們發展速度之間仍有著極高的相關。許多特徵，包括運動能力獲得的順序表，人格的發展，老年雙生子中智力的變化，以及身體成熟的時間表，都證明了強大的遺傳影響（Holden, 1987）。

基因可以被視作為內部調節器。它們設定了成熟的步調。它們標示著畢生之中重大發展變化的開始，諸如生長的突進、牙齒的萌生、思春期、更年期等等。它們似乎也設定了生命發展的極限。一小部分基因影響著來自特定有機體的細胞所能分裂和複製的次數（Marx, 1988）。這樣，遺傳訊息不僅支配著有機體的發育，也決定了他的衰退和死亡的時間表。

發展速度的差異有助於我們對心理社會發展的理解。這些差異把兒童帶入到與他們的環境新的方面的接觸之中，在不同的年齡階段上為他們提供了不斷變化的能力。成人對諸如大小便訓練、自己更衣、學習寫字等特定任務方面所寄予的希望，與兒童的發展水平相互作用著。發展上較「遲緩」的兒童會令人感到失望；發展上「速成」的兒童則會使父母覺得驕傲。規範著特定內容的發育的準備性和對特定形式的情緒壓力之脆弱性的遺傳過程，在個體之間引起了必然的差異。

(二)個體特質的遺傳決定論

基因包含的特定訊息涉及相當廣泛的人類特徵，從人的眼睛顏色和身高，到品嘗一種叫作**苯硫脲**(phenylthiocarbamide，它對有味覺的人來說很苦，但對沒有味覺的人來說什麼味道都沒有）的特殊物質的能力。這些特徵中的一部分是由單個基因控制的。然而，大多數重要的特徵，如身高、體重、血型、膚色、智力，是由幾個基因的聯合活動控制的。當多個基因涉入到一種特質的調節中來時，此一特質上個體差異的可能性便會增加。由於許多特徵是由多個基因控制的，人類顯型的多樣性是極大的。

最近的研究工作表明，遺傳因素在人格的個體差異上起著實質性的作用（Holden, 1987; Pedersen et al., 1988）。外向（樂於外出、交際的傾向）和神經質（焦慮和情緒過於敏感的傾向）這兩種基本特徵是人格顯現的非常

畢卡索，〈三個女人〉，選自組畫《解剖學》之八，1933。部分地說，個體性是遺傳訊息多種可能的組合的一個產物。在這幅作品中，畢卡索告訴我們基本幾何圖形如何以多種多樣的方式構造人樣的圖形，彼此相似卻又各自獨一無 二。

普遍的內容，它們似乎有著很大的遺傳成分。甚至在相當特殊的人格層面，如政治態度、審美喜好、幽默感等，同卵雙生子也表現出比異卵孿生子有較多的相似性，雖然這些同卵雙生子是彼此分開撫養的。

(三)異常發展的遺傳決定論

除了像身體相貌、氣質、稟賦、智力等特徵外，還有許多發展上的變態或**異常**(anomaly)也都有其遺傳原因。最突出的異常是導致懷孕早期胎兒流產。據估算，絕大多數發生在妊娠早期的自然流產，都是由於受精的胚胎中染色體異常所致(Clayman, 1989)。

在那些剛出生的嬰兒中，估計有 3% 到 5% 的嬰兒有一種或多種較大的異常(Cunningham, MacDonald & Gant, 1989)。由於兒童後期某些疾病被進一步診斷出來，意外的異常會達到 6% 或 7%。**表 4-1** 列出了導致這些畸型和疾病的原因，以及相對的每一種類型的原因的意外變異發生的估

表4-1　主要先天畸形的原因的發生率估算

原　因	發生率(%)
染色體畸變	6
環境因素	7
單基因缺陷	8
多因素遺傳*	25
未知因素	54

＊染色體不同位置上的多個基因與環境因素互交作用導致畸型。

Source: K. L. Moore, *The Developing Human: Clinically Oriented Embryology;* 4th ed. (Philadelphia: W. B. Saunders, 1988), p. 132.

算。佔百分比最小的先天缺疾是與特定的染色體(6%)有某個基因(8%)相聯繫的。相似的是，環境因素也只在其中佔較小的百分比，這類因素包括藥物、吸毒、嬰兒和母親感染。最主要的異常是由遺傳的脆弱性與環境中存在的某些危害相互作用引起，或由某些尚未知的原因所致(Moore, 1988)。**表 4-2** 列出了部分基因和染色體異常(Clayman, 1989)。

在由顯性基因引起的遺傳異常中，大約有三百種已被鑑別出來；已經鑑別出的由隱性基因引起的遺傳異常，約有二百五十種。通過使用分子生物學技術，已經有可能鑑別出許多基因異常在染色體上的位置。這一工作會逐漸使我們對引起這些異常的分子機轉有更清楚的瞭解(Martin, 1987)。

遺傳異常的多樣性擴大了個體差異的範圍。眾多的異常對患者的適應能力以及有關成人的護理能力都提出了挑戰。即使是相對弱度的異常，也會成為一個人的心理機能中很重要的因素。一撮白毛，一個胎記，一個過長的中趾，或是一個長鼻子，都使我們總想到自己的獨特性。雖然大多數這些異常並不構成醫學上的擔憂或需要治療，卻與發展中的自我感覺相關係。有時這些異常會帶來消極的含義，或妨礙個體發揮正常的機能水準。這些對自尊和因應環境的挑戰皆是遺傳的直接結果。

遺傳技術與心理社會環境

心理社會發展的產物，包括行為的適應，知識的傳遞，新發明，社會組織的新形式，曾被認為是由社會機轉帶來的，而不是被結合到遺傳結構

表4-2　基因和染色體異常

Ⅰ・基因異常

　A.常染色體顯性基因

　　1.侏儒症(Achondroplasia，又名dwarfism)：異常的骨骼發育，尤其是在胳膊和腿上，造成較短的身材，較短的四肢，正常發育的軀幹，大小正常的頭部和有些過於突出的額。

　　2.杭廷頓氏舞蹈症(Huntington's chorea)：迅速的、突發的、不隨意的運動。肌肉協調和心理機能退化。其症狀通常到35至50歲以後才出現。起源於第 4 染色體上的基因缺陷。

　　3.瑪凡灣症候群(Marfan's syndrome)：過長的指趾；胸、脊畸型；心臟不正常。肌腱、靱帶、關節莢膜軟弱而無力。

　B.常染色體隱性基因

　　1.白化病(Albinism)：毛髮、皮膚、眼睛缺乏黑色素。通常伴隨有視覺問題和得皮膚癌的傾向。

　　2.包囊纖維化(Cystic fibrosis)：某些腺體不能正常地發揮機能。支氣管內壁的腺體產生過量的濃稠粘液，導致慢性肺感染。胰腺不能分泌為分解脂肪並由腸吸收所必須的酶，造成營養不良。汗腺也受到影響。第 7 染色體上少了氨基對。通常只活到30歲。

　　3.鐮形血球貧血症(Sickle-cell anemia)：紅血球畸型減少了氧氣攜帶量，引起疲勞、頭痛、用力時呼吸短促，膚色蒼白、黃疸，疼痛，損害腎、肺、腸和腦。

　　4.泰伊─薩克氏病(Tay-Sachs disease)：缺乏一種特定的酶，導致有害化學物質在腦的集結，致使在 3 歲內便會死亡。

　C.X染色體上的隱性基因

　　1.色盲(Color blindness)：眼睛視網膜上一種（或）多種錐體細胞中缺乏光敏色素，與(或)錐體細胞本身異常或數量太少。兩種常見的類型是對可見光譜中中波（綠）和長波（紅）的部分的光波分辨力下降。

　　2.血友病(Hemophilia)：缺乏血蛋白、因子Ⅷ，降低了血液凝結的效率。疾病的嚴重程度差別很大，流血期大多始於幼兒期。

　　3.杜興氏肌肉營養不良症(Duchenne muscular dystrophy)：進行性肌肉纖維退化。兒童期營養不良的最常見形式。生命早期肌肉衰弱能力。幾乎活不過10歲。受影響的男性中，有30%還是低能兒。

Ⅱ・染色體異常

　A.常染色體異常

　　唐氏症候群(Down's syndrome)：通常在第21對染色體中有三個而不是兩個染色體。這一多餘的染色體導致軀體和智力異常。IQ分佈在30—80之間；與衆不同的面部特徵，心臟疾病，胸有問題，聽覺障陷；易患復發性耳炎。往往成年期發育成狹窄的動脈，伴隨著患心臟病的可能性增加。這種人傾向於富有感情而友好，與家庭其他成員相處融洽。大多數人至少有一些學習能力。

（續）表4-2　基因和染色體異常

B.性染色體異常

1. 特納氏症候群(Turner's syndrome)：通常由女孩缺乏一個X染色體所致，有時也會是由於兩個染色體中的其中一個有缺陷；偶爾是由於有些細胞中少一個X染色體。這些異常造成有缺陷的性發育和不育，身材矮小，沒有第二性徵的發育或發育遲緩，沒有月經，主動脈狹窄，以及一定程度的心理遲鈍。

2. 克萊恩費爾特症候群(Klinefelter's syndrome)：男孩多含有一個甚至多個X染色體。這種異常引起有缺陷的性發育，包括過大的乳房和過小的睪丸，不育，常有低能傾向。

3. X染色體脆弱症候群(Fragile X syndrome)：X染色體尖端的一小部分在一定條件下很容易斷碎。這種破壞引起心理遲鈍，喪失學習能力，生長異常，如大頭，出生體重過大，大或突出的耳朵，長臉。行為方面的問題包括拍手症，咬手，過動，少與人目光接觸，孤獨，退縮，害羞。男孩比女孩更容易患此異常，而且男孩的問題比女孩更為嚴重。

中去的。然而，憑藉我們已經掌握的科學知識，我們正在進入一個能夠去干預、影響顯型的時代。此種干預的方法之一是**遺傳諮詢**(genetic counseling)。個人或夫婦其家族如有某種遺傳病史，或出於某種原因擔心會為他們的孩子帶來遺傳疾病，可以做血液化驗以鑑定是否存在會導致遺傳異常的基因。像泰伊-薩克氏疾病、鐮形血球貧血症、杜興氏肌肉營養不良、包囊纖維化(詳見**表 4-2** 說明)等異常，其致病的基因的位置都是可以鑑定出來的。攜帶有這些致病基因的夫婦可以經由諮詢得知生出患病兒的可能性有多大，進而對是否要生育孩子這一問題做出合理的決定。如果大多數遺傳疾病的攜帶者決定不生育，那麼這些疾病在總人口中的發生率就會隨時間而顯著減少。這樣說來，心理社會的干預的確是可以改變基因組合的。

在未來的年代裏，遺傳技術不僅能給我們提供遺傳諮詢，而且能直接對一個人的遺傳基因結構進行矯正。在 1989 年 1 月，美國國家健康研究所開始了一項繪製**人類染色體組圖**(human genome)的計劃——鑑別並依序列出所有的大約三十億種的基因氮基對。一旦完成，這份圖譜將使我們能預測一個人患遺傳疾病的可能性，能治療由遺傳引起的疾病，並有可能透過基因矯正來加強一個人的遺傳潛能(Jaroff, 1989)。

大約在 1988 年底，美國聯邦政府仔細審查並批准了首例將外來基因移入人體的嘗試。這項實驗是美國國家健康研究中心所進行的。這項最初的

專欄4-1

遺傳對智力的影響

　　一個令心理學家、教育家和父母們感興趣的問題，是遺傳和環境因素對智力的相對作用的大小。事實上，智力行爲要求這兩者成功地整合在一起。智力依賴於中樞神經系統和感覺受納器，這些都是由遺傳決定信息的產物。然而，這些系統的健康的機能還需要有適宜的營養、休息以及避免疾病，而這些條件則是隨環境而變化的。智力行爲還依賴於對多樣化刺激的經驗，適宜的社會交往，以及問題解決策略的培養——所有這些都是物理和社會環境因素。

　　遺傳因素對智力的影響可從兩種學派來進行考察。首先，我們知道，特定的遺傳異常會導致不同程度的心理遲鈍。唐氏症候群和苯丙酮尿症（phenylketonuria，簡稱PKU）便是兩個例子。唐氏症候群兒童有47條染色體，而不是正常的46條。據推測，這條多餘的染色體引起酶的過量生成，從而導致智力和軀幹異常。PKU是由一種隱性基因（P）所成的一種特殊狀態。當一個兒童是含有P的純合子時，一種特殊的酶就不再產生，其結果是，一種叫作苯丙氨酸的氨基酸不能再被正常地轉化爲另一種氨基酸。苯丙氨酸在體內淤積並損害大腦。如果PKU在出生後的第一週內被診斷出來，透過減少牛奶和其他食物中苯丙氨酸的攝取量來控制飲食，可以使其負性作用減到最小限度。許多其他遺傳疾病也都對智力發育有負性作用。因此，遺傳疾病在限制智力潛能方面起著無可爭辯的作用。

　　遺傳影響智力的第二類學派，是家族關係研究。家族成員可以或近或遠地聯繫在一起。血緣關係越近，他們的基因構造就越相似。如果智力是受遺傳影響的，那麼近親之間就應比遠親之間在智力上更爲相似。即使有血緣關係,不同遺傳特性顯示了不同程度的相似性，它們是由針對四種水平血緣關係的同胞兄弟姐妹的一百多篇智力研究所得來的。這裏我們可以看到，智力的相似程度隨遺傳關係的密切程度的增高而增高。同卵或單卵子雙胞胎（monozygotic，簡稱MZ）之間的智力相似度，是遺傳作用於智力的突出證據。同胎或異卵（dizygotic，簡稱DZ）雙胞胎享有共同的出生前的、家庭的和撫養的環境，他們之間的

相似性遠低於同卵雙胞胎，且比一般的兄弟姐妹之間的相似度高不了多少。這一比較爲遺傳對智力的影響提供了十分清楚的佐證。

　　許多這種爲遺傳對智力的影響提供證據的研究，同時也強調了環境的作用。例如，德克薩斯收養計劃(Horn, 1983, 1985)比較了四百多名收養兒童和他們的養父母、他們的親生父母的IQ。事實上，遺傳影響的證據似乎是，被收養兒童與他們親生父母之間IQ的相關，遠高於這些兒童與他們的養父母之間IQ的相關。較聰明的收養兒童，是那些親生父母也較聰明的人的後代。這種關係表明，遺傳因素在個體差異的發展中仍起著重要作用。

　　環境對智力的影響的證據，見於這一事實：作爲整個群體，被收養兒童的IQ平均值，明顯高於他們親生父母的IQ平均值，卻很相似於他們養父母的IQ平均值。這種關係表明：收養環境對兒童有促進作用，提高了這一群兒童的整體IQ水平。

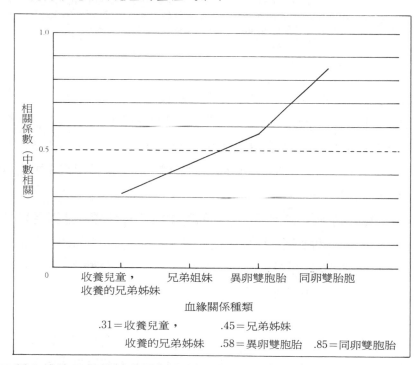

四種血緣的兄弟姊妹之間智力的相似性

Source: Adapted from T. J. Bouchard & McGue, "Familial Studies of Intelligence: A Review," *Science*, 212, (1981), 1055-1059. Copyright 1981 by the AAAS. Reprinted by permission.

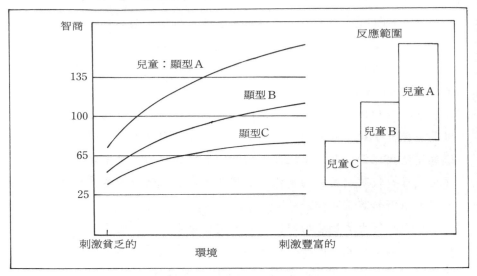

圖4-5　估測的智力反應範圍

Source: Adapted from I. Gottesman, "Genetic Aspects of Intelligent Behavior," in N. Ellis(ed.), *Handbook of Mental Deficiency* (New York: McGraw-Hill, 1963), p.255.　Reprinted by permission of the author.

基因轉換實驗僅限於十位癌症患者,他們被預測活不過九十天了。在最初的嘗試中,移植的基因是作為一個標誌以跟踪一種實驗性癌症治療的進展。這一實驗並不能被看作是**基因治療**(gene therapy),因為並沒有期望被移植的基因產生治療性效果。然而,同樣的技術是可以用來克服遺傳疾病的(Roberts, 1989)。

　　基因轉換,透過遺傳工程創造出的新生命的專利權,基因定像技術──它已被用於幫助鑑別嫌疑犯,這些只是引起新的道德問題的部分內容。在一系列的討論、爭辯、研究、事件觀察、法庭案例中,我們正在設計一套倫理系統,它不僅能處理特殊問題,而且為我們對生命本身進行重新概念化的方式下定義。

　　總結這種遺傳對行為的影響的方式之一,是把顯型看作是確立了一個**反應範圍**(reaction range)。換句話說,一個特定的顯型決定了對環境條件可能做出的反應範圍。**圖 4-5** 顯示出三種兒童的預測的反應範圍與相對智力。兒童A在智力上比兒童B有較好的遺傳潛力,兒童B的智力遺傳潛力又高於兒童C。當所有這三個兒童處於刺激貧乏的環境中時,他們的智力

發育會處於可能範圍的最低點。當所有這三個兒童都處於刺激豐富的環境中時，他們的智商達到了他們各自可能範圍中的最高點。如果這三個兒童處於不同的環境，遺傳潛力上的差異便會被環境作用於這一潛力的方式所掩蓋。如果兒童B和C處於刺激豐富的環境，而兒童A處於刺激貧乏的環境，那麼兒童B會得到最高的實測IQ分數，而兒童C與A的實測IQ則差不多，都很低。每一個兒童的智力可表示為一個範圍，它是遺傳潛力和環境交互作用的產物。

瀏覽一下患唐氏症候群的兒童，可以很清楚地理解反應範圍這一概念(Patterson, 1987)。這種病症在每七百個新生兒中便會發生一例，是美國導致心理遲鈍的最常見的遺傳因素。在本世紀早期，患唐氏症候群的兒童的壽命大致只有九歲。現今唐氏症候群兒童的估計壽命約為三十歲，其中25%的兒童會活到五十歲。醫護，早期且持續不斷的教育干預，身體治療，適宜的家庭環境都能對唐氏症候群兒童產生重要的積極作用。在最佳條件下，這些兒童智商分布三十至八十之間，能達到中等程度的自理能力，並能積極地參與他們的家庭生活。

在過去的短短幾年裏，集自遺傳學研究的知識對社會科學家們看待遺傳學在人類發展中所產生的作用的方式帶來了巨大衝擊。遺傳系統對發展的方向和速度提供了基本的依據。有四個方面被認為受到遺傳訊息的強烈影響：

(1)發展速率。
(2)人體特質。
(3)異常發展。
(4)心理社會發展。

現在讓我們來探索遺傳訊息被傳遞的實際物理過程，並看一看發展的早期階段是如何展開的。

正常的胎兒發育

受精

一次正常射精中，排出約幾億個精子。這一巨大的數目是確保受精所必須的，因爲大多數精子會在通過陰道和子宮的路途中死去。每一個微小的精子都由一個突出的頭和尾所構成。頭部裏含有爲繁殖所必須的遺傳物質。尾部像細鞭一樣活動著，整個精子游動著通過子宮頸和子宮，進入輸卵管。精子以每八分鐘一英寸的速度游動著，至少要半小時才會接觸到卵子。這一旅程通常要花上六個小時。精子在子宮裏大約能存活至五天。

月經周期的絕大多數時間裏，子宮頸口上由黏液形成的堵塞物相當黏稠，不易穿透。在月經周期的中期，當卵細胞即將被釋放出來時，粘液變稀，使較多的精子能通過子宮頸，向前游向子宮以抵達卵子。黏液的變化還可減低陰道內的自然酸度，使其成爲對精子更爲適宜的環境。

男性在其一生中能產生成百上千億的精子。與此形成對照，女性每個月只在其月經周期的中期有規律地釋放一個卵細胞或卵子。在大約四十年左右的生育期中，一個普通女子大約釋放四百五十個卵子，這期間，她可以希望生幾個孩子。每個女孩一生下來便已確定了她所能提供的所有卵子的數目。

和精子一樣，卵子是一個含有遺傳物質的單細胞。和體細胞相比，卵細胞相當大(0.12 毫米)——大約像英文中的句號．那麼大。當卵細胞成熟時，它被包容在一個充滿液體的小囊裏，浮向卵巢的表面。小囊破裂並將卵子釋放進入輸卵管。輸卵管中成百萬的羽狀纖毛在卵子周圍擺動，將其輕柔地移向子宮。

卵子在其通過輸卵管時的任何一個地方都可以被受精。通常，精子和卵子在輸卵管外端約三分之一靠近子宮的地方相結合。只有一個精子能進入卵子。隨著這第一個精子穿過卵子細胞膜，膜上產生迅速的化學變化有效地阻止其他精子進入。如果卵子在其成熟後的頭二十四小時內沒有被受精，它便開始解體，並和子宮內脫落物(黏膜)一起，在下次經期時排出體

外。

在卵細胞中，精子的尾端消失了，頭部變為一個正常的細胞核。在受精的準備階段，卵細胞也經歷著最後的變化。兩個細胞核在卵子的細胞質中相遇，失去了各自的細胞核膜，並將各自分離出的染色體材料整合為 23 對染色體的獨立系統。就在此刻，所有為激勵生存、產生一個新的獨特個體所必須的訊息，被包含進一個單獨的細胞之中。

· 不孕與生殖的替代方法

在美國處於生育年齡的夫婦中，大約有 14% 的人不能進行正常的受精過程。不孕，或是沒有受孕能力，可由男方或女方或雙方的生殖系統中的問題造成。關於不孕造成情緒打擊的有限研究文獻表明，它是緊張、壓力的一個主要來源。發現不孕迫使一對夫婦重新評估他們的婚姻的意義和目的。它使男人和女人懷疑自我的價值；它打碎了一對夫妻對自己性關係的愉悅；它往往使這對夫妻與外世隔離，因為很難與其他人討論這種非常隱私的家庭問題(Jarboe, 1986; Sabatelli, Meth & Gavazzi, 1988)。

一位嘗試懷孕八年均告失敗的婦女這樣寫到：

> 我可以告許你，任何一個面臨這種問題的人都會極其脆弱，且幾乎願意做任何嘗試……因為我們真的很絕望。
>
> 我不能做當初我的身體所被設計出來要去做的事——懷孕並生一個孩子，我覺得像這種事就意味著我不是一個完全的女人。在懷孕失敗這一挫折面前，我的所有其他成就顯得黯然失色、微不足道。(Sperling, 1989)。

一些有效的替代方法正在為那些不能懷孕的夫婦而發展起來。每一種替代方法都對我們定義家庭的方式以及我們賦予婦女生殖機能的意義帶來挑戰(Robison, 1989; Silverman, 1989)。

人工受精(artificial insemination)可能是對無法自然受精的一種最完善的替代方法。一個想要懷孕的婦女每月去一次診所，將精液注入她的陰道。這些精液是被捐獻的，用冷凍方式保存起來。有些精子銀行用文獻記錄了捐獻者的特徵。這樣是為了使那些夫婦們能夠選擇與丈夫特徵相近者的精子。一個單身婦女則可選擇她對自己的後代所期望的特徵。有些精子銀行則混合不同人的精子，這樣受益人不會查出捐獻人的特徵。技術評

尋求治療不育的婦女頻繁訪問她們的醫生。體重、激素水平、體溫、血球數及其他指標被反覆監測。

估所(The Office of Technology Assessment)報告說，在美國每年有大約十七萬兩千位婦女接受人工受精，每年大約有六萬五千名嬰兒是因這一方式懷孕出生的(Byrne, 1988)。

　　自然受精的另一種替代方法是**體外受精**(fertilization in vitro)。其方法是：把一個卵子移出卵巢，放入孵卵器中的一個石碟裏，在碟中加幾滴精液。如果這個卵子受精了，並且細胞開始分裂，再把這個受精卵殖入子宮以進一步發育。一百四十六個臨床實施體外受精的調查發現，使用這種方法只有 9% 的成功率(Sperling, 1989)。

　　第三種替代方法叫**配子輸卵管內輸入技術**(gamete　intrafallopian transfer, 簡稱GIFT)，是將卵子和精子輸入婦女的輸卵管。受精過程就像在正常情況下所發生的那樣，是在婦女的生殖系統內完成的。這些卵子和精子可以來自於丈夫、妻子或其他捐獻者。這樣，胎兒在遺傳上可能與丈夫有關，或與妻子有關，或與兩者都有關，或與兩者都無關。

　　第四種替代方法是**活體受精**(in vivo fertilization)。其方法是，丈夫和妻子借助於另一個婦女來懷孕。這位婦女是已被證明有生育能力的。丈夫的精子通過人工受精的方法使這位婦女懷孕。一旦胚胎形成，就把它移

入妻子的子宮，而它也就成了胎兒的姙娠環境。因此，這個孩子在遺傳上只是與這位丈夫而不是與這位妻子相聯繫的。

第五種替代方法是選一位**代理母親**(surrogate mother)。在代理母親每月的排卵期中，不孕妻子的丈夫的精子被輸入給代理母親。代理母親將孩子生下來，再交給這對夫妻。

所有這些替代方法都帶來了法律上的和道德上的問題(Andrews, 1984)。一位要做人工受精婦女的丈夫必須對其方法樂於接受，並願意接受對這個後代的法律保護關係。如果對捐獻者的篩選缺乏正確的指導，則會產生這樣的問題：一旦由人工受精生下的孩子有嚴重的遺傳異常，誰應該對此負責任？捐獻者對於他與後代之間的這種關係享有什麼權益？1983年，一位加州的男子賦予每週可去探望由他的精子使人受孕而生下的孩子的權利。最後，對於石碟中的胚胎生產應給予什麼限制？我們是否能允許科學家們出於非生殖目的而用冷凍的精子和卵子來生產胚胎？

在一起廣為人知的M嬰兒的事件中，William和Elizabeth Stern付給Beth Whitehead這位代理母親一萬美元。在孩子出生後，Whitehead太太決定她自己要擁有這個孩子。經過法庭上的爭奪之後，新澤西州最高法院判決這對夫妻與Whitehead太太之間的協議無效，判定付錢給一位婦女讓她為別人生孩子是非法的。不過，法庭把這個孩子的監護權授予了Stern夫婦，理由是他們能為這孩子提供更為穩定的家庭環境。法庭否決了Elizabeth Stern收養孩子的權力，並支持Whitehead太太繼續探望孩子的權力。這一複雜的判決結果創造了一個其他州會紛紛效法的先例。由於找代理父母被認定為非法或是被極其嚴格地控制，以致它轉入成為一種地下活動，即使它被醫界廣泛地認可(Lacayo, 1988; Silverman, 1989)。

另外一則引起衝突的道德案例，是Risa及Steven York夫婦與維吉利亞的Norfolk的Jones生產醫療機構。York夫婦住在新澤西州，並參與1986年Jones機構所做活體受精計劃。在York夫婦三次受精移殖失敗之後，他們搬到加州，並要Jones機構將他們冷凍胚胎送到舊金山相似機構去做移殖，但Jones機構拒絕。因為依照Jones機構的規定，York夫婦必須要在Jones機構做移殖，不然Jones機構將會把胚胎捐贈給其他夫婦，或者將胚胎銷毀。

目前，在美國各種各樣的醫療和實驗機構中，還保存有四千多個冷凍

表4-3　三個三月期中胎兒生長的主要發展

第一個三月期	第二個三月期	第三個三月期
受精	吸吮與吞嚥	神經系統成熟
羊膜的生長	偏愛甜味	吸吮與吞嚥相協調
胎盤的生成	指、趾皮膚起皺	具備調節體溫的機能
身體各部分顯現出來	頭、眼瞼、背、臂、腿上生毛	消化與吸收更爲有效率
性器官分化	對觸、味、光敏感	至第9個月末胎盤逐漸退化
形成最初的中樞神經系統	吸吮姆指	9個月大小：20英寸，約7
開始運動	6個月大小：10英寸，約2盎司	至7.5盎司
捉握反射		
巴賓斯基反射		
心跳		
3個月大小：3英寸，約0.4盎司		

胚胎(Elson, 1989)。涉及他們的權力及用途的州法律卻往往是矛盾和混亂的。主要問題涉及到父母決定這些胚胎的命運的權力，和這些胚胎受保護和繼承的權力，以及這些研究與實驗機構對確保這些胚胎的正當用途所應盡的責任。這裏，引起爭議的原因就在於胚胎與其父母的明顯分離，這傾向於促使人們把胚胎看成爲一般產品而非自然產物。

懷孕期 0-3 月的發展

　　九個月的懷孕期通常在概念上劃分爲三個叫作**三月期**(trimester)的階段。每一個三月期都給發育中胎兒的身態及其支持系統帶來變化(Meredith, 1975; Moore, 1988)。主要的發展都總結在**表 4-3** 中。懷孕的婦女在這些三月期中也經歷著變化。在第一個三月期中，許多婦女都不知道她們已經懷孕了。到了最後一個三月期，不僅孕婦自己，所有的身旁的人也都知道了。

　　受精以後，卵子開始分裂。最初階段的細胞分裂並不增加細胞的質量，這些細胞也不生成分化的功能；而是細胞材料在幾個部分中進行重新分佈。到受精六天後，卵子與子宮內壁相接觸並附著其上，謂之著床。有時，卵子並不著床於子宮壁，而是附著在輸卵管或體內其他器官。胚胎便會在那兒生長，直到那器官無法負荷。

受精後的頭三個星期主要用於完善支持性構造，它們將具有保護胎兒的作用。一個**羊膜囊**(amniotic sac)包裹著胚胎，其間充滿了透明的水樣液體。這種液體的作用就像個軟墊，能緩衝對胚胎的震動，並能使胚胎在其間移動和改變姿勢。

也就是在這個時候，大約受精後三星期左右——這時孕婦的經期約遲來兩週——第一個可靠的檢查能夠確定出這位婦女是懷孕了。一旦胚胎確定地固著於子宮，胎盤中的特殊細胞便會產生一種激素以維護子宮的內膜壁。這種激素是由內分泌腺分泌出來的，因此採一次尿樣進行化驗便能鑑定它的存在。

胎盤(placenta)是一種每一次懷孕都會重新生成並在分娩時隨即排出的器官。胚胎生長所必須的營養是藉由胎盤傳送來的；胚胎的排出物也經由胎盤進入母親的血液。因此，胎盤宛如一個交換站，在這裏，來自母體的為胚胎生長所需要的物質被合成，而對胚胎發育有害的外來物則可被摒棄在外面。胎盤允許母親的血液與嬰兒的血液充分地交融，以便來自母親血液的氧氣和營養能進入胎兒組織，而來自胎兒組織的廢物又能被排出。

在第三和第四週，胚胎的細胞迅速地分化。它們形成特化的結構，這些結構使它們在體內執行獨特的機能。相似的細胞組合在一起構成組織，這些組織又逐漸聯合，呈現出軀體的器官。在組織和器官形成過程中能使其造成畸形的因子叫作**畸形因子**(teratogen)。畸形因子有相當多樣的形式——病毒、孕婦攝取的藥物、酒精及其他毒品、環境毒素等等。在第一個三月期裏——尤其是三至九週裏——胚胎對這些畸形因子的破壞性影響特別敏感(見**圖 4-6**)。

胚胎中第一個重大變化包括形成一個形如長柱狀的體形以及形成腦和心臟的先驅構造。中樞神經系統在孕期的很早階段便已開始發育，並在兒童期和青少年期一直持續其發展。神經管是中樞神經系統的最初結構基礎，它在懷孕後第三週後開始成形。到第五週時，這一神經管分化為五個隆起，它們是腦的主要次結構的雛型。組成大腦皮層的大部分神經是在第二個三月期的後期生成的。不過，皮層區域在整個生命的頭四年裏都在不停地發育成熟(Greenough, Black & Wallace, 1987; Nowakowski, 1987)。

在第四週末，頭、上軀幹、下軀幹以及軀體下部開始顯形。肢體的萌

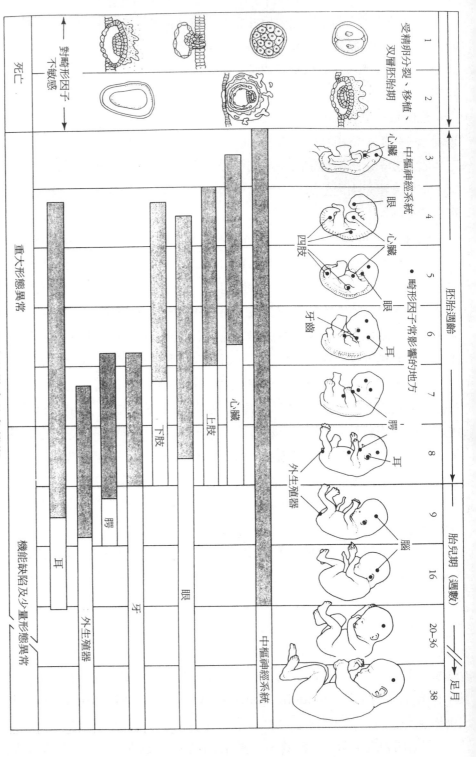

圖4-6 出生前發育的危機期

在發育的頭兩週，胚胎並不易受畸形因子的影響。在這些前分化階段，一種物質或許會損壞所有或大部分胚胎細胞，導致胚胎死亡，否則就是只損壞少數細胞，使得胚胎仍能完全恢復而沒有缺陷。黑條框表示高敏感期；白條框表示對畸形因子不敏感的階段。有些心理運動可能導源於胚胎／胎兒暴露於某些畸形因子之下，如在八至十六週受到高強度的放射線照射。

Source: K. L. Moore, *The Developing Human: Clinically Oriented Embryology* (philadelphia: W. B. Raunders, 1988) .p.143. Reprinted by permission of the author.

懷 孕 期 與 出 生

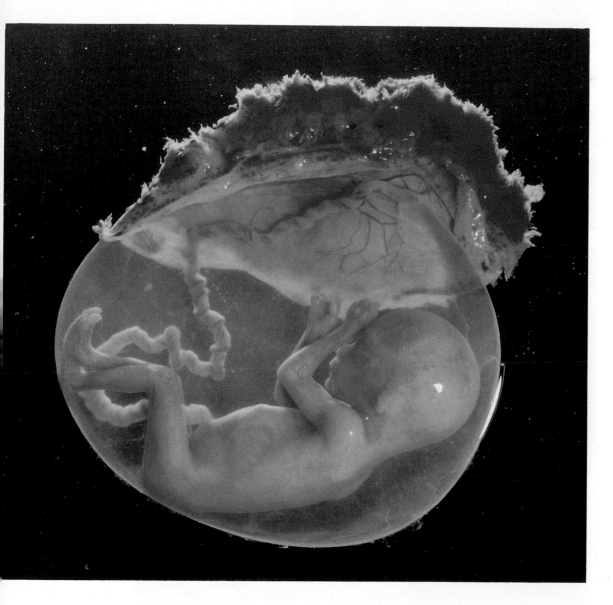

一個僅6.4英寸（16厘米）長、16週大的胎兒，
已可清晰地辨認出是個人類的嬰兒。

到第八週（左圖），指頭已清晰可辨，手與前臂已可分辨。有時，手會因反射而趨向面部。

到四個多月（下圖）時，姆指會抵觸嘴邊，引起吸吮反射。

到五個半月時，胎兒長約12英寸（30厘米）。正 ▶
如許多孕婦會告訴你的，胎兒在這時很活躍，踢、抓、揮胳膊、轉動。

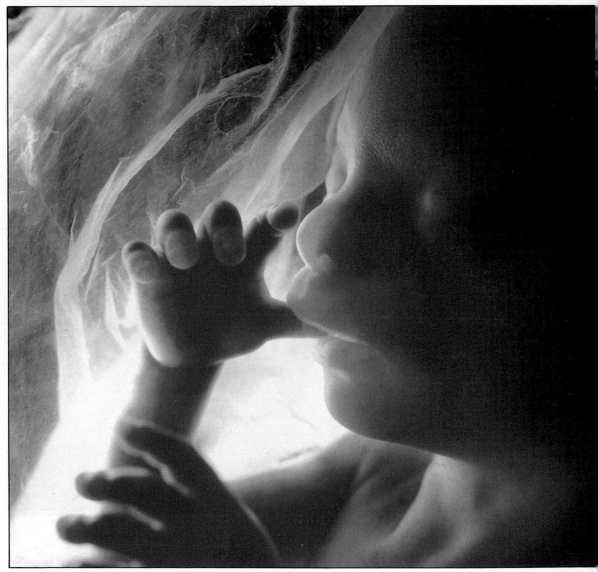

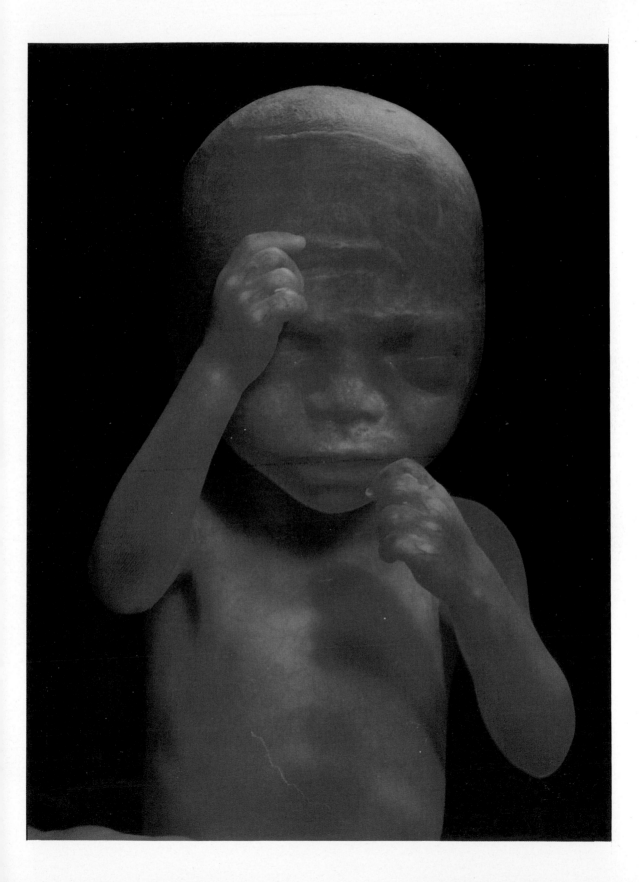

超音波能為嬰兒發育的許多方面提供說明。這種無痛技術利用聲波來產生胎兒的圖像。我們可以確定出胎兒的大小，他的姿勢，由視覺可辨認的任何異常，以及是否多胞胎。右邊的兩個螢幕呈現出胎兒的超音波圖像。

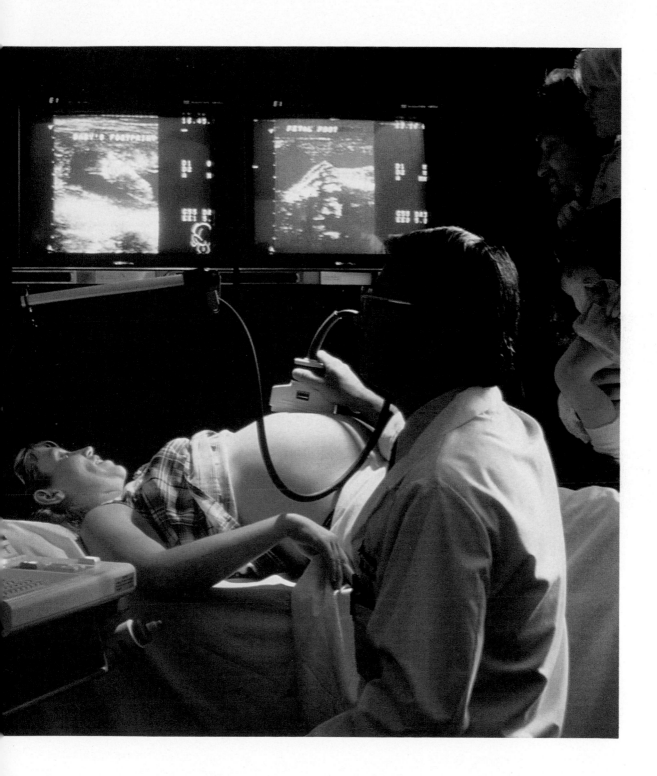

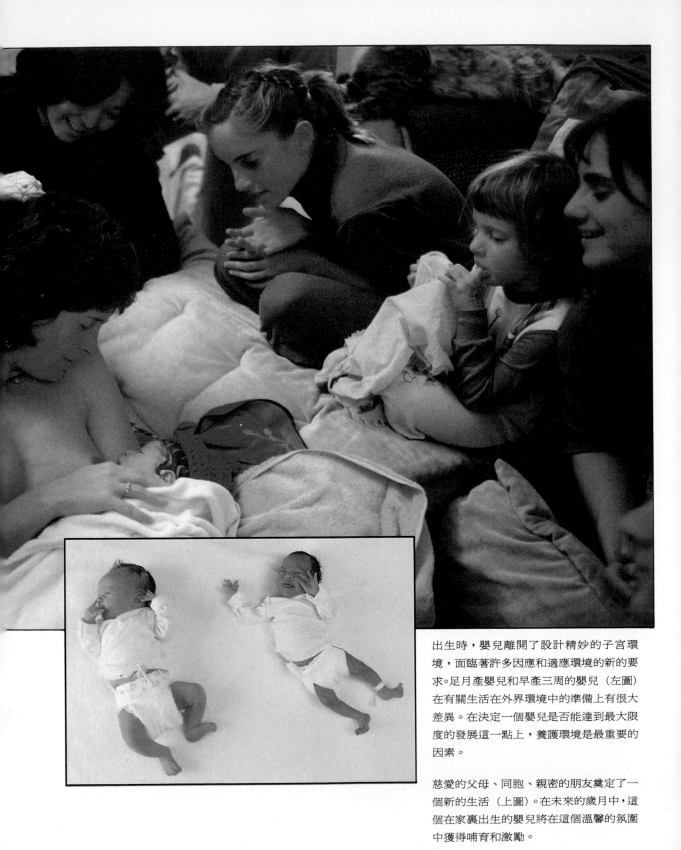

出生時，嬰兒離開了設計精妙的子宮環境，面臨著許多因應和適應環境的新的要求。足月產嬰兒和早產三周的嬰兒（左圖）在有關生活在外界環境中的準備上有很大差異。在決定一個嬰兒是否能達到最大限度的發展這一點上，養護環境是最重要的因素。

慈愛的父母、同胞、親密的朋友奠定了一個新的生活（上圖）。在未來的歲月中，這個在家裏出生的嬰兒將在這個溫馨的氛圍中獲得哺育和激勵。

透視胎兒

有許多文獻是有關於成人年齡範圍的健康的，但關於生命在子宮中頭九個月的健康研究有著同樣大的進展。在美國，嬰兒死亡率已由1915年每一千個出生嬰兒99.9人死亡，降到1987年每一千個嬰兒十個人死亡。這一成就大部分歸功於使我們能評估、監測胎兒發育的新技術的發展。這裏介紹四種監測方法(Cunningham, MacDonald & Gant, 1989)。

電子胎兒心率監測(electronic fetal heart rate monitoring)：不是指用聽診器定期監聽胎兒心率，而是指孕期護理者用一種能毫無痛感地安裝在孕婦腹部的電子儀器不停地監測胎兒心率。這種技術也可同樣有效地用於在分娩時探查胎兒氧氣供應的任何干擾。

超音波(Ultrasound)：這是以第二次世界大戰中海戰上所使用的聲納技術為基礎的；超音波可利用反射回來的聲波產生胎兒的視覺圖像。超音波能用於精確地計算孕期，診斷多胞胎，並可探查胎兒的某些結構缺陷。

羊水化驗(Amniocentesis)：由子宮中抽出二十毫升羊水進行化驗。在孕期第十六週時實施這一方法，可對胎兒細胞進行染色體或酶異常的檢查。在懷孕後期，可對胎兒細胞進行檢查以評估其肺的成熟狀況。在剖腹生產手術被拖延而肺發育尚不十分完善時，是可以避免呼吸系統的嚴重異常的。

胎鏡觀察(Fetoscopy)：通過將一個光纖維鏡頭插入子宮，可對胎兒進行直接檢查，並對其血液進行採樣。這和技術使我們能診斷基因異常，尤其是透過羊水所無法測定的血液疾病，這樣便可在出生之前對這些疾病採取手術的和藥物的措施。

生命的縮影

23週早產兒與足月產正常嬰兒的脚紋
（已縮小至75％）。

23週

40週

芽，前腦、中腦、後腦、眼睛、耳朵的雛形均可觀察得到。自受精以來，胚胎在長度上增加了五十倍，體重上增加了四萬倍。

到了第二個月末，胚胎已具人形。它重約二點二五公克，長約二十八毫米(一英寸)。幾乎所有的內部器官均已形成，臉、四肢、指、趾這些外部相貌也已確立。到了第八週，胚胎已能對溫和的刺激有所反應。

到了第三個月，胎兒長到約三英寸，重量增到了十四公克。頭大約佔整個身長的三分之一。在這個月裏，呈現出特定的「胎兒姿勢」，雙臂朝臉部捲曲，雙膝彎向腹部，眼皮是閉合的。

在性器官上發生著一種戲劇性的變化。所有的胚胎都經歷一個雌雄同體的階段，在此期間，分辨不出任何與性別有關的特徵。女性和男性都帶有一種表面構造，對於男性將會變爲睪丸，對於女性則會逐漸退化。在女性部分，一些新的細胞生長構成卵巢。男性和女性都有兩組性導管，對於男性，發育出輸精管，而對女性這些導管則退化了。對於女性，輸卵管、子宮和陰道發育出來，而其他導管則退化了。此外，男性和女性都有一個圓錐形構造，它是膀胱導管的出口。當男性的睪丸發育時，這一圓錐構造形成陰莖和陰囊。而對於女性，這一構造則形成陰蒂，它被陰唇的外陰隆起所環繞。男性生殖器分化需要有**睪丸甾酮**(testosterone)激素的釋放。如果睪丸甾酮出於某種原因不能生成，胎兒就會發育出女性的生殖系統結構，雖然其性染色體是男性(Stechler & Halton, 1982)。

三個月大的胎兒會自發地活動，並已有了抓握反射和巴賓斯基反射。巴賓斯基反射是指，當輕觸腳底時，腳趾會伸開呈扇形伸展。當用一個能增強信號的**聽診器**(Doppler)聽母親的腹部時，醫生及期待中的雙親都能聽到透過子宮壁傳過來的胎兒心跳。如果我們是那期待中的父母，聽到一個生命的這些最初的微弱的心跳仍是那麼神奇而遙遠，我們會難以置信地顫抖！

懷孕期 4-6 月的發展

在第二個三月期中，一般的胎兒要長到約十英寸，體重增加到約兩磅重。從第五個月開始一直到孕期最後，胎兒會繼續以大約每十天一英吋的速度生長。胚胎會上升進入母親的腹腔，並繼續發育，直至第九個月末，他到達母親的肋骨和橫隔膜間。在這個三月期裏，隨著母親觀察自己身體輪廓的變化並體驗早期胎兒的**胎動**(quickening)，成長的生命這一事實對孕婦來說越益明顯。胎兒的活動最早被體驗為輕輕地拱動或扭動；此後，可以鑑別出這個不安份的小居民的腳、肘和拳。

在第四個月裏，胎兒開始吸吮和吞嚥。只要他一張開嘴，羊水便會流入並在其體內循環。羊水提供了除胎盤吸收之外的另一部分營養。四個月大的胎兒已表現出對甜味的偏愛，其證據見諸於這一事實：如果把糖注入羊水，胎兒便很快地吞嚥羊水(Gilbert, 1963)。

在第五個月，皮膚開始變厚，一層乳酪狀的來自代謝過程的細胞和油脂，即**胎兒皮脂**(vernix caseosa)所組成的外衣覆蓋在皮膚上。指、趾上皮膚皺褶的樣式標誌著胎兒作為個體的獨立存在性。頭部、眼瞼、背、胳膊和腿部都長出了毛髮。

到了第六個月末，胎兒已能很好地發展出感覺受納器。胎兒對觸動很敏感，並會以肌肉的運動對其作出反應。在第六個月裏，胎兒會以向外伸吐舌頭的方式對苦味作出反應。在第六個月中，鼻孔被皮膚細胞堵住。當這些細胞消散後，鼻中充滿了羊水；因此在出生以前胎兒恐怕不會有嗅覺。

外耳道中也充滿了羊水，在八或九個月以前，胎兒不會對聲音有所反應。然而，到第六個月，內耳中的**半規管**(semicircular canal)對刺激很敏感。聯結視網膜與腦的神經纖維也在第六個月發展起來，所以胎兒一生下

來便能對光作出反應。

到二十四週時，胎兒的器官功能已能在子宮環境運轉得很好。它吞嚥、消化、排泄、運動、吸吮拇指、休息、生長。然而，若將它移出這一環境，它幾乎沒有生存的可能。在第三週便已開始發育的神經系統還沒有發展到足以將必須同時運轉以確保生存的各個系統協調起來。不過，到了三十週，胎兒在子宮外生存則幾乎是有把握的(Usher, 1987)。

懷孕期 7-9 月的發展

在最後一個三月期裏，胎兒一般會從十英吋長到二十英吋，體重從兩磅增到七磅或七磅半。這種身長和體重上的增加和中樞神經系統的成熟是相對的。有關胎兒對母親語言的反應的研究發現：胎兒在第三個三月期裏經驗到了母親語言的聲音，並逐漸熟悉她的聲音(De Casper & Spence, 1986； Spence & De Casper,1987)。

一個足月產的胎兒比一個二十八週大的早產兒所具有的優點包括：(1)開始並維持正常呼吸的能力；(2)強有力的吸吮反應；(3)協調較好的吞嚥活動；(4)強有力的腸壁蠕動，因而吸收營養和廢物排泄都更有效率；(5)體溫的平衡控制更為完善。

足月產胎兒吸收母親飲食中的礦物質以利牙釉的形成。隨著胎盤在孕期最後一個月中開始退化，在母親血液中形成的抵禦各種疾病的抗體進入胎兒的血液循環系統。它們為胎兒在生命的最初幾個月裏提供了對許多疾病的免疫能力。

子宮並不能作為胎兒永恆的家園。有一些因素使胎兒與子宮關係的結束成為必然。首先，隨著胎盤的退化，在母親和胎兒血液中形成的抗體可能會破壞彼此雙方的血液。其次，由於胎盤的生長不會超過兩磅太多，那麼，隨著胎兒的逐漸成長發育，胎盤就無法獲得足夠的維持生命的營養。第三，胎兒的頭不能長得大過於骨盤的開口，否則在分娩過程中就會危及大腦。即使有柔軟的聯接膜使顱骨的各部分能部分疊合，頭的大小也仍然是限制胎兒生長的一個因素。

我們尚不知道有哪些確切的因素標誌著子宮收縮和分娩過程的開始。從懷孕到分娩的大致時間是三十八週。然而，在孕期的長短和足月嬰兒的大小上，仍然有很大的差異。

分娩過程

出生是以子宮肌肉的不隨意收縮及稱作**分娩**(labor)的過程開始的。從開始分娩到嬰兒出生，這其間的時間長度有極大的多樣性。對於第一次進行分娩的婦女(初產婦)，其平均時間約為十四小時，對於以前曾經分娩生育過的婦女(經產婦)，其平均時間約為八小時。

子宮收縮具有兩種重要功能：消退與擴張。**消退**(effacement)是子宮頸的縮短，**擴張**(dilation)是指子宮頸逐漸擴大，由僅僅幾毫米寬開口擴到大約十厘米——大到足以使嬰兒通過。消退和擴張是不需要由孕婦自身刻意努力而自然發生的。

一旦子宮頸完全地張開，母親便能透過向子宮腹壁施加壓力幫助嬰兒出生。嬰兒自身也在分娩過程中透過蠕動、轉頭、反推產道而起幫助生產的作用。

分娩階段

醫學界將分娩描述為三個階段，其中兩個階段繪於**圖 4-7** 中。第一階段以子宮開始收縮為開始，以子宮頸的完全擴張為結束；這是最長的一個階段。第二階段是向外排逐胎兒，以子宮頸完全擴張為開始，以開始分娩胎兒為結束。第三階段自分娩開始，以胎盤排出為結束。這一階段通常持續五到十分鐘。

這三個分娩階段與分娩孩子的個人經驗並不完全吻合。例如，胎盤的排出在醫學標準中被當作為一個獨立的階段，但却很少在婦女對自己的分娩經歷的描述中被提到。另一方面，發生在孕期最後一週中的臨產期的許多跡象也大可以看作為分娩經驗的開始。

若就對分娩過程的心理適應方面來說，分娩可以被認為有五個階段：(1)分娩臨近的早期跡象；(2)強有力且有規律的子宮收縮，它顯示分娩已經開始，通常此時要由家轉移入醫院；(3)過渡期，這時子宮收縮很強烈，兩次收縮之間的間歇時間很短，孕婦體驗到最大程度的艱難或不適；(4)分娩過程，這時孕婦能主動地參與孩子的分娩，而且通常這時要從普通的產婦

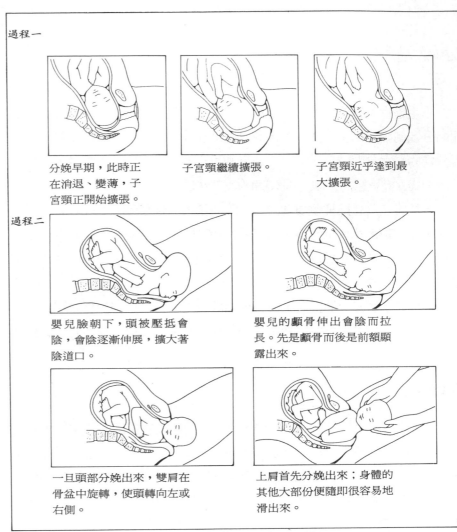

過程一

分娩早期,此時正在消退、變薄,子宮頸正開始擴張。

子宮頸繼續擴張。

子宮頸近乎達到最大擴張。

過程二

嬰兒臉朝下,頭被壓抵會陰,會陰逐漸伸展,擴大著陰道口。

嬰兒的顱骨伸出會陰而拉長。先是顱骨而後是前額顯露出來。

一旦頭部分娩出來,雙肩在骨盆中旋轉,使頭轉向左或右側。

上肩首先分娩出來;身體的其他大部份便隨即很容易地滑出來。

圖4-7　分娩的頭兩個過程

Source: A Clarke-Stewart and J. B. Koch, *Children: Development through Adolescence,* Copyright ©1983 John Wiley & Sons, Inc. Reprinted by permission of John Wiley & Sons, Inc. Figure 2.3, p.65.

病房轉入消毒很徹底的產房;(5)產後階段,包括與新生兒的最初的交往,標誌著恢復孕婦前狀態的生理變化,返回自家。這些階段中的重要事件總結於**表 4-4** 中。

表4-4　五個分娩心理階段的主要事件

階段一：分娩即將臨近的早期症候
　　1.負荷感減輕（約在分娩前10至14天）。嬰兒的頭進入骨盆區域。
　　2.堵住子宮頸的填塞物消失。
　　3.羊水流出。
　　4.假分娩——不規則的子宮收縮。
階段二：分娩開始
　　1.由家庭轉入醫院或生育中心。
　　2.強有力的、有規則的、間隔3至5分鐘的子宮收縮。
階段三：過渡期
　　1.加速分娩，子宮收縮的持續時間增加到90秒鐘，間隔約為2或3分鐘。
　　2.有某種迷惑、不能辨別方向、高度覺醒或失去控制的感覺。
階段四：分娩
　　1.嬰兒的頭下壓至產道底部。
　　2.母親體驗著一個強烈的反射性的願望：排擠嬰兒，將其排出體外。
　　3.通常母親要被從產科病房轉入高度消毒的產房。
階段五：產後期
　　1.母親與嬰兒進行最初的接觸。
　　2.胎盤被排出。
　　3.激素系統迅速變化，刺激分泌乳汁，收縮子宮。
　　4.母親和嬰兒進行早期學習活動；嬰兒試圖獲得護理、母親探究嬰兒，開始解釋他／她
　　　的需要。
　　5.返回家中，將嬰兒帶入家庭環境之中。

剖腹生產

　　有時，常規的、自然的陰道分娩對母親或嬰兒是非常危險的(Cun-ningham, MacDonald & Gant, 1989)。一種替代方法是透過在子宮壁上開口的手術取出嬰兒。這種方法是以羅馬君主茱麗葉斯‧凱撒(Julius Caesar)的名字命名的，據傳說，他便是以此法而出生的。他是經由手術而出生的可能性很令人懷疑，因為直至十七世紀，這種手術對母親來說往往是致命的。大多數早期的剖腹產都是針對已經死去或行將死去的孕婦，以期能救活還未出世的孩子(Cunningham, MacDonald & Gant, 1989)。

　　在美國，剖腹產的比率由 1970 年佔出生嬰兒的 5.5％，上升到 1988 年的 20.3％(Burt, Vaugham & Daling, 1988)。如果分娩嚴重拖延，胎兒會有缺氧的危險時，會施用此種方法。如果嬰兒是取臀位(脚和臀而不是頭

會先出來)，或者母親的骨盆過於狹窄導致嬰兒的頭無法通過，則也會使用此種方法。

如果母親在以前曾施用過剖腹分娩嬰兒，那麼此後它對她來說也就是一種常規方法了。然而，這種做法也會因地而異。在醫生的准許下，的確有一些婦女在經過剖腹產後亦能採自然分娩方式生產。

剖腹產使生育成為一個手術過程，它需要用麻醉藥，對母親進行靜脈注射，並延長母親的恢復期。這一方法無疑救活了許多由陰道分娩則不能存活的嬰兒和母親。然而，令人擔心的是，這種方法是否會由於對從事有關醫療職業者較為便利，或是職業婦女想要排定分娩時間而被濫加施用。

最近的研究已開始檢查剖腹產對新生兒和父母的影響。有一點發現：似乎在短時間——即出生後五分鐘內，剖腹產胎兒比陰道分娩的嬰兒更容易出現危險的跡象。這一差異也存在於那些由第二次剖腹產生下的嬰兒和那些改用其他無風險的方法產下的嬰兒之間(Burt, Vaugham & Daling, 1988)。不過，對剖腹產嬰兒的長期追蹤發現，孩子的IQ或是標準數學和語言測驗的分數並沒有因此而受到什麼影響(Entwisle & Alexander, 1987)。

剖腹產對父母的影響可見於以下兩項研究的發現。在第一項研究中，剖腹產嬰兒的母親比陰道分娩的嬰兒的母親，對生育孩子的經歷表現出較大的不快。然而，她們在產後調理上並沒有出現更多的問題。她們的焦慮、抑鬱、對作為母親的能力的認識，和那些經歷正常分娩的母親差不多。更有趣的是，無論剖腹產嬰兒的母親還是父親，都傾向於更多地承擔起父母角色。和其他父母相比，他們以更為積極樂觀的眼光看待他們的孩子，對孩子的學習成就抱較高的期望(Padawer et al., 1988)。另一項研究發現，父母對孩子學習能力及學習成就的期望似乎是生育經驗的一個長期結果，且對孩子自己在第一、二年級中對自己學習成績的期望有顯著影響(Entwisle & Alexander, 1987)。對這些發現的一種解釋是，伴隨於生育中的特殊困難，增加父母對他們的孩子的幫助。孩子似乎從嬰兒期起便獲益於母親和父親在養育孩子方面的高度參與。人們甚至可以推測，有剖腹產嬰兒的父母的離婚率應當較低。我們必須非常小心，不要將這些研究結果過份廣義化，但其所包含的父母角色的複雜情況必須加以進一步研究。

嬰兒死亡率

嬰兒死亡率是指一千個一歲以內的嬰兒中死亡的人數。在美國，1987年的死亡率據檢測為每一千個嬰兒中有十人死亡，這一死亡率與五十五至六十四歲年齡及此年齡以上組的人的死亡率一樣。雖然白人和黑人嬰兒的死亡率都在下降，黑人嬰兒在 1986 年的死亡率——每一千名嬰兒約 18.8 人死亡——和白人嬰兒在 1970 年的死亡率——每一千名嬰兒約 17.8 人死亡——差不多同樣高(U. S. Bureau of the Census, 1989)。

嬰兒死亡率受許多因素的影響，包括：(1)出生併發症的頻率；(2)出生嬰兒的強健程度，這受孕期中的營養以及病毒或細菌、有害的X射綫、藥物和子宮內其他畸形因子作用程度的影響；(3)母親的年齡；(4)孕期及新生兒護理中可能的設施。死亡嬰兒中有四分之一是由於出生體重過低(不足月)所導致的併發症。如果引起早產的環境能夠被改變，那麼嬰兒的死亡率就能顯著地得到改善(Swyer, 1987)。

嬰兒死亡率在世界不同國家和地區是相當不同的。對所有發展中國家的嬰兒死亡率的一個平均估計是，每一千個嬰兒中有 93.6 人死亡(International Bank for Reconstruction and Development, 1983)。和這一數字相比，美國每一千個嬰兒中十人死亡的比例似乎是相當低的，但它實際上在工業國家中僅排在第十四名，列居澳州、加拿大、丹麥、法國、香港和日本等國家之後。在美國，各地區的嬰兒死亡率範圍為由較低的北達科他州的每一千名嬰兒八點四人死亡，到較高的哥倫比亞特區的每一千名嬰兒二十一點一人死亡(U. S. Bureau of the Census, 1989)。

低收入人口的密度，有關飲食與藥物對發育中胎兒的影響的教育宣導，對高危險新生兒的充足的醫療設施，都是導致不同收入人口中嬰兒死亡率地區性差異的原因。一個嬰兒度過出生這一關的可能性，依賴於生物、環境、文化與經濟對他或她的子宮內生長、分娩及出生後護理的綜合性影響。

母親、胎兒與心理社會環境

　　孕期發展的過程和模式直接決定於遺傳訊息。然而，我們不能忽視孕婦所處的心理社會環境。一個婦女對懷孕和生育的態度、她的生活方式、她在孕期中可能具有的應變能力，以及她的文化對她的行為的要求，都將影響到她自己的健康幸福感。這些同樣的因素也會直接影響到胎兒的健康和生長，或是影響新生嬰兒將要面臨的父母養育環境的形式。

胎兒對孕婦的影響

　　讓我們來考察一下胎兒影響孕婦的各種方式。懷孕改變了一個婦女的身體形狀及她的幸福感。有些婦女在她們孕期的大部分時間裏感覺到特別的有活力，精力充沛。而另一些婦女則經歷著種種痛苦的症狀，如嘔吐、背疼、腫脹、頭痛、暴躁易怒。在某些情況中，懷孕造成一種被稱為**妊娠毒血**(toxemia)的狀況，即孕婦的機體逐漸中毒。隨著胎兒的生長，患此病的母親會經歷極度的高血壓、腎功能衰退和痙攣。

㈠角色與社會地位的變化

　　開始懷孕的婦女會被她們的男友或丈夫以新的方式對待。她們會被她們的同伴用新的眼光來看待。在有些社團中，青年女孩懷孕會感到害羞或內疚。在另一些羣體中，青少年懷孕會被同伴看作為一種成就——一種成熟的標記。在勞動的世界中，懷孕的婦女會被賦予較少的責任。在商業界，懷孕會被看作一種煩憂，會與生產相衝突，故而最好是避免。

　　在家庭內部，一個孕婦往往會被以新的關心和護理標準來對待。她的懷孕影響著她的配偶、她的父母、她的兄弟姐妹以及其他親戚。在生第一個孩子時，一個婦女使她的丈夫成為一個父親，使她的母親和父親成為祖父母，使她的兄弟和姐妹成為舅舅和阿姨。懷孕可以改變這孩子父母的性身份：懷孕會被認為是一個婦女的女性證明；而使一個婦女懷孕則代表著一個男子對其男性能力的證明(Heitlinger,1989)。

　　在有些社會中，懷孕和生育給予一個婦女特殊的地位。例如，在日本，傳統價值對母性賦予了所有一個婦女能承擔的角色。「只有在生孩子之後，

一個孕婦若能解除她的焦慮，以積極的參與態度等待生育，則其分娩和生育會相對較爲容易。

一個婦女才能成爲一個家庭中享受完整地位的人」(Bankart,1989)。只有當成爲母親以後，日本婦女才能開始對政府、社團、公共生活起到影響，成爲對塑造下一代負有特殊責任的人。

⟨二⟩母親的情緒狀況

　　婦女對懷孕不僅有身體反應，而且有情緒反應。在社會適應評定量表(Holmes & Rahe,1967)中的四十三項生活事件表中，懷孕被列爲第十二個最令人情緒緊張的生活變化。孕婦對其未誕生的孩子的態度可能會是驕傲、接受、拒絕，或者──正如最常見的情景──很矛盾。大多數的正常的懷孕都伴隨著焦慮和抑鬱的體驗。作爲妊娠期正常身體反應的一部分，孕婦經驗了許多症狀，如疲倦、失眠、身體運動減慢、專注於身體狀況、喜怒無常，並常常伴隨著抑鬱(Kaplan,1976)。

　　有些婦女對胎兒成長這一事實的反應是高興和快樂。例如，在傳統的中國家庭，孕期被稱爲是一個孕婦「身懷有喜」的時期(Levy,1968)。孕婦期待得到孩子的程度依賴於幾個因素，包括她已有的孩子的數量，她的經濟來源，她與丈夫的關係，她情緒的成熟度。美國婦女若已有三個以上的

帕伯羅‧畢卡索，〈婦女的哭喊〉，1937。非常焦慮、對懷孕感到憤怒的婦女，其分娩往往會非常緊張而困難。在這幅畫圖中，我們感覺到這婦女的痛苦自其體內深處延伸到她的手和眼。

孩子，且經濟來源較少，那麼和那些孩子較少、經濟來源較豐的婦女相比，對再生孩子則不會持積極態度(Sherman,1971)。

對生兒育女持矛盾心理的婦女、在婚姻上有麻煩的婦女，以及那些在孕期沒有足夠的社會支持的婦女，在孕期中很可能會體驗到抑鬱和焦慮(Flemisg et al., 1988)。有可能強烈的情緒反應，諸如長期的焦慮或抑鬱，會通過能穿透胎盤屏障的母體激素的分泌直接影響胎兒環境。然而，關於這方面的證據並不完全支持(Sameroff & Chandler,1975；Vaughn et al.,1987)。但下述方面的證據是很清楚的：母親孕期中的情緒狀態，與她分娩中的體驗以及她日後母性行為是相關的。

一個婦女對其女性氣質的感受，對未出生孩子的態度，以及她的心理穩定性，與其在孕期和分娩中所經驗的困難是有一定關係的。有較穩定的人格、對懷孕持積極態度的婦女，和那些焦慮的、情緒變幻無常的婦女相比，對分娩中的壓力能作出較為良好的有利的反應。後者則往往有較長的分娩期，經歷較多的產房併發症。她們在分娩中往往要求並接受較多的藥物處理，這會影響她們的新生兒的反應性（Standley, Soule & Copans, 1979； Yang et al., 1976 ）。

曾對一組Guatemalan婦女進行過孕婦的焦慮對引起分娩、生育過程

中併發症的作用的研究(Sosa et al., 1980)。醫院通常是不准許任何探訪者和臨產婦女一起留在產科病房的，然而，在這一研究中，每一個婦女都給配備一個陪伴者，他與孕婦待在一起直至分娩。這個人在孕婦分娩過程中不斷地說話，握住孕婦的手，按摩她的背，給予她情緒上的支持。這些母親比那些沒有人陪伴的孕婦在分娩中患的併發症要少得多，她們的孩子也很少有危難跡象。分娩中有陪伴者的孕婦，和沒有陪伴者的孕婦相比，平均分娩時間要短十幾個小時。

在美國，近來的潮流表現出一種戲劇性改變：父親參與更多分娩、生育過程。丈夫常常和妻子一同去生育學習班，以便能學習如何在分娩中幫助妻子。八十年代早期進行的一項蓋洛普民意測驗(Gallup poll)發現：大約有80%的父親參與過他們的孩子的分娩，與此相比，七十年代早期卻只有27%(Kliman & Kohl, 1984)。

分娩時丈夫能在現場對孕婦無疑是一個莫大安慰。當丈夫在場時，孕婦的產程往往較短，她們報告說體驗的痛苦較少，使用的藥物幫助也較少，而且，她們對自己以及對她們生育經歷的感受也更爲積極(Grossman et al., 1980)。父親們也把他們對孩子出生的參與說成是一種最高的體驗。

我們在前面曾提過，當嬰兒是剖腹產方式生下來時，父親往往會承擔更多做父親的角色，爲他們的孩子奉獻更多。然而，近期的研究並不能做出下列的結論：參與過孩子的出生過程的父親和孩子出生時不在現場的父親相比，與孩子有著更爲親密的關係(Palkovitz,1985；Palm & Palkovitz, 1988)。

母親孕期中的情緒狀態的影響作用遠超過於生育事件本身。孕期中體驗著顯著的抑鬱的婦女，往往會在生育後的幾個月中繼續體驗著一種壓抑的心境狀態。對這些有負性情緒母親的研究發現，她們很難體驗到與自己的孩子是相依戀的，她們往往會覺得在如何做母親這一方面失去控制或是無能，她們也很少呈現出對她們的孩子的愛戀行爲(Field et al., 1985；Fleming et al., 1988)。

然而在與母親的互動中，情緒抑鬱母親的孩子很少嬉笑，活動性很低，很少表現出滿意的樣子，很少面對面的交流，與他們的母親也不那麼親密，這些方面都不如那些情緒不抑鬱的母親的孩子(Field et al., 1985)。到了三個月大時，抑鬱的母親的孩子也表現出相似的特性，即使是與非抑鬱的

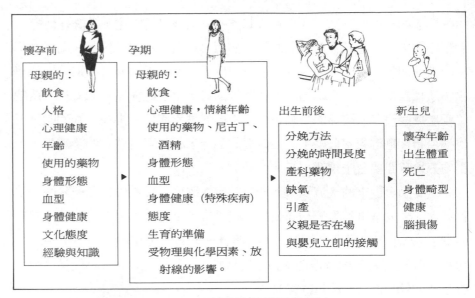

圖4-8　影響孕期發展的因素

Source：A Clarke-Stewart and J. B. Koch, *Children*：*Development through Adolescence*. Copyright © 1983. JohnWiley & Sons, Inc. Reprinted by permission of John Wiley & Sons, Inc. Figure 4.1, p. 101.

成人相交往，這表現已發展成一種「抑鬱」的氣質性社交風格(Field et al., 1988)。但這一研究並沒有對其原因作出解釋。也就是說，母親的抑鬱對嬰兒的影響是不是遺傳影響，與母親的抑鬱相伴隨而存在於出生前環境之中的激素，抑鬱型母親的母性的個性風格等作用的結果？還是這些因素的某種積累作用的結果？

孕婦對胎兒的影響

在影響胎兒發展的因素中，包括母親的年齡、她在孕期和分娩中使用的藥物、她的飲食。這幾個方面以及其他諸如此類的因素的總結於**圖 4-8**。

⑴*母親的年齡*

生育能力始於月經初潮，截止於更年期的結束。這樣，一個婦女在其一生中可能的生育期大約為三十五年。生育可以發生在這一時期中的任何一個時刻或許多時刻上。生育對一個母親的身體的和心理的健康的影響，隨她的年齡以及她對母性角色的情緒上投入的不同而有所差異。同樣的，這些因素也會顯著地影響她的孩子的生存與健康。

和十六歲以下或三十五歲以上的婦女相比，十六歲至三十五歲之間的婦女往往能提供一個較好的子宮環境，並且生育時有較少的併發症。特別是在第一次懷孕時，如果孕婦超過三十五歲，往往有較長的產程，其分娩更容易引起胎兒或是母親死亡。有最高的生下早產兒的概率的兩種年齡層，便是三十五歲以上和十六歲以下的婦女(Schuster,1986)。

　　十幾歲的母親的早產兒比較大年齡的母親的早產兒更容易患精神缺陷症，從而影響他們的適應能力。而且，十六歲以下的母親往往得到很少的孕期照顧，並且在生理上也不成熟。結果是，青少年母親往往更容易會在孕期中患併發症，從而危及她們的嬰兒及其自身。有證據表明，良好的醫療照顧及護理、營養、社會支持，能改善十六歲以上的青少年母親的生育經歷。然而，那些十六歲以下的少女身體的不成熟，把母親和嬰兒推向了極大的危險之中(Quilligan, 1983; Roosa, 1984)。

　　年齡超過四十歲的母親的嬰兒可能面臨的一個主要危險，是唐氏症候群(Moore ,1988)。一個婦女的卵細胞最初是以一種不成熟的形式存在的。她活得越長，這些細胞就會變得越老。據假設，高齡婦女生育中唐氏症候群的高發生率，部分原因是由於卵細胞的退化。三十五歲以後，婦女生育孩子的危險變得越來越大。許多人都接受羊水化驗檢查，這使他們能夠檢查是否有嚴重的胎兒缺陷(Williams,1987)。另一方面，青年人似乎並未意識到過於年輕女孩懷孕生子所產生的危險。1983 年裏，約有十八萬三千個嬰兒是由十七歲及十七歲以下的母親所生。有十八萬多個合法流產是實施於十七歲及十七歲以下的母親，這約佔所有人工流產中的百分之十一(Ventura ,Taffel & Mosher,1988)。

　　表 4-5 列出了 1960 年至 1986 年之間十歲到四十四歲年齡範圍之間母親的成功的生育的數量。表中顯示，除了最年輕的那一年齡組外，在介於二十六年的年齡範圍中，每一年齡組的出生率均在下降。對**表 4-5** 中所列數據的兩點觀察是與我們對成人生活的認識有關的。首先，自 1960 年以來，二十至二十四歲、二十五至二十九歲這兩個年齡階段中，有著幾乎相等的出生率。第二，出生率的下降也表示懷孕年齡在下降之中。和 1960 年相比 ，今天三十歲以及此年齡以上的婦女很少再生育了。 自 1980 年以來 ，每一千名三十歲及三十歲以上的婦女中生育孩子的數目雖已有所回升。然而，這一回升並沒有恢復到六十年代早期這些較大年齡組的婦女的生育

表4-5　不同年齡母親生育的成活率

（每1000個婦女的生育率）

（1960～1986年）

Year	10-14	15-19	20-24	25-29	30-34	35-39	40-44
1960	0.8	89.1	258.1	197.4	112.7	56.2	15.5
1965	0.8	70.5	195.3	161.6	94.4	46.2	12.8
1970	1.2	68.3	167.8	145.1	73.3	31.7	8.1
1975	1.3	56.3	114.7	110.3	53.1	19.4	4.6
1980	1.1	53.0	115.1	112.9	61.9	19.8	3.9
1986	1.3	50.6	108.2	109.2	69.3	24.3	4.1

Source： U.S. Bureau of the Census, *Statistical Abstract of the United States,* 1986 and 1989 (Washington, D.C.：U.S. Government Printing Office, 1985, 1989)。

率水平。

　　在後面的章節中，我們將會討論靑少年及成年人生育的心理社會後果。這裏我們要強調的是：胎兒發育的過程，孕期照顧的質量以及嬰兒出生時的危險程度，都是與母親懷孕的年齡有關係的。

(二)藥物

　　懷孕婦女使用的藥物種類範圍是相當大的。鐵、利尿劑、抗生藥、賀爾蒙、鎮靜劑、食物抑制劑，以及其他藥物，或由醫生開據處方，或由孕婦隨意自服。此外，婦女還通過隨意服用酒精、尼古丁、咖啡因、大麻、古柯鹼及其他麻醉藥而影響胎兒的環境(Chasnoff ,1988)。特定藥物對胎兒生長的作用的研究發現：孕婦所攝取的許多藥物實際上在胎盤被變化並傳遞給胎兒。

　　孕期中吸煙的婦女的胎兒出生體重要比不吸煙婦女的胎兒來得小。對這一關係的四十五項研究評述記載：吸煙婦女的孩子的體重要比不吸煙婦女的孩子平均小兩百克(U. S. Department of Health, Education, and Welfare ,1979)。吸煙婦女流產和死胎的危險較大(Streissguth et al., 1989)。對在孕期中受尼古丁影響的嬰兒在出生後九和三十天進行神經學檢查，發現喚醒和反應水平均有降低(Fried et al., 1987)。

　　有記載可查的證據強有力地表明：酒精也是一個畸形因子。孕期中受酒精的作用會影響腦的發育，會干擾細胞的生長和組織，並影響對中樞神

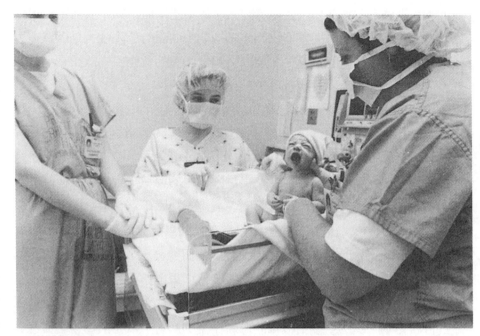

由於媽媽吸食毒品（古柯鹼）造成孩子神經的解組，可由嬰兒不尋常高頻率的哭
聲查證出來。

經系統的成熟相當重要的**神經介質**(neurotransmitter)的產生(West,
1986)。酒精對胎兒發育的綜合性影響被稱為**胎兒酒精症候群**(fetal alco-
hol syndrome) (Abel,1984; Clarren & Smith,1978；John et al.,
1973)。胎兒酒精症候群伴隨著中樞神經系統的異常，出生體重過低，面部、
眼、耳和嘴畸形。對那些飲酒過度的婦女——卽一天飲酒約一點五盎司或
更多———來說，其生下的嬰兒患胎兒酒精症候群的危險性為30％至
50％。甚至每天中度的飲酒也會產生胎兒酒精症候群的某些症狀，尤其是
在伴隨有營養不良的情況下。

　　一項對孕期受酒精影響作用的縱貫研究表明，孕期中每天飲酒一點五
盎司(中等程度的飲酒)的婦女，她們的孩子和那些較少飲酒或不飲酒的婦
女的孩子相比，四歲時IQ明顯要低得多(Streissguth et al., 1989)。飲用
酒精是引起低智商分數的重要因素(尤其在其他因素——母親的教育程
度，孩子的排行，家庭社會經濟地位，兒童在學前時期的活動，母親與嬰
兒相互交往的品質——均已被加以考慮之後)。換句話說，許多被認為對幼

兒的智力功能具有積極作用的環境因素，並不能補償孕期中受酒精作用而對中樞神經系統造成的損傷。我們強調孕期中飲酒的危險性，是因為在美國社會中飲酒是如此的普遍，而足以引起對胎兒的負作用的飲酒量，卻被許多成人視為「安全」的或是可被社會所接受的。

　　服用尼古丁，尤其是海洛因和古柯鹼，以及美沙酮(methadone，一種用於治療海洛因毒癮的藥物)，都會增加出生缺陷、體重過低、高死亡率等危險(Dinges, Davis & Glass, 1980；Zuckerman et al., 1989)。在生命的第一週裏，受到鴉片、古柯鹼、美沙酮作用的嬰兒，會表現出極度的焦躁不安，預示著神經錯亂的高頻哭叫、發燒、睡眠不寧、進食困難、肌肉痙攣和震顫(Hans ,1987)。這些嬰兒有很大的患**嬰兒猝死症候群**(sudden infant death syndrome)的危險。大範圍的研究發現，孕期中受吸毒影響的兒童表現出精細小動作協調上的困難，他們很難集中和維持注意，並很有可能因此而導致學校中的適應問題。當然，這些藥物在孕期中對神經系統的直接影響，與出生後由吸毒的母親撫養的影響，或是與母親也置身其中發展的社會、教育環境的養育的影響，是很難分開的。

　　隨著濫用古柯鹼的不斷擴散，執法部門正在採取行動，逮捕和指控那些使她們的即將出生的孩子受到這些有害的非法物質的影響的婦女(Sachs,1989)。佛羅里達州好萊塢的一位婦女，因生下第二個受古柯鹼危害的嬰兒而被逮捕，判為虐待兒童罪。她的孩子被送進育幼院。檢察官們堅持認為，孕婦要對危害她們嬰兒健康的行為負責任。對此持反對意見的人辯稱：飲酒、吸煙及母親的其他行為也可能會對發育中的胎兒有負面作用，是否這些婦女也應當被指控有虐待兒童罪呢？

　　近來，一個與靜脈注射毒品有關的担憂是，人類免疫性缺乏病毒(HIV)和後天免疫不全症候群(AIDS，即愛滋病)由懷孕的婦女傳給她們的孩子。大約有70%的染有HIV的婦女是透過自己服毒或發生性關係的對方而被感染的。服用古柯鹼、賣淫與透過性交接觸傳播的疾病，包括AIDS，對尚未出世的孩子的健康帶來日益增大的危害，尤其是在貧困的都市少數民族人之中(Darney et al., 1989; Judson, 1989)。携帶HIV病毒的母親生下的孩子，約有50%的可能患染此病，而在患病者中，95%在出生後頭三年裏死去。目前還沒有辦法治療那些染上AIDS的嬰兒。由於他們的免疫系統有缺陷或失去功能，他們無法抵禦那些嬰兒往往會遇上的傳染病(Seabrook，1987)。

其他藥物是作為孕期中醫療手段的一部分而施予孕婦的。六十年代中使用沙利竇邁(thalidomide，學名為酞酰亞胺基戊二酰胺，一種鎮靜藥——譯注)用於治療早晨嘔吐的悲劇性後果，使我們警惕到某些化學藥物對胎兒的潛在危害，尤其是在胎兒第一個三月期的分化、發育時期。在懷孕後第二十一至三十六天中服用沙利竇邁會導致胎兒四肢的嚴重畸形。

有些藥物是用來維持妊娠的。在一個案例中，對一組在孕期中服用過雌激素(estrogen)和黃體素(progesterone)母親的孩子在六歲和十六歲時進行研究。在兩個年齡上，這些孩子和那些在孕期中沒有服用過這些激素的母親的孩子相比，都表現出較低的攻擊性和運動能力(Yalom, Green & Fisk, 1973)。在另一個案例中，一百多名婦女接受了潑尼松(prednisone)治療，這種藥首先是用來減除不育症，而後是可以維持妊娠。她們生下的嬰兒體重明顯低於那些控制組(不服用藥物)婦女的嬰兒(Reinisch & Karow, 1977)。

就好的一方面來說，孕期中使用過妊娠素的母親的孩子，與對照組母親的孩子相比，似乎在第一年的發展水平要好一些，小學中的學習成績也較好一些(Dalton, 1976)。這意味著，有些種類的藥物的效應能維持到出生後相當長一個時期。這些效應可能是直接性的，如改變了中樞神經系統，或者是間接的，如影響了照顧者與嬰兒間互動的方式。

(三)環境中的有害物

隨著越來越多的婦女進入勞動界並承擔非傳統性的工作角色，對工作環境影響胎兒發育的危險的擔憂也與日俱增。在一家聯合化學工廠中，由於害怕螢光碳 22 會導致對胎兒的傷害，致使五名女職工被解雇，其中兩位女工為保住工作而作了節育的選擇(Bronson, 1979)。那些在危險環境中工作的男性的妻子們，也可能會有較大的流產、不育及生下有缺陷嬰兒的危險(Howes & Krakow, 1977)。

工作場所並不是唯一會使孕婦接觸到環境中有害物質的地方。那些在懷孕之前的六年時間食用了大量被污染的密西根湖中的魚的婦女，生下的孩子在七個月大時表現出某些記憶缺陷(Jacobson et al., 1985)。雖然這些有害物質——存在於空氣、水、土壤中工業廢棄物——的量對母親的影響並不足道，但對胎兒來說，卻高得足以影響其神經系統的功能。這一發

現令人驚醒：所有社會都必須對它們的水、空氣和土壤的質量保持警惕。每一個即將誕生的新一代人，都要依賴他的長輩來保護他免於環境的危害。

對那些潛在地危害胎兒的物質的作用，要予以繼續研究。關於暴露於鉛環境之中對幼兒的危害，已有大量文獻記載。然而，對此環境的不同接觸程度對嬰兒和幼兒的影響，至今尚未澄清(Schroeder, 1987)。使用於森林和農場的除草劑和殺蟲劑危害胎兒發育的潛在可能性正引起人們的關注(Morris, 1987)。透過對異常生殖結果有系統的文獻分析，發現這些化學藥劑中的許多種類都是畸形因子。

㈣產科麻醉劑

對分娩過程中使用的藥物對新生兒的影響的研究，為嬰兒對現時環境的依賴性提供了進一步的證據。基本上說，鎮痛藥是出於對孕婦和醫生的利益和便利而使用的。一直到不久以前，它們對新生兒的作用都未引起人們的注意。然而，有證據顯示，分娩中使用的麻醉劑的種類、劑量和時間，都是導致新生兒抑鬱、影響其適應能力的因素(Naulty, 1987; Stechler & Halton,1982)。把分娩中接受過藥物的母親的孩子和那些其母親在分娩中沒接受過藥物的孩子相比較，發現有接受藥物母親的孩子在知覺、動作技能和注意力測查中成績較差(Brackbill et al., 1974)。

關於這一問題的嚴重性，有兩種看法。有研究顯示，相當廣泛的用藥，包括鎮靜劑、局部麻醉，以及透過呼吸施予的全身麻醉，都會干擾嬰兒的行為。研究已經發現，在分娩中使用麻醉劑會影響嬰兒對刺激的習慣化能力(在多次重複呈現刺激後停止作出反應)；減少嬰兒的微笑和擁抱行為；減少對新刺激的警覺反應。進一步地，專家們已觀察到，使用藥物與嬰兒某種行為之間的關係持續達二十八天之久(Aleksandrowicz & Aleksandrowicz ,1974；Brackbill, 1977；Murray et al., 1981)。

另一方面，一些研究者把分娩中的藥物使用與新生兒行為之間的關係看得微不足道。在一項研究中，考察孕期經過的三個方面——母親對懷孕的態度、分娩期長短、醫藥的使用情況——與新生兒行為的關係(Yang et al., 1976)。母親越是焦躁不安或抑鬱，她使用的藥物就越多，而她使用的藥物越多、越早，分娩的第一階段就持續越長，對新生兒行為的影響也就越大。藥物與新生兒行為的關係並不很強，也沒有什麼長期持續的後效。

也許不是藥物本身對新生兒有持續的影響，倒是有可能藥物對行為的效應影響了父母對新生兒的觀察。這些觀察可能改變了早期嬰兒與照顧者之間關係的品質(Lester, Als & Brazelton, 1982)。

有關嬰兒對藥物的敏感性的研究，提醒我們警惕一系列物質對尚未成熟、正迅速變化的嬰兒的潛在影響，如有關食品添加劑對新生兒的影響、化學污染物質對胎兒和新生兒的影響。證據警告我們：嬰兒對那些較大的兒童或成人中根本看不到影響的環境因素，有著獨特的敏感性(Giacoia & Yaffe, 1987；Miller, 1974；World Health Organization, 1972)。

(五)母親的飲食

「一人吃，兩人補」，所謂無論孕婦吃什麼，胎兒都將攝取其生長的必須的營養的說法，完全是不正確的。為胎兒的發展提供充足的營養，既要求均衡的飲食，也要求具備能把營養素轉化為胎兒能夠吸收的形式之能力。胎盤承擔起後面的過程，而母親則必須承擔前者(Lindblad, 1987)。

母體營養不良對胎兒發育的影響的實驗研究，最初是在白鼠身上進行的。和飲食正常的母鼠相比，低蛋白質飲食的母鼠生下的幼鼠體重和腦重都較少，皮層細胞較少，皮層蛋白也較少。在絕大多數這類實驗中，很少有鼠胎活著生下來，或是長成成鼠。那些能存活下來的後代的生殖行為大大減少。因此，這些實驗證據表明，嚴重的缺乏營養會妨礙正常的胎兒和嬰兒的發育(Coursin, 1974)。

母親營養不良對發育中胎兒的影響，始終是一個具科學爭議的話題。一些專家們認為：只有當母親在孕期的最後一個三月期中挨餓忍饑或是營養不足時，才會影響到胎兒的出生體重(Cassady & Strange, 1987)。其他人則認為：在細胞分裂階段營養不良，將導致器官過小，而這在日後的飲食補救中是無法恢復的(Brazelton, 1987)。

關於營養不良對人類胎兒的影響的大部分資料，是來自於災難與危機時期，如饑荒、戰爭、極度貧困等，所有這一切都妨礙了充足的飲食攝取，衣索比亞難民即是最好的例子。營養不良是由嬰兒的低體重對照其懷孕時間長短而推定出來的。那些據妊娠時間衡量其體重過小的嬰兒，死亡率較高，出生後護理中易遇較多併發症。和那些正常妊娠期中體重正常的嬰兒相比，神經或運動性損傷的危險性較高(Cassady & Strange, 1987)。其中營養不良對這些後果的相應責任是很難估計的。經歷了這些情境的婦女

也還經歷著其他壓力因素暴露於疾病之下、焦慮、裸露於環境毒素之下
——這些也都可能會影響胎兒的生長。

在孕期中，在出生後，或在這兩個時期中，都能導致胎兒營養不良。
雖然某種程度的發育遲滯被認為是胎兒營養不良造成的，但對發育的最嚴
重的影響不但來自於出生之前，也來自出生之後的營養供應不足(Brasel,
1974)。這一狀況見於世界上許多為貧困侵擾的地區。如果出生前的營養不
良，加上尾隨出生之後的營養不良和疾病，那麼要研究出生前營養不良的
單獨作用是不可能的。

一些被設計來通過在孕期中補充飲食以施加干預的研究，提供混合性
證據：可以改善孕婦的飲食以有效地增加新生兒的體重。當Guatemalan
的母親們在九個月的孕期中攝取了額外的兩萬卡洛里時，她們的嬰兒比那
些沒有飲食補充的母親的孩子平均重零點二公斤(七盎斯)(Habicht et
al., 1974)。然而，在美國同樣施加干預的研究卻沒有如此的結果發現(Cas-
sady & Strange, 1987)。

營養不良的部分後果可在出生後得到補償。嬰兒的生長潛能使那些能
夠得到飲食的孩子彌補上他們孕期發育的不足(Tanner, 1987)。憑藉出生
後充足的飲食供應，那些出生時營養不良的嬰兒能表現出不斷增長的活動
性，對環境展現較高的要求，並促使照顧者做出較積極的反應(Brazelton,
1987)。這種交互作用模式能夠抵消最初由孕期的不良營養環境造成的缺
陷。

文化的影響

要想評價圍繞嬰兒出生前後所發生的種種事件，我們還須瞭解某些我
們的文化中關於生育的特殊性態度。生兒育女的抉擇，孕期中的社會經歷，
在分娩嬰兒時可能得到的特殊的幫助形式，以及對分娩之後的母親和嬰兒
的護理和態度，都可以被看作為對生育的文化態度的成分。Mead和
Newton(1967)對有關孕期及生育的文化模式進行了比較。下面的討論大
多引自於他們的工作。

首先要指明的有兩點。其一，雖然我們把一種特殊的訓練方法叫作**自
然分娩**(natural childbirth)，但在嚴格的意義上說，這種方法並不是自然
的——它需要大量的訓練。在由把生育看作為疾病的觀點轉向把生育看作

為自然本性的觀點的時候，我們絕不可誤以為，在絕大多數傳統文化中，生育是一種很容易的、非方法化的、「自然」的事情。正相反，在大多數社會中，生育涉及人們的關注、宗敎儀式、迷信和傳統。在對待生育的各個細節的方式上，不同文化有著很大差異，但它們都是把生育看作爲一個特殊事件。

其二，在對待生育的技術性、醫療性觀點和許多社會的傳統觀點之間，存在著基本區別。醫療模式的責任是在於：通過改變孕期護理和分娩的必要技術，以克服自然產生的種種困難，盡可能地保全所有嬰兒和母親的生命。然而，在傳統社會中，人們所墨守的孕期護理和分娩的方式，是促使某些母子的生存而阻撓其他母子的生存。有些胎兒異常令人生畏，有些產科疾病需要目前尙達不到的技術，而有些傳統文化的方法實際是在促成某些母子中的缺陷。

有關傳統文化中臨產期與生育方法的資料主要來自於地區人口血緣關係檔案（Human Relations Areas File）和Ford（1945）所做的對六十四種文化的生殖行爲的比較。在許多傳統文化中，男人和非本族婦女是不能觀看分娩的。進而言之，許多有關懷孕和分娩的事被認爲是極端個人的或隱私的事情，是不可與外人公開談論的。因此，這些關於生育狀況的資料相當紛雜。跨文化的比較只是幫助我們在一個文化背景上確定出美國的體制的位置。

(一)對懷孕的反應

許多文化都共有一種根深柢固的看法：孕期中父母的行爲將影響發育中的胎兒和生育的難易。在Ford（1945）所研究的六十四種文化中，有四十二個規定了即將生育的父母的特殊行爲及禁止其他人的行爲。

這些限制大多是關於飲食的：

在Pomeroon Arawake部族，當婦女懷孕時，夫妻雙方均不得殺戮和食用蛇，但丈夫可被允許去捕殺和食用任何其他動物。關於設定針對蛇的禁忌，其原因是，幼小的嬰兒似乎就是蛇，旣不會說話，也不會走路。（Roth, 1953, p. 22）

對孕婦的態度的特點可歸納爲兩個向度：關心掛念的對羞於問津的；適應性對脆弱性。

(1)關心掛念的對羞於問津的。對孕婦的關心掛念表現為他人的關心、興趣和幫助。例如：

　　　　據說，在約旦的村莊裏，「正像人們小心關照正在孵化的雞蛋一樣，人們對母體中的胎兒更是應當如此」。(Grandquist, 1950)

　　　　又如非洲的Chagga人所說：「當心孕婦！再沒有什麼會比她更重要了。」(Guttman, 1932)

　　在這向度上的另一端，是這樣一類文化，它們把懷孕盡可能地認為是秘密加以保守。這種習俗可能源自於災難會通過超自然的鬼神降臨於胎兒的恐懼，或是出於對懷孕所暗示的性行為的羞怯。

　　對懷孕表示關心的社會增加了對孕婦和胎兒的護理。這些態度強調生育作為使本種族不斷得到補充的機轉的重要性。而那種婦女滿心羞愧的社會則無助於母親和胎兒的健康，也不鼓勵人們生育的願望。

　　(2)適應性與脆弱性。在許多社會中，懷孕是性能力的表徵，是進入社會階層享有地位的方式。有些文化只是在婦女懷孕後才為其安排結婚儀式。在一夫多妻制家庭裏，懷孕的妻子得到她丈夫的大部分關注，並能防止她的丈夫再娶妻妾(Grandquist, 1950)。在某些文化中，婦女在生育之後被認為是更有魅力的。「因此，在南美洲的Aymara，已有幾個孩子的寡婦被當作是一個令人神往的新娘」(Tichauer, 1963)。「Lepcha部族的男人則認為：與生育過孩子的婦女性交比與其他婦女更令人愉悅，體力耗費較少」(Gorer, 1938)。

　　這一向度的另一端是認為：生育孩子是極耗費體力的，而孕婦是相當脆弱的，婦女每懷孕一次，都會變得益加脆弱。在新幾內亞的Arapesh部族中(Mead, 1935)，無論對男人和女人，懷孕都令人討厭！一旦月經停止，夫妻就都確信必須要不斷地性交，以便為胎兒的受精和血液提供建造材料。

　　在孕期中，孕婦和胎兒會更容易碰上鬼魂。據一些記載，生與死之活力會在分娩期中進行著一場母親與胎兒的特殊的激烈較量：

　　　　在分娩前半個小時，一位女醫生用手插入母體實施檢查。帶著明顯的沮喪和驚恐的口吻，她通知孕婦的婆婆呼請「盛愛互助會」(Great

Fire Fraternity)的成員來唱他們的特定歌曲。這互助會有四首歌曲,是致眾獸神以祈使加速這漫長的分娩過程。(Stevenson, 1953, p.115)

懷孕可能被看作為一個極其欣喜或是極其羞怯的時期,一個體驗性能力的強盛或是極端脆弱的時期。你可以預想到,一個文化中對懷孕的看法會在總體上決定了孕期併發症的種類和嚴重程度,孕期中尋求治療或醫助的方式,以及懷孕本身作為一個生活中的壓力事件所引起的反應的程度。對懷孕和生育的文化態度,影響著雙親的態度和行為。例如,處於關心的還是羞怯的文化態度之中,說明了兒童的價值以及對這孩子在家庭或社會中將成為善還是惡勢力的恐懼。處於適應性還是脆弱性的態度之中,決定了這樣的觀念對比,即兒童是帶來資源還是消耗家庭資源,是家庭能力的延續還是導致脆弱性與危險的禍種。

(二)對生育的反應

在原始文化中,生育是一件大事。分娩時通常有兩個甚至更多的有特殊指定角色的人在場。許多文化都有為分娩提供的專門的屋舍或其他場所。在Mead和Newton(1967)所探討的非原始文化中,孕婦在陣痛期中間被要求從一個地方移到另一個地方。這似乎在現代的、工業化社會是一個被保留的傳統。

對生育本身的看法差異很大,在極其否定的這一端,生育被當作是污穢和褻瀆的,而在極為肯定的一端,生育被視為一種個人成就。把生育當作正常生理事件的觀點,則處於這兩極之間。

當生育被當作是污穢的時候,正像新幾內亞的Arapesh人和印度的Kadu Gollas人所認為的那樣,孕婦必須到一個遠離村莊的地方去生下她的孩子。許多文化,諸如古代希伯來人,在生育後要進行一系列洗禮儀式。越南村民則認為:母親在生育後一個月之內,不應洗浴她們的頭髮,這樣嬰兒就不會「肢體分家」。剛做上母親的婦女必須一百天內不得性交(Stringfellow, 1978)。

對生育稍微積極一些的看法,是把它視為一種疾病。這種認識使印度Cuna族的孕婦每天都要到她的醫生那裏去求治。

在這一認識向度上的折衷觀點——我們大概可將其最恰當地描述為「自然生育」——使我們發現:母親是在有許多同族成員在場的情況下分

娩胎兒的，很少有痛苦表現，也沒有什麼巫術或醫療措施。

Clark和Howland(1978)這樣描述了Samoan族婦女的生育：

> 分娩過程被Samoan婦女們視爲她們所承擔的角色及她們的生活經驗的一部分。由於她所懷的孩子被她的文化賦予極高的價值，母親的分娩也就成爲值得讚揚的，因而也是一種自我滿足。

> 分娩止痛可能會使孕婦陷入很大的矛盾衝突。她分娩時骨骼肌肉的反應、翻動的身體、僵直的姿勢，都表明她明顯地經歷著極大痛苦。但她的文化告訴她，她不需要任何醫藥。只有「被寵壞的」Palagi(高加索)人婦女才會要鎮痛藥。而且這種文化明確規定，要求每個Samoan婦女要能抑制，外顯的痛苦表現是不允許的。

在這一向度的最爲積極肯定的一端，生育被當作一個令人驕傲的成就。在津巴布韋北部的Ila人，

> 正在分娩的孕婦被已有過孩子、呼喊稱讚不絕的婦女圍觀。她們都感謝她説：「感謝你今天賦予一個孩子生命。」(Mead & Newton, 1967, p. 174)

一種相似的情感可見於Marjorie Karmel(1983)對Lamaze人生產方法的描述：

> 在我開始子宮收縮的那瞬間起，產房裏的氣氛完全變了個樣。起初，人們爲配合我專注的狀態，都輕聲輕語地説話，而這時進入一個發狂的鼓勵、歡呼的階段，以此來激勵我。我覺得我像個橄欖球明星，衝在前面以便能達陣得分。(pp. 93-94)

美國人對生育的看法似乎是朝著強調母嬰的安全而不是其疾病性的發展。人們日益注重隨著即將開始照料他們的新生兒而培養起自己做母親和父親的能力感(Sameroff, 1987)。與四十年代和五十年代的醫療方法相比，我們現在看到，已很少再使用產科藥物，父親更多地參與到生產與分娩過程，嬰兒與雙親間愈來愈多是在一出生時便相互接觸，嬰兒在一天裏有更多的時間與母親待在一起，家裏的其他孩子也有更多的機會來探訪，產婦與嬰兒待在醫院裏的時間則大大縮短了。

與此同時，婦女被期望承擔起她們孩子的健康發展和安全分娩的責任。她們被建議要在孕期中較早地和有規律地去看產科大夫，要當心飲食的限制、藥物的使用和接觸可能會傷害胎兒的特定危險環境。在美國，助產術與接生中心發展一直很慢，醫師們強烈地希望孕婦們能在醫院裏生產。另外，剖腹產的持續增多，與把生育看作爲自然事件、是完全處於母親及其家庭支持系統的支配和能力範圍之內的觀點相悖。

我們可以推測，生育時發生的種種事件，影響著母親對其自身及其承擔母親角色的能力的感覺。在表達對孕婦的關心和支持方面，以及在強調母親的能力及對事態的控制方面，來自社會，尤其是家庭成員、親密朋友及健康醫護專家們的努力，似乎促進了婦女對其自身以及她的母親角色的積極態度。社會拒絕，對婦女能力的懷疑，剝奪其控制權，或是試圖將母親與其嬰兒或其社會支持隔離開來，則可能會傷害母親的自尊，並干擾她即將達成這一艱辛而耗費體力的任務的效率。

貧困的影響

也許影響發育中的胎兒的生存機會的最重要的心理社會因素，是貧困。貧窮的婦女往往承受著許多種會導致嬰兒死亡和發育脆弱的因素的累加效果(Swyer, 1987)。貧困與低劣的孕期護理是聯繫在一起的。貧窮的婦女往往在較早的年齡懷孕，並且在進入日後的成年時已多次懷孕，而這些嘗試都會造成嬰兒體重過低。幾乎未受教育的婦女往往不會意識到抽烟、酗酒對她們的孩子的危害，並常常是濫用、濫飲。貧窮婦女往往不大可能接種疫苗以抵禦某些傳染病，如德國麻疹，這種病能危害發育中的胎兒。貧困與營養不良、傳染病高發率、糖尿病與心血管病高發率是聯繫在一起的，所有這些又都與嬰兒的低出生體重和身體脆弱性是有相關性的(Cassady & Strange, 1987)。

貧困婦女生育的嬰兒所面臨的許多危險是可以避免的。一個組織良好的、實際可行的區域醫護設施系統，配之以有效的產前教育和營養輔助，能顯著地促進那些貧困婦女生育的嬰兒的健康和體魄(Swyer, 1987)。這些嬰兒的生活狀況的改善，應得到全體公民的關心。應提供資源以幫助照顧、教育、扶持那些在智能、身體和情緒能力方面在出生前由於他們的母親的貧困而受到妨礙的兒童。這些生於貧困之中的嬰兒的生存機遇和生活

質量，實際上是對作爲一個整體社會的社會公正的考驗。

專題：墮胎

墮胎(abortion)是指胎兒能在子宮外生存之前終止妊娠。就我們目前的技術而言，這意味著是在懷孕後二十四週之內。在懷孕後十二週之內，終止妊娠的方法可以通過擴張子宮頸，然後或者使用眞空吸出器吸出子宮內的物質，或是直接刮掃子宮內膜。在懷孕十二週後，可通過注射一種鹽溶液或前列腺素來實施墮胎，也可以通過使用類似於在剖腹產中使用的手術程序移除胎兒(Cunningham, MacDonald & Gant, 1989)。

在法國的研究促成一種叫作RU 486的藥物的誕生，它能通過阻礙黃體素(progesterone, 一種女性激素)的合成和循環而中止妊娠(Baulieu, 1989)。這種藥物在最後一次月經後的前七至前九週裏使用最爲有效。它引起子宮內襯壁的脫落排出，因而也就不需要用吸出器或是手術方法。在1989年的一至九月間，每月都有兩千多法國婦女服用此藥，它在懷孕後前七週內服用的成功率爲95％以上。目前在美國還不能使用這種藥。它應當成爲合法的嗎？它會使墮胎的決定再一次置於婦女更直接的個人控制之下。

1920年，在蘇聯革命之後，蘇聯成爲率先允許在母親的要求下墮胎的國家之一。雖然墮胎的法律化是一種現代事物，但墮胎本身卻是和處死嬰兒一樣，在歷史及許多文化中一直是被使用的一種控制生育的方法(Krannich, 1980)。例如，在澳洲中部的Aranda和亞里佐納的Hopi，都有這樣的記載：用一根帶子緊緊繞住孕婦的腹部而實施墮胎(Murdock, 1934)。

關於墮胎的爭辯中，需要加以定義的一點，是胚胎發育到什麼年齡，其個體化已達到足夠的程度而有資格受到政府的保護。1973年，在Roe V. Wade的個案中，美國最高法院提出了一個發展模式以說明這一問題。法庭支持這樣一種觀點，即孕期能區分爲三個三月期。其判決認爲，在第一個三月期中墮胎是母親的權利，是受私人保護法案的保護的。他們說，根據墮胎對母親可能帶來的危險，對第二個三月期中進行墮胎要進行某些限制。胎兒的權利仍爭論未決。在最後一個三月期，當認定胎兒有較大的可

能在子宮外存活時，各州可以選擇不允許墮胎。

自這判決做出後的幾年中，最高法院裁決了許多試圖約束墮胎但與憲法有抵觸的州法律。但在 1989 年的七月，最高法院支持了一條密蘇里法律，它規定任何公共機構或公職人員實施墮胎均屬非法。此外，這項密蘇里法律把生命定義為開始於懷孕的那一刻，這意味著從懷孕的最初的日子裏，這個州便要承擔起保護胎兒的責任。這項法律還要求給孕期二十週後的孕婦實施墮胎的醫師們，首先要做檢查以確定胎兒是否能夠獨立存活。如果能，那麼墮胎就是非法的(Economist, 1989)。對這項密蘇里法律的支持並不推翻對Roe V. Wade個案的判決，但它卻給各州以新的自由去設置有關允許墮胎的種種限制。

我們對墮胎對孕婦的影響有哪些瞭解呢？墮胎是否有醫學上的危險？婦女如何在情緒上應付墮胎這種經歷？

1965 年中，在所有與懷孕和生育有關的死亡中，有 20%是由墮胎造成的。自從墮胎合法化以來，有關的死亡降低了百分之五十多。目前，合法墮胎引起的母親死亡率為每十萬人中零點八個。因此，對婦女來說，合法墮胎要比生育安全十倍。目前，墮胎，尤其是在懷孕十二週之內，在身體方面要比把一個不期望的妊娠堅持到底安全得多。1989 年，在對現有的研究的充分評估之後，官銜將軍的軍醫C. Everett Koop報告說：「科學研究還不能提供有關墮胎對婦女的安全作用的結論性資料。」(Holden, 1989)雷根總統下令研究以希望通過由科學文獻提供的證據而建立一項法案，要以墮胎對健康的危害為依據而反對墮胎。Koop所評估的大部分證據都是集中於墮胎的心理作用方面的。他發現：這些研究在方法上有很嚴重的缺陷，導致這些結果不能被用於支持有關墮胎的辯論的任何一方。

經歷墮胎的婦女的典型心理體驗是減除苦惱(Lemkau, 1988)。尤其是當墮胎是懷孕後頭十二週之內實施時，婦女通常解除了所有負性情感，認為一旦恢復之後可再懷孕(Olson, 1980; Shusterman, 1976)。然而，許多婦女則是在作出決定的過程中體驗著某種矛盾衝突。

有兩個心理因素與正性的墮胎結果相聯繫(Alter, 1984)。其一是雌雄兩性同體，也就是說，男性和女性特徵均有可能發生。雌雄兩性的婦女比其他婦女訴及較少的喪失，較少的焦慮，較少的身體症狀，也較少想到死亡(雌雄兩性將在後面的第十章予以討論)。第二個因素是自我與職業的吻

在保護婦女及她們未出生的孩子的權利方面，社會應採取什麼態度？關於墮胎的
爭論反映出一個重大的心理社會分歧。

合。那種把自己看成與在事業上高度投入的人相似的婦女，在墮胎後往往
有較積極的反應。這些發現意味著，墮胎的經歷對一個婦女的意義，是與
她對性及她的生活方式的態度密切聯繫的。

　　在有些情況下，墮胎引起消極體驗的延續。Lemkau(1988)提出了一些
臨床案例，其中墮胎造成了強烈的、難以消逝的負性情緒。有時，當發現
胎兒有遺傳異常時，實施墮胎已是到了懷孕晚期。一個已經對胎兒建立起
依戀感的婦女則會爲她的喪失而憂傷。在另一起第二個三月期墮胎的事例
中，導致墮胎的決定被拖延的矛盾心理，被因墮胎較晚所引起的身體不適
所誇大。最後，有些婦女發現，她們墮胎後已不能再懷孕了。於是，內疚、
憤恨、懊悔等情感湧上心頭。雖然大多數墮胎都伴隨著一種已把握住個人
命運的積極感受，我們不應忽視一些婦女所面對的情緒上的危險。

　　目前美國總統和最高法院關於墮胎的保守看法，並不反映大多數美國
人的看法。在《新聞周刊》1989 年一月進行的蓋洛普民意測驗中，58％的
居民不希望看到Roe V. Wade一案被推翻；31％的人則希望如此。在把現
代流行的觀點與 1975 年的看法相比較時，這項測驗發現：和 1975 年的
21％相比，更多的現代居民(29％)認爲墮胎在任何情況下都是合法的
(Newsweek, 1989)。出於對這一普遍化情緒的反映，1989 年的較晚些時
候，一項被稱爲「行爲選擇自由」(Freedom of Choice Act)的議案被提
交國會。這項議案是要明確認定婦女有權力選擇終止妊娠，並要阻止各州

禁止在胎兒能在子宮外生存之前墮胎。

　　婦女和她們未出世的孩子並不是唯一受墮胎決定影響的人。1976 年，最高法院規定，婦女要墮胎不必得到她的丈夫或這孩子的父親的同意，否決了在十二個州均已合法化的必須獲得父親同意的規定，這些州中包括密蘇里、佛羅里達、麻薩諸塞、賓夕法尼亞(Etzioni, 1976)。這一新規定與 1973 年的不得干預婦女的有關這方面的權力的規定是相符合的。然而，這也引起了關於父親在決定他們未出生的孩子的命運上的法律權力的問題。

　　Shostak和McLouth(1985)訪談了全美國共一千名陪同妻子去墮胎診所的男子。在這些男子中，有 93% 的人說，基於這次經驗，他們要改變控制生育的方法；83% 的人認爲，墮胎是解決孕期麻煩的一種合意的方法。這些人中，有許多對這一不希望的懷孕和墮胎流露出焦慮、失意和內疚。很顯然，隨著父親們越來越投入到參與對後代的照護之中，這一問題將被繼續辯論下去。

　　關於墮胎服務機構的合法性和可能性的爭論，是心理社會分歧的極好例證。一方是那些堅持婦女的個人權力以及她選擇或拒絕做母親的絕對權力的主張的人。另一方是那些尋求保護那些還沒有能力來保護自己的利益的未出生胎兒的權力的人(Allgeier, Allgeier & Rywick, 1981)。被這一爭論所圍繞的，是至爲重要的人類發展問題。人類生命是從什麼時候開始的？一個胎兒何時有存活的可能——也就是說，能生存於子宮之外？實施墮胎對婦女的身體健康和心理健康有什麼影響？生育和撫養一個有缺陷的孩子對婦女的身體健康和心理健康又有什麼影響？做一個沒人要的孩子其影響又是什麼？父親涉及母親墮胎決定的權力是什麼？父母們對一個青少年的墮胎決定的權力和責任是什麼？社會一直在爲如何定義死亡，以及如何解決涉及延長那些受嚴重腦創傷或患絕症者的壽命的技術干預的倫理問題而爭論，同樣地，社會也一直在爲如何定義生命的開始，以及如何解決有關社會對成年婦女和她們未出生的孩子的責任的倫理問題爭論不休。

本章總結

　　胎兒是在一個心理社會環境中發展的。基因遺傳把每一個新的嬰兒與

特定的家系和種屬的演化歷史相聯繫。遺傳因素既作用於個體特徵的形式，也作用於發展的速度。許多個人的能力和異常，都有它們的由受精所提供的遺傳訊息模式上的根源。我們對遺傳的生物化學基礎的認識導致一種新技術的發展，它或許有一天能夠矯正遺傳異常或修改基因型。這些發展造成了新的心理社會困擾，並要求公眾在科學、人類發展、倫理方面有良好的教育。

胎兒九個月的發育涉及身體器官的迅速分化和生存機能的逐漸整合，尤其是吸吮和吞嚥能力、呼吸和體溫的調節、消化系統的成熟。感覺受納器遠在它們被投入使用之前便已準備好對刺激做出反應。中樞神經系統在懷孕後第三和第四週開始成形，並持續在整個孕期及兒童期和青少年期中發育和變化。

出生過程本身有五個階段。分娩即將開始的早期信號使父母作出相應調整，也預示著將使嬰兒通過的產道已準備就緒。生產與分娩包括不隨意的子宮收縮。分娩時間的長短有很大的個體差異，對已經生育過孩子的婦女來說通常要短一些。生產最困難的階段，是向最後分娩的轉換時期，這時子宮的收縮最強烈，持續時間也最長。

母親和胎兒是相互依賴的。懷孕影響了婦女的社會角色和社會地位。它影響了人們對待她的方式以及她可能得到的資源。懷孕也影響了婦女的身體健康和她的情緒狀態。母親對懷孕的態度以及對她的未出生的孩子建立起來的依戀，決定了孩子出生後她對孩子的養護的品質。

母親的性格，她的生活方式，她的物質的和文化的環境，都影響著胎兒的發育。值得特別一提的，是母親的年齡，她在孕期中服用的任何藥物，她接觸的某些疾病和環境危害，分娩中麻醉劑的使用，以及她的飲食。引起社會特別關注的，是貧困對胎兒發育的影響。非常貧困的婦女所懷的嬰兒，接受著多種已知能導致出生體重過低和先天畸形的環境危害的累加性作用。

與懷孕期有關的一些因素都牽涉到墮胎問題。墮胎的決定反映了母親對生育的態度，她的有關健康的、正常的嬰兒的標準，她的年齡與經濟能力，以及對一種安全地結束妊娠的方法的接受。墮胎的決定也反映了對懷孕後結束一個生命的道德內涵的文化態度。有關什麼時候一個胎兒自身才有權力享受社會保護的判斷，無疑有著極大的文化背景。最後，決定墮胎

也與其方法的安全、便利和花費有關。在這方面，醫學界和醫療技術的發展促成了不斷增多的結束不速妊娠的墮胎。

　　這一階段已經確定，需在心理社會的背景上考察隨後的生活歷程。我們看到一個孩子正進入一個現存的家庭、群體、文化網絡。生命的每一個階段所面臨的挑戰，反映著獨特的稟賦、個人擁有的資源，與環境中的障礙、期望及他或她所面對的資源之間的對比。生育中的事件——包括有關的努力、情緒壓力、危險、成就感、喜悅——都將隨著一個人遭遇發展過程中的種種挑戰而在整個一生中不斷地被考驗。

參考文獻

Abel, E. L. (1984). *Fetal alcohol syndrome and fetal alcohol effects*. New York: Plenum.

Aleksandrowicz, M. K., & Aleksandrowicz, D. R. (1974). Obstetrical pain-relieving drugs as predictors of infant behavior variability. *Child Development, 45,* 935–945.

Allgeier, A. R., Allgeier, E. R., & Rywick, T. (1981). Orientations toward abortion: Guilt or knowledge? *Adolescence, 16,* 273–288.

Alter, R. C. (1984). Abortion outcome as a function of sex-role identification. *Psychology of Women Quarterly, 8,* 211–233.

Andrews, L. B. (1984). Yours, mine and theirs. *Psychology Today, 18,* 20–29.

Bankart, B. (1989). Japanese perceptions of motherhood. *Psychology of Women Quarterly, 13,* 59–76.

Baulieu, E. (1989). Contragestion and other clinical applications of RU 486, an antiprogesterone at the receptor. *Science, 245,* 1351–1357.

Brackbill, Y. (1977). Long-term effects of obstetrical anesthesia on infant autonomic function. *Developmental Psychology, 10,* 529–535.

Brackbill, Y., Kane, J., Manniello, R. L., & Abramson, D. (1974). Obstetric premedication and infant outcome. *American Journal of Obstetrics and Gynecology, 118,* 377–384.

Brasel, J. (1974). Cellular changes in intrauterine malnutrition. In M. Winick (ed.), *Nutrition and fetal development.* New York: Wiley.

Brazelton, T. B. (1987). Behavioral competence of the newborn infant. In G. B. Avery (ed.), *Neonatology: Pathophysiology and management of the newborn* (pp. 379–399). Philadelphia: Lippincott.

Bronson, G. (1979). Issue of fetal damage stirs women workers at chemical plants. *Wall Street Journal,* February 9.

Burt, R. D., Vaughan, T. L., & Daling, J. R. (1988). Evaluating the risks of cesarean section: Low Apgar score in repeat C-section and vaginal deliveries. *American Journal of Public Health, 78,* 1312–1314.

Byrne, G. (1988). Artificial insemination report prompts

call for regulation. *Science, 241,* 895.

Cassady, G., & Strange, M. (1987). The small-for-gestational-age (SGA) infant. In G. B. Avery (ed.), *Neonatology: Pathophysiology and management of the newborn* (pp. 299–331). Philadelphia: Lippincott.

Chasnoff, I. J. (1988). *Drugs, alcohol, pregnancy, and parenting.* Hingham, Mass.: Kluwer.

Clark, A. L., & Howland, R. I. (1978). The American Samoan. In A. L. Clark (ed.), *Culture childbearing health professionals* (pp. 154–172). Philadelphia: F. A. Davis.

Clarren, S. K., & Smith, D. W. (1978). The fetal alcohol syndrome. *New England Journal of Medicine, 298,* 1063–1067.

Clayman, C. B. (1989). *The American Medical Association encyclopedia of medicine.* New York: Random House.

Coursin, D. B. (1974). Overview of the problem. In M. Winick (ed.), *Nutrition and fetal development.* New York: Wiley.

Cunningham, F. G., MacDonald, P. C., & Gant, N. F. (1989). *Williams' obstetrics* (18th ed.). Norwalk, Conn.: Appleton & Lange.

Dalton, K. (1976). Prenatal progesterone and educational attainment. *British Journal of Psychiatry, 129,* 438–442.

Darney, P. D., Myhra, W., Atkinson, E. S., & Meier, J. (1989). Sero survey of human immunodeficiency virus infection in women at a family planning clinic: Absence of infection in an indigent population in San Francisco. *American Journal of Public Health, 79,* 883–885.

De Casper, A. J., & Spence, M. J. (1986). Prenatal maternal speech influences newborns' perceptions of speech sounds. *Infant Behavior and Development, 9,* 133–150.

Dinges, D. F., Davis, M. M., & Glass, P. (1980). Fetal exposure to narcotics: Neonatal sleep as a measure of nervous system disturbance. *Science, 209,* 619–621.

Economist (1989). The fearful politics of abortion. July 8, pp. 21–23.

Elson, J. (1989). The rights of frozen embryos. *Time,* July

24, p. 63.

Entwisle, D. R., & Alexander, K. L. (1987). Long-term effects of cesarean delivery on parents' beliefs and children's schooling. *Developmental Psychology, 23,* 676–682.

Etzioni, A. (1976). The husband's rights in abortion. *Trial,* November.

Field, R., Healy, B., Goldstein, S., Perry, S., Bendell, D., Schanberg, S., Zimmerman, E. A., & Kuhn, C. (1988). Infants of depressed mothers show "depressed" behavior even with nondepressed adults. *Child Development, 59,* 1569–1579.

Field, R., Sandberg, D., Garcia, R., Vega-Lahr, N., Goldstein, S., & Guy, L. (1985). Pregnancy problems, postpartum depression, and early mother-infant interactions. *Developmental Psychology, 21,* 1152–1156.

Fleming, A. S., Ruble, D. N., Flett, G. L., & Shaul, D. L. (1988). Postpartum adjustment in first-time mothers: Relations between mood, maternal attitudes, and mother-infant interactions. *Developmental Psychology, 24,* 71–81.

Ford, C. S. (1945). *A comparative study of human reproduction.* New Haven, Conn.: Yale University Publications in Anthropology, no. 32.

Fried, P. A., Watkinson, B., Dillon, R. F., & Dulberg, C. S. (1987). Neonatal neurological status in a low-risk population after prenatal exposure to cigarettes, marijuana, and alcohol. *Journal of Developmental and Behavioral Pediatrics, 8,* 318–326.

Gardner, E. J., & Snustad, D. P. (1984). *Principles of genetics* (7th ed.). New York: Wiley.

Giacoia, G. P., & Yaffe, S. J. (1987). Drugs and the perinatal patient. In G. B. Avery (ed.), *Neonatology: Pathophysiology and management of the newborn* (pp. 1317–1348). Philadelphia: Lippincott.

Gilbert, M. S. (1963). *Biography of the unborn.* New York: Hafner.

Gorer, G. (1938). *Himalayan village: An account of the Lepchas of Sikkim.* London: Michael Joseph.

Gottesman, I. (1963). Genetic aspects of intelligent behavior. In N. Ellis (ed.), *Handbook of Mental deficiency.* New York: McGraw-Hill.

Grandquist, H. (1950). *Child problems among the Arabs.* Helsinki: Söderström.

Greenough, W. T., Black, J. E., & Wallace, C. S. (1987). Experience and brain development. *Child development, 58,* 539–559.

Grossman, F. K., Eichler, L. S., Winickoff, S. A., et al. (1980). *Pregnancy, birth, and parenthood.* San Francisco: Jossey-Bass.

Guttmann, B. (1932). *Die Stammeslehvender des Chagga* (vol. 1). Munich: C. H. Beck.

Habicht, J. P., Yarbrough, C., Lechtig, A., & Klein, R. E., (1974). Relation of maternal supplementary feeding during pregnancy to birth weight and other sociological factors. In M. Winick (ed.), *Nutrition and fetal development.* New York: Wiley.

Hans, S. L. (1987). Maternal drug addiction and young children. *Division of Child, Youth, and Family Services Newsletter, 10,* 5, 15.

Heitlinger, A. (1989). Current medical, legal, and demographic perspectives on artificial reproduction in Czechoslovakia. *American Journal of Public Health, 79,* 57–61.

Holden, C. (1987). The genetics of personality. *Science, 237,* 598–601.

Holden, C. (1989). Koop finds abortion evidence "inconclusive". *Science, 243,* 730–731.

Holmes, T. H., & Rahe, R. H. (1967). The social readjustment rating scale. *Journal of Psychosomatic Research, 11,* 213–218.

Horn, J. M. (1983). The Texas Adoption Project: Adopted children and their intellectual resemblance to biological and adoptive parents. *Child Development, 54,* 268–275.

Horn, J. M. (1985). Bias? Indeed! *Child Development, 56,* 779–780.

Howes, C., & Krakow, J. (1977). Effects of inevitable environmental pollutants. In F. Rebelsky (chair), *Pollution of the fetus.* Symposium conducted at the annual convention of the American Psychological Association, San Francisco.

International Bank for Reconstruction and Development (1983). *World Tables,* vol. 2, *Social Data* (3rd ed.) (pp. 144, 148–149). Washington, D.C.

Jacobson, S. W., Fein, G. G., Jacobson, J. L., Schwartz, P. M., & Dowler, J. K. (1985). The effect of intrauterine PCB exposure on visual recognition memory. *Child Development, 56,* 853–860.

Jarboe, P. J. (1986). A comparison study of distress and marital adjustment in infertile and expectant couples. Ph.D. dissertation, Ohio State University.

Jaroff, L. (1989). The gene hunt. *Time,* Mar. 20, pp. 62–67.

Jones, K. L., Smith, D. W., Ulleland, C. N., & Streissguth, A. P. (1973). Patterns of malformation in offspring of chronic alcoholic mothers. *Lancet, 1,* 1267–1271.

Judson, F. N. (1989). What do we really know about AIDS control? *American Journal of Public Health, 79,* 878–882.

Kaplan, B. J. (1986). A psychobiological review of depression during pregnancy. *Psychology of Women Quarterly, 10,* 35–48.

Karmel, M. (1983). *Thank you, Dr. Lamaze.* Philadelphia: Lippincott.

Kliman, D. G., & Kohl, R. (1984). *Fatherhood USA.* New York: Garland Press.

Krannich, R. S. (1980). Abortion in the United States: Past, present, and future trends. *Family Relations, 29,* 365–374.

Lacayo, R. (1988). Baby M. meets Solomon's sword. *Time,* Feb. 15, p. 97.

Lawn, R. M., & Vehar, G. A. (1986). The molecular genetics of hemophilia. *Scientific American, 254,* 48–56.

Lemkau, J. R. (1988). Emotional sequelae of abortion: Implications for clinical practice. *Psychology of Women Quarterly, 12,* 461–472.

Lester, B. M., Als, H., & Brazelton, T. B. (1982). Regional obstetric anesthesia and newborn behavior: A reanalysis toward synergistic effects. *Child Development, 53,* 687–692.

Levy, M. J., Jr. (1968). *The family revolution in modern China.* Cambridge, Mass.: Harvard University Press.

Lindblad, B. S. (1987). *Perinatal nutrition.* San Diego: Academic Press.

Martin, J. B. (1987). Molecular genetics: Applications to the clinical neurosciences. *Science, 238,* 765–772.

Marx, J. (1988). Are aging and death programmed in our genes? *Science, 242,* 33.

Mead, M. (1935). *Sex and temperament in three primitive societies.* New York: William Morrow.

Mead, M., & Newton, N. (1967). Cultural patterning of perinatal behavior. In S. A. Richardson & A. F. Guttmacher (eds.), *Childbearing—its social and psychological aspects*. Baltimore: Williams & Wilkins.

Mendel, G. (1866). Experiments with plant hybrids. *Proceedings of the Brunn Natural History Society*.

Meredith, H. V. (1975). Somatic changes during human prenatal life. *Child Development, 46,* 603–610.

Miller, R. W. (1974). Susceptibility of the fetus and child to chemical pollutants. *Science, 184,* 812–814.

Moore, K. L. (1988). *The developing human: Clinically oriented embryology* (4th ed.). Philadelphia: W. B. Saunders.

Morris, R. A. (1987). The use of legislatively mandated birth registries in conducting research on behavioral teratology/toxicology. *Division of Child, Youth, and Family Services Newsletter, 10*(4), 12.

Murdock, G. P. (1934). *Our primitive contemporaries*. New York: Macmillan.

Murray, A. D., Dolby, R. M., Nation, R. L., & Thomas, D. B. (1981). Effects of epidural anesthesia on newborns and their mothers. *Child Development, 52,* 71–82.

Naulty, J. S. (1987). Obstetric anesthesia. In G. B. Avery (ed.), *Neonatology: Pathophysiology and management of the newborn*. Philadelphia: Lippincott.

Newsweek (1989). The future of abortion. July 17, pp. 14–26.

Nilsson, L. (1977). *A child is born*. New York: Delacorte Press/F. Lawrence.

Nowakowski, R. S. (1987). Basic concepts of CNS development. *Child Development, 58,* 568–595.

Olson, J. (1980). Social and psychological correlates of pregnancy resolution among adolescent women: A review. *American Journal of Orthopsychiatry, 50,* 432–445.

Padawer, J. A., Fagan, C., Janoff-Bulman, R., Strickland, B. R., & Chorowski, M. (1988). Women's psychological adjustment following emergency cesarean versus vaginal delivery. *Psychology of Women Quarterly, 12,* 25–34.

Palkovitz, R. (1985). Fathers' attendance, early contact, and extended care with their newborns: A critical review. *Child Development, 56,* 392–406.

Palm, G. F., & Palkovitz, R. (1988). The challenge of working with new fathers: Implications for support providers. In R. Palkovitz & M. B. Sussman (eds.), *Transitions to parenthood* (pp. 357–376). New York: Haworth.

Patterson, D. (1987). The causes of Down's syndrome. *Scientific American, 257*(2), 52–61.

Pedersen, N. L., Plomin, R., McClearn, G. E., & Friberg, L. (1988). Neuroticism, extraversion, and related traits in adult twins reared apart and reared together. *Journal of Personality and Social Psychology, 55,* 950–957.

Quilligan, E. J. (1983). *Pregnancy, birth, and the infant*. NIH publication no. 82-2304. U.S. Department of Health and Human Services. Washington, D.C.: U.S. Government Printing Office.

Reinisch, J. M., & Karow, W. G. (1977). Prenatal exposure to synthetic progestins and estrogens: Effects on human development. *Archives of Sexual Behavior, 6,* 257–288.

Roberts, L. (1989). Human gene transfer approved. *Science, 243,* 473.

Robison, J. T. (1989). Noncoital reproduction. *Psychology of Women: Newsletter of Division 35, American Psychological Association, 16*(1), 3–5.

Roosa, M. W. (1984). Maternal age, social class, and the obstetric performance of teenagers. *Journal of Youth and Adolescence, 13,* 365–374.

Roth, W. E. (1953). Precautions during pregnancy in New Guinea. In M. Mead & N. Calas (eds.), *Primitive heritage*. New York: Random House.

Sabatelli, R. M., Meth, R. L., & Gavazzi, S. M. (1988). Factors mediating the adjustment to involuntary childlessness. *Family Relations, 37,* 338–343.

Sachs, A. (1989). Here come the pregnancy police. *Time,* May 22, 104–105.

Sameroff, A. J. (1987). Psychologic needs of the parent in infant development. In G. B. Avery (ed.), *Neonatology: Pathophysiology and management of the newborn* (pp. 358–378). Philadelphia: Lippincott.

Sameroff, A. J., & Chandler, M. J. (1975). Reproductive risk and the continuum of caretaking casualty. In F. D. Horowitz, M. Hetherington, S. Scarr-Salapatek, & G. Siegel (eds.), *Review of child development research* (vol. 4). Chicago: University of Chicago Press.

Schroeder, S. R. (1987). Behavioral toxicology: Assessment technology for neurotoxic effects of lead exposure in humans. *Division of Child, Youth, and Family Services Newsletter, 10*(1), 14–15.

Schuster, C. S. (1986). Intrauterine development. In C. S. Schuster & S. S. Ashburn'(eds.), *The process of human development* (pp. 67–94). Boston: Little, Brown.

Seabrook, C. (1987). Children—"third wave" of AIDS victims. *Atlanta Journal,* February 19, 1A, 12A.

Sherman, J. A. (1971). *On the psychology of women: A survey of empirical studies*. Springfield, Ill.: Charles C Thomas.

Shostak, A., & McLouth, G. (1985). *Men and abortion*. New York: Praeger.

Shusterman, L. R. (1976). The psychosocial factors of the abortion experience: A critical review. *Psychology of Women Quarterly, 1,* 79–106.

Silverman, P. R. (1989). Deconstructing motherhood. *Readings: A Journal of Reviews and Commentary in Mental Health, 4,* 14–18.

Sosa, R., Kennell, J., Klaus, M., Robertson, S., & Urrutia, J. (1980). The effect of a supportive companion on perinatal problems, length of labor, and mother-infant interaction. *New England Journal of Medicine, 303,* 597–600.

Spence, M. J., & De Casper, A. J. (1987). Prenatal experience with low-frequency maternal-voice sounds influence neonatal perception of maternal voice samples. *Infant Behavior and Development, 10,* 133–142.

Sperling, D. (Mar. 10, 1989). Success rate for in vitro is only 9%. *USA Today,* p. 1D.

Standley, K., Soule, B., & Copans, S. A. (1979). Dimensions of prenatal anxiety and their influence on pregnancy outcome. *American Journal of Obstetrics and Gynecology, 135,* 22–26.

Stechler, G., & Halton, A. (1982). Prenatal influences on human development. In B. B. Wolman (ed.), *Handbook of developmental psychology* (pp. 175–189). Englewood Cliffs, N.J.: Prentice-Hall.

Stevenson, M. (1953). Childbirth ceremonies of the Sia Pueblo. In M. Mead & N. Calas (eds.), *Primitive heritage*. New York: Random House.

Streissguth, A. P., Barr, H. M., Sampson, P. D., Darby, B. L., & Martin, D. C. (1989). IQ at age 4 in relation to maternal alcohol use and smoking during pregnancy. *Developmental Psychology, 25,* 3–11.

Stringfellow, L. (1978). The Vietnamese. In A. L. Clark (ed.), *Culture childbearing health professionals* (pp. 174–182). Philadelphia: F. A. Davis.

Swyer, P. R. (1987). The organization of perinatal care with particular reference to the newborn. In G. B. Avery (ed.), *Neonatology: Pathophysiology and management of the newborn* (pp. 13–44). Philadelphia: Lippincott.

Tanner, J. M. (1978). *Foetus into man: Physical growth from conception to maturity.* Cambridge, Mass.: Harvard University Press.

Thomas, A., & Chess, S. (1977). *Temperament and development.* New York: Bruner/Mazel.

Tichauer, R. (1963). The Aymara children of Bolivia. *Journal of Pediatrics, 62,* 399–412.

U.S. Bureau of the Census. (1985). *Statistical abstract of the United States: 1986* (103rd ed.). Washington, D.C.: U.S. Government Printing Office.

U.S. Bureau of the Census (1989). *Statistical abstract of the United States, 1989* (109th ed.). Washington, D.C.: U.S. Government Printing Office.

U.S. Department of Health, Education, and Welfare (1979). *Smoking and health: A report of the surgeon general.* Washington, D.C.: U.S. Government Printing Office.

Usher, R. (1987). Extreme prematurity. In G. B. Avery (ed.), *Neonatology: Pathophysiology and management of the newborn* (3rd ed.) (pp. 264–298). Philadelphia: Lippincott.

Vaughn, B. E., Bradley, C. F., Joffe, L. S., Seifer, R., & Bar-glow, P. (1987). Maternal characteristics measured prenatally are predictive of ratings of temperamental "difficulty" on the Carey Infant Temperament Questionnaire. *Developmental Psychology, 23,* 152–161.

Ventura, S. J., Taffel, S. M., & Mosher, W. D. (1988). Estimates of pregnancies and pregnancy rates for the United States, 1976–85. *American Journal of Public Health, 78,* 506–511.

Vogel, F., & Motulsky, A. G. (1986). *Human genetics: Problems and approaches* (2nd ed.). New York: Springer-Verlag.

West, J. R. (1986). *Alcohol and brain development.* London: Oxford University Press.

Williams, J. H. (1987). *Psychology of women: Behavior in a biosocial context.* (2nd ed.). New York: Norton.

World Health Organization (1972). Vulnerability of young infants to food additives. World Health Organization Technical Report Series, no. 488.

Yalom, I. D., Green, R., & Fisk, N. (1973). Prenatal exposure to female hormones. *Archives of General Psychiatry, 28,* 554–561.

Yang, R. K., Zweig, A. R., Douthitt, T. C., & Federman, E. J. (1976). Successive relationships between maternal attitudes during pregnancy, analgesic medication during labor and delivery, and newborn behavior. *Developmental Psychology, 12,* 6–14.

Zuckerman, B., et al. (1989). Effects of maternal marijuana and cocaine use on fetal growth. *New England Journal of Medicine, 320,* 762–768.

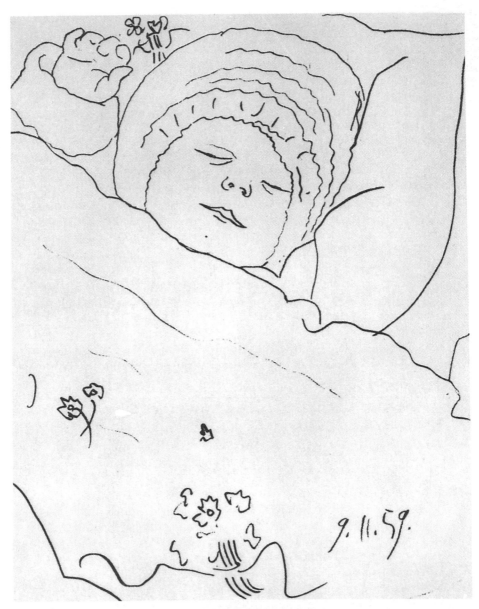

人類嬰兒的複雜性、能力及可塑性正在得到認識、描述和理解。

第 5 章

嬰兒期（出生至兩歲）

嬰兒期是一個顯著地迅速生長的時期。在生命中的第一年裏，嬰兒的體重長到了出生時的三倍。兩歲時，運動、語言、概念形成的基礎已經具備。嬰兒早期的整體行爲，也良好地分化爲可滿足各種特定需要的要求。嬰兒期的突出特徵，是種種簡單反應整合爲協調的、富有意義的行爲模式。

　　嬰兒的能力遠遠超過於人們過去對他們的認識。越來越多的文獻記載了許多似乎是由遺傳訊息規劃的知覺、認知、社會能力，並可以有規律地觀察到氣質與智力上的個別差異，甚至在出生後的前六個月之內即可獲知 (Mandler, 1990)。由於研究嬰兒行爲的方法愈來愈複雜與精確，基因在導引嬰兒發展過程方面的作用，已得到越來越多的文獻支持(Plomin, 1990)。

　　與此同時，縱貫研究和泛文化研究揭示了兒童的早期環境對發展結果的影響。母親的人格，父親參與教養兒童的程度，有關兒童養育方面的文化觀念，以及貧困等，都是會增加一個兒童的脆弱性或復原能力的因素。

　　近年來，隨著美國的家庭結構越變越小，社會在重視嬰兒方面也發生了變化。人們更認眞地對待每一個孩子。醫學界正在設計複雜的技術設施以拯救那些出生只有一千兩百克或一千克嬰兒的生命。心理學界則關注著嬰兒的氣質及人格的早期起源，從嬰兒出生後的第一週起便注視著他們的個別差異。有關嬰兒的工業也日益成長起來，製造著特殊的設備、食物、玩具、書籍及其他附屬用具。雙親們參加各種課程，閱讀書籍和雜誌，參加各種支持團體，冀望「在這頭一遭便學會如何爲人父母」。

　　出生族群的差異性對兒童生活的影響近年來才剛開始有文獻探討。在同一歷史時期出生的兒童，經驗著某些共同的機遇和挑戰。我們已開始認識到嬰兒潮的一代與我們的社會機構包括學校、勞動力市場、婚姻和住宅等相衝突的情況。現在我們將開始面對著一個嬰兒的歡笑哭鬧，並開始懂得如何對這可愛新生命的誘人之處予以特別的注意。

發展的任務

　　在嬰兒期，有五個方面的發展是極其重要的：(1)社會依戀；(2)感覺與運動機能(看，聽，手眼協調，伸手抓取，爬、走)；(3)在行爲而不是概念

嬰兒從出生的第一週起，便介入到一個複雜的社會環境之中。進行照顧並承擔責任的父母，對他們的孩子的最佳發展作出了巨大貢獻。

層次上來認識動作與動作結果之間的關係；(4)認識物體的性質，產生將物體、人、事件聯繫在一起的類別；(5)情緒發展(愉快、哀傷、憤怒)。現在，我們來鑑定一下嬰兒積極地選擇和組織訊息及對自身的養育方面所起的作用的程度(Belsky & Tolan, 1981; Bower, 1989; Osofsky, 1987)。

社會依戀

社會依戀(social attachment)是一種過程，藉此人們建立起與他人的特殊的、積極的情緒聯結。如我們在第三章中曾看到的，John Bowlby引入了一種概念上的界定，把依戀行為系統當作嬰兒的訊號與成人的回應的有組織模式，它在發展的最初階段產生一種保護的、信任的關係。近來的一些研究已開始考察在後來生活中依戀關係的形成，但對這一行為系統最初的興趣，是在於如何使嬰兒親近照顧者，進而確保嬰兒得到保護並避免可能的傷害。照顧者的養育反應構成了一個互補的行為系統，我們通常以此作為父母親或養育者養護行為的參考模式(Ainsworth, 1985; Bowlby, 1988)。

至少在三種行爲中可以看到依戀關係已經形成的證據。第一，嬰兒試圖維持與依戀對象的接觸(Ainsworth, 1973)。第二，當依戀對象不在時，嬰兒表現出痛苦(Schaffer & Emerson, 1964)。第三，嬰兒與依戀對象在一起時表現出放鬆、舒適，而與其他人在一起時則焦躁不安(Bronson, 1973)。

㈠依戀的階段

　　Ainsworth(1973, 1985)描述了社會依戀發展中的五個有序的階段(見表 5-1)。在第一個階段，在生命的頭三個月裏，嬰兒做出各種行爲，包括吸吮、拱鼻子、抓握、微笑、注視、摟抱、視覺追蹤等，以此來維持與照顧者的親近或吸引看護者過來。然而，這些行爲似乎並不是專指特定的人。通過這些接觸，嬰兒瞭解到照顧者獨特的特徵。

　　在第二階段，從大約三個月到六個月，嬰兒的依戀表現爲對少數熟悉的人的偏愛性反應。嬰兒對熟悉的人的微笑多於對陌生人，在熟悉的人出現時，表現出較多的興奮，而在他或她離開時，則表現出焦躁不安。

　　在第三階段，自六至九個月，嬰兒主動地尋求與依戀對象的身體親近。具有爬行和伸手與抓握動作的協調能力使嬰兒能更好地控制其行爲的結果。

　　在第四階段，自九至十二個月，嬰兒形成了最早有關於照顧者的內部表徵。這一內部表徵給依戀關係提供了最基本且強有力的工作模式。照顧者的特定表徵和有關照顧者如何對嬰兒的行爲做出反應的預期模式，被組織成爲一種複雜的依戀基模，即預期照顧者的反應的內在心理表徵。

　　在第五階段，即嬰幼兒期及以後的時期，幼兒使用種種行爲去影響他們的父母或其他依戀對象的行爲，以此來滿足他們自己的親近需要。兒童會要求爲他們唸故事，就寢時擁抱，外出辦事時要帶著他們。這一切都是他們發展出的策略，以此來促成照顧者的行爲，以滿足他們不斷對身體接觸、親近和愛的需要。

　　當幼兒從嬰幼兒期成長至幼兒或學齡期時，他們開始會瞭解新的危險及威脅其安全之訊息。因此，他們便引發新的策略以維持與他們所依戀對象之親近。尤其當這些幼兒遭受壓力、生病、父母離異或被拒絕時，有過安全依戀的幼兒會發出各種訊息以求取舒適及親近的依戀。

　　在第一年中的後半年裏，嬰兒發展出對一個特定對象的依戀，兩個可

表5-1　社會依戀發展的五個序列性階段

階段	年　齡	特　徵
1	出生至3個月	嬰兒使用吸吮、拱鼻子、抓握、微笑、注視、擁抱和視覺追踪來維持與照顧者的親近關係。
2	3至6個月	嬰兒對熟悉的人比對陌生人有更多的反應。
3	6至9個月	嬰兒尋求與依戀對象的身體接近與接觸。
4	9至12個月	嬰兒形成對依戀對象的內部心理表徵，包括有關照顧者對痛苦訊號的典型反應的期望。
5	12個月之後	兒童使用各種行為來影響依戀對象的行為，以滿足其安全和親近的需要。

觀察的象徵是：陌生人焦慮和分離焦慮。**陌生人焦慮**(stranger anxiety)
是嬰兒在不熟悉的人在場時所表現出不安或緊張狀態。嬰兒在如何表現對
陌生人的拒絕和他們的反應的強烈程度上，有很大的差異。他們可能會摟
住父母，拒絕被陌生人抱，掙脫陌生人的接觸，或者只是將視線由陌生人
的面孔上移開。

嬰兒對陌生人的反應端賴於情境中的某些非常特殊的情境，包括母親
距離嬰兒有多近，陌生人如何接近嬰兒，以及母親如何對陌生人作出反應
(Keltenbach, Weinraub & Fullard, 1980)。例如，如果母親用正性語調
對嬰兒談論陌生人，嬰兒對陌生人的反應很可能也是正性的(Feinman &
Lewis, 1983)。

嬰兒的反應還受到先前接觸這一陌生成人的經驗次數的影響。通常，
我們對陌生人的警惕是一種正性象徵——也就是說，嬰兒此時能夠覺察出
他們的父母與不認識陌生人間的差別。當然，對陌生人的警惕可見於整個
一生。實際上，和嬰兒相比，當成人遇上陌生人時，我們常常看到更為獨
特的表現：懷疑或是恐懼。

在大約九個月時，嬰兒表現出另一種他們強烈依戀雙親的現象：當父
母離開時，表現出憤怒和絕望。這種反應被稱作**分離焦慮**(separation anxi-
ety)。分離引起兩種不同的行為。反應在某些條件下，與照顧者分離會引起
依戀行為，尤其是試圖要找到照顧者，重新獲得身體接觸(Ainsworth, Bell
& Stayton, 1971)。分離也會引起抗議、絕望或冷漠，這要視分離的時間
長短而定(Bowlby, 1960; Robertson & Robertson, 1989)。

嬰兒對分離的反應還取決於分離的情境。當母親把孩子單獨放在家裏的一個房間裏而不是實驗室裏，嬰兒對分離的痛苦反應則較少(Ross et al., 1975)。如果母親在離開時讓門開著而不是關上，那麼嬰兒就不大可能會抗議。這種對分離的抗議反應，似乎與嬰兒要維持與依戀對象接觸的強烈願望是緊密相連的。這種接觸的重要性可能是：(1)滿足身體需求；(2)幫助嬰兒克服身體障礙；(3)提供保護或安慰；(4)提供新奇的、有刺激性的互動(Hay, 1980)。當親子關係達到較高層次的反應及溫暖，嬰兒便有許多理由要維持對照顧者的認可與依戀。

我們希望，隨著時間的推移，嬰兒能對父母的暫時離開變得越來越適應。幼兒要學習忍受短暫的分離。到兩歲時，兒童能夠使用母親的照片來幫助維持對母親不在場之新情境的適應(Passman & Longeway, 1982)。到三歲時，幼兒甚至能夠和保母相處一晚上，或者整個下午都待在祖父家。一旦依戀完全建立起來，兒童能夠透過建立自己雙親的心理表象以回憶父母對自己的愛，從而安慰自己。然而，在嬰兒期，父母的物理性存在仍是注意和關心的焦點。那些出於某種原因被迫離開他們的孩子較長時期的父母，回來時會發現孩子會有一段時期對他們表現出暫時的退縮和冷淡。他們可能會發現先前可愛而溫柔的孩子表露出突發的憤怒。由於嬰兒沒有足夠表達的語言，這些行為便是他們表達被拋棄時所體驗到的挫折和憤怒的方式。

㈡依戀的對象

嬰兒對母親、對父親、對其他參與大部分照顧嬰兒工作的人，和對其表達溫情愛撫的人，如兄姊或專門護理人員，均可建立起早期的正性情緒關係。然而，在不同情況下，依戀的品質卻是不相同的(Bretherton, 1985; Bridge, Connell & Belsky, 1988)。當Lamb(1976)調查嬰兒對其母親和父親的依戀時，他發現嬰兒與父親在一起時，傾向於進行遊戲式交流——微笑、大笑、張望，而與母親在一起時，則是安慰的、降低壓力緊張的交流。當只有雙親中的一方在場時，嬰兒便對這一方表現出依戀。而當父母雙方都在場時，嬰兒對這兩者表現出不同的交流模式。

在以色列進行的一項研究中(Sagi et al., 1985)，集體農莊的嬰兒對父親的依戀和對受過特殊訓練的保育員(metapelets)的依戀，有極大的相似。然而，他們對母親和父親的依戀性質之間，以及對母親和保育員的依

戀性質之間，並沒有一致性的相似關係。在此後的研究中，當這些集體農莊的孩子到了五歲時，這些孩子對保育員依戀的品質，十分顯著地能預測他們在學校和在家中自由遊戲時被觀察到的社會情緒的發展(Oppenheim, Sagi & Lamb, 1988)。這一研究表明：嬰兒可能有著十分不同的依戀關係。究竟嬰兒是如何綜合不同依戀的內部表徵，還不甚清楚。也許，特殊的關係適宜於不同的人際領域，或者隨著個體承擔種種社會角色而變得十分重要。

(三)依戀的品質

依戀的品質因不同的家庭而各異，因不同的親子互動而有所不同。成人對嬰兒的接受以及他們對嬰兒所變換的訊息作出反應的能力，對於一種安全的依戀來說是十分重要的。父母表達感情和拒絕的方式，影響著嬰兒如何滿足他們對安全和舒適的強烈需求(Tracy & Ainsworth, 1981)。

在稱作「陌生情境」的標準實驗程式中，對嬰兒和他們的照顧者的觀察，突顯了依戀特性的差異(Ainsworth et al., 1978; Bretherton, 1990)。在二十分鐘的期間裏，兒童接觸了一系列有可能刺激其依戀系統的事件(見**表 5-2**)。嬰兒和照顧者進入一個不熟悉的環境，然後一個陌生人進來，隨後照顧者暫時離開一會兒，照顧者和嬰兒經歷了再度相聚的多次機會。在這一情境，研究者有機會對兒童的行為、照顧者的行為以及對他們相互交往的特徵進行系統的觀察，並在這一情境的不同階段間比較這些行為。

藉這一方法，鑑別出了三種主要的依戀行為模式：

(1)安全的依戀。
(2)焦慮的—躲避的依戀。
(3)焦慮的—反抗的依戀。

在美國的樣本中，被測查的孩子有三分之二是屬於安全依戀型的。在其餘的孩子中，較多的孩子是焦慮—躲避型的，焦慮—反抗型的孩子則較少(Ainsworth, et al., 1978)。

安全依戀型(secure attachment)的孩子，在母親在場時，主動地探索環境並與陌生人交流。在短暫的分離後，母親的返回能減低他們的痛苦，並使他們重新開始探索環境。**焦慮—躲避依戀型**(anxious—avoidant attachment)的孩子，在分離之後不願與母親接觸，無視母親為進行交流所

表5-2　陌生情境程序

階段	時間	參與人*	事件
1	30秒	M.B.O	O帶領M和B進入屋子，告訴M把孩子放在何處、自己在何處坐下。O離開。
2	3分鐘	M.B	M把B在靠近自己的椅子處放下，離玩具有一段距離。她對B的社交性行為作出反應，但不主動引發這種交流。B可自由探索，如果B在兩分鐘後沒有移動，那M可把B帶到玩具旁邊。
3	3分鐘	M.B.S	這一情節有三個部分。S進入，向M及B打招呼，面對M坐下，但不與之交談（總共為一分鐘）。在第二分鐘，S與M進行交談。然而，S與B在一起，試圖與B在地板上玩。在最後一分鐘中，M「不打擾」地離去（B往往會注意到）。
4	3分鐘	B.S	S坐在她的椅子上。她對B的社交性行為作出反應，但不主動引發這種交流。如果B表現出痛苦悲傷，S試圖安慰B。如果安慰無效，M可在3分鐘結束之前返回。
5	3分鐘	M.B	M在門外叫B的名字，然後進入屋子（S不引人注意地離去）。如果B表現出痛苦悲傷，M安慰B並試圖重新與B玩。如果B不表現出痛苦，M走到自己的椅子處坐下，仍扮演反應性而非引發性的交流角色。在這一過程的最後，M說「再見，我會回來的。」然後離去。
6	3分鐘	B	B單獨留下。如果B現出痛苦悲傷，那實驗過程就縮短，S進來。
7	3分鐘	B.S	S進來，如有必要，安慰B。如果她無法安慰B，這一階段就縮短。如果B安靜下來或不再痛苦，S坐在自己的椅子上，像以前那樣扮演反應性的角色。
8	3分鐘	M.B	M返回（S悄然離去）。M的作法同階段5。

* O＝觀察者；M＝母親；B＝嬰兒；S＝陌生人。

Source: I. Bretherton, "Open Communication and Internal Working Models: Their Role in the Development of Attachment Relationships," in R. Dienstbier and R. A Thompson(eds.) *Nebraska Symposium on Motivation 1988: Socioemotional Development, 36,* 60-61. Lincoln, Neb.: University of Nebraska Press. Reprinted from 1988 NEBRASKA SYMPOSIUM ON MOTIVATION, by permission of University of Nebraska Press. Copyright © 1990 by the University of Nebraska Press.

做的努力。和其他孩子相比，他們在單獨一個人的時候較少表現出痛苦。表現出**焦慮—反抗依戀**(anxious—resistant attachment)的孩子，在陌生人在場時非常小心警惕。他們的探索行為會因照顧者的離去而明顯中斷。當照顧者返回時，這些孩子似乎想要親近照顧者，但他們也表現出憤怒，

焦慮─反抗型的嬰兒願意與他們的母親親近，但卻很難摟抱或安慰他們。

因此這種孩子很難安慰或使其鎮靜下來。

在家庭環境裏，安全依戀型的孩子和其他孩子相比，較少哭鬧(Ainsworth, 1985; Tracy & Ainsworth, 1981)。在每天的分離之後，他們更會積極主動地向母親打招呼，而且似乎對母親的要求作出更為合作的反應。人們可以感覺到，這種安全依戀型的孩子，有一種很實用的依戀模式，在其中這些孩子預見到，他們的照顧者是很容易見到並對孩子有反應。這種信念使這種安全依戀型的嬰兒能探索環境並接受短暫的分離而很少反抗。

以焦慮─躲避型為特徵的孩子的母親，似乎嫌棄她們的孩子。甚至她們好像對自己的孩子很憤恨。和其他母親相比，她們很少花時間摟抱、撫摸她們的孩子，而且她們的交流似乎大多都是不愉快的甚或是傷害性的。在家裏，這些孩子常常哭鬧，他們很難被照顧者的接觸所安慰，而且，分離往往會使他們相當痛苦。雖然這些孩子對安全有很強烈的需要，但是他們似乎建立這樣一種關於照顧者的內部表徵，即意味著他們對照顧者提出給予安慰的需要是將被拒絕的。因此，在實驗室情境中，他們並不尋求與

照顧者的接觸，並保護自己免遭拒絕。

　　至於第三類，即以焦慮—反抗型爲特徵的孩子的母親，她們對孩子作出的反應總是不一致的。有時，這些母親忽視十分明顯的痛苦訊號。而有時，她們又去干預她們的孩子試圖進行交流。雖然這些母親似乎能夠樂意於與孩子的親密的身體接觸，但她們的做法卻未必是適合於孩子的需要的。其結果是，形成了這樣一種依戀的內部表徵，即母親的反應是很難預料的。這些孩子試圖維持親近關係而躲避任何一種在其中能否接近照顧者之不確定性的陌生情境。他們的表現反應了他們在無能於預測或控測他們的照顧者的反應方面的挫折。

　　關於使用陌生情境作爲泛文化地評估依戀的方法，其效度方面仍存在許多疑問。有理由推測不同社會中養育嬰兒的方法會產生在美國社會中所發現的同樣的依戀模式嗎？在八個國家——美國、德國、英國，荷蘭、瑞典、以色列、日本，中國大陸——所進行的三十二項依戀研究的分析中，發現安全依戀型是一種常見模式(Van Ijzendoorn & Kroonenberg, 1988)。此外，焦慮—躲避型兒童和焦慮—反抗型兒童的比率，在同一國家中各研究之間相比較的差異，比來自不同國家的兒童之間相比較的差異大。例如，在日本進行的兩項研究中，一項發現焦慮—反抗型兒童佔32%，而另一項則發現只佔19%。同樣地，在美國對不同人口中的兒童進行的研究，發現了非常不同的依戀模式。從這些泛文化的分析中，可以得出兩個結論。第一，陌生情境似乎的確是一種探討不同國家、不同種族群體中依戀方式的有效方法。第二，同一個國家內不同的次文化或社會經濟狀況相聯繫的差異，似乎大於來自不同國家之間的差異，尤其是在美國和西歐國家中。

　　我們怎樣來解釋這些依戀方式品質上的差異呢？嘗試以三種途徑來解答這個問題。首先，人們可以要求照顧者爲兒童提供安全保障的能力。照顧者究竟能爲支持敏感性和反應性的關係做些什麼？作爲照顧者，他究竟把哪些照顧、養育人的心理表徵帶入了角色？那些回憶自己的父母時認爲他們是負責的、可以親近的父母的人，在自己也承擔起照顧者的角色時，往往也會把這些品質承繼下來。而那些自己體驗了早期喪失依戀關係或依戀關係破裂的人，則很難爲他們的後代提供一種安全的基礎(Ricks, 1985)。

依戀有關鍵期嗎？

關鍵期(critical period)是指對發展某些技能或行為模式最敏感或最容易的時期。特定的技能或行為模式在關鍵期開始之前是不大可能出現的，而一旦這關鍵期過去了，則即使不是不可能，也是極難出現的。任何一種具有發展關鍵期的行為的成功地出現，皆有賴於有機體的生物準備性和環境支持間的相互協調(Scott, 1987)。

最早提出發展關鍵期概念的，是在胚胎學領域。Stockard(1907, 1921)發現：當向魚卵發育所處的水中加入某種化學物質時，這些魚卵會生成畸形胚胎。這一效應的出現取決於加入化學物質的時間。人類胚胎在孕期的第一個三月期中接觸到德國麻疹，會引起身體器官構造的嚴重破壞。懷孕的第三個月是性發育的一個關鍵期。在睪丸甾酮激素存在的情況下，兩性同體的胎兒演變為一個解剖學上的男性。在這種激素缺乏的情況下，這個胎兒會演變為解剖學上的女性。

Konard Lorenz(1935, 1937/1961)是最早比較生理發育與行為發展的關鍵期的動物行為學家之一。Lorenz描述了鳥類中的一種社會依戀的過程，他稱之為「銘印」(imprinting)。在這一過程中，幼鳥與牠的母親建立一種相對恆久的聯結。如果沒有母親，則幼鳥會對其他可及的目標產生銘印，包括對牠的母親的模型或是對人類。對鳥類來說，這一關鍵期與牠們能開始走動是同時發生的。當牠們開始對陌生者恐懼害怕時，這一關鍵期便結束了。此後，沒有任何模型或物種可替代為銘印的目標物。銘印長期持續的結果，不僅包括幼雛期維持與母鳥的接觸，也延續到繁殖期專注於對種系中其他成員的求偶和交配行為。

關於依戀的關鍵期所產生的一個問題是，嬰兒期是否存在一個關鍵期，在這個時期中孩子會對一個人產生強烈的、極度分化的偏愛。相當明顯的是，自孩子一出生，父母對孩子的依戀便變得十分特殊

——也就是説，父母絕不願拿自己的孩子去交換其他年齡相近的孩子。而孩子又是什麼時候開始進行對父母的依戀呢？

Yarrow(1963, 1964, 1970)觀察了一百名由親生父母家庭轉入養父母家庭的嬰兒，在出生後六個月或更小些時候與親生母親分開的嬰兒，表現出最少程度的痛苦。他們往往並不表現出過長時期分離後的憤怒或抑鬱，只要他們生理的和情緒的需要繼續得到滿足。但如果有人回憶説，在九個月前通常看不到什麼分離焦慮，不用太驚奇，在九個月前的嬰兒可以對長期分離適應得很好。

所有在八個月或此後由生母轉入養母家庭的孩子，則表現出強烈的負向反應，包括憤怒的拒絕和退縮。這些孩子覺得先前依戀關係的破裂是具高度壓力的。然而，人們並不能從這些觀察中推斷，對養父母的新的依戀是不能建立的。

我們可以説，依戀的關鍵期必然開始於約六個月的某個時間。這並不意味著最初這六個月對於嬰兒和照顧者之間建立強有力的聯結能不起任何作用。相反地，最初的這幾個月提供了賴之以建立特定依戀的一致性、溫情和熟悉性的背景經驗。

如果依戀的關鍵期開始於約六個月左右，那麼這一時期在何時結束呢？Yarrow(1964)認爲：這一敏感期大約截止於兩歲左右：

> 「嬰兒處於建立穩定的感情聯繫的過程的最敏感的時期，大約是在六個月至兩歲之間這一階段。在這一時期與母親關係的中斷，大概是最具傷害性的。(p.122)

依戀關係的品質大概在兩歲之間便基本確立了。縱貫研究揭示出，從一歲到一歲半，十二到二十個月，一歲到六歲之間，依戀的性質有著一致性。排除長期分離這一因素，似乎依戀的心理表徵是在一歲末時形成的(Main, Kaphn & Cassidy, 1985)。尚待解決的問題是，是否眞的存在那麼一個截止點——在此刻之後，不再可能建立起一種安全型依戀。

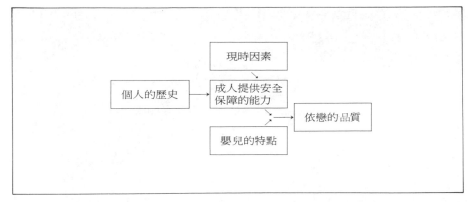

圖5-1　影響依戀品質的因素

第二，現時因素能影響成人為依戀關係提供安全基礎的能力，其中包括：照顧者的自尊，照顧者所確認的他或她應對嬰兒行為所施予的控制程度，孩子出生之前及之後婚姻關係的品質，有效地促助個人的教養努力的社會支持網絡的存在，以及照顧者對工作的投入(Chase-Lansdale ＆ Owen, 1987; Donovan & Leavitt, 1989; Howes & Markman, 1989)。所有這些因素，都能影響照顧者對嬰兒的訊號的敏感性。**敏感性**(sensitivity)通常被定義為對嬰兒狀態的注意，對嬰兒訊號的正確解釋，以及促進相互應答性交流恰如其時的反應(Isabella, Belsky & Von Eye, 1989)。

第三，依戀的品質也會受到嬰兒特性所影響。嬰兒氣質中的某些方面，尤其是恐懼心理，社交性，以及負向情緒的強度，會影響依戀關係建立的方式。在陌生情境中，透過在探索階段、在對陌生人的反應、在照顧者離開和重新返回時所表現出的痛苦強度上對兒童的觀察，可以鑑別出這些氣質特徵。然而，大多數研究都表明，氣質本身並不決定是否能建立一種安全依戀。確切地說，它是影響著能為嬰兒建造有關安全保障的內部表徵的種種反應(Thompson, Connell & Bridges, 1988; Vaughn et al., 1989)。手足之中依戀性質的相似性，說明了成人敏感性的穩定以及成人照顧者角色的內部表徵一致性的重要性。這些不同個別差異的特性在不同手足間的氣質中可觀察出來(Ward, Vanghn & Robb, 1988)。

圖 5-1 顯示了各種元素，它們被認為對於建立一個完全型依戀關係來說是十分重要的。它們包括成人在最初的及早期生活中的家庭經驗，在成

當靑年人墜入愛河時，他們表現出許多帶有母親—嬰兒依戀系統特點的行爲。

人現時狀況下的經驗，以及嬰兒自身的特點。

㈣依戀與日後發展的關係

　　依戀並不只是一種行爲的表現；它是一種特殊關係的特點的內在表徵
(Main, Kaplan & Cassidy, 1985)。這種表徵爲嬰兒提供了一系列規則，
用以組織訊息和解釋與依戀關係有關的經驗。這種表徵是作爲嬰兒維持與
照顧者相接觸的努力，以及照顧者對這些努力習慣性反應的產物而形成
的。一個安全型的依戀，正是一種以嬰兒對於自己維持與照顧者接觸的嘗
試將會被接受的信念爲基礎的表徵。

　　在十二至十八個月期間，母親—嬰兒依戀的品質顯得十分穩定。嬰兒
期的安全依戀與兒童三歲半至五歲時積極的適應能力是有關。安全依戀型
的孩子會成爲那種具有較大可塑性、自控力和好奇心的學前兒童(Vaughn
et al., 1979)。

　　在兒童期，重要依戀關係的種種特徵仍保持十分穩定，除非照顧者顯
著地改變了他或她的反應。然而，在靑少年時期和成年期，有可能會反省
這些早期依戀的性質並重新解釋它們的意義。例如，一個男孩子把他母親

看作是拒絕性的，因爲她在他嬰兒期和幼兒期時往往不能來安慰他、親近他；但當他成爲一個青年人時，也許認識到，他母親之所以經常離去是因爲她在工作。他也許會理解到，他母親在爲她的家庭做著她所做的一切，她實在已是精疲力竭了，導致在家中時已無力再對他進行反應。這一領悟可能會改變依戀表徵的性質，並使這年輕人以一種更有信心、友善的方式達成新的關係。

從整個一生的角度來說，嬰兒期形成的依戀的品質，與日後種種關係的形成有著種種牽連(Ainsworth, 1989)。形成安全依戀的孩子，往往能在學前期親密的同伴友誼中得到很多快樂(Park & Waters, 1989)。有理由認爲：一種依戀關係的認知表徵的形式，可能影響了一個人對他的親密夥伴的期望。成人的戀愛關係會帶上嬰兒依戀中許多同樣方面的特徵，包括希望維持與被愛者的身體接觸，對被愛者不斷增長的開放性和應答性，對被愛者提供減輕痛苦的安慰和保證的效果，以及和其他朋友、親戚、熟人相比之下的排他性或偏愛性成分。

父母養護關係也可以看成是依戀表徵的一種說明。在自己的嬰兒期中經歷了安全型依戀的成人，往往也能夠爲他們的孩子提供安慰和應答。而那些童年期的依戀是不可預料型的甚或是敵意的成人，很難滿足他們孩子的強烈的需要(Ricks, 1985)。

我們並不是想要暗示：成人戀愛關係或雙親行爲的品質是只能由兒童期的依戀性質所決定的。當許多經驗和概念介入進來，改變了依戀表徵，擴展了一個人嬰兒期之後愛他人的能力。然而，我們發現：在整個生活中，用這種依戀結構作爲描述一個個體、一種兩人之間的關係及一種親密系統的途徑，是很合理的(見圖 5-2)。

感覺／知覺和運動機能的成熟

在美國出生的一般足月產嬰兒重三千三百公克，身長五十一公分。男孩比女孩要稍重、稍長一些。出生時，女孩的神經系統和骨骼要比男孩早熟兩週。

嬰兒在出生時的生理成熟程度上有很大的個別差異。這些差異對他們調節諸如呼吸、消化、警覺、睡眠等生存機能的能力，有很明顯的影響。出生時少於二千五百克的嬰兒，被叫作**出生低體重嬰兒**(low-birth-

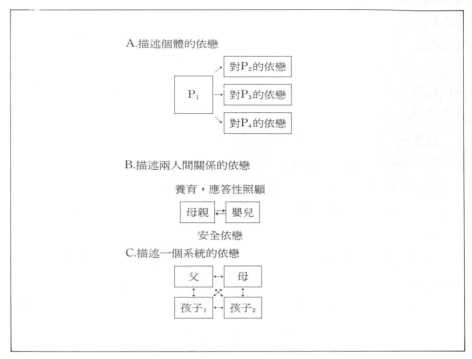

圖5-2　依戀的三個水平

Source: P. R. Newman and B. M. Newman, "Parenthood and Development," in R. Palkovitz & M. B. Sussman (eds.), *Transitions to Parenthood*, special issue of *Marriage and Family Review, 12,* 316.

weight baby)。出生體重低可能是早產的結果，也可能是母親營養不良、吸烟、吸毒，或者遺傳疾病的結果。這些因素往往會在特定的懷孕時期降低胎兒的重量。孕期發育太輕的嬰兒，處於很大的危險之中。和那些雖早產但却有著和孕期相稱的體重的孩子相比，這種低體重的孩子更有可能會在出生時和出生後遭遇種種困難(Cassady & Strange, 1987)。專欄5 2對我們已知有關過小嬰兒的發育部分內容進行了討論。

出生時，在懷孕期被執行的遺傳程序爲絕大多數新生兒提供了完整的感覺器官和構造完好的大腦。嬰兒的大腦含有約一千億個神經元或神經細胞，它們業已經由專門設計以執行特殊機能的方式聯繫起來。然而，在發育中的大腦獲得充分的能力去整理和分析感覺經驗之前，經驗要把它自身的銘印置於大腦的精細結構之中。大腦的基本組織在出生後並不發生變

化，但它的結構的細節則在某些時刻表現出**可塑性**（plasticity），尤其是在大腦皮層上（在大腦的表層形成皺褶稜紋的組織）。視覺、嗅覺、聽覺、味覺、觸覺及機體姿勢不斷活動，並隨時間的推移，加強了特定的神經網絡，而其他網絡則被廢棄。例如，兒童期兩眼使用上的不平衡，將導致使用不足那的一隻眼形成永久性視覺缺陷。由此可知，在腦的神經網絡中，甚少被使用的網絡會被廢棄，使用良好的網絡會被擴展，並形成新的網絡以滿足其他需要（Aoki & Siekevitz, 1988）。

在生命的最初幾個月中，感覺／知覺系統——視覺、聽覺、味覺、嗅覺、觸覺、運動覺和對內部線索的反應（本體覺）——正迅速發展，並在較運動系統更發達的層次上發揮機能。由於隨意肌的運動在生命初始的日子裏還不能在嬰兒自身的控制之下，研究者們不得不運用大量的創造性的心力去研究嬰兒感覺／知覺能力。目前的工作中使用諸如注視時間、心率變化、吸吮、臉部活動、頭部轉動等行為，作為嬰兒反應的指標。嬰兒在相當小的時候便已顯得對內部和外部環境刺激十分敏感。在出生後前幾個月裏，遺傳程序和經驗結合起來構築神經網絡；而在不久之後，感覺似乎已在嬰兒的大腦中被組織和表徵為有意義的知覺了。更明顯的是：嬰兒的感覺／知覺能力為建立與照顧者有效的交互作用關係提供了基礎。

嬰兒能對許多不同的視覺訊息作出反應，包括運動、顏色、光亮、複雜性、明暗對比、輪廓、深度和距離（Banks & Dannemiller, 1987; Hickey & Peduzzi, 1987）。四個月大的嬰兒對不同波長的光有反應，好像他們能知覺出藍、綠、黃和紅這些不同的色調（Bornstein, Kessen & Weiskopf, 1976; Teller & Bornstein, 1987）。一、兩天大的嬰兒能夠分辨和模仿真人的愉快、哀傷和驚奇的表情（Field et al., 1982）。有些兩天大的嬰兒能區分母親和陌生人的面孔（Field et al., 1984）。三個月時，幾乎所有的嬰兒都能把父母的面孔與陌生人的面孔區別開來（Zucker, 1985）。嬰兒在出生後的幾個月中，便能夠區分特定的面部特徵。有時，在四至七個月間，嬰兒能對有些表情進行分類。例如，他們能注意到許多表情的不同之處，包括由兩種性別的人分別做出來的同一種表情，並能繼而對這種表情再確認（Caron et al., 1982; Nelson, 1987; Nelson & Dolgin, 1985）。

有證據顯示：嬰兒對子宮中的聲音刺激很敏感且有所反應（De Casper & Spence, 1986）。新生兒能區別自己母親的聲音與其他女性的聲

專欄5‧2

體重過輕的嬰兒

在我們的文化中，我們是從人出生之時起開始計算年齡的。但在現今，許多嬰兒是在尚未充分發育之前便出生了。現代技術把胎兒存活的時限倒推至大約孕期二十四週，或者是體重約五百公克時（比一磅稍重一些）。這些纖小的嬰兒比你的手掌大不了多少，他們要在全天監護的情況下度過數週以求得生存。大約有一萬七千名體重不足兩磅的嬰兒在美國國內特殊護理機構接受護理。這些嬰兒約有70%的生存可能；其中最小的嬰兒只有20%的存活機會(Kantrowitz, 1988)。

對這些過小的嬰兒的發育過程，我們有哪些瞭解呢？由於受到過長的住院及他們明確的脆弱性和危險性的影響，他們與雙親的關係的特質是怎樣的呢？父母如何應付在護理這些過於纖小的嬰兒中的焦慮和挫折？在這些孩子的認知能力和此後的智力發展方面會有什麼後果？由於這的確是人口中的一個新的組成部分，其生存人數只是在近幾十年中才被人注意到，許多問題還尚待解決。但我們正開始勾勒一幅關於這些體重過輕嬰兒的心理社會發展的圖畫。

當我們考察親代與嬰兒之間依戀的形成時，我們必須認識到：出生體重不足的早產嬰兒明顯有別於那些足月產嬰兒。他們身體長相少有吸引力；他們常有高頻率的不愉快哭叫；他們很容易被刺激過度，且很難安慰；他們也很少有可能建立起一種有規律的社會交往模式。此外，父母親與嬰兒相接觸的最初幾週和幾個月，是在醫院這種不尋常的環境，在那裏，這些嬰兒通常被連接上種種監視裝置，身上接著一個甚至多個管子，在生存奮鬥中要經歷一系列階段性的生理危險。在這種情況下，若有什麼依戀關係能發展起來，眞會令人不可思議。

然而，憑藉在醫院日日夜夜裏有種種機會接觸和照顧那些體重不足早產兒的經驗，一種幾乎是不可抗拒、被他們的孩子所吸引的傾向，

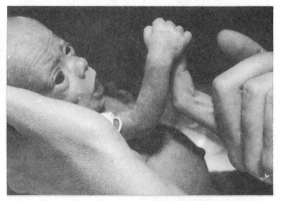

在這些父母心中顯著滋生起來，就像在那些足月產的嬰兒的父母身上
所發生的那樣。然而，這種依戀過程，顯然要面臨更大的挑戰。父母
們發現，很難使他們的照顧行為與孩子們的活動同步。他們把自己的
孩子視為一種困難，覺得從這些孩子身上很少獲得什麼滿足或反應。
換言之，在生命的最初數月中，很難建立起親子之間互惠的感覺(Leuy
-Shiff et al., 1989)。不過，在評估兩歲時的依戀品質時，在對母親或
父親的依戀性質上，體重不足的早產孩子和足月產的孩子沒有什麼區
別(Easterbrooks, 1989)。體重不足的早產嬰兒和足月產嬰兒一樣有可
能形成與母親和父親的安全依戀。以嬰兒的健康和強壯為基礎，憑藉
父母適宜的幫助，父母與出生體重過輕嬰兒是能夠在孩子的嬰兒期結
束時，建立起安全的、信任的相互交往體系的。

　　出生體重極低的嬰兒，在日後的認知發展中，將可能面臨很大的
困難。出生體重不足一千五百克的嬰兒，有可能會患嚴重的腦出血。
此外，他們發育尚未完全的肺不能為大腦提供充足的氧氣。生命前幾
個月中經歷的嚴重的呼吸困難引起認知缺陷，這在第一年中可以觀察
出來，而在學前期中學習與語言缺陷，也是由此而引起的(Rose et al.,
1988; Field, Dempsey & Shuman, 1983)。而那些由極有限的教育程度
和經濟能力的父母生下的不足三十週的早產嬰兒，將面臨認知能力遲
滯的最大危險。

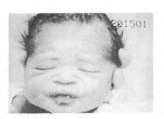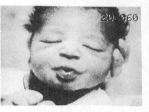

這一序列面部表情是由甜溶液引起：由最初的不愉快面部活動轉入放鬆和吸吮。

音(De Casper & Fifer, 1980)。幼小的嬰兒能區分音響、音頻、時值及聲音位置的變化(Kuhl, 1987)。最早引起微笑的刺激之一，是人類的聲音。嬰兒似乎能夠對全世界人類語言中出現的聲音做最基本的聲音分辨。隨著嬰兒日益依賴於語言中特殊的聲音，其聲音敏感性也越來越集中於部分聲音。這表明：隨著兒童學習傾聽人們特定的語言，其感覺能力正在進行重組(Werker, 1989)。由此我們看到了以神經網絡作為經驗的結果並且不斷調節完善的一個例證。

有研究結果顯示，部分味覺在子宮內就已開始發展了(Mistretta & Bradley, 1977)。新生兒能夠分辨甜、酸、苦、鹹。出生後兩個小時，嬰兒對甜味(蔗糖)溶液的面部反應基本上是以放鬆和吸吮為特點的。至於面部對鹹、酸和苦溶液的反應，在面孔的上半部和中間部分都是同樣的負性的的反應，但在面孔下半部的反應則有不同：對酸的反應是嘴唇噘起；對苦味的反應是嘴巴張開，而對鹹味似乎並沒有什麼特定的反應。成人似乎是能夠分辨出嬰兒對甜味的反應的(Rosenstein & Oster, 1988)。

母乳餵養的嬰兒對他們的母親的身體氣味特別敏感(Cernoch & Porter, 1985)。一項研究發現：七天大的嬰兒能使用嗅覺來分辨是自己的母親還是其他人來餵奶(MacFarlane, 1975)。母親的氣味在促進早期母嬰交互作用中深具影響(Porter, Balogh & Makin, 1988)。

嬰兒對許多感覺刺激作出反應、進行分類整理。他們並不是在一個嘈雜、混亂的感覺世界裏隨意漂流。由此看起來，似乎從一出生，感覺、知覺能力便已成為幫助嬰兒建立與照顧者感覺聯繫的重要資源。

在剛出生時，嬰兒的隨意肌反應調節能力很差。運動反應包括一些基本上是反射性行為。這意味著：一種特定的刺激能引發一種特定的運動反應，而不需要任何有意的控制或指導。許多這樣已建立的反應，幫助嬰兒

專欄5‧3

氣　質

　　在一個兒童的氣質中，我們可以看到個體的遺傳因素如何影響對家庭的適應過程。氣質(temperament)是一種理論意義上的結構，它意指對環境的反應中的相對穩定的特徵，它們從出生後的第一個月裏即可被觀察到(Hubert et al., 1982; Lerner & Lerner, 1983; Thomas & Chess, 1980)。有大量的證據顯示：氣質中的某些方面，包括活動水平、社交性、情緒性，很大程度是受一個人基因配置影響的(Buss & Plomin, 1984, 1986; Goldsmith et al., 1987; Goldsmith & Campos, 1986; Thomas & Chess, 1977, 1986; Wilson & Matheney, 1986)。

　　一個兒童的氣質對其與人交際的方式、交往的頻率、別人對他的反應，以及這兒童對他人的反應，都有影響作用。好活動、交際的兒童，往往是促成與他人的交往，並對來自別人的注意作出積極的反應。而較被動、內向的兒童，很少會促成與他人的交往，且當其他兒童或成人把注意指向他時，會有退縮反應。由此我們可以理解，同一個家庭環境對於兩個氣質不同的孩子，其意義實際上是不一樣的。這樣兩個孩子有可能會引起來自父母、其他手足或照顧者的不同的反應（對待）方式。

　　父母氣質與兒童氣質之間的相適應，在親子關係的性質中扮演著重要的角色。一個主動的、社交響應型的父母，會對一個對社會性交往沒有渴望性響應的孩子感到失望。家庭環境，包括親子互動的品質及兒童所可能得到的資源，是父母及兒童的特定遺傳品質的產物。成人的慈愛、社交性、智慧及活動力，這些由遺傳所引導的品質，都將在其作爲父母的養育行爲中展現出來。類似地，嬰兒的那些由遺傳所制定的特徵，諸如身體相貌、對刺激的敏感性、社交性、智能，都會引起父母的特定反應，造成特定的養育方式。不難設想，同一個家庭中的兄弟姊妹，經驗著相當不同的養育方式，一般相信這不僅是由於手足出生次序上的差異所致，也因爲每個孩子自己的遺傳所制定的個體性上的差異。

生存，並指引他們在發展道路上建立更爲必要的、更爲複雜的隨意行爲序列。吸吮反射便是一個很好的例證。剛出生時，向嬰兒嘴裏隨便放入什麼東西便會引起吸吮反射。這在嬰兒尙不能自由控制吸吮行爲之前，有助於其較容易地獲取營養。但很快地嬰兒便變得很有技巧地控制吸吮行爲的強度和敏感性。他們不僅能很有效率地吸吮奶汁及營養品，而且毫無問題可用嘴去探索自己的手和其他物體。在第三章的**表 3-1** 中，我們已看到了一些常見的嬰兒反射，其誘發刺激及嬰兒作出的反應，包括吸吮、抓握、尋找(將頭轉向被觸弄的那一側臉頰)、咳嗽、跨步。隨著時間的延續，許多這類行爲由不隨意行爲轉變爲隨意行爲。在這一過程中，嬰兒首先是獲得了控制運動的能力。然後，他們把這些新的隨意運動分別組合爲日益協調且複雜的行爲模式(Fentress & McLeod, 1986)。例如，非常幼小的嬰兒已能透過抓握反射的力量來支撐自身全部的重量。當用嬰兒椅托住他們時，他們會反射性地抓握一個物體——並且有 40%的嬰兒能夠抓住目標。在四週大時，這種反射性的探取行爲似乎消失了，但到五個月時，它被代之以隨意的探取、準確的抓握、拉拽和鬆開(Bower, 1987)。

從不隨意的轉換成隨意的探取和抓握行爲，似乎是源於不斷重複發現、探索及控制協調的肌肉運動的練習過程所致。由此，一個兩個半月的女孩學會了隨意地控制她的手和腳。

> 她發現她有手，她每日多次看她的手，每次三、四分鐘，一邊看著，一邊擺動著、伸屈著、轉動著關節。她還會兩手在一起拍，把手伸到前邊最遠處端詳著。(Church, 1966, p.7)

運動技能，作爲身體發育、骨骼與肌肉的成熟及神經系統的成熟的結果，也發展起來。**圖 5-3** 說明了出生後第一年裏動作與運動技能發展的正常順序。嬰兒在獲得這些技能的順序和速度方面是有差異的。然而，一般說來，在前十二個月裏，嬰兒開始向上支撐住頭部並開始自己翻身；他們學習探取和抓握物體；他們坐、爬、站、走。這些成就的每一項，都要藉由不斷地練習、熟練、不懈努力，直至最終的掌握。

想想布雷德是如何努力爬行的。他被臉朝下放在一塊漂亮的毛毯中央。他的母親跪在毛毯邊上，搖晃著一個很吸引人的填充狗熊玩具。她微笑著鼓勵道：「過來，布雷德，來拿玩具熊。」布雷德專注地看著，朝狗

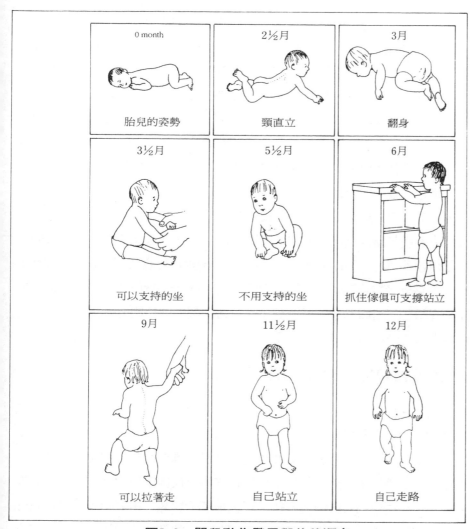

圖5-3　嬰兒動作發展與位移順序

注釋：圖中標出的是指50%的孩子掌握一項技能的年齡。這些常模是透過六十年代使用丹佛
發育檢查測驗(Denver Developmental Screening Test)建立的。
Source: Adapted from W. K. Frankenberg and J. B. Dodds, "The Denver Developmental Screening Test," *Journal of Pediatrics,* 71 (1967), 181-191.

熊伸手，然後，踢蹬、蠕動著，設法向前移動。這種像蛇一樣的運動，是布雷德能很好地組織、控制的爬行運動發展中的第一個成就。然而，在他熟練爬行之前，他必須學習用膝蓋抬起自己的身體，協調手和腳的運動，並把自己向前而不是向後推進。因此，這種往往被認為是在嬰兒期很自然而容易地做到的爬行行為，實際上是長期努力不懈的結果。

達成每一種感覺、知覺及運動任務中所要求的能力，仰賴於兒童的成熟程度和環境條件，以及兒童期望掌握這一能力的強烈程度。動作協調方面的每一個進步，都把嬰兒帶入一種新形式的與環境的關係之中。動作控制能力的增長使嬰兒能夠經驗更為多樣化的刺激，更精細地探索物體，更隨意地追尋他們的目標。

隨著嬰兒感覺／知覺與動作技能方面的進步，他們在社會性、智力、情緒方面也不斷成長。這些成就使嬰兒能進入並認識外部世界，也有助於把環境中的重要方面置於嬰兒的控制之下。例如，社會依賴過程中的變化，反映了感覺／知覺及動作技能方面的變化。匍匐、爬行、行走方面的成就，使嬰兒增加了對照顧者進行接觸並維持這一關係的控制力，從而增強了他們的有效性及安全與舒適的感覺。

感覺運動智能與最初的因果關係

嬰兒如何組織起他們的經驗？Jean Piaget（1970）指出：最初的承擔嬰兒期智力發育的機轉，是一種感覺運動的適應過程。在這一過程中，嬰兒主動地介入到環境中去。他們改變著自己的本能反應以說明自己周圍的物體的特定性質，同時，他們也使用這些本能反應去探索他們的世界。嬰兒並不使用語言的傳統符號系統去組織他們的經驗。事實上，他們透過知覺和對環境的直接考察來形成概念。因此，感覺運動智能這一說法，包含著運動模式與感覺經驗的精確化，藉此兒童得以在與特定的環境事件的聯繫中進行再確認。

想一想像綁鞋帶這種非常熟悉的經驗吧。綁鞋帶這種行為模式的發展只涉及極少的語言幫助。實際上，要向一個幼兒說明如何綁鞋帶是相當困難的，因為很少有什麼詞或概念可以用來描述這種過程。這種動作程式便是成人水準的感覺運動智能的一個例子。當嬰兒開始修正他們的吸吮反射以使其更為有效時，或當他們對於乳頭和奶瓶使用不同的吸吮技術時，他

們便表現出了感覺運動智能。吸吮的基模被修正了，以便它能夠說明乳頭和奶瓶的特殊性質。

　　感覺運動智能的最重要的成分之一，是預見某種行為在環境中能對物體特別有效果的能力。換句話說，嬰兒發展出一種僅僅基於感覺及運動經驗對因果關係的理解能力。嬰兒們發現：如果他們哭，媽媽便會來到他們身邊；如果他們踢椅子，它就會動；如果他們鬆開手中的湯匙，它就會落到地板上。這些連續性結果透過不斷的重複和實驗而被理解。只要兒童採取一種行為，周圍的物體便會作出反應，這種一致性便是對事件的預見性的基礎。兒童學習著把特定的行為與有規律地發生的結果聯繫起來。他們也憑自己的行為嘗試去確定單一行為可能會引起哪些多樣性的事件(Keil, 1975; Rovee & Rovee, 1969)。最終，他們能夠逆向操作：選定一種所期望的結果，然後，據此做出會產生這一結果的行為。

　　在一項很有趣的分析中，研究者對嬰兒進行為期六個月的錄影，以記錄使用湯匙作為進食工具的行為發生(Connolly & Dalgleish, 1989)。最初涉及湯匙的行為似乎集中於探究湯匙本身：嬰兒擊打湯匙，吸吮湯匙，或是將其在頭髮上磨來磨去。然後，嬰兒不斷地重複用湯匙在碟子裏攪動、把它送入嘴裏的行為序列，表現出對湯匙作為一種工具的用途的理解；然而，這時湯匙裏並沒有食物。在第三階段，嬰兒開始將動作與功能結合起來：用湯匙盛上食物，然後送入嘴裏。在這一階段，他們的動作出現很多錯誤，因而實際上很少有食物會透過湯匙送入嘴裏。最後，嬰兒終於能很好地協調動作及其功用。他們用另一隻手固定住碗，改變湯匙的角度，拾起他們掉下的食物，並找出其他一些策略來加強這種操作機能，當然，這要看針對的是什麼食物。這裏，我們看到了一種相當複雜的動作行為，如何成為感覺運動發展階段中問題解決行為序列的一個組成部分的例證。

　　複雜的、目的性、因果性行為的成就在第二年裏逐漸擴大。這種成就要求能夠理解所處環境中的物體的性質。他們還必須有種種操作客體的策略。最後，他們必須能夠選擇最有效的策略以協調動作，從而實現特定的目標。人們不會以把一幅新繪畫作品掛到牆上的動作，來勾取滾入床底的球。

· 因果關係基模發展的六個階段

　　Piaget和Inhelder（1966／1969）把因果關係基模的發展描述為六個

表5-3　感覺運動因果關係的六個階段

階　段	大致年齡	特　徵
1.反射	始自出生	對特定刺激的反射性反應
2.最初的習慣	始自第2週	使用反射性反應探索新的刺激
3.循環反應	始自第4個月	使用熟悉的行為達到熟悉的結果
4.手段與結果的協調	始自第8個月	精細運用動作去達到新的目標
5.新方法的嘗試	始自第11個月	矯正行為以達到目的
6.洞察	始自第18個月	手段與目的的心理的再結合

Source: Adapted from J. Piaget and B. Inhelder, *The Psychology of the Child* (New York: Basic Books, 1969)

階段(見**表 5-3**)。後來的研究和理論修正、證實了這些認知發展的水平階段(Fischer & Silvern, 1985)。在第一個階段，**反射**(reflex)階段，原因與結果是透過不隨意的反射性反應而聯繫在一起的。嬰兒吸吮、抓握以對特定的刺激作出反應。這些固有的反應是智能的產生根源。

在第二階段，即**最初習慣**(first habit)階段，反射性反應被用於探索範圍更為廣泛的刺激。嬰兒使用吸吮的行為來探究玩具、手指、父母的鼻子、毛毯。逐漸地，他們發現了這些物體獨特的性質，並矯正行為以符合這些物體的要求。嬰兒能夠把一個物體送入嘴中吸吮，以滿足他或她自己的需要，這便是最早的目的性因果性行為的形式。

第三、第四階段涉及手段與目的協調，首先是在熟悉的環境，而後是在新的情境。在第三階段，即**循環反應**(circular reaction)階段，嬰兒把一種行為與一種期望的結果聯繫在一起，他們搖晃一個波浪鼓，並希望聽到聲音；他們扔掉湯匙，希望聽到一聲撞擊聲；他們揪父親的鬍子，希望聽到一聲「哎喲」。他們還不理解為什麼特定的行為能導致所期望的結果，但當所期望的結果沒有隨即出現，他們會表示出驚訝。

在第四階段，**手段和目的協調**(coordination of means and end)階段，嬰兒使用熟悉的動作或方法實現新的結果。他們會搖晃一個波浪鼓去驚嚇媽媽，或是拉爸爸的鬍子迫使他無法看電視。這些手段和結果相當不同。這時候行為的目的性已是毋庸置疑的了。

在第五階段，**嘗試新方法**(experimentation with new means)階段，開始試驗用熟悉的方法去實現新的目標。當熟悉的策略已不再起作用時，

帕伯羅・畢卡索，〈帕羅瑪在遊戲〉，1950。在
發展因果關係模式的第四階段，嬰兒使用熟悉
的動作去實現新的結果。這裏，帕羅瑪把採取
和爬行結合在一起，以便抓到她的玩具車。

兒童會依據情境修正它們。人們可以把這一階段設想為感覺運動問題解決
階段。兒童會嘗試站在箱子上去開抽屜，用繩子來固定一個裂開的玩具，
或是用手絹包上一個玩具做成一件禮品。

　　感覺運動因果關係發展的最後一個階段，即**洞察**(insight)階段，涉及
到手段一結果關係的心理操作。兒童們進行嘗試一錯誤的問題解決活動，
並在頭腦中進行計劃。取代實際地進行種種身體動作活動的，是他們在心
理上預想某種動作的結果。他們能挑選出可能的解決方案，排除另一些方
案，却不必去逐一嘗試它們。這一結果便是洞察。內心的試驗為兒童帶來
最好的解決方案，也是唯一需要去做的事。

　　把自己知覺為一種引起某種結果的因素，並能預見自身行動的結果的
能力，對所有以後的技能經驗的掌握來說都是必要的。這種能力是人的能
力感覺發展的試金石。它涉及對環境的考察，指出問題解決的方向，以及
指向目標的恆心(MacTurk et al., 1987; Yarrow et al., 1983)。成人構
思一項計劃、執行它並評價其結果的能力，正是在這一技能基礎上發展起
來的。

認識物體的特質並進行分類

　　當嬰兒能自由探索時，他們突顯出對這種行為的喜好。自一出生起，

他們開始嘗試進行對環境中的物體進行直接的感覺上的接觸。他們探取、抓握、咬食物體。他們在視覺上追踪物體，改變他們的注視以維持與它們的視覺接觸。嬰兒並不是被動的觀察者，而是對所處環境的主動探索者(Rochat, 1989)。作爲這種對物體世界的主動介入的結果，嬰兒智力的兩個相聯繫佪又各自獨立的方面發展了起來：對物體性質的理解，對相似物體進行分類的能力。

(一)物體的性質

通過反覆地操作和實驗，嬰兒認識到：物體是有其基本特徵的。物體有邊界、大小、重量、顏色、延展性、結構質地，以及是否能包容其他物體的能力。所有這些屬性，都會影響到嬰兒用來探索物體的行動方式，也會影響到物體最終被編入其他行爲或因果基模的方式(MacLean & Schuler, 1989; Palmer, 1989; Sera, Troyer & Smith, 1988; Spelke, Von Hofsten & Kestenbaum, 1989)。

其中被最爲謹愼、詳盡地記錄的屬性之一，是**物體永存性**(object permanence)(Wellman, Cross & Bartsch, 1986)。在出生後第九或第十個月時，嬰兒建立起這一概念：環境中的物體是長久存在的，不因它們不被拿到或看到而停止存在。Piaget(1970)在對感覺運動智慧的描述中對此做了精闢的闡釋。

最初，嬰兒僅僅只是認識到那些現時存在於感覺／知覺範圍中的物體。如果一個六個月大的女孩已在玩一個波浪鼓，它對她就是存在的。如果這個波浪鼓從她手裏掉了出去，或是被拿走了，她也許會顯出短暫的痛苦，但她並不會去找尋波浪鼓。從實際意義上說，在視野之外也就是在心理之外。當物體被從知覺範圍中移去，或是從一個地方轉而出現於另一個地方時，觀察一個兒童的反應，即可據此探查出其物體永存概念發展的進展(Bertenthal & Fischer, 1983; Harris, 1975; Sophian & Yengo, 1985)。九個月大的嬰兒能夠理解物體只是從一個地方轉移到另一個地方去了。然而，如果這物體被不只兩、三次被替換的話，即使是個兩歲大的孩子也會被搞糊塗了。

我們不妨作一個實驗：把一個波浪鼓從一個嬰兒的抓握中移去，藏入一個墊子下面。如果這孩子不做任何努力去尋找波浪鼓，我們可以認爲他或她沒有意識到波浪鼓仍繼續存在。如果這孩子尋找波浪鼓，並到墊子下

面去搜尋，我們可以進一步進行我們的實驗。我們再一次把撥浪鼓從這孩子手裏拿走，藏於墊子下面。然後我們把它從墊子下面移走，放到另一塊墊子下面。從第一個墊子到第二個墊子之間的轉移完全發生在這孩子的視線之中。正常成人會直接到第二個墊子下取出波浪鼓。已經發展起物體永存概念的孩子也會這樣做。然而，有些孩子則會在第一塊墊子下面尋找，沒有找到，便停止尋找。稍大一些的孩子會追隨波浪鼓的實際移動，依同樣的順序先在第一個墊子下面找，然後再到第二個墊子下面去找。後面這兩種孩子已經學會了追踪物體的某些步驟，但還沒有獲得物體永存的概念。

作為對兒童掌握物體永存概念的確定性的最後一個測試，我們再一次把波浪鼓在兒童面前由第一個墊子移至第二個墊子，然後，悄悄地把它再藏入第三個地方。已經獲得物體永存概念的兒童會到第二個墊子下面去找，然而，沒有找到心愛的波浪鼓，便會繼續去尋找，他完全確信鼓會在什麼地方。而剛才追隨波浪鼓由第一個墊子到第二個墊子的步驟的那些孩子，在第二塊墊子下沒有找到波浪鼓，便停止繼續尋找。

如果你曾觀察過一個玩躲貓貓遊戲孩子的興奮和愉悅，便很容易理解物體永存概念。當他蒙上他的眼睛，他剛剛所看到的東西不復存在了。當他睜開眼睛時，他激動且有些驚訝：又看到那些東西了。這個遊戲對於那些還沒有建立物體永存概念的孩子來說，是最有趣的，因為物體的再現完全是始料未及的。

有些經驗似乎有助於建立物體永存的基模。熟練於爬行或是靠使用嬰兒學步車而移動的孩子，當物體被藏於視野之外時，其搜尋策略似乎更為有效(Benson & Uzgiris, 1985; Kermoian & Campos, 1988)。隨著嬰兒越來越多地控制自己在環境中的運動，他們能更好地使用環境中的標記而不是以自己的身體來定位物體。他們也能試驗這樣的意圖：離開並再取回物體，在新奇的環境中找出熟悉的物體。

甚至在很早的年齡時，在嬰兒能夠尋找並取回物體之前，他們似乎已有了物體位置的記憶，並能預見物體佔據著空間(Baillargeon, 1987; Baillargeon & Graber, 1988)。如果讓八或九個月的孩子們在物體一被藏起來時立即去尋找，他們能夠很有效地找到它。然而，如果在允許尋找之前必須等上五或十秒鐘，或者這個物體已被從一個容器移入另一個非常相似

嬰兒對人和非生命物體作出不同的反應。看上去，是鈕釦而不是另一個孩子本身吸引了這個孩子的注意力。

的容器裏，他們大概就糊塗了。到大約十七個月大時，嬰兒已經能解決最為複雜的物體永存任務，即把物體以一種使嬰兒無法追尋物體被移動的路徑方式，從一個隱藏點移至下一個隱藏點(Gopnik & Meltzoff, 1987; Uzgiris & Hunt, 1975)。

物體永存概念的獲得，把兒童從對他們所看到的世界的依賴中解脫出來。在頭腦中建立一個物體映像的能力，是複雜表徵思維出現的第一步 (Ramsy & Campos, 1978)。

我們也看重物體永存與社會依戀過程間的相互關係。嬰兒體驗分離焦慮的一個原因，是他們並不確定他們所依戀的人在看不見或接觸不到時，是否仍然存在。物體永存的基模既被應用於沒生命的物體，也被應用於人類。一旦嬰兒對物體永存性有了明晰的認識，當所依戀的照顧者離開屋子時，擔心照顧者會消逝的恐懼便會消退。有趣的是，母親照顧孩子的某些特性，與生命中第七個月中物體永存概念的出現是聯繫在一起的。經常與孩子互動的母親、對孩子表達正向情感的母親，以及積極地促助孩子的成就的母親，她們的孩子更有可能把恆常性的基模運用於事物和人(Chazen, 1981)。因此，社會依戀的發展與物體永存的成就，是會相互促進的。

(二)物體的分類

　　物體不僅具有屬性，而且有其功用。隨著嬰兒探究、試驗物體，他們開始設計出種種基模以便對物體進行組合。他們修正這些基模，向已有範疇中增加新的項目，把一個範疇與其他範疇區別開來。範疇可由物體的物理特徵組成，如「光滑的」與「粗糙的」；也可以由物體的功用構成，如「用來坐的東西」與「用來挖掘的東西」。

　　我們已多次認識到，嬰兒是能夠在視覺水平上形成範疇分類的。很早便已起作用的視覺中對面孔的偏好證明：幼小的嬰兒便能理解某些刺激中的規律性，並能把這些刺激與那些雖具有同樣複雜性卻並非人類面孔的刺激區分開來。最近的研究發現：三至五個月大的嬰兒能夠分辨抽象刺激，如點陣圖形，並能覺察適宜此一範疇的物體與不適宜此範疇的物體的區別(Hayne, Rovee-Collier & Perris, 1987; Younger & Gotlieb, 1988)。然而，人們也許會有疑問：是否這些觀察只是更多地反映了視覺記憶的能力，而並非對一類物體或事件創立一個內部表徵的能力？

　　到十八個月大時，兒童能夠進行被認為是非常典型的分類作業。例如，他們能對八個物體進行分類，如四個顏色明亮的黃長方形，四個人形的塑膠模型；他們能把它們分成兩個不同的組別(Gopnik & Meltzoff, 1987)。這種分類並不要求對物體進行命名的能力。然而，就在兒童表現出進行兩個組別的分類能力之後，他們在對物體命名能力上的表現迅速提高。因此，分類與命名似乎是緊密地聯繫在一起的。在約兩歲末的時候，嬰兒已懂得：物體有其特定之穩定的屬性，一些物體與另一些物體有同樣的屬性，物體有其名稱。隨著這些成就，嬰兒對其日常生活經驗啓用了一種新的條理化和預見力。

情緒發展

　　情緒為嬰兒期的溝通系統提供了一種組織架構(Campos & Barrett, 1984)。一個嬰兒會做出一系列的情緒表情，包括恐懼、痛苦、厭惡、驚奇、興奮、興趣、愉快、憤怒和悲傷，雖然這些表情並不十分完善。父母與照顧者依靠與這些情緒相關的面部的、聲音的和行為的線索，作為確定嬰兒內部狀態和目的的方法(Malatesta & Izard, 1984)。在交互作用的循環中，敏感的照顧者監視著嬰兒情緒上的變化，以此來確定是否他們的干預

愉快、高興的表情確立了母親與嬰兒之間的強有力的互動。

是有效的。當交互作用偏離軌道而成人又無法理解嬰兒的需要時，成人便會試圖修正或改變這種交流(Tronick, 1989)。

　　設想一下：一個六個月大的嬰兒，想要拿一個他搆不到的玩具。他朝著玩具揮動著胳膊，發出急迫不耐的聲音，看上去非常痛苦不安。當父親努力地想像究竟這孩子想要什麼東西時，他看著孩子的表情，以便發現他想的是否正確。如果父母能在這種交流形式下取得協調，往往更容易幫助孩子實現他們的目標。而嬰兒往往也會堅持繼續嘗試這種交流，因為他們在這種交流中體驗到了成功。

　　嬰兒也能探索並區分他人的面部表情。很小的嬰兒已能分辨恐懼、憤怒、愉快、悲傷和驚奇的表情(Caron, Caron & MacLean, 1988; Hornik, Risenhoover & Gunnar, 1987; Lude-mann & Nelson, 1988; Walker-Andrews, 1986)。他們往往是用視覺和聽覺訊息來進行辨別的。

　　在某些情景下，嬰兒使用他人的情緒反應來指導自己的行為。嬰兒常常把自己的母親作為一種**社會參照**(social reference)，但其他成人也能提供這種功用(Hornik & Gunnar, 1988; Klinnert et al., 1986; Walden &

Ogan, 1988)。當嬰兒接近一個不熟悉的成人或一個不確定的情境時,他們看著媽媽,並以媽媽面部的與(或)聲音的表情,作為關於情境的訊息來源。如果母親表現出擔憂或負向的情緒,嬰兒往往會退縮,或者十分小心謹慎地探索。如果母親表現出一種正向情緒,嬰兒則往往會很自信地接近陌生情境或不熟悉的人。

情緒的這種支配作用是雙向式的,藉此嬰兒與照顧者之間可建立一種**交互支配關係**(intersubjectivity)。從最初的幾個月起,嬰兒便以與對待物體不相同的方式來與人交往(Brazelton, Koslowski & Main, 1974; Trevarthen, 1989)。嬰兒與照顧者能從事相互的、有節奏的交往,評估對方的狀態變化,矯正自己的行為以回應由對方所發出的訊息。透過一系列共享的情緒成分,嬰兒與他們的照顧者能夠彼此相互理解,並產生共通的意義。因此,情緒表情成為信任的建構條件。

嬰兒期的情緒發展可以認為是在三個向量上展開的。首先,新的情緒產生,並在強度向量上分化。其次,隨著認知的成熟,兒童有區別地解釋種種事件。新的情緒可以附著於一種熟悉的情景上。一種曾引起憂慮的經驗,如新的玩具或大聲音,可能隨著兒童對情景的把握而成為引起興奮或愉快的原因。第三,兒童發展出調節自身情緒的策略,以便不致被過強的情緒所壓制。

(一)情緒的分化

在生命的前兩年裏,情緒逐漸日益分化。Peter Wolff (1966)描述了新生兒的七種喚醒狀態。每一種都以獨特的呼吸、肌肉緊張度、運動活動及警覺性模式作為特點(見**表 5-4**)。在這些狀態中,我們看到了痛苦(哭泣)、興趣(警覺性活動停止)及興奮(覺醒的活動)間的最早的分化。最早的微笑出現於快速眼動(不規則睡眠)期。新生嬰兒的喚醒狀態將會影響他或她對環境的反應能力。狀態的改變也具有提示照顧者反應的作用。哭叫常常帶來安撫、慰藉的回應。視覺警醒往往會促進社會性交往。父母試圖與他們的孩子進行交流,進行目光接觸,在覺醒期促進非語言的交流(Tronick, Als & Brazelton, 1979)。

情緒的分化遵循著有規則的模式,如**表 5-5** 所示。這個表描述了三個情緒向度上的與年齡相關的變化,這三個向度是:愉快—高興;小心—恐懼;氣惱—憤怒。在第一個月中的情緒反應,是與嬰兒的內部狀態密切聯

表5-4　新生兒的喚醒狀態

正常睡眠(RS)	完全休息；肌肉緊張度低；低活動量；眼瞼安穩緊合，靜止不動；均勻的、有規律的呼吸，約每分鐘36次。
不規則睡眠(IS)	較大的肌肉緊張度；柔和的動作活動；頻繁的面部怪相和微笑；偶爾有快速眼動；不規則的呼吸，每分鐘約48次。
間發性睡眠(PS)	間發於RS和IS之間；迅速而較淺的呼吸與較深而緩慢的呼吸交替出現。
昏睡(D)	比RS活動多，但少於IS或PS；眼睛張開又閉上；當張開時，眼睛顯得遲鈍、呆滯，可能向上翻轉；呼吸總在變化，但頻率比RS期高。
警覺的不動期(AI)	稍有活動；面部放鬆；眼睛睜開且「很有神」；呼吸長，但比RS期時快。
覺醒活動期(WA)	頻繁的、無規則的動作活動；發聲；活動時皮膚泛紅；呼吸不規則。
哭叫(C)	強烈的、不規則的動作活動；面部怪相；皮膚漲紅；眼睛睜開或部分合上；哭叫。

Source: Adapted from P. H. Wolff, "Causes, Controls, and Organization of Behavior in the Neonate," *Psychological Issues,* 5(1, whole no. 17) (1966) .

繫在一起的。生理不適、喚醒、疼痛以及中樞神經系統中不斷變化的緊張度，都是引起情緒的主要來源。在一至六個月的期間裏，情緒變得對自身和環境的區分有更多的聯繫。嬰兒對熟悉的面孔微笑。他們顯露出對新奇刺激的興趣和好奇心。而當哺乳被中斷，或當他們受到妨礙，無法看到他們想要目睹的活動時，便會惱怒。

　　自六至十二個月期間，表現出對事件的情境的覺知。愉快、憤怒、恐懼情緒，與嬰兒回憶先前的經驗並且把它們與當前事件相比較的能力聯繫在一起。這些情緒也反映了嬰兒實踐某種對環境的控制及在目標受到妨礙時遭受挫折的能力。

　　在第二年裏出現的情緒——尤其是焦慮、驕傲、挑戰和羞怯——顯示嬰兒已產生了自我感覺。嬰兒認識到：他們能作為一種引起一定結果的因素。他們也已開始對他人的情緒作出反應。他們能用擁抱、親吻、輕輕的拍打來對他人表示愛。他們能與他人共享玩具，能安慰其他痛苦的嬰兒，模仿別人激動的樣子。隨著日益成為一個有特點的人，嬰兒達到一個新的覺知水平：既認識到自己與他人的脆弱性，也意識到給予和接受快樂的能力。

(二)情緒的解釋

表5-5　一些基本的人類情緒的個體發展

月份	愉快-高興	擔憂-恐懼	氣惱-憤怒
0-3	自發微笑；轉向	驚嚇／痛；強制性注意	擋住臉、身體束縛、極度不適引起的痛苦
3	愉快		氣惱（沮喪）
4-5	欣喜；主動的笑	擔憂	
7	高興		憤怒
9		恐懼（陌生人厭惡）	
12	大喜	焦慮；即時的恐懼	憤怒心境，惱怒
18	對自己的正性評價	害羞	挑戰
24	喜歡		有意傷害
36	驕傲，愛		內疚

Source: L. A. Sroufe, "Socioemotional Development," in J. D. Osofsky (ed.), *Handbook of Infant Development,* pp. 462-516 (New York: Wiley, 1979). Copyright ©1979 John Wiley & Sons, Inc. Reprinted by permission of John Wiley & Sons, Inc.
註：這裏標記的年齡，既不是一種情緒明確地產生的最初時間，也不是它最常發生的時間，而是文獻記載所表明的此種反應已很常見的時間。

　　對情緒的面部表情的觀察，爲解釋重要事件的意義提供了主要之關鍵。在一項研究中，對剛剛接受注射的兩個月和四個月的嬰兒進行錄影，他們的情緒反應包括眼睛緊閉的生理痛苦和憤怒表情。然而，當在十九個月時對他們進行錄影，他們的表情則更多地涉及眼睛睜開的憤怒，這表明他們已更多地意識到引起這種痛苦的來源(Izard et al., 1983)。

　　與母親短暫分離所引起的情緒表情，對於母嬰依戀的性質以及依戀的發展，都提供了一種線索(Hyson & Izard, 1985)。**表 5-6** 繪出了在十三個月和十八個月大時與母親分離期間使用特定情緒表情的嬰兒的人數。興趣、憤怒、悲傷和這些情緒的混合體，在這些被研究的嬰兒身上都能觀察得到。

　　有些情緒從此一年齡到彼一年齡之中是相當穩定的。在十三個月大時對母親的分離有表情反應的嬰兒，在其十八個月大時往往也表現出同樣的情緒。在十三個月大時反應爲憤怒的孩子，在十八個月大時往往也表現出憤怒。然而，悲傷表情則沒有顯示出這種連續性。隨著時間的推移，悲傷表情有所增長，或者只是其自身，或者是與其他情緒混合在一起。這一變化表明：許多嬰兒對第二年中的分離經驗賦予一種新的意義——這一意義

表5-6　13、18個月大時對與母親的分離使用特定情緒表情的嬰兒的數量

情緒變數	13個月	18個月
興趣	16	16
憤怒	14	15
悲傷	7	11
悲傷-憤怒混合體	7	12
興趣-憤怒混合體	4	11
興趣-悲傷混合體	3	10

Source: M. C. Hyson and C. E. Izard, "Continuities and Changes in Emotion Expressions during Brief Separation at 13 and 18 Months," *Developmental Psychology*, 21 (1985), 1168. Copyright © 1985 by the American Psychological Association. Reprinted by permission of the author.

反映了把自己與他人相區分的較大的能力，因此也意味著對喪失的一種更爲複雜的評價。

㈢情緒的調節

　　嬰兒發展出一些策略，以應付強烈的情緒，無論是正向的還是負向的。這一方面的大多數研究集中於兒童對待痛苦的方式(Dodge, 1989)。即使是新生兒，也有一些策略來減緩痛苦的強度，如把頭轉過去，吸吮自己的手，或是閉上眼睛。隨著嬰兒獲得新的動作協調與控制，他們會逃離目標物，轉移注意力，或以搖動、撫摸自己或吸吮拇指來自我安慰(Kopp, 1989)。

　　情緒調節的發展中最重要的因素之一，是照顧者幫助嬰兒於此種發展努力的方式(Kopp, 1989; Tronick, 1989)。當照顧者看到嬰兒處於痛苦之中時，他們能夠提供直接的幫助。他們會摟緊、擁抱、搖動或裹住孩子。他們可以提供食物、奶嘴，或其他形式的安慰。透過言詞和行動，他們可以幫助孩子解釋引起緊張的原因，或是指出減緩痛苦的方法。

　　照顧者對情緒調節問題的做法是因文化而異的。有些文化透過阻止兒童暴露於某些喚醒情境來調節情緒。例如，日本的母親們努力於避免使她們的孩子接觸憤怒場合。她們避免使幼兒遭受挫折，從而使孩子們不會體驗憤怒。父母們很少對他們的幼兒顯露出憤怒，尤其是在公衆場合。因此，日本的父母們是儘可能地以減少孩子對憤怒的體驗來嘗試調節憤怒的

微笑中蘊含著什麼？

　　嬰兒的微笑是一種社會性財富。父母及祖父母們會試圖竭盡所能地引發出這種甜蜜的表情。然而研究者們還發現，嬰兒的微笑有相當多樣化的含義，並且能在對許多刺激的反應中產生出來。

　　最早的微笑，出現於生命的頭一個月裏，會在睡眠中或在對高頻率的人類聲音反應中，自發地產生出來。輕柔的觸覺刺激——接觸、搔癢和搖擺——能產生這些早期的微笑。嬰兒最初的微笑並不是真正的社會交往形式，雖然它們往往會引起成年照顧者的正向情感(Wolff, 1963, 1987)。社會性微笑大約自五週大時可以觀察得到。這些微笑最初是在對很廣泛的刺激——熟悉的面孔和聲音(尤其是母親的)、陌生人、非人類物體——的反應中產生。大約二十週後，微笑反應開始分化。嬰兒繼續相當廣泛和頻繁地對熟悉的人和物體微笑，但不再輕易對陌生人或物體微笑。社會性微笑不僅負載著對熟悉性的確認，也表達了進一步通訊或交流的意願(Ambrose, 1963; Sroufe et al., 1984)。

　　認知性微笑似乎是與社會性微笑並駕齊驅地發展的。嬰兒微笑以對其自身的行爲作出反應，就好像他們對自己的成就流露出滿意(Papousek & Bernstein, 1969; Waston, 1970)。在三個月時，嬰兒在對那些基本熟悉的事件的反應中作出微笑，似乎表達著對這一情景的理解的愉快(Kagan, 1984)。當嬰兒能夠導致某種事件發生時，如他們擺弄一輛小車，或是在踢脚時聽到一陣鈴聲，會很複雜地露出微笑(Cicchetti & Schneider-Rosen, 1984)。這些操縱引發的微笑並不是一種社會性交往。到八個月時，嬰兒在解決不確定性時，或在能夠掌握一個新的概念時，會微笑(Kagan, 1984)。在出生後第二年裏，微笑伴隨著一種原始形式的幽默。當嬰兒識別出某種不和諧時，如一幅媽媽喝嬰兒奶瓶或是媽媽用手和脚爬的場面，便會微笑。這些微笑表明：嬰兒對有關現在所出現的現象與通常所觀察到的現象之間的差異，進行了評價(Cicchetti & Schneider-Rosen, 1984)。嬰兒會在多種多樣的情景下微笑。引起微笑的條件隨嬰兒的成熟而變化。因此，像其他情緒表情一樣，對微笑應當依據嬰兒現時的基模和目的予以解釋。

(Miyake et al., 1986)。

情緒也可以透過體驗這些情緒本身的方法而被調節(Campos, Campos & Barrett, 1989)。嬰兒會透過父母對自己的情緒表情的反應來觀察憤怒、驕傲、羞怯、悲傷。父母可以透過作出不贊成的表情來中止孩子的憤怒。孩子可以透過看到其他人的笑和快樂而從悲傷中轉移出來。透過移情，兒童會由於看到別人如何地悲傷和恐懼而減少對他的憤怒。

隨著兒童對一個情景的結果或涵義的理解，他們有了新的調節或放棄調節情緒的動機。如果兒童認為痛苦訊號能幫助他們實現自己的目標，如特別的注意或哺乳，他們就會擴大或延長他們的痛苦訊號。如果他們覺得痛苦的訊號會進一步引起附加的痛苦，便會試圖掩蔽起他們的痛苦。情緒的調節，就像情緒本身一樣，是發生於人際情景之中的。一個嬰兒設計有效的策略來減緩痛苦的努力程度，依賴於痛苦的訊號如何被他人所對待，依賴於嬰兒在這一情境中的目的，也依賴於嬰兒同步比較環境中的認知的、物理的和感情的因素的能力。

小結

嬰兒生來便具有複雜的感覺／知覺能力，這使他們能夠從出生第一天起便參與到社會交往之中。在第一年裏，隨意的運動機能迅速地成熟。社會依戀被認為是個體建立人際關係的能力的基石。感覺運動智能的發展導致感覺／知覺及運動技能的運用，以建立起對因果關係的認識。在邏輯思維的發展道路上兩個相互關聯的成就，是對物體性質的理解和組合相似物體的範疇的形成。這些方面的智力發展使嬰兒在其經驗中付出更高層次的秩序性和預見性。情緒為嬰兒與成人的交流提供了一個核心模式。我們依靠情緒表達的能力來幫助我們理解嬰兒的需要和目的。

嬰兒期的種種任務是十分複雜地相互聯繫在一起的。很難只討論智力而不考慮感覺／知覺及運動技能。很難只討論依戀而不考慮物體永存和情緒表情。在兒童期，我們看到種種能力的逐漸澄清、顯現及其日益增長的獨特性。但在成年期，我們似乎是努力於重新組合起這些方面以便達到一種整合感。

心理社會危機：信任VS.不信任

　　心理社會危機(psychosocial crisis)是指一種緊張狀態，它是個體的發展需要及文化中的社會期望的結果。在嬰兒期，這一危機的特殊性質，是依據嬰兒在與照顧者關係中所體驗到不斷發展的信任感所描述的。嬰兒尋求來自父母的慈愛、哺育、安慰和刺激(Erikson, 1950, 1963)。在成人的相互關係中，**信任**(trust)是指對他人的可預見性、依賴性和真誠的評估(Rempel, Holmes & Zanna, 1985)。信任是在一種關係的發展中，隨著一個人發現另一個人誠實、善解人意、可靠而產生出來的。隨著信任度的增加，雙方在揭露那些可能會被拒絕的訊息或情感方面，會有所冒險。而那些確保度過這些冒險時期的關係，便在信任的情感中成長。然而，信任並不只是過去經驗的總和：它是一種信念，相互的關係能承受得住不可預知的未來的種種變幻無常。一種信任關係把對過去的信念和對未來的保證聯繫在一起。

　　對於嬰兒來說，信任是一種情緒，一種對他們的需要將得到滿足、他們是被視為有價值的親身體驗狀態。可從嬰兒日益增長的接受延遲滿足的能力，以及在與其他家人的交往中明顯表現出來的熱情、愉悅中，推知嬰兒的信任。嬰兒的信任感是一種情緒狀態，它提供一種對世界獨特的一致性感覺。

　　Erikson (1978)把信任能力與基本的人類願望的強度聯繫在一起。他認為：「願望是對原始希冀的實現的持久信念，儘管惡慾邪念與暴怒是與生俱來的，並留下駭人的離間人際關係的後遺症」(p.26)。這種與生俱來的願望，在嬰兒期中為面對危險提供了樂觀前景。在整個一生中，信任的能力及被信任的感覺，為人提供了尋求新的解決辦法的力量和戰勝艱鉅挑戰的希望。

　　嬰兒期中不信任的經驗可能來自兩個原因。第一，嬰兒對他人的善意回應缺乏信任。如果照顧者不能夠分辨嬰兒的需要，並對他們作出相對的反應，或者照顧者在滿足嬰兒的需要時異常苛刻嚴厲，那麼對環境的可信任性加以懷疑的種子，便會根植於嬰兒心中。第二，嬰兒體驗到自己憤怒的力

帕伯羅‧畢卡索，〈母性〉，1905年。信任對不信任的危機隨著嬰兒與照顧者之間建立起相互的情感而得到解決。母親面孔的角度，她的手的位置，以及嬰兒那觸摸母親乳房的纖細小手，都表達了這一早期關係的溫馨。

量。憤怒的內在體驗產生一種對邪惡的早期認識。隨著不斷經驗自己發動憤怒能力的暴烈性，嬰兒會懷疑他們自己的可愛性。

在幫助嬰兒解決信任與不信任之間的衝突中，父母的態度深具影響。在對嬰兒的痛苦訊號作出的反應中，大多數父母嘗試種種錯誤，尤其是在嬰兒非常幼小的時候。嬰兒一哭，他們就試著餵奶，若還哭，就換換尿布，餵點水，把孩子抱到另一間屋子，或是放到床上，直到某一種方法奏效為止。然而，隨著時間的推移，他們學會正確地解釋孩子的訊號，並作出恰當的反應(Kropp & Haynes, 1987)。

嬰兒對信任情結的懷疑或焦慮的感覺，似乎要比我們所預計的更為普遍。在被系統性觀察的美國母子關係的樣本中，約有三分之一的美國母子表現出明顯的不安全依戀。而泛文化的研究也提供了進一步的證實：有相當多的嬰兒，很難從他們的依戀關係中獲取情緒的慰藉與安全感。在更極端的情況下，父母粗暴地忽視自己的孩子。他們把孩子獨自擱置一邊而無人去照管他或她的需要。他們拒絕給孩子換尿布或沐浴。他們不護理嬰兒的創傷或保護他們免於危險。他們對孩子一貫地表現出敵意，或幾乎不提供任何交流(Lyons-Ruth et al., 1987)。在這些環境中，嬰兒發現：他們的父母在生理上和心理上難以接近(Egeland & Sroufe, 1981)。不信任的

增長源自於他們無法獲得身體上的和心理上的安慰。這種懷疑感可以表現為社會交往中的退縮，或是抑鬱與憂傷綜合症狀，其中包括啜泣，沒有情緒，冷漠，沒有食慾(Field et al., 1988)。

在嬰兒期，像在生命中的其他任何階段一樣，被擴展以解決心理社會衝突的力量，在嬰兒想要成功地完成此階段的發展任務的努力中，有著整合力量的作用。信任—不信任的危機的積極成功的解決，將促進心理社會性發展。體驗著基本的安全感與信任感的兒童，將能受益於與其他成人建立的關係。他們處於一種極有利的位置，有助於探索他們的環境，並帶著好奇心和自信心去面對新奇世界(Aber & Allen, 1987)。

核心過程：與照顧者的相互關係

解決信任—不信任危機的基礎，是嬰兒與照顧者之間建立起相互情感共鳴關係的過程。最初，這種相互關係是建立在照顧者對嬰兒的需求恰當反應的一致性基礎之上的。當嬰兒因渴而哭時，照顧者應能解釋哭的原因，並餵孩子喝水而不是換尿布。照顧者要能鑑別孩子所表達出來的不同需要，兒童則要學會預見其個人需要將得到滿足。

嬰兒以多種方式影響著照顧者的反應。嬰兒的易怒性與安靜性，影響著成人對他們作出反應的方式。嬰兒可以用吵鬧、緊張、哭叫或睡覺來拒絕或者中止相互交流。他們也可以用微笑、呀呀作聲、舒適的擁抱或保持視線接觸來維持相互交流。安撫技術並不會對所有的孩子都引起同樣的反應(Campos, 1989)。奶嘴有助於安撫部分嬰兒，而對另一些孩了，用溫暖的毛毯把他們舒服地緊裹起來更為有效。此外，與其把嬰兒放在搖籃裏來回搖動，或者讓他們保持躺著的姿勢來安撫他們，或許把他們抱在肩上更能有效地減少他們的哭鬧。這些分化的反應表明，嬰兒在相互聯繫的建立中具有主動的作用。

嬰兒和照顧者學習著調整一種需要的表達與滿足之間的時間。在一項母嬰交互作用的研究中，Bell和Ainsworth (1972)觀察了嬰兒一歲之內母親對嬰兒的哭叫的反應。在這一年的進展中，嬰兒的哭叫不斷減少，而母親則傾向於對孩子的哭叫更為迅速地作出反應。這一發現顯示，在母親與嬰兒之間有一種相互適應的過程。母親在其反應策略上比嬰兒更具有一貫性。有些母親反應很敏銳，很少忽視孩子的哭叫。另一些母親則會在較長

一段時間後才作出反應，並且常將孩子的哭叫置之不理。一項驚人的發現是，母親對她們的孩子的哭叫延遲作出反應的時間越長，在以後的月份中孩子哭得就越多。頭六個月裏其母親作出及時反應的孩子，在後六個月中哭得較少。

　　對與照顧者相互關係的研究，相當精細地集中於社會交往的協調性方面。嬰兒與他們的照顧者之間建立起交互作用的循環(Brazelton, Koslowski & Main, 1974; Tronick & Cohn, 1989)。**相互協調**(coordination)是指相互作用中兩個相互聯繫的特徵：匹配與同步。**匹配**(matching)是指嬰兒和照顧者在同一時刻參與相似的行為或狀態。他們也許在一起玩一樣東西，喁喁對話或相互微笑，或者相互生氣、發火。**同步**(synchrony)意味著：嬰兒和照顧者在某種變換的模式中由一種狀態轉移至另一種狀態。當嬰兒對照顧者給予注意時，照顧者嘗試對他們施加刺激。當嬰兒轉移注意時，照顧者試著減少刺激，直等到嬰兒準備好再度給予注意。

　　在正常的發展模式中，母嬰交互作用變得日益協調化(Bernieri, Reznick & Rosenthal, 1988; Tronick & Cohn, 1989)。這並不意謂，絕大多數的相互作用都是協調的。事實上，尤其在嬰兒尚十分幼小時，曾經匹配的交互作用往往很快變得不相匹配了。部分原因是由於嬰兒尚無能力維繫協調化的交流，部分原因是由於需要狀態的迅速轉變，或由於成人不能維持長時間給予非語言的交流所致。然而，在正常的二人互動中，不匹配期往往跟隨著**溝通的修正**(communication repair)，以便母嬰能在他們的相互交往循環中再一次達到協調。

　　從理論角度上看，我們把這種協調、不匹配、修正過程，視為相互關係的基本要件。嬰兒和照顧者對他們相互交流的能力產生信任。嬰兒有許多機會去體驗這種共享交流的滿足，以及有被包容在一個有反應的社會環境中的感覺，他們也不斷地經歷著藉由自不匹配狀態向有效的溝通狀態的恢復歷程，從而他們會對在未來的日子裏進行這種修正的能力滿懷希望。

　　對有心理問題的父母進行的研究，突出強調了相互交往對嬰兒期中建立信任和希望的重要性。對嬰兒的情緒狀態的敏感性，對嬰兒的需要作出恰當的反應的能力，以及日常相互交往的性質，都會受**家庭危險因素**(family risk factor)所損害。對經歷著婚姻不和的父母、曾作為虐待兒童或忽視兒童行為的犧牲品的父母、抑鬱的父母或者有心理疾患的父母的研究發

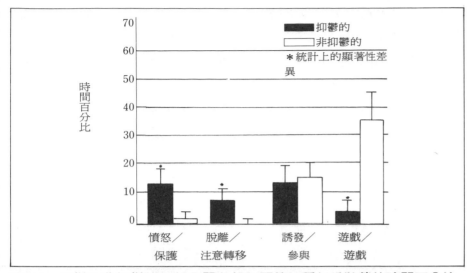

圖5-4　抑鬱和非抑鬱的母親與嬰兒相匹配的四種行為狀態的時間百分比

Source: T. Field, B. Healy, S. Goldstein, and M. Guthertz, "Behavior-State Matching and Synchrony in Mother-Infant Interactions of Nondepressed versus Depressed Dyads," *Developmental Psychology,* 26 (1990), 11. Copyright 1990 by the American Psychological Association. Reprinted by permission of the author.

現：這些父母與其孩子的互動循環之間缺乏同步性(Rutter, 1990)。

　　對抑鬱的和非抑鬱的母親與她們的三個月大的嬰兒面對面互動所進行的錄影發現：與非抑鬱的母親和她們的孩子相比，抑鬱的母親和她們的嬰兒很少有時間處於匹配行為狀態(Field et al., 1990)。此外，這些交互作用的性質是不同的。如**圖 5-4** 所示，抑鬱的母親和她們的孩子較多的行為匹配時間，是處於憤怒—保護狀態或是相互脫離—轉移注意的狀態。非抑鬱組母親和她們的孩子的行為匹配時間較多是花在遊戲上。

　　我們還不能確定這種交互作用模式對嬰兒的長期心理社會發展的影響。對有些人來說，其作用似乎是壓抑性的，並導致不信任感。如果母親擺脫抑鬱，或者，如果嬰兒有機會與其他的非抑鬱的成人交往，這種兩人間的關係也許會建立起一種更為積極的社會交往模式。此項研究及其他種種研究顯示：即使是在非常小的年齡裏，嬰兒也對與母親交往方式的內容和情緒性非常敏感並有所反應。

　　建立這種相互關係的初始，似乎主要依賴於父母對孩子的行為正確地並且是在「恰當」的時間作出反應的能力。不久，孩子們被希望能耐心等

待，直到照顧者準備好來照顧他們。當父母短暫地離開屋子時，孩子們要保持鎮靜和原先的注意力，並相信父母是會回來的。在我們的文化中，孩子們還被希望能注意他們自己需要的時間表。例如，在一歲多時，他們能在家庭其他成員睡覺時，他們也睡覺，而當其他人醒來時他們才遊戲，一天約吃三、四餐，而且通常是與在其他家庭成員同時進餐(食)時。

嬰兒生活節奏與家庭生活節奏之間的匹配或不匹配，是家庭對新生兒的整體調節中的重要因素(Sprunger, Boyce & Gaines, 1985)。有些孩子的生活規律具有很大的可預測性；他們睡覺、進食、遊戲，甚至發脾氣的時間表，遵循著一個十分明確的模式。另一些孩子則很少有什麼規律。家庭在日常生活安排的規律性方面，也有所變化。有些家庭有一貫性的進食時間，相當嚴格的睡眠時間以及日常活動時間，並有著可預見的工作和休閒活動時間模式。另一些家庭則是變動無常。當嬰兒與家庭的規律性層次相似時，整合調教這個新的家庭成員並不需要多少額外的調整。然而，當規律性上出現不匹配時，父母和嬰兒就必須進行一個相互調節適應的過程，以便達成令人滿意的平衡。這種重要的相互關係的心理，仰賴於對基本需要將可得到滿足的信念。由於這種信念，無論嬰兒還是父母，都願意修正他們的行為。其結果是產生一個有規律的交互依賴系統(Osofsky & Connors, 1979)。

小結

信任被定義為一種對個人需要將得到滿足的信念和良好現狀的情緒感受。信任是由與敏感的照顧者不斷的交互作用中衍生出來。嬰兒能主動地引起照顧者相對的反應行為。嬰兒期危機的消極後果導致不信任感的產生，並帶有冷漠、退縮、受挫後的悲傷等行為特徵。信任與不信任的危機，可隨著嬰兒與照顧者學習修正他們的行為，並適應對方的需要和能力，在互動關係過程中得到解決。

專題：父母的角色

當我們考慮把嬰兒期中信任與不信任的心理社會危機歸入發展任務的

必要性時，我們對父母所承擔的維護並促進孩子的心理社會發展的責任，印象極爲深刻。我們已把嬰兒描繪爲是主動的、適應性的、渴望把握環境的。同時，我們也引用了大量例證來說明成長需要環境的支持來促進。人類嬰兒出生時的不成熟性，必然地決定了其對成人的長期依賴。和其他種屬的幼雛相比，人類嬰兒本能行爲的缺乏是需藉助無限的學習能力來補足的。由於這種已被認識到的潛在性，嬰兒必須仰賴父母來維持自身健康，提供刺激，並保護他們免於危險(Fraiberg, 1977)。在長期的依賴中，嬰兒被嵌繞於一個複雜的社會系統，並發展起與那些照顧他們的人的強有力的情緒聯結。

在考察嬰兒期父母的角色時，我們總要專注於父母促進情緒發展的能力與他們促進認知發展的能力之間的相互作用方面。正如我們所看到的，一些行爲對嬰兒與父母間的強有力的情緒聯結的發展是非常重要的，而其中有許多行爲對於促進智力發育也是具關鍵性的。

讓我們來看一些例子。社會依戀與物體永存已在前面作爲嬰兒期兩項發展任務加以討論了。父母對於鼓勵這種依戀做了些什麼？他們一致性地並恰當地對他們的孩子的需要作出反應。他們透過抓握、摟抱、注視、對孩子說話來維持與他們孩子的接觸。他們對孩子微笑，並付諸努力使孩子微笑。所有這些行爲幫助嬰兒形成父母精細地分化的表象，並對其附加上親切熱烈的正向情感和與他們親近相處的願望。

父母表象的鮮明性透過種種感覺經驗和不斷的交流接觸得到加強。透過嬰兒對父母的有偏愛性的微笑，以及他們被撇下由陌生人照料時的痛苦，我們可以獲得嬰兒關於父母表象豐富性的證據。

一旦特定的依戀已經形成，孩子便會時時刻刻追隨他們的父母。當父母離開屋子時，嬰兒便會對他們哭叫，跟在後面爬，或是刻意地注視著他們離去的方向。所有這些行爲都是依戀的證據。然而它們也是物體永存的概念出現的訊號。嬰兒在父母移出視野時會追隨他們這一事實，意味著他們在內心裏已建立起了關於父母的表象，這種表象要比對父母的視覺本身更爲恒久。這裏，我們有一個令人振奮的關於父母雙重功用的例子：在維持與孩子的親切關係的過程中，父母滋育了情緒依戀，並爲概念的發展提供了一個基礎(Jackson, Campos & Fischer, 1978)。

如果你在一個新奇環境中觀察過一個孩子和父母，如在醫生門診室候

父親往往低估嬰兒的能力，常常不恰當地與他們交流。

診，你便會看到這種雙重功用的另一個例子。父母的作用就像是一個安全島，藉此孩子才會進行探索(Ainsworth, 1979; Bowlby, 1988)。嬰兒移動，進入這一環境，再返回父母身邊。下一次，這孩子也許會走得再遠一些，在再一次回到父母身邊前，碰一下雜誌、沙發或其他孩子。人們甚至會看到，這孩子離開這屋子，逛到走廊裏，或是進入一間空蕩蕩的檢查室，最後返回到父母身邊(如果不被發現他的護士領回的話)。父母可以使用已經與這孩子建立起來的信任和信心，鼓勵去探索，使他們的孩子與新的不熟悉的物體相接觸，並支持他們的孩子努力掌握困難的動作任務。這種情形不難躍然心頭：微笑著的母親伸出雙臂朝向她的孩子，說道：「走到媽媽這兒來。」因為對人類關係的信任，產生了對整個環境的信任的作用。一旦嬰兒對自己與父母之間的關係表示信任，父母便能運用這一信任去鼓勵一種對陌生情景開放的、探索的態度(Heckhausen, 1987; Zahn-Waxler, Radke-Yarrow & King, 1977)。

　　父母既促進情緒又促進智力發展的另一種方式，是透過構造刺激環境以適合嬰兒的發展水平(Bornstein, 1985; Bradley, Caldwell & Rock, 1988; Stevens & Bakeman, 1985; Yarrow & Goodwin, 1985)。這一重要觀念是：父母應當從嬰兒的立場來考慮提供什麼樣的玩具、聲音及視覺刺激。父母的部分作用是促成相互交流，而不只是對孩子的要求和被注意的需要作出反應。父母們需要創造一個他們認為適宜的環境：一個能產生各種各樣經驗、適量挫折以及充分體驗成功機會的環境。更進一步來說，父母應當對嬰兒的發展技能作出協調的反應，並適當地改變環境。隨著孩

子的成熟，父母必須增加更為複雜的刺激，並提供更多的自主機會，對其忍受挫折的能力予以更多的鼓勵。

在一項說明這一過程的有趣的研究中，在母親和父親與他們的七個月、十個月、十三個月大的孩子遊戲時，進行錄影。所玩的玩具不斷變化，反映了嬰兒能力的發展。較大孩子的父母，往往更加鼓勵孩子玩輪流假裝遊戲，玩有關多個玩具相協調的遊戲。較小的孩子的父母則往往是指導孩子們的遊戲（**模塑**〔modeling〕或**建議**〔suggesting〕）。較大孩子的父母往往使用更多的語言而不是身體技術。他們的孩子顯露出較高探索玩具的能力，而父母作為遊戲的夥伴，有所發展地使用恰當的策略（Power, 1985）。

對於父母在養育兒童過程中的作用，也有一些問題值得討論。我們早已注意到，孩子不僅對其母親，也對其父親形成強烈的依戀。父親也許和母親一樣地涉入這種關係之中，對孩子的需要同樣敏感。然而，日常生活中，母子之間的交往與父子之間的交往是各不相同的（Belsky, Gilstrap & Rovine, 1984; Power, 1985）。母親花在孩子身上的大部分時間，是日常照顧。父親很少花時間與孩子待在一起，往往是集中在遊戲方面，尤其是身體遊戲。當母親與孩子在一起玩時，這種遊戲往往是語言性的，或是使用玩具的，而不是那種粗獷的**狂野粗暴的活動**（rough-and-tumble activity）（Power, 1985）。

與父親相比，母親較頻繁地對孩子作出反應，表達情感，並追隨由孩子所發起的行為。父親則往往忽視孩子的意向，而把注意力轉向新的目標。在家裏，父親往往是繼續自己的活動，如讀書或看電視，儘管有孩子在場，而母親則往往更多地與孩子相互交流。

這些差異的一個意義是，父親和母親可能不同地看待自己養育的作用。美國的母親們往往強調發展的過程：她們使用突出強化孩子的舒適感、信任感、好奇感的養育方法。美國的父親們則往往強調結果：他們使用種種教養技術增強孩子的身體素質，把孩子的行為引導至對問題的正確解決。

證據還顯示：母親和父親是不同地看待嬰兒的。和母親相比，父親傾向於認為孩子的認知性、社會性能力較低。然而，父親參與對嬰兒的照顧越多，他與妻子之間關於孩子能力的認識差異就越小（Ninio & Rinott, 1988）。這些認識上的差異有助於解釋為什麼父親很少注意孩子，只是與孩

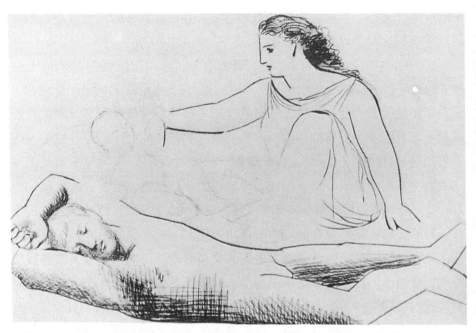

帕伯羅・畢卡索，〈家庭〉，1923年。畢加索在1923年觀察到了研究者在90年代證明的現象。母親往往較父親與孩子作更多的交往，而父親則繼續他們自己的閒暇活動。

子做粗獷的翻滾遊戲，以及爲何在遊戲的轉換中往往忽視孩子的意向。這種類型的遊戲往往會低估孩子從事要求更爲複雜、更刺激性活動的需要和能力。人們也許會證明：如果幫助父親們理解孩子能力的複雜性，他們會學著成爲更盡責的父親，那麼他們會更看重自己對孩子所做的努力，並會學著以更恰當的方式與孩子交往。

　　除了提供照顧之外，越來越多的父母們承擔爲他們的孩子安排交替式照顧的責任。在這種情況下，父母成爲孩子的鼓舞支持者。父母們必須評估對他們來說可能進行的替代方式，並選擇一個既能適應由工作和經濟條件所造成的限制範圍，又能滿足孩子需要的環境。家庭托育、戶內育兒室、托育中心，對於單親或雙生涯家庭來說，是三種最普遍照顧嬰兒的替代方式。

　　爲了作爲孩子的鼓舞支持者，父母們必須從事一種陌生的思維方式。他們甚至會覺得無法對這種要求做出判斷。例如，父母們必須評估那些將

照顧他們孩子的成人的能力。他們必須評價一個照顧者在滿足他們孩子在安全和刺激的需要方面會有多大成功機率，必須評估照顧者的動機。他們還必須考慮替代的照顧者對他們自己的養育哲學有多深的瞭解，以及照顧者的哲學觀念將如何影響他們的孩子。

即使要繼續這種照顧方式所面臨的壓力非常之大，父母也必須能夠評估它對孩子的影響。他們必須努力判斷是否他們的孩子能繼續體驗那種能促進發展的敏感性、刺激性的環境。在最理想的情況下，替代的照顧環境實際上對親子關係是一種互補作用。在最壞的情況下，嬰兒會被忽視和虐待。在維持與替代照顧者的溝通、評估照顧的質量，以及為確保孩子的幸福而必須給予及時干預這些方面，父母的作用是十分重要的。

多種情境因素在父母促成孩子的最佳發展的能力中具有一定作用。那些自己曾有過與照顧者痛苦經歷的成人，在承擔父母角色時面臨著特殊的挑戰。他們可能從未體驗過舒適的、反應敏感的或適宜的刺激環境，而我們知道，這一切對於如何有效的盡到父母養育功能來說，是十分重要的。然而，有些因素能幫助彌補這些不足，婚姻的品質以及從配偶方面得到的情緒支持，在維繫積極的親子關係中十分重要(Cox et al., 1989; Dickstein & Parke, 1988; Egeland, Jacobvitz & Sroufe, 1988)。一對在自身關係中體驗著相互作用和信任的夫婦，尤其能為他們的孩子創造一個有規律的、有幫助的家庭養育環境。

來自婚姻雙方之外的社會支持的來源，能加強一個人為人父母的效能。這種支持可能子的祖父母和其他家庭成員，身體與心理健康專業人員，以及朋友(Levitt, Weber & Clark, 1986; Stevens, 1988)。社會支持系統的有效運用，確保成人不因承擔父母角色而與他人隔離，以及其他人能夠幫助父母鑑別並解釋嬰兒養育問題。通常這種幫助是非常直接的——照顧孩子，分享衣物，玩具，家具。此外，支持還可以同伴關係及對父母角色重要性的確認等形式呈現出來。

第三個影響父母效能的情境因素，是成人先前養育孩子的經驗。以前有過養育孩子的經驗的成人，往往更有效率，能更正確地解決嬰兒養育問題(Holden, 1988)。他們能更好地在意義上鑑別、區分嬰兒的訊號，更容易把嬰兒的發展水平看作是一個與解釋嬰兒行為有關的因素(Adamson et al., 1987)。

表5-7　促進嬰兒的最佳發展

提供刺激。

提供溫暖和感情；以各種方式對孩子表達正向情感，語言的、接觸與擁抱的、遊戲式交往的。

鼓勵孩子對環境的主動參與和探索；鼓勵孩子的活動。

不要試圖過多地控制孩子的行為。

幫助孩子理解正是他或她自身導致了事件的發生（自我認知）。

幫助孩子參與指向性的問題解決。

鼓勵孩子努力不懈達到目標。

保持事件的可預見性，尤其在孩子還很幼小時。

花時間與孩子待在一起；在孩子需要你時應當在場。

與孩子進行直接的溝通；鼓勵孩子的語言交流。

透過運用字詞去命名、排序、給物體和事件分類，來引導孩子的語言發展。

接受孩子為實現親密感的努力。

要有反應性；要對孩子的狀態很敏感；學習正確地解釋孩子的訊號；恰如其時地作出反應。

在孩子痛苦時尋找有效的方式安慰他。

幫助孩子解釋痛苦的原因並尋找調節痛苦的辦法。

在可能的範圍裏，避免孩子接觸強烈負向的、敵意的和恐怖的事件。

在與孩子相互交往中，意識到你所發出的視覺和聽覺意向。

注意孩子隨時間推移而發生變化的方式。

觀察孩子的情緒表情，以評價特定行為和干預的成功與否。

　　在回顧這一章的內容時，你可以開始鑑別那些父母在促進嬰兒期最佳發展作用的重要性質。我們已鑑別出的或已不言而喻的有效的父母養育因素，列於**表 5-7**。作為父母，我們必須非常依賴我們自己的心理健康和來自於關心我們的朋友及家庭的愛護支持，維持對這一任務來說十分必要的自我的力量和情緒的資源。

　　父母構思其角色的方式，對嬰兒發展的方向和速度有著重大意義。父母的養育也為成人提供了創造性地解決問題、同理心、身體親密性、自我洞察的機會。父母角色提出了相當大的認知和情緒的要求，但對一個孩子的依戀，其實也為父母自身的心理發展提供了一個機會。這些對成人發展的貢獻，將在第十一和十二章中進一步予以討論。

本章總結

在嬰兒期，兒童迅速發展感覺、運動技能，社會關係，概念能力。嬰兒生來便具有感知環境、導引他們的照顧者反應的能力。從這個意義上說，他們不是無助的。

嬰兒與照顧者之間的信任感的建立，對智力及社會發展都很重要。透過與照顧者不斷的相互交往，嬰兒建立起關於成人的概念，包括有關分離和物體永存性的概念。社會依戀過程與嬰兒視父母為分離的或存在的認識，密切相關。嬰兒與照顧者之間的信任關係一經建立，便作為孩子在未來探索環境時的安全基礎。

嬰兒在適應環境方面很有技巧，但他們對那一環境並不能帶來顯著變化。父母和其他照顧者有責任構造一種環境，使它能盡量地適應嬰兒。他們也是反應、溫暖慈愛的來源，這為建立信任感創造了一個良好的環境。

參考文獻

Aber, J. L., & Allen, J. P. (1987). Effects of maltreatment on young children's socioemotional development: An attachment theory perspective. *Developmental Psychology, 23,* 406–414.

Adamson, L. B., Bakeman, R., Smith, C. B., & Walters, A. S. (1987). Adults' interpretation of infants' acts. *Developmental Psychology, 23,* 383–387.

Ainsworth, M. D. S. (1973). The development of infant-mother attachment. In B. M. Caldwell & H. N. Ricciuti (eds.), *Review of child development research* (vol. 3). Chicago: University of Chicago Press.

Ainsworth, M. D. S. (1979) Infant-mother attachment. *American Psychologist, 34,* 932–937.

Ainsworth, M. D. S. (1985). Patterns of infant-mother attachments: Antecedents and effects on development. *Bulletin of the New York Academy of Medicine, 61,* 771–791.

Ainsworth, M. D. S. (1989). Attachments beyond infancy. *American Psychologist, 44,* 709–716.

Ainsworth, M. D. S., Bell, S. M. V., & Stayton, D. J. (1971). Individual differences in strange-situational behavior of one-year-olds. In H. A. Schaffer (ed.), *The origins of human social relations.* London: Academic Press.

Ainsworth, M. D. S., Blehar, M. C., Waters, E., & Wall, S. (1978). *Patterns of attachment: A psychological study of the strange situation.* Hillsdale, NJ: Erlbaum.

Ambrose, J. A. (1963). The concept of a critical period in the development of social responsiveness. In B. M. Foss (ed.), *Determinants of infant behavior* (vol. 2). New York: Wiley.

Aoki, C., & Siekevitz, P. (1988). Plasticity in brain development. *Scientific American, 259,* 56–64.

Baillargeon, R. (1987). Object permanence in 3½ and 4½-month-old infants. *Developmental Psychology, 23,* 655–664.

Baillargeon, R., & Graber, M. (1988). Evidence of location memory in 8-month-old infants in a nonsearch AB task. *Developmental Psychology, 24,* 502–511.

Banks, M. S., & Dannemiller, J. L. (1987). Infant visual psychophysics. In P. Salapatek & L. Cohen (eds.), *Handbook of infant perception* (vol. 1). Orlando, Fla.: Academic Press.

Bell, S. M., & Ainsworth, M. D. S. (1972). Infant crying and maternal responsiveness. *Child Development, 43,* 1171–1190.

Belsky, J., Gilstrap, B., & Rovine, M. (1984). The Pennsylvania infant and family development project, vol. 1: Stability and change in mother-infant and father-infant interaction in a family setting at one, three, and nine months. *Child Development 55,* 692–705.

Belsky, J., & Tolan, W. (1981). The infant as producer of his development: An ecological analysis. In R. Lerner

& N. Busch-Rossnagel (eds.), *The child as producer of its own development: A life-span perspective.* New York: Academic Press.

Benson, J. B., & Uzgiris, I. C. (1985). Effect of self-initiated locomotion on infant search activity. *Developmental Psychology, 21,* 923–931.

Bernieri, F. J., Reznick, J. S., & Rosenthal, R. (1988). Synchrony, pseudosynchrony, and dissynchrony: Measuring the entrainment process in mother-infant interactions. *Journal of Personality and Social Psychology, 54,* 243–253.

Bertenthal, B. I., & Fischer, K. W. (1983). The development of representation in search: A social-cognitive analysis. *Child Development, 54,* 846–857.

Bornstein, M. H. (1985). How infant and mother jointly contribute to developing cognitive competence in the child. *Proceedings of the National Academy of Science, USA, 82,* 7470–7473.

Bornstein, M. H., Kessen, W., & Weiskopf, S. (1976). The categories of hue in infancy. *Science, 191,* 201–202.

Bower, T. G. R. (1987). *Development in infancy* (2nd ed.) New York: W. H. Freeman.

Bower, T. G. R. (1989). *The rational infant: Learning in infancy.* New York: W. H. Freeman.

Bowlby, J. (1960). Separation anxiety. *International Journal of Psychoanalysis, 41,* 69–113.

Bowlby, J. (1988). *A secure base: Parent-child attachment and healthy human development.* New York: Basic Books.

Bradley, R. H., Caldwell, B. M., & Rock, S. L. (1988). Home environment and school performance: A ten-year follow-up and examination of three models of environmental action. *Child Development, 59,* 852–867.

Brazelton, R. B., Koslowski, B., & Main, M. (1974). The origins of reciprocity: The early mother-infant interaction. In M. Lewis & L. A. Rosenblum (eds.), *The effect of the infant on its caregiver* (pp. 49–76). New York: Wiley-Interscience.

Bretherton, I. (1985). Attachment theory: Retrospect and prospect. In I. Bretherton & E. Everett (eds.), *Growing points of attachment theory and research* (pp. 3–35). Monographs of the Society for Research in Child Development, *50* (1-2 serial no. 209).

Bretherton, I. (1990). Open communication and internal working models: Their role in the development of attachment relationships. In R. Dienstbier & R. A. Thompson (eds.), *Nebraska Symposium on Motivation 1988: Socioemotional Development, 36,* Lincoln, Neb.: University of Nebraska Press, 57–113.

Bridges, L. J., Connell, J. P., & Belsky, J. (1988). Similarities and differences in infant-mother and infant-father interaction in the strange situation: A component process analysis. *Developmental Psychology, 24,* 92–100.

Bronson, G. W. (1973). Infants' reactions to an unfamiliar person. In L. J. Stone, H. T. Smith & L. B. Murphy (eds.), *The competent infant.* New York: Basic Books.

Buss, A. H., & Plomin, R. (1984). *Temperament: Early developing personality traits.* Hillsdale, N.J.: Erlbaum.

Buss, A. H., & Plomin, R. (1986). The EAS approach to temperament. In R. Plomin & J. Dunn (eds.), *The study of temperament: Changes, continuities, and challenges.* Hillsdale, N.J.: Erlbaum.

Campos, J. J., & Barrett, K. C. (1984). Toward a new understanding of emotions and their development. In C. E. Izard, J. Kagan, & R. B. Zajonc (eds.), *Emotions,*

cognition, and behavior (pp. 229–263). Cambridge: Cambridge University Press.

Campos, J. J., Campos, R. G., & Barrett, K. C. (1989). Emergent themes in the study of emotional development and emotion regulation. *Developmental Psychology, 25,* 394–402.

Campos, R. G. (1989). Soothing pain-elicited distress in infants with swaddling and pacifiers. *Child Development, 60,* 781–792.

Caron, A. J., Caron, R. F., & MacLean, D. J. (1988). Infant discrimination of naturalistic emotional expressions: The role of face and voice. *Child Development, 59,* 604–616.

Caron, R. F., Caron, A. J., & Myers, R. S. (1982). Abstraction of invariant face expressions in infancy. *Child Development, 53,* 1008–1015.

Cassady, G., & Strange, M. (1987). The small-for-gestational-age (SGA) infant. In G. B. Avery (ed.), *Neonatology: Pathophysiology and management of the newborn* (pp. 299–331). Philadelphia: Lippincott.

Cernoch, J. M., & Porter, R. H. (1985). Recognition of maternal axillary odors by infants. *Child Development, 56,* 1593–1598.

Chase-Lansdale, P. L., & Owen, M. T. (1987). Maternal employment in a family context: Effects on infant-mother and infant-father attachments. *Child Development, 58,* 1505–1512.

Chazan, S. E. (1981). Development of object permanence as a correlate of dimensions of maternal care. *Developmental Psychology, 17,* 79–81.

Church, J. (1966). *Three babies: Biographies of cognitive development.* New York: Random House.

Cicchetti, D., & Schneider-Rosen, K. (1984). Theoretical and empirical considerations in the investigation of the relationship between affect and cognition in atypical populations of infants. In C. E. Izard, J. Kagan, & R. B. Zajonc (eds.), *Emotions, cognition, and behavior* (pp. 366–408). Cambridge: Cambridge University Press.

Connolly, K., & Dalgleish, M. (1989). The emergence of a tool-using skill in infancy. *Developmental Psychology, 25,* 894–912.

Cox, M. J., Owen, M. T., Lewis, J. M., & Henderson, V. K. (1989). Marriage, adult adjustment, and early parenting. *Child Development, 60,* 1015–1024.

De Casper, A., & Fifer, W. (1980). Of human bonding: Newborns prefer their mothers' voices. *Science, 208,* 1174–1176.

De Casper, A. J., & Spence, M. J. (1986). Prenatal maternal speech influences newborns' perception of speech sounds. *Infant Behavior and Development, 9,* 133–150.

Dickstein, S., & Parke, R. D. (1988). Social referencing in infancy: A glance at fathers and marriage. *Child Development, 59,* 506–511.

Dodge, K. A. (1989). Coordinating responses to aversive stimuli: Introduction to a special section on the development of emotion regulation. *Developmental Psychology, 25,* 339–342.

Donovan, W. L., & Leavitt, L. A. (1989). Maternal self-efficacy and infant attachment: Integrating physiology, perceptions, and behavior. *Child Development, 60,* 460–472.

Easterbrooks, M. A. (1989). Quality of attachment to mother and to father: Effects of perinatal risk status. *Child Development, 60,* 825–830.

Egeland, B., Jacobvitz, D., & Sroufe, L. A. (1988). Breaking the cycle of abuse. *Child Development, 59,* 1080–1088.

Egeland, B., & Sroufe, L. A. (1981). Attachment and early maltreatment. *Child Development, 52,* 44–52.

Erikson, E. H. (1950). *Childhood and society.* New York: Norton.

Erikson, E. H. (1963). *Childhood and society* (rev. ed.). New York: Norton.

Erikson, E. H. (1978). Reflections on Dr. Borg's life cycle. In E. H. Erikson (ed.), *Adulthood* (pp. 1–31). New York: Norton.

Feinman, S., & Lewis, M. (1983). Social referencing at ten months: A second-order effect on infants' responses to strangers. *Child Development, 54,* 878–887.

Fentress, J. C., & McLeod, P. J. (1986). Motor patterns in development. In E. M. Blass (ed.), *Handbook of behavioral neurobiology,* vol. 8, *Developmental psychobiology and developmental neurobiology.* New York: Plenum.

Field, R. M., Cohen, D., Garcia, R., & Greenberg, R. (1984). Mother-stranger face discrimination by the newborn. *Infant Behavior and Development, 7,* 19–25.

Field, R. M., Woodson, R. W., Greenberg, R., & Cohen, C. (1982). Discrimination and imitation of facial expressions by neonates. *Science, 218,* 179–181.

Field, T., Dempsey, J., & Shuman, H. H. (1983). Five-year follow-up of preterm respiratory distress syndrome and postterm postmaturity syndrome in infants. In T. Field & A. Sostek (eds.), *Infants born at risk: Physiological, perceptual, and cognitive processes* (pp. 317–335). New York: Grune & Stratton.

Field, T., Healy, B., Goldstein, S., & Guthertz, M. (1990). Behavior-state matching and synchrony in mother-infant interactions of nondepressed versus depressed dyads. *Developmental Psychology, 26,* 7–14.

Field, T., Healy, B., Goldstein, S., Perry, S., Bendell, D., Schanberg, S., Zimmerman, E. A., & Kuhn C. (1988). Infants of depressed mothers show "depressed" behavior even with nondepressed adults. *Child Development, 59,* 1569–1579.

Fischer, K. W., & Silvern, L. (1985). Stages and individual differences in cognitive development. *Annual Review of Psychology, 36,* 613–648.

Fraiberg, S. (1977). *Every child's birthright: In defense of mothering.* New York: Basic Books.

Goldsmith, H. H., Buss, A. H., Plomin, R., Rothbart, M. K., Thomas, A., Chess, S., Hinde, R. A., & McCall, R. B. (1987) Roundtable: What is temperament? Four approaches. *Child Development, 58,* 505–529.

Goldsmith, H. H., & Campos, J. J. (1986). Fundamental issues in the study of early development: The Denver twin temperament study. In M. E. Lamb & A. Brown (eds.), *Advances in developmental psychology.* Hillsdale, N.J.: Erlbaum, 231–283.

Gopnik, A., & Meltzoff, A. (1987). The development of categorization in the second year and its relation to other cognitive and linguistic developments. *Child Development, 58,* 1523–1531.

Harris, P. (1975). Development of search and object permanence during infancy. *Psychological Bulletin, 82,* 332–334.

Hay, D. F. (1980). Multiple functions of proximity seeking in infancy. *Child Development, 52,* 636–645.

Hayne, H., Rovee-Collier, C., & Perris, E. E. (1987). Categorization and memory retrieval by three-month-olds. *Child Development, 58,* 750–767.

Heckhausen, J. (1987). Balancing for weaknesses and challenging developmental potential: A longitudinal study of mother-infant dyads in apprenticeship interactions. *Developmental Psychology, 23,* 762–770.

Hickey, T. L., & Peduzzi, J. D. (1987). Structure and development of the visual system. In P. Salapatek & L. Cohen (eds.), *Handbook of infant perception* (vol. 1). Orlando, Fla; Academic Press.

Holden, G. W. (1988). Adults' thinking about a child-rearing problem: Effects of experience, parental status, and gender. *Child Development, 59,* 1623–1632.

Hornik, R., & Gunnar, M. R. (1988). A descriptive analysis of infant social referencing. *Child Development, 59,* 626–634.

Hornik, R., Risenhoover, N., & Gunnar, M. (1987). The effects of maternal positive, neutral, and negative affective communications on infant responses to new toys. *Child Development, 58,* 937–944.

Howes, P., & Markman, H. J. (1989). Marital quality and child functioning: A longitudinal investigation. *Child Development, 60,* 1044–1051.

Hubert, N. C., Wachs, T. D., Peters-Martin, P., & Gandour, M. J. (1982). The study of early temperament: Measurement and conceptual issues. *Child Development, 53,* 571–600.

Hyson, M. C., & Izard, C. E. (1985). Continuities and changes in emotion expressions during brief separation at 13 and 18 months. *Developmental Psychology, 21,* 1165–1170.

Isabella, R. A., Belsky, J., & von Eye, A. (1989). Origins of infant-mother attachment: An examination of interactional synchrony during the infant's first year. *Developmental Psychology, 25,* 12–21.

Izard, C. E., Hembree, E., Dougherty, L., & Spizziri, C. (1983). Changes in two-to-nineteen-month-old infants' facial expression following acute pain. *Developmental Psychology, 19,* 418–426.

Jackson, E., Campos, J. J., & Fischer, K. W. (1978). The question of decalage between object permanence and person permanence. *Developmental Psychology, 14,* 1–10.

Kagan, J. (1984). The idea of emotion in human development. In C. E. Izard, J. Kagan, & R. B. Zajonc (eds.), *Emotions, cognition, and behavior* (pp. 38–72). Cambridge: Cambridge University Press.

Kantrowitz, B. (1988) Preemies. *Newsweek,* May 16, 62–70.

Keil, P. F. (1975). The development of the young child's ability to anticipate the outcome of simple causal events. Paper presented at the meeting of the Society for Research in Child Development, Denver.

Keltenbach, K., Weinraub, M., & Fullard, W. (1980). Infant wariness toward strangers reconsidered: Infants' and mothers' reactions to unfamiliar persons. *Child Development, 51,* 1197–1202.

Kermoian, R., & Campos, J. J. (1988). Locomotor experience: A facilitator of spatial cognitive development. *Child Development, 59,* 908–917.

Klinnert, M. D., Emde, R. N., Butterfield, P., & Campos, J. J. (1986). Social referencing: The infant's use of emotional signals from a friendly adult with mother present. *Developmental Psychology, 22,* 427–432.

Kopp, C. B. (1989). Regulation of distress and negative emotions: A developmental view. *Developmental Psychology, 25,* 343–354.

Kropp, J. P., & Haynes, O. M. (1987). Abusive and nonabusive mothers' ability to identify general and specific emotion signals of infants. *Child Development, 58,* 187–190.

Kuhl, P. K. (1987). Perception of speech and sound in early infancy. In P. Salapatek & L. Cohen (eds.), *Handbook of infant perception* (vol. 1). Orlando, Fla.: Academic Press.

Lamb, M. E. (1976). Twelve-month-olds and their parents: Interaction in a laboratory playroom. *Developmental Psychology, 12,* 237–244.

Lerner, J. V., & Lerner, R. M. (1983). Temperament and adaptation across life: Theoretical and empirical issues. In P. B. Baltes & O. G. Brini (eds.), *Life span development and behavior, 5,* New York: Academic Press, 197–231.

Levitt, M. J., Weber, R. A., & Clark, M. C. (1986). Social network relationships as sources of maternal support and well-being. *Developmental Psychology, 22,* 310–316.

Levy-Shiff, R., Sharir, H., & Mogilner, M. B. (1989). Mother– and father–preterm infant relationship in the hospital preterm nursery. *Child Development, 60,* 93–102.

Lorenz, K. (1935). Der Kumpan in der Urwelt des Vogels. *Journal Ornithologie, 83,* 137.

Lorenz, K. F. (1937/1961). Imprinting. In R. C. Birney & R. C. Teevan (eds.), *Instinct.* Princeton, N.J.: Van Nostrand.

Ludemann, P. M., & Nelson, C. A. (1988). Categorical representation of facial expressions by 7-month-old infants. *Developmental Psychology, 24,* 492–501.

Lyons-Ruth, K., Connell, D. B., Zoll, D., & Stahl, J. (1987). Infants at social risk: Relations among infant maltreatment, maternal behavior, and infant attachment behavior. *Developmental Psychology, 23,* 223–232.

MacFarlane, J. A. (1975). Olfaction in the development of social preferences in the human neonate. In *Parent-infant interaction.* Ciba Foundation Symposium 33, 103–113.

MacLean, D. J., & Schuler, M. (1989). Conceptual development in infancy: The understanding of containment. *Child Development, 60,* 1126–1137.

MacTurk, R. H., McCarthy, M. E., Vietze, P. M., & Yarrow, L. J. (1987). Sequential analysis of mastery behavior in 6- and 12-month-old infants. *Developmental Psychology, 23,* 199–203.

Main, M., Kaplan, N., & Cassidy, J. (1985). Security in infancy, childhood, and adulthood: A move to the level of representation. In I. Bretherton & E. Everett (eds.), *Growing points of attachment theory and research* (pp. 66–104). Monographs of the Society for Research in Child Development, *50* (1-2, serial no. 209).

Malatesta, C. A., & Izard, C. E. (1984). The ontogenesis of human social signals: From biological imperative to symbol utilization. In N. A. Fox & R. J. Davidson (eds.), *The psychobiology of affective development* (pp. 161–206). Hillsdale, N.J.: Erlbaum.

Mandler, J. (1990). A new perspective on cognitive development in infancy. *American Scientist, 28,* 236–243.

Mistretta, C. M., & Bradley, R. M. (1977). Taste in utero: Theoretical considerations. In J. M. Weiffenbach (ed.), *Taste and development* (pp. 279–291). DHEW Publication no. NIH 77–1068. Bethesda, Md.: U.S. Department of Health, Education, and Welfare.

Miyake, K., Campos, J., Kagan, J., & Bradshaw, D. (1986). Issues in socioemotional development in Japan. In H. Azuma, I. Hakuta, & H. Stevenson (eds.), *Kodomo: Child development and education in Japan* (pp. 239–261). New York: W. H. Freeman.

Nelson, C. A. (1987). The recognition of facial expressions in the first two years of life: Mechanisms of development. *Child Development, 58,* 889–909.

Nelson, C. A., & Dolgin, K. (1985). The generalized discrimination of facial expression by 7-month-old infants. *Child Development, 56,* 58–61.

Ninio, A., & Rinott, N. (1988). Fathers' involvement in the care of their infants and their attributions of cognitive competence to infants. *Child Development, 59,* 652–663.

Oppenheim, D., Sagi, A., & Lamb, M. E. (1988). Infant-adult attachments on the kibbutz and their relation to socioemotional development four years later. *Developmental Psychology, 24,* 427–433.

Osofsky, J. D. (1987). *Handbook of infant development* (2nd ed.). New York: Wiley.

Osofsky, J. D., & Connors, K. (1979). Mother-infant interaction: An integrative view of a complex system. In J. D. Osofsky (ed.), *Handbook of infant development* (pp. 519–548). New York: Wiley.

Palmer, C. F. (1989). The discriminating nature of infants' exploratory actions. *Developmental Psychology, 25,* 885–893.

Papousek, H., & Bernstein, P. (1969). The functioning of conditioning stimulation in human neonates and infants. In A. Ambrose (ed.), *Stimulation in early infancy.* London: Academic Press.

Parle, K. A., & Waters, E. (1989). Security of attachment and preschool friendships. *Child Development, 60,* 1076–1081.

Passman, R. H., & Longeway, K. P. (1982). The role of vision in maternal attachment: Giving 2-year-olds a photograph of their mother during separation. *Developmental Psychology, 18,* 530–533.

Piaget, J. (1970). Piaget's theory. In P. H. Mussen (ed.), *Carmichael's manual of child psychology* (3rd ed.). New York: Wiley.

Piaget, J., & Inhelder, B. (1966/1969). *The psychology of the child.* New York: Basic Books.

Plomin, R. (1990). *Nature and nurture: An introduction to human behavioral genetics.* Pacific Grove, Calif.: Brooks/Cole.

Porter, R. H., Balogh, R. D., & Makin, J. W. (1988). Olfactory influences on mother-infant interactions. In C. Rovee-Collier & L. Lipsitt (eds.), *Advances in infancy research* (vol. 5, pp. 39–68). Norwood, N.J.: Albex.

Power, T. G. (1985). Mother- and father-infant play: A developmental analysis. *Child Development, 56,* 1514–1524.

Ramsay, D. S., & Campos, J. J. (1978). The onset of representation and entry into stage six of object permanence development. *Developmental Psychology, 14,* 79–86.

Rempel, J. K., Holmes, J. G., & Zanna, M. P. (1985). Trust in close relationships. *Journal of Personality and Social Psychology, 49,* 95–112.

Ricks, M. H. (1985). The social transmission of parental behavior: Attachment across generations. In I. Bretherton & E. Waters (eds.), *Growing points of attachment: Theory and research* (pp. 211–227). Monographs of the Society for Research in Child Development, *50,* (1-2, serial no. 209).

Robertson, J., & Robertson, J. (1989). *Separation and the very young.* New York: Free Association Books.

Rochat, P. (1989). Object manipulation and exploration in 2- to 5-month-old infants. *Developmental Psychol-*

ogy, 25, 871–884.

Rose, S. A., Feldman, J. F., McCarton, C. M., & Wolfson, J. (1988). Information processing in seven-month-old infants as a function of risk status. *Child Development, 59,* 589–603.

Rosenstein, D., & Oster, H. (1988). Differential facial responses to four basic tastes in newborns. *Child Development, 59,* 1555–1568.

Ross, G., Kagan, J., Zelazo, P., & Kotelchuck, M. (1975). Separation protest in infants in home and laboratory. *Developmental Psychology, 11,* 256–257.

Rovee, C. K., & Rovee, D. T. (1969). Conjugate reinforcement of infant exploratory behavior. *Journal of Experimental Child Psychology, 8,* 33–39.

Rutter, M. (1990. Commentary: Some focus and process considerations regarding effects of parental depression on children. *Developmental Psychology, 26,* 60–67.

Sagi, A., Lamb, M. E., Lewkowicz, K. S., Shoham, R., Dvir, R., & Estes, D. (1985). Security of infant-mother, -father, and -metapelet attachments among kibbutz-reared Israeli children. In I. Bretherton & E. Everett (eds.), *Growing points of attachment theory and research* (pp. 257–275). Monographs of the Society for Research in Child Development, *50* (1–2, serial no. 209).

Schaffer, H. R., & Emerson, P. E. (1964). *The development of social attachments in infancy.* Monographs of the Society for Research in Child Development, *29* (whole no. 94).

Scott, J. P. (1987). Critical periods in processes of social organization. In M. H. Bornstein (ed.), *Sensitive periods in development: Interdisciplinary perspectives* (pp. 247–268). Hillsdale, N.J.: Erlbaum.

Sera, M. D., Troyer, D., & Smith, L. B. (1988). What do two-year-olds know about the sizes of things? *Child Development, 59,* 1489–1496.

Sophian, C., & Yengo, L. (1985). Infants' understanding of visible displacements. *Developmental Psychology, 21,* 932–941.

Spelke, E. S., von Hofsten, C., & Kestenbaum, R. (1989). Object perception in infancy: Interaction of spatial and kinetic information for object boundaries. *Developmental Psychology, 25,* 185–186.

Sprunger, L. W., Boyce, W. T., & Gaines, J. A. (1985). Family-infant congruence: Routines and rhythmicity in family adaptations to a young infant. *Child Development, 56,* 564–572.

Sroufe, L. A., Schork, E., Motti, F., Lawroski, N., & La Freniere, P. (1984). The role of affect in social competence. In C. E. Izard, J. Kagan, & R. B. Zajonc (eds.), *Emotions, cognition, and behavior* (pp. 38–72). Cambridge: Cambridge University Press.

Stevens, J. H., Jr. (1988). Social support, locus of control, and parenting in three low-income groups of mothers: Black teenagers, black adults, and white adults. *Child Development, 59,* 635–642.

Stevens, J. H., Jr., & Bakeman, R. (1985). A factor analytic study of the HOME scale for infants. *Developmental Psychology, 21,* 1196–1203.

Stockard, C. R. (1907). The artificial production of a single median cyclopian eye in the frog embryo by means of sea water solutions of magnesium chloride. *Archiv für Entwicklungs mechanik der Organismen, 23,* 249.

Stockard, C. R. (1921). Developmental rate and structural expression. *American Journal of Anatomy, 28,* 115.

Teller, D. Y., & Bornstein, J. H. (1987). Infant color vision and color perception. In P. Salapatek & L. Cohen (eds.), *Handbook of infant perception* (vol. 1). Orlando, Fla.: Academic Press.

Thomas, A., & Chess, S. (1977). *Temperament and development.* New York: Bruner/Mazel.

Thomas, A., & Chess, S. (1980). *The dynamics of psychological development.* New York: Bruner/Mazel.

Thomas, A., & Chess, S. (1986). The New York longitudinal study: From infancy to early adult life. In R. Plomin & J. Dunn (eds.), *The study of temperament: Changes, continuities, and challenges.* Hillsdale, N.J.: Erlbaum.

Thompson, R. A., Connell, J. P., & Bridges, L. J. (1988). Temperament, emotion, and social interactive behavior in the strange situation: A component process analysis of attachment system functioning. *Child Development, 59,* 1102–1110.

Tracy, R. L., & Ainsworth, M. D. S. (1981). Maternal affectionate behavior and infant-mother attachment patterns. *Child Development, 52,* 1341–1343.

Trevarthen, C. (1989). Origins and directions for the concept of infant intersubjectivity. *Newsletter of the Society for Research in Child Development,* Autumn, 1–4.

Tronick, E. Z. (1989). Emotions and emotional communication in infants. *American Psychologist, 44,* 112–119.

Tronick, E. Z., Als, H., & Brazelton, R. B. (1979). Early development of neonatal and infant behavior. In F. Falkner & J. M. Tanner (eds.), *Human growth,* vol. 3, *Neurobiology and nutrition* (pp. 305–328). New York: Plenum.

Tronick, E. Z., & Cohn, J. F. (1989). Infant-mother face-to-face interaction: Age and gender differences in coordination and the occurrence of miscoordination. *Child Development, 60,* 85–92.

Uzgiris, I. C., & Hunt, J. M. V. (1975). *Assessment in infancy: Ordinal scales of psychological development.* Urbana: University of Illinois Press.

van Ijzendoorn, M. H., & Kroonenberg, P. M. (1988). Cross-cultural patterns of attachment: A meta-analysis of the strange situation *Child development, 59,* 147–156.

Vaughn, B., Egeland, B., Sroufe, L.A., & Waters, E. (1979). Individual differences in infant-mother attachment at twelve and eighteen months: Stability and change in families under stress. *Child Development, 50,* 971–975.

Vaughn, B. E., Lefever, G. B., Seifer, R., & Barglow, P. (1989). Attachment behavior, attachment security, and temperament during infancy. *Child Development, 60,* 728–737.

Walden, T. A., & Ogan, T. A. (1988). The development of social referencing. *Child Development, 59,* 1230–1240.

Walker-Andrews, A. S. (1986). Intermodal perception of expressive behaviors: Relation of eye and voice? *Developmental Psychology, 22,* 373–377.

Ward, M. J., Vaughn, B. E., & Robb, M. D. (1988). Social-emotional adaptation and infant-mother attachment in siblings: Role of the mother in cross-sibling consistency. *Child Development, 59,* 643–651.

Watson, J. S. (1970). Smiling, cooing, and "the game." Paper presented at the annual meeting of the American Psychological Association, Miami Beach.

Wellman, H. M., Cross, D., & Bartsch, K. (1986). *Infant search and object permanence: A meta-analysis of the A-not-B error.* Monographs of the Society for Research in Child Development, *51* (3, serial no. 214 whole).

Werker, J. F. (1989). Becoming a native listener. *American*

Scientist, 77, 54–59.

Wilson, R. S., & Matheny, A. P., Jr. (1986). Behavior genetics research in infant temperament: The Louisville twin study. In R. Plomin & J. Dunn (eds.), *The study of temperament: Changes, continuities, and challenges.* Hillsdale, N.J.: Erlbaum.

Wolff, P. H. (1963). Observations on the early development of smiling. In B. M. Foss (ed.), *Determinants of infant behavior* (vol. 2). New York: Wiley.

Wolff, P. H. (1966). Causes, controls, and organization of behavior in the neonate. *Psychological Issues, 5* (1, whole no. 17).

Wolff, P. H. (1987). *The development of behavioral states and the expression of emotions in early infancy.* Chicago: University of Chicago Press.

Yarrow, L. J. (1963). Research in dimensions of early maternal care. *Merrill-Palmer Quarterly, 9,* 101-114.

Yarrow, L. J. (1964). Separation from parents in early childhood. In M. L. Hoffman & L. W. Hoffman (eds.), *Review of child development research* (vol. 1). New York: Russell Sage Foundation.

Yarrow, L. J. (1970). The development of focused rela-tionships during infancy. In J. Hellmuth (ed.), *Exceptional infant* (vol. 1.) New York: Brunner/Mazel.

Yarrow, L. J., & Goodwin, M. S. (1965). Some conceptual issues in the study of mother-infant interaction. *American Journal of Orthopsychiatry,* 35.

Yarrow, L. J., McQuiston, S., MacTurk, R. H., McCarthy, M. E., Klein, R. P., & Vietze, P. M. (1983). The assessment of mastery motivation during the first year of life. *Developmental Psychology, 19,* 159–171.

Younger, B., & Gotlieb, S. (1988). Development of categorization skills: Changes in the nature or structure of infant form categories? *Developmental Psychology, 24,* 611–619.

Zahn-Waxler, C., Radke-Yarrow, M., & Kling, R. A. (1977). The impact of the affective environment on young children. Paper presented at the biennial meeting of the Society for Research in Child Development, New Orleans.

Zucker, K. J. (1985). The infant's construction of his parents in the first six months of life. In T. M. Field & N. A. Fox (eds.), *Social perception in infants.* Norwood N.J.: Ablex.

帕伯羅・畢卡索，〈扮小丑的保羅〉，1924年。畢卡索在他的大兒子保羅三歲時把
他畫成一個小丑。小丑是父親和兒子均喜愛的一種角色———一種與馬戲團的神秘
而富於魔力的生活相聯繫的幻想，對此畢卡索早在二十年前便已極爲詳細地描繪
過了。

第 *6* 章

嬰幼兒期(二至四歲)

稱爲**嬰幼兒期**或**學步期**(toddlerhood)的生命階段的主導特徵是活動。學步兒童(嬰幼兒)總是極爲忙碌的——不停地說話、運動、幻想和盤算著。身體活動的湧現——其活力、持久性以及複雜性——令人矚目;認知成就如潮奔湧,尤其是語言的產生和形式獨特的遊戲性幻想,同樣令人印象深刻。學步兒童似乎是抑制不住地冒出種種出人意料和令人驚訝的想法和行動,這使得成人陷於迷惑驚奇狀態之中。

產生如此豐富活動的動機,似乎是一種對自我肯定和掌握控制的需要。在二至四歲期間,兒童越來越意識到自己的個體性並被驅使去考察這種個體性。兩歲兒童那種爲人熟悉的反抗傾向,以及在三歲時演變成的較成熟的任性,正是這種明確和肯定自我的強烈需要的表現。

新的運動和認知能力使兒童獲得新的能力,從而能在環境中自由活動,並接受廣泛的探索性活動的挑戰。在柱子上套疊彩色圓環的愉快轉變爲在廚房中堆積鍋盆碗碟的快樂,進而是將盒子或積木搭成想像的太空船。伴隨著每一個新成就的,是在新的複雜程度上掌握一項活動所產生的愉快和自豪。

這一生命階段的另一個特徵,是一種學會限制和調節自身行動的準備狀態。他們會從假裝自己是一匹野馬或賽車繞著房間瘋狂地奔跑中得到極大愉快。這種新技能對他們來說是一種愉快,因而他們迫切地試驗它。但是不久後,兒童就必須控制自己的奔跑行爲,以避免受傷害或父母以及其他照顧者的憤怒。控制行動要求一個人對其生理的和社會的環境具有相當高的反應性,並且要運用訊息處理和決策的認知技能(Pick, 1989)。學步兒童在其發現自我的過程中必須學會考慮他人的和自己的需要。

在二至四歲期間,學步兒童從一個意識不到與他人之間相互依賴性的自我中心的兒童,急劇地轉變爲一個更具有自我意識的人。在此階段之初,學步兒童以一種似乎非常獨立的方式肯定自己;在此階段後期,這種假獨立轉變爲更爲現實地評價自己對他人的依賴以及自己的獨立。總而言之,學步期是一個活動和掌握控制、自我調節以及對依賴性和獨立性意識不斷增長的時期。

發展的任務

運動的精細化

　　用**學步兒童**(toddler)這個詞來描述二至四歲這一生命階段，本身就暗示了運動所發揮的重要作用。事實上，只有在這一階段的第一年間，兒童在真正地蹣跚學步。到三歲時，兒童的步伐已從不穩定的、費力的、半滑稽的搖擺（即蹣跚學步），轉變為更優雅、連續、有效的大步行走。在兒童行走的進步中，除掉尿布是個重大的里程碑。當學步兒童的兩腿之間不再有一大疊尿布時，他們就更容易從醜小鴨轉變為天鵝。當行走成為一種較適意的運動形式時，新的技能又增加到兒童的技能表之中。奔跑和跳躍是最先出現的。到四歲時，兒童可以從樓梯、桌子、走廊欄桿或梯子上跳下。他們已開始想像飛行會是什麼樣的情形。跳躍是他們最接近飛行的活動形式。有證據顯示，在整個童年期以及進入成年期後，跳躍模式中潛在的結構一直保持著穩定(Clark, Philips & Peterson, 1989)。兒童從探索跳躍行為中獲得愉快。這也許是因為獲得了一項根本的運動模式，一種基本的把握感以及對一生可能發生之事的意識。

　　在整個學步期中，兒童的奔跑能力變得更加精細。最初，幼兒可能是為跑而跑，他們長時間地一遍又一遍地練習這種技巧。在學步期的後期，兒童發現在追逐遊戲中奔跑技能是很有用的。對大多數兒童來說，奔跑便從本身作為一種遊戲轉變為其他許多遊戲的有用成分。學步兒童的絕對速度因不穩定的平衡感和短小的腿而受到限制。然而這並未妨礙兒童將大量時間和能量用於奔跑。掌握控制以及到達新地點進行探索的目的太強烈了，因而無法稍減兒童的熱情。

　　學步兒童常常接觸廣泛的其他運動形式，如游泳、滑雪、溜冰、滑雪橇和跳舞。兒童似乎很急於以不同的方式來運用自己的身體，而且他們學得很快(Ridenour, 1978)。對美國的學步兒童具有特殊意義的運動工具之一，是三輪腳踏車。由於三輪腳踏車具有潛在的速度，可倒退，可轉換方向，還有喇叭，所以它給兒童帶來極大的快樂。透過它，學步兒童還能與

帕伯羅‧畢卡索，〈最初的步伐〉，1943年。兒童最初的步伐是邁向自主的一個重要象徵。在這幅畫中，兒童依靠母親保持穩定、得到指引，但又明顯具有離開母親的意圖。

其他兒童和成人認同。學步兒童很迅速、很輕易地就將三輪腳踏車與自行車、小汽車聯繫起來了。三輪腳踏車將身體運動愉快、危險和獨立所帶來的刺激，以及機械化交通的社會意義都結合在一起。三輪腳踏車(或類似的腳踏玩具)通常對兒童具有極大的心理學意義。在那些象徵著兒童越來越高的、相對於家庭的獨立性以及與同伴群體的認同的物體鏈中，三輪腳踏車排在第一位。

人們可能會得到結論：學步兒童這個詞從字面意義上來講，不能很好地代表這段年齡的幼兒。實際上，在這一生命階段的早期兒童便脫離了蹣跚學步，並獲得了較廣泛的、他們能以較快的速度和較高的精確性來運用的運動技能。對兒童來說，大肌肉的運動及其控制是愉快的極大源泉，能證實他們的能力和自我感。但同樣真實的是，「學步兒童」這個詞的涵義——矮矮胖胖的、笑眯眯的、不穩定的小孩子，鼓鼓的肚子，圓圓的屁股，不停地用腳尖歪歪斜斜地到處走——在修辭意義上是極準確的，不能加以摒棄。

還有一點很重要：不能低估嬰兒和學步兒童所獲得運動技能的驚人複雜性。工程師和發明家在試圖用機器人來複製人類的運動技能時遇到的困難，證明了學步兒童的成就是多麼複雜和精巧 (Pick, 1989)。人的一生的

當學步兒童坐上三輪腳踏車後，他對運動的掌握得到了加速。

運動模式可能都是在這兩年內獲得的，這更增加了我們對學步兒童的運動成就的讚賞。

幻想遊戲

Jean Piaget把兩歲左右到五或六歲這一階段描述爲**前運算思維**或稱**前運思期**(preoperational thought)階段。這是一個過渡時期，其間，嬰兒期內發展起來的基模得以進行內部表徵。這一新的認知發展階段的最重要的成就，是**符號**(semiotic)思維的能力，即能夠理解一個東西可以代表另一個東西(Miller, 1989)。兒童學會辨認及使用符號和信號。符號與它所代表的對象常常以一定的方式相聯繫。例如，十字架符號代表基督教。在假裝遊戲中，一條圍巾或毛毯可以是代表枕頭或衣服的符號。**信號**(sign)則以更爲抽象的、任意的方式代表事物。**字詞**(word)就是信號。在「狗」這個字詞與它所代表的動物之間沒有任何直接的聯繫，但這個字詞仍然代表這個物體。

兒童獲得了五種表徵性技能，這使得他們能在內心而不是透過實際的

動作來操弄物體。這些表徵性技能是：**典範**(model)不存在時對典範進行模仿，心理表象，象徵性繪畫，象徵性遊戲和語言。每一種技能都將兒童從實際的事件中解放出來。他們可以透過模仿、繪畫或進行幻想遊戲而將過去已瞭解的關係表現出來。他們還可以將他們希望發生或希望以某種方式改變其原始形式的事件和關係描繪出來。

　　無論是透過象徵性遊戲、象徵性繪畫還是透過講虛構的故事，假裝的能力都要求兒童能理解假裝與真實之間的區別。成人有時候對兒童是否真正能區分什麼是真實的、什麼是假裝的感到懷疑。對我們所有人來說，虛構與現實之間的界限也可能會變得模糊。當我們看電視時常常會遇到這樣的混淆：我們在電視上所看到的哪些是假裝的、哪些是真實的？商業廣告中的產品是真的還是假的？電視新聞報導是真的還是假的？歷史事件的戲劇性再現是真的還是假的？

　　在極端簡化的情境中，小至三歲的兒童也能說出一個物體「實際上是什麼」與「某人假裝它是什麼」之間的差別(Flavell, Flavell & Green, 1987)。例如，三歲兒童能理解海綿實際上是海綿，但你可以假裝它是一隻漂浮在水上的小船或在馬路上行駛的小汽車。在前運算思維階段之前，兒童不能真正地假裝，因為他們不會讓一件東西代表另一件東西。一旦象徵性思維的能力出現時，兒童在讓一件物體具有許多種假想的代表意義方面，就變得越來越靈活了。

　　幻想遊戲與語言是兩種差別懸殊的表徵形式。在獲得語言時，兒童學會將自己的思想轉換到為大家共享的信號和規則的系統中。欲使語言有效，兒童必須與家庭中年長的成員使用相同的字詞和語法。欲進行言語交流，兒童必須用現存的詞和類別來表達自己的思想。而幻想幾乎發揮著相反的作用。在幻想中，兒童所創造的角色和情境可以具有極端個人化的意義。沒有必要使聽眾理解其幻想。也許有很多時候兒童具有強烈的情感，但缺乏相對應的詞語來表達它們。他們因自己的失敗而感到沮喪或因被忽視而憤怒。他們可以在想像的世界中來表達和緩和這些情感，即使這些情感永遠不會成為與人共同交流中的一部分。

　　在嬰兒期，遊戲主要由運動活動的重複而構成。嬰兒透過吸吮腳趾或讓湯匙從高腳椅上掉下而獲得快樂。這是典型的感覺運動型遊戲活動。到了嬰兒期末，感覺運動型遊戲包括對父母動作的刻意模仿。看到母親洗碟

子，兒童可能會爬到椅子上，跟著把自己的手也弄濕，而從中得到快樂。這樣的模仿最初只是在兒童看見父母的活動時才會發生。進入學步期後，兒童開始在獨自一人的時候模仿父母的活動。關於動作的鮮明的心理表象使兒童能模仿他所回憶的而不是所看見的內容。這就是象徵性遊戲的開始。兒童能夠用他們自己構想的心理表象來指導自己的遊戲。學步兒童的象徵性遊戲的特徵是對極熟悉活動的簡單重複。假裝擦地板、假裝睡覺、假裝是一隻狗或貓、假裝開車，是學步兒童的早期遊戲活動的部分內容。

在學步期，幻想遊戲沿四個向度發生變化(Lucariello, 1987)：

(1)隨著兒童整合─動作系列，動作成分變得越來越複雜。

(2)兒童的注重點轉向涉及他人的幻想和多重角色的創造。

(3)遊戲涉及到使用替代物品，包括兒童在假想中才具有的物品，最終還能構想出複雜的角色和情境。

(4)遊戲變得越來越有組織、有計劃，出現了遊戲領袖。

第一，兒童將大量的動作包括到遊戲系列中。在假裝擦地板或假裝打瞌睡之中，兒童做出一系列的活動，它們是更複雜的遊戲序列的成分。在玩救火遊戲時，兒童可能假裝是消防車、消防水管、救火梯、發動機、警報器、被搶救的人以及消防隊員。透過這一幻想性扮演，該情境中的所有的情節因素便處於兒童的控制之下。

第二，兒童逐漸變得能將他人包括到自己的遊戲中，將遊戲的中心從自我轉移到他人(Howes, 1987; Howes, Unger & Seidner, 1989)。在此人們可看到單獨的假扮、社會性遊戲和社會性假扮遊戲之間的區別。進行單獨假扮的孩子留連於他們自己的幻想活動中。他們可能假裝在駕駛汽車或給小寶寶洗澡。進行社會性遊戲的孩子則與其他兒童一起參與某種活動。他們可能一起挖掘沙子、搭積木，或相互模仿對方怪里怪氣的聲音。進行社會性假扮遊戲的孩子則必須協調他們的假想。他們建立一個幻想結構，分擔角色，對道具的假想意義達成共識，解決假想的問題。兩至三歲的兒童就能參加這類協調性的幻想遊戲，這一事實是相當不簡單的，尤其在他們只能運用非常有限的語言來建立和維持協調性的時候。

幻想遊戲變化的第三個向度是兒童在遊戲中使用替代物品的能力變得越來越靈活。幻想遊戲從最接近於兒童的日常經驗的領域中開始。兒童在

其假想中使用真正的物品或那些物品的替代品作為遊戲道具。兒童拿起玩具電話假裝給奶奶撥電話，或用玩具杯子、盤子和塑膠食品假裝進行野餐。但是當他們的幻想技巧提高後，這些道具就不再必要了。兒童能發明物品，為平常的物品發明新奇的用途，有時還能在什麼都沒有時假裝有某個物品。

　　遊戲從普通的、日常的經驗，轉向以故事、電視節目，或純屬想像的角色和情境為基礎的虛構世界。兒童可能賦予人物角色以超凡的威力。他們會假裝飛翔、隱形，或者是藉著幾句神秘的話或手勢使自己變形。兒童在不同的幻想情境中扮演故事中的角色時，他們對幻想中特定的英雄人物的認同可以持續幾天甚至幾週。

　　第四，幻想遊戲變得越來越有計劃和組織。計劃成分部分上是在幾個遊戲者之間協調遊戲活動之願望的產物。它也是認識到什麼是使得遊戲最為有趣、並渴望肯定這些成分被包括在遊戲之中的一種產物。在學前群體或托育群體中，某些兒童在組織幻想遊戲的方向時容易成為領導者。他們可以促使遊戲進行，或建議使用某種道具、分派角色、確定遊戲的背景，從而指導遊戲。下面我們可以看到一個兒童顯示出這種領導性：

> Stuart(正爬上一部牽引機的輪胎)：這是我們的捕鯊船，好嗎？
> 　　趕快上來，Jeremy! 鯊魚會吃掉你的！
> Jeremy：不！這是我的警察直升飛機！
> Stuart：噢，好吧，我們是警察。但我們必須追捕鯊魚，好嗎？我
> 　　看見鯊魚游到那兒了！快來！
> Jeremy：好，抓住它們！(他們兩個人發出直升飛機的聲音，用花
> 　　園中的塑膠工具猛擊想像中的鯊魚。)(Trawick-Smith, 1988, p.
> 　　53)

　　在三至五歲期間，兒童在其中扮演他人或創造幻想情境的戲劇角色遊戲穩定地增加。但是，到六歲時，兒童開始沉浸於規則遊戲中。在遊戲時，他們傾向於透過構成新遊戲或新規則來使用他們的幻想技能，而不是進行假想遊戲。如果你要尋找富於變化的、精心設計的幻想方面的專家，就請觀察四、五歲的兒童(Cole & La Voie, 1985)。

　　幻想遊戲不僅僅是一種娛樂。兒童透過幻想來體驗和理解他們的社會

和生理環境，並擴展他們的思維(Hutt et al., 1988; Piers & Landau, 1980)。關於幻想遊戲的重要性或價值的看法出現較大的差異。Piaget (1962)強調遊戲的同化價值。他認為，兒童透過幻想和象徵性遊戲能夠理解那些超越其整個領悟力的事件和經驗。幻想遊戲是屬於個人的世界，在其中，社會習俗的規則和自然世界的邏輯並不是必須的。從這個角度來說，幻想遊戲使兒童擺脫了現實的直接束縛，能對物體和事件進行心理操作和改造。

研究那些很少參加假扮遊戲的兒童和試圖增高學步兒童的假扮遊戲水平的研究者們發現：假扮遊戲確實能促進認知和社會性發展(Rubin, 1980; Saltz & Saltz, 1986)。具有較好的假扮技巧的那些兒童常常得到他們同伴的喜愛，並被視為同伴中的領袖(Ladd, Price & Hart, 1988)。這是由他們具有較發達的交際技能、較好的瞭解他人觀點的能力，以及對社會情境進行推理的能力較理想所造成的。在種種鼓勵下透過從遊戲的幻想方式擺弄和探索物體和對象的經驗的兒童，在語言運用上表現出較高的複雜性，在問題解決的方法上也表現出更高的靈活性(Burke, 1987)。很明顯，幻想遊戲在幼兒的整個社會性、智力和情緒發展中的重要性是不可低估的。有的父母和教師試圖依據有關「真實世界」的字詞和概念的獲得來定義兒童的認知成長。他們強調學習數字和字母、記憶事實、學習閱讀的重要性。但是，關於認知發展的研究表明，象徵性思維能力的提高將為今後的智力，如抽象推理和創造性問題的解決能力，提供根本的基礎。

(一)遊戲夥伴的角色

認知發展理論強調表徵性思維和象徵性遊戲被認作為在學步期中，兒童的認知成熟的自然結果。然而，遊戲的內容及其品質部分地取決於兒童遊戲夥伴的行為。請看下面的例子：在一個大學附屬幼稚園中，大學生們在指導下，初次擔當幼兒的老師。一個三歲兒童試圖與實習學生老師玩假扮遊戲。這孩子拿起玩具電話，發出撥號的聲音。學生老師拿起另一個電話說：「你好。」孩子問：「你是Milly嗎？」學生老師說：「不是。」然後掛上了電話。在這一互動中，學生老師還沒有學會如何幫助兒童擴展其遊戲，或幫助兒童把最初的打電話的象徵性遊戲推進到更精細的假想社會情境中。

作為遊戲夥伴，父母、兄弟姐妹、同伴以及托兒所的專職人員，都能

顯著地提高兒童的幻想遊戲能力。遊戲夥伴能使兒童的幻想能力更精細，使幻想遊戲合法化，並幫助兒童探索新的幻想領域。研究顯示，當母親能作為遊戲夥伴時，兩歲兒童的象徵性遊戲更複雜，持續時間更長(Slade, 1987)。當訓練成人參與並鼓勵與學步兒童共同進行的裝扮遊戲時，學步兒童把自己的反應與成人的反應協調起來的能力便不斷提昇。在十六個月至三歲期間，學步兒童在遊戲中指導成人的行為並討論各種變化時，變得越來越富於技巧(Eckerman & Didow, 1989)。

在托兒所的情境中，由於存在一個穩定的同齡夥伴群體，便產生了更複雜、更協調的遊戲。幼稚園如太過於頻繁改變，那幼兒便較少有機會參與複雜社會性的裝扮遊戲(Howese & Stewart, 1987)。由於學步兒童在引發和發展他們的社會性裝扮遊戲時極大地依賴於模仿和非言語信號，所以他們在一起的時間越多，他們的幻想遊戲就越複雜。

㈡想像的夥伴

也許最複雜的象徵性遊戲涉及到創造一個想像的朋友(Singer, 1975)。一個想像的朋友發自兒童內心，具有概念上的完整性。它可以是一個動物、一個小孩或其他的任何生物。他具有自己的個性，而且日復一日保持不變。他有自己的好惡，而且並不一定與其創造者的好惡相同。他也佔據空間。對成人來說，要想瞭解這個朋友是很困難的，甚至是不可能的。

想像的朋友具有幾種功能。他在兒童周圍沒有任何人時代替其他兒童。他是傾聽兒童傾訴秘密的知己。他還常常參與兒童區分是非的努力過程。學步兒童有時會做一些他們明知是錯的事情，因為他們不可能克制自己。在這種情況下，他們覺得很難為其錯誤行為承擔責任。他們並不願意做錯事，他們不是想使父母不快。想像的朋友便成了一個現成的代罪羔羊。他們會說，雖然他們努力地勸阻他們的朋友，但他一意孤行，終於做了「壞事」。兒童在使用這類藉口時，是在告訴別人：他們理解是與非之間的區別，但不願意或不能夠為其錯誤行為承擔全部責任。概言之，可以把想像的朋友視作學步兒童區分自己與他人的能力以及試圖控制自己衝動的佐證。

語言發展

在語言發展的過程中，兒童獲得了**溝通能力**(communicative competence)：他們變得善於使用語言中兒童必須掌握的全面的語言發展(Hymes, 1972)。他們掌握了聲音系統(語音學)、意義系統(語義學)、字詞結構的規則(語形)、形成句子的規則(句法)，以及種種產生和理解溝通交流時所必須的對社會環境的適應(語用學)。

（一）前語言成就

　　思維和語言似乎是以獨立的路線發展著，在生命的第二年間兩者才交集於一起(Anglin, 1977; Molfese, Molfese & Carrell, 1982)。在此之前，我們觀察到無意義的發音，亦即嘟嘟嚷嚷(多數為母音，在一至二個月齡時較顯著)和呀呀學語(不斷重複的子音—子音的結合，大約從四個月齡時開始出現)。我們還觀察到不具有言語標示富於思想的動作模式——例如伸手抓握，或找回滾到桌下的玩具(這是在第五章中我們稱作感覺運動智力的行為類型)。

　　此外，我們觀察到語言知覺。嬰兒在能夠理解聲音的意義之前便能再認各種聲音和區分不同的聲音組合(Eimas, 1975; Trehub, 1973)。大約到十至十二個月時，嬰兒發出他們第一國(自己民族)語言的聲音，以有別於人類語言的整個語音範圍，而後者在他們早期的嘟嘟嚷嚷和呀呀學語中曾經是很顯著的(Best, McRoberts & Sithole, 1988; Werker & Lalonde, 1988)。最初，呀呀學語的特徵是含有許多語言所使用的語音，這時則開始反映嬰兒最常聽到的語音和語調。他們聽不到的語音則從他們的呀呀學語中消失了。

　　這個年紀的嬰兒也會用喉音和長鳴聲之類的聲音和其手勢結合起來以達到某個目的，例如讓母親為他們拿一樣東西。聲音還可能用於表達情緒或引起他人的注意(Bates, O'Connell & Shore, 1987; Dore, 1978)。這些前語言的發音是有目的交流的早期形式。在這段時間前後，可以日益清楚地看到兒童能理解某些個別語彙的意義(Huttenlocher, 1974; Oviatt, 1980)。理解語彙的能力——稱作**接受語言**(receptive language)——先於說出口語詞彙(字詞)和片語的能力。

（二）有意義的字詞

　　在語言產生的發展過程中，最早的重大事件之一是命名物體。由於不斷的重複，一個聲音或字詞便與某個特定的物體或一系列彼此相關的物體發生聯繫。例如，兒童一看到奶瓶時會說"ba"。如果她渴了，想要奶瓶時，

她就會試圖說出"ba"，以使母親拿出奶瓶。手勢、動作、面部表情常常伴隨著這種「字詞」出現，協助照顧者在心目中產生相應的意義。如果嬰兒的「字詞」對其母親具有意義，而且起到滿足嬰兒需要的目的，它便可能作為有意義的信號保留下來。"Ba"可能是「奶瓶」的意思，也可能是指兒童想喝的果汁、水或蘇打水之類的其他液體。

最初的詞彙的重要特徵是它們具有多重的意義。雖然"ba"不是真正的字詞，但它與任何一個名詞所起的作用是相同的：它命名了一個人、一個地方或一件東西(Greenfield & Smith, 1976)。這種伴隨以手勢、動作、聲調和情緒的單詞句稱作**全句字**(holophrase)。它們表達了一個完整句子的意思。例如，一邊指著冰箱上下跳動，一邊以懇求的聲調說"ba、ba"，這就表示「我要奶瓶」或「給我奶瓶」的意思。兒童逐漸發現每一個物體、動作和每一種關係都有自己的名稱。

年幼的兒童首先是談論他們知道的和感興趣的東西。常見的早期詞彙包括重要的人物(媽媽、爸爸、兄弟姐妹的名字)、食物、寵物、玩具、身體部位(眼睛、鼻子)、衣物(鞋、襪)、交通工具(小汽車)、喜歡的東西(奶瓶、籃子)、環境中的其它物體(鑰匙、樹)、動作(上、再見)、是、不、請、下、再多些、代名詞(你、我)，以及狀態(熱、餓)。在十五至十八個月齡期間，嬰兒在學習物體的名稱並將這些名詞應用於圖片或實物方面取得了顯著的進步(Oviatt, 1982)。在第二年間，兒童的詞彙量(瞭解字詞的字數)從十個左右增長到將近三百個。

在十八個月齡前後，兒童迅速地獲得大量的新字詞，而且在整個學步期和學齡早期，詞彙一直以同樣的速度增長著(Rice, 1989)。一位研究者發現，在這段期間內，兒童學會大約一萬四千個新字詞(Templin, 1957)。為了完成這一壯舉，兒童在對話中遇到新字詞時似乎是**速寫**(fast-map)出其意義。所謂速寫是指對一個字詞的意義迅速地形成初步的不完全的理解。兒童將這個字詞與已知的詞彙聯繫起來，並重新組織已知詞彙的存儲空間以及有關的概念範疇，由此實現速寫(Carey, 1978)。兒童只需要在能使字詞的意義很明確的情境下聽一次或少數幾次新字詞(Rice & Woodsmall, 1988)。因此，不需要直接的逐詞教學，兒童便能透過所聽到的談話積累大量的本土文化語言的樣本，並賦予每個字詞或片語以勉強令人滿意的定義。在學齡早期和中期，兒童將相當多的時間和注意力用於發展詞彙、改

正以前學得不好的某些字義，以及擴展與迅速學會的許多詞相聯繫的整個字義和潛在概念的範圍。

(三)雙字詞句

　　第二年的特色在於語言發展的第二個重要階段：雙字詞句的形成。這種雙字詞句被稱為**電報語言**(telegraphic speech)。兒童把對於表達他們想說的內容很關鍵的兩個字詞串連起來。然而正像是在電報中一樣，其他的詞——動詞、冠詞、介詞、代名詞和連接詞——都被省略了。兒童常說：「大球」、「還要果汁」、「都走」。在此之前，兒童往往是說出單個的字詞並伴以手勢和動作。當他們將兩個字詞串在一起的時候，他們便表達了更多的意義，並且不再過多地依賴手勢和動作傳達其意思。獲得電報語言以後，兒童便能更完整地利用語言中內在的象徵性來傳達意思。

　　兒童在使用雙字詞句時是頗有創新的。他們理解的東西一直多於他們能說出來的東西，但他們似乎是藉著數量有限的詞彙和重新發現組合這些詞彙的能力，來使他人瞭解自己的意思。兒童用相同的句子可以表達不同的意思。例如，「爸爸走」可以用來告訴別人爸爸已經走了，也可以用來對爸爸說要他離開。兒童常常用聲調和重音來表明他們的意思。使用雙字詞句是許多文化中學步兒童學習語言時的特徵(Slobin, 1985)。

　　Braine(1976)分析了英語、薩摩亞語、芬蘭語、希伯來語和瑞典語兒童最初說出的字詞的組合。他的目的是要確認出掌管這些早期組合的規則或模式的種類。在這些早期語言的樣本中，存在著十種字詞的組合模式：

(1)指稱某個東西：看＋X(看媽媽)

(2)描述某個東西：熱＋X(熱咖啡)

(3)所屬：X有一個Y(比利有瓶子)

(4)複數：兩個＋X(兩隻狗)

(5)重複或其他例子：還要＋X(還要可樂)

(6)消失：全沒＋X(全沒牛奶)

(7)否定：不＋X(不睡)

(8)行動者—動作的關係：人＋X(爹爹睡)

(9)位置：X＋這裏(奶奶這裏)

(10)請求：要＋X(要它，球)

Braine的結論認為：字詞的組合不是由所說語言中的語法範疇來指導的，而是與兒童所要表達的意思以及當時環境中的物體、人物和交往的種類有關。他發現，在同一文化中兒童使用的字詞組合有著相當大的差異。一些兒童使用的字詞的組合模式與另一些兒童使用的模式完全不重疊。以後的研究證實了關於字詞組合模式差異性的觀察。兒童談論的物體或動作可能是相似的，但他們談論時所用的詞彙模式則是他們自己的(Bloom et al., 1975)。兒童獲得語言的速度、他們掌握語言的各個特定方面的方式，以及他們組合詞彙時的模式，也都有很大的差異(Ferguson, 1989)。兒童在使用名詞類詞彙時有不同的偏愛(Nelson, 1973)。喜歡使用名詞類詞彙，然後將語言運用擴展到動詞和其他詞彙的那些兒童，掌握語法時要比以另一種運用模式為開始的那些兒童早一些，且更有效一些(Bates, Bretherton & Snyder, 1988)。

早期語言似乎與感覺運動基模的表徵有緊密的聯繫。它表達了在兒童的生活中具有重要性的物體和人物的性質和關係。語言的運用產生於一個更大的溝通系統中，它反映了一個兒童的認知能力。同時，它也反映了環境的知覺特徵和功能特徵。對日常生活十分重要的各種物體和關係，影響著兒童早期語言的內容和複雜性(Nelson, 1981)。

㈣語法轉換

一種特定語言的**語法**(grammar)為人們提供了一套規則，使得人們複雜多樣的思想容易為他人所理解。請看「男孩打球」與「球打男孩」在意義上的差別。一個句子中的字詞序這一簡單要素對句子的意義至關重要。英語句子的基本格式——名詞短語後接動詞短語——是英語語法的主要部分。要提疑問句或說否定句，說話者必須根據一套特定的規則改變這一詞序。增加某些字形變化和限定詞，則表達出複雜的時間、所屬、數量、關係。隨著兒童學習他們語言中的語法轉換，他們更有效地準確表達他們內心的想法。

Brown(1973)分析了三名兒童的語法發展之後發現：儘管兒童之間在獲得**字形變化**(inflection)的速度上有差異，但其順序卻驚人地一致。在**表 6-1** 中列出了兒童學習語法變化的典型順序。

令人驚異的是，兒童正確使用不規則動詞的過去時態轉換(went, gave, ran)要早於正確使用規則動詞的變化(talked, walked, jumped)。

表6-1 增加語法變化時的基本順序

變 化	例 子
-ing進行式	Puppy is runn*ing* (狗正在跑)
in在……之裏	*In* the pot(在鍋子裏)
on在……上	I am *on* the bed(我在床上)
複數：-s	Apple*s*
不規則過去式	Fell, bit, ran
所屬：-'s	Baby's toy
to be作爲主要動詞的不省略形式	The boys *are* home
冠詞	I want *a* battle
規則過去式	You walk*ed* too fast
規則第三人稱	He walk*s*
不規則第三人稱	She *has*, he *does*
不能省略的進行式助詞	This *is* going fast
to be作爲主要動詞的省略形式	That's Bill
可省略的進行式助詞	I'm talking

似乎兒童最初是通過機械記憶的方法學會不規則動詞的過去時態的。一旦他們學會用附加-ed來表達過去式的規則，他們便**過度泛化**(overgeneral-ize)這一規則，並開始在使用過去式時出錯。因此，一個兩歲兒童往往會說"I ran fast"，而一個三歲兒童則可能說"I runned fast"。

　　年幼兒童發生的錯誤提醒了我們這樣的事實：他們正在努力瞭解用來表達意義的規則系統。這些錯誤不可能是出模仿成人的言語而造成的。兒童會說出"What dat feeled like?"或"Does are mines."這樣的句子。他們肯定不是從模仿成人而得到這樣的句子的；相反地，這些錯誤意味著一個語法的開端，它隨著兒童獲得機會使自己的言語與他人的言語相匹配而變得越來越具體和精確(Schatz, 1983)。

(五)里程碑與局限性

　　在**表 6-2**中列出了Eric Lenneberg(1969)所描述的生命前四年中語言發展的里程碑。在生命的第一年裏，嬰兒對口語極爲敏感。他們以遊戲的方式使用發音以作爲感覺刺激的來源。逐漸地，嬰兒發出模仿口語的發音。在第二年裏，兒童開始理解字詞和片語。他們的詞彙數量在發展，並開始形成雙字詞片語。在第三年裏，語言被明確地用來交流觀念、見聞和

表6-2　語言發展的里程碑

實足年齡	發音與語言
12週	哭聲比8週時明顯減少；當對他講話或點頭時，發出微笑，隨後是吱吱咯咯聲，通常稱之爲嘟嘟嚷嚷，亦即類似於母音的有音高變化的發音；嘟嚷將持續十五至二十秒鐘。
16週	更明確地對人的聲音作出反應；轉頭；眼睛似在尋找說話者，偶爾發出咯咯笑聲。
20週	類似於母音的嘟嚷聲開始間雜有更多的子音；所有的發音與環境中成人語言的聲音很不相同。
6個月	嘟嚷轉變爲類似於單音節字的呀呀學語；無論母音還是子音都沒有很固定的重複性；大多數常見的發音聽起來像是ma、mu、da、或di。
8個月	重複發音（或更連續的重複發音）變得頻繁起來；聲調模式變得較分明；發音能夠體現強調或情緒。
10個月	發音中出現聲音遊戲，諸如發咯咯聲或吹泡泡；彷彿想模仿聲音，但從未非常成功地模仿過；開始透過有所區別的適應對所聽到的字詞作出區分。
12個月	相同的聲音序列以相對較高的發生頻率重複出現，字詞開始出現（媽媽或爸爸）；明確表現出對某些字詞以及簡單命令（「指指你的眼睛」）的理解。
18個月	具有一定的詞彙量——多於三個，少於五十個；仍有大量的呀呀學語，但此時是具有複雜聲調模式的多音節；無交流信息的意圖，不被理解時也無挫折感；詞彙中可能包括「謝謝你」、「來這裏」等內容，但將任一詞句組合成自發性雙語句項目的片語的能力仍很貧乏；理解能力在迅速發展。
24個月	詞彙量多於五十個(部分兒童似乎能命名環境中的任何東西)；自發地將詞彙組合成雙項片語；所有的片語似乎都是由他自己創造的；溝通的行爲以及對語言的興趣在明顯上升。
30個月	詞彙量以最快的速度在增加，每天都有許多的新詞；完全沒有了呀呀學語；話語具有了溝通意圖；如果不爲成人所理解則感到受挫折；話語至少包括兩個字詞，有許多包括三個甚至五個字詞；句子和短語具有兒童語法的特徵，亦即它們很少是成人話語的逐字重複；可理解性仍然不太好，儘管在不同兒童之間存在很大的差異；有的兒童似乎能理解所有對他們所說的話。
3歲	大約一千個字詞的詞彙量；大約80%的話是可理解的，甚至是對陌生人；話語的語法複雜性大致相同於成人的口語語言，雖然仍有錯誤發生。
4歲	語言已很好地發展起來；與成人標準的不同往往多發生在風格上而不是語法上。

Source: E. H. Lenneberg, *Biological Foundations of Language* (New York: Wiley, 1967)　Copyright © 1967 John Wiley & Sons, Inc.　Reprinted by permission of John Wiley & Sons, Inc.

需要。對口語的理解似乎已近於完成。他們的部分言語可能不易為家庭外的人們所理解。這部分是因為他們不能發出清楚的語音，部分是因為他們對成人語法的瞭解是有限的。在第四年裏，大多數兒童都獲得了大量的詞彙。他們能說出反映語法中大多數基本規則的句子。他們的語言乃是傳達能為兒童及家庭外的成人所理解的複雜思想的媒介。

　　雖然四歲時已經很好地奠定了語言的基礎，語言中仍有某些方面是學步兒童不能達到的。例如，你讓一個四歲男孩上樓去找一條橙色毛巾，他可能會準確地重複你的指示，但仍不能遵從它。他上樓後會忘記他所要找的是什麼，或者是拿回一個枕頭而不是一條毛巾。你還可能發現他正試圖將電視機推到樓梯那兒去。言語指示對學步兒童不一定具有所希望的影響力。兒童並不是有意要違背你的指示，他只是不能將語言指示有效地用於指導自己的行為而已（Tinsley & Warters, 1982）。Mary吵鬧著想要最大的那塊蛋糕，如果你讓她自己選擇，她選擇的卻是撒糖最多的那塊。顯然，「最大」這個詞用得不正確。雖然Mary能記住並重複「大」、「較大」、「最大」這些詞，但她還沒有理解它們所相對的概念。

　　這兩個例子表明，學步兒童的語言在某種程度上是易於使人產生誤解的。人們可能認為兒童已經完全理解了他們自己所使用詞彙的抽象意義，事實上，在整個學步期中，他們的語言一直都是非常具有個人獨特性的。語言技巧正在發展，但兒童是將自己的精力用於獲得語言的基本能力之上。只有當他們已經掌握基本方面之後，才會有奇異、微妙而複雜的言語技巧。

(六)互動與語言發展

　　照顧者對認知成長的最重要的影響因素也許在於提供互動的機會。一個善交往的人對兒童的問題能作出反應、提供訊息、以出乎意料的方式作反應，以使兒童驚奇、解釋計劃或策略、給予表揚。

　　Burton White比較被判斷為社會性與智力較強的兒童的母親與被判斷為低於平均水平的兒童的母親所進行的父母教養方式（White, Kaban & Attanucci, 1979; White & Watts, 1973）。社會性與智力較強的兒童的母親們花較多的時間與她們的孩子進行交往，而低於平均水平的兒童的母親們所花的時間較少。這個結果顯示在十二至三十三個月齡間的每一階段都是如此。「針對兒童的生動語言的數量也許是預示今後智力、語言

和社會性成就的最有力的唯一因素」(White, Kaban & Attanucci, 1979)。這並不意味著必須持續地與孩子在一起。其含義之一是兒童可以從頻繁的交互作用機會中獲益；含義之二是社會性和智力發展較強的兒童比低於平均水平的兒童引起較多的互動。

業已證明，語言交流者的某些特徵有助於兒童的語言獲得和溝通技巧 (Snow, 1984)。當成人向學步兒童講話時，他傾向於改變自由的言語型態以使自己更易於被兒童所理解。他使用適合於兒童理解水平和興趣的簡單而重複的言語。有趣的是，照顧者要對嬰兒講長而複雜的句子，但一旦小寶寶開始講話，照顧者的言語便變得誇張而且簡單(Moskowitz, 1978)。

這種對正在學話的兒童講話的風格被稱為**母式口語**(motherese)。當向學步兒童說話時，成人以及其他兒童以下列的方式調整自己的口語 (Rice, 1989)：

(1)他們根據學步兒童的興趣和理解水平使話語簡單化。

(2)他們強調此時此地。

(3)他們使用較為有限的詞彙。

(4)他們常常要把話說得更明白。

(5)他們使用簡單而規範的句子。

(6)他們頻繁地進行重複。

(7)他們講話的速度較慢，而且句與句之間和主要詞彙之後都有停頓。

照顧者言語中的這些特徵並不是普遍的。它們似乎反映了一種向學步兒童說話的文化標準(Pye, 1986)。**母式口語**(motherese)在西方社會中的白人中產階級最為常見。相反，南部鄉村的黑人成人並不為年幼兒童簡化或修改自己的言語(Heath, 1989)。他們可能不直接向兒童說話，但都希望兒童聽到他們所說的話，並在有話要說的時候插進來。成人問兒童一些現實的問題，並希望得到回答。成人和兒童用特殊的指令來指導對方的行為。一個學步兒童命令成人正像周圍的其他方式一樣可以讓人接受。為了給兒童創造機會讓他們表現機智和鍛鍊執著，成人逗弄兒童，特別是有他人在場時更是如此。作為活躍的聽眾，兒童有機會聽到各種意見，搜集到能延伸其直接經驗的訊息，並觀察到伴隨會話主題和內容變化而出現的語言聲調和風格的轉變。

當父母和學步兒童一起翻看書籍的時候，兒童開始認識到自己是一名讀者了。

語言學習過程涉及一個雙向調節和像「搭建築臺架」(scaffolding)一樣的上升模式。Nelson(1975)觀察到兒童努力在發音和選擇詞彙上與成人的表達方式一致。有時，兒童可能因他的發音與真正的字詞懸殊太大而被人誤解(ambulance成了ambiance, stomach ache成了snufin's cake)。同時，成人也使用母式口語或其他方法來保證自己被兒童理解。在頻繁的交互作用中，成人既在一定程度上改變自己的言語，也為他們的孩子示範更複雜、更準確的表達方式，透過二者之間的良好平衡而促進兒童的語言發展。

成人對言語表達形式和與之相聯繫的認知意義之間的關係作出種種推測。他們可能透過幾種方法來明確瞭解兒童的意思。一種方法是**擴展**(expansion)，或說是將兒童的表達詳細化：

兒童：狗狗搖。

父母：對，小狗在搖牠的尾巴。

另一種方法是**激勵**(prompting)，常常是以問句的形式出現。下面是父母親

要求孩子說得更多一些：

> 兒童：多多餅。
>
> 父母：你還想要什麼？

在上面兩例互動中，成人透過擴展或要求兒童詳細地說出他們感興趣的東西，來幫助兒童更有效地進行交流。成人的話語對兒童言語內容或主題的即時性匹配被稱爲**語義附帶句**(semantic contingency)。這種方式能有效地促進語言習得。父母所使用的句子種類有助於兒童瞭解他們怎樣才能說出語法更正確、更易於被他人理解的新句子。

　　講故事、玩字謎遊戲、言語上的說笑以及一起看書等社會性互動形式似乎也能提高語言的發展，特別是能增加詞彙以及被認爲能練習讀寫能力的一種特別重要的語言活動。在學步時期是成人朗讀、兒童詢問並使成人與之對話。有的書由於經常被朗讀以至於學步兒童開始能憑著記憶或看圖說話式地「閱讀」它們。當兒童進入學齡早期後，這種儀式化的閱讀活動爲兒童理解作爲一個讀者的含義提供了一個架構。

　　兒童與其父母常常進行能擴展兒童的詞彙、片語的運用的語言遊戲。這些遊戲通常是不斷發展的家庭生活的組成部分。它們不是因作爲一種孤立的活動而是作爲有關活動的延伸而被引進。Hoffman(1985)描述了她的三歲半的兒子David的一種自發性遊戲，該遊戲著手爲由言語到讀寫能力建造橋樑。隨著遊戲的發展，David的目標是隨母親坐車去托兒所的路上指出路標，她的目標是一邊開車一邊盡可能地多讀出路標。David發明了這個遊戲，他的母親很樂意和他一起玩：

> 在去托兒所的路上，David說：「我們來說說標誌吧！那個標誌說的是什麼？」
>
> 我答道：「向右轉標誌。」
>
> David繼續問：「那個黃和紅色的殼說的是什麼？」
>
> 我回答他：「它是『殼』——那是一個加油站。」
>
> 他問：「裏面有海貝嗎？」
>
> 我答：「沒有。」
>
> 我們繼續讀標誌。他問的時候大多數是我讀的。但「限速 35 哩」、

「自行車道」、「禁止停車」是David讀的。當我們開到「街道這側禁止停車」時，他把它看成是「禁止停車」。

下面是我開車的時候能夠回答他提問的信號。這並不是路上所有的信號。

限速 40 哩

限速 35 哩(12 次)

禁止停車(20 次)

學校限速(2 次)

街道這側禁止停車(7 次)

自行車道(2 次)

紅燈不准右轉(3 次)

注意兒童

信號在前(3 次)

勿扔垃圾

汽車專用道

從這個例子中我們可以看到，當我在開車的時候，要想和一個幼兒進行交流是怎樣地需要耐心。(p.90)

我們有證據顯示：母親們在言語交往方面作法是不同的；這些差異對兒童的問題解決能力有影響。但父親們和兄弟姐妹們又如何呢？他們的交互作用也能影響語言發展嗎？在一項對低收入黑人家庭進行的研究中，觀察了兄弟姐妹對學步兒童的語言技巧的作用(Norman-Jackson, 1982)。學齡前兒童中誰的哥哥姐姐是成功的閱讀者，誰就有較強的語言能力。哥哥姐姐對弟弟妹妹來說是重要的言語刺激來源。這些差異意味著父母和兄弟姐妹們對兒童的語言環境有明顯的作用。不僅如此，兒童也可能學會以不同的方式與其母親、父親和兄弟姐妹們進行交往。

㈦語言環境

父母們並不只是爲了要教會語言技能這一個目的才與他們的嬰兒和幼兒進行互動的。事實上，在家庭裏所發生的言語交流中，直接的語言指示只起了很小的作用。語言是一種文化工具，是教育並使幼兒社會化的一種手段；它是爲創造一種群體認同感以及將神話、智慧和文化價值觀代代相

傳的眾多發明之一。語言是心理社會環境的組成部分。運用語言的才能使兒童在與其最密切的家庭中和較大的文化群體中的地位得以鞏固(Rogoff & Morelli. 1989)。

當然，兒童是在一個範圍廣泛的語言環境中成長的。次群體以及家庭不僅在他們所講的語言或方言上不同，而且在他們對相應於非言語表達的言語表達的依賴、他們的主要交流方式，以及在幫助兒童獲得不同領域才能時對語言這一手段的重視程度，都有所不同(Bernstein, 1972; Hess & Shipman, 1965; Wertch, 1978)。

現在，美國面臨著幼兒教育方面的嚴重挑戰，其中有許多是關於幼兒語言環境的品質、幼兒語言環境與學校中的語言環境的一致性、學校的教學方法與工作場所對口頭和書面交流的要求之間的相關性。多文化教育的概念顯示：我們必須開始對各種次文化中作為智力的一個成分的語言運用的背景和風格的差異予以認識和重視，為具有不同的語言才能的兒童創造機會，使他們在教育環境中積累實力。

有大量的證據表明：兒童是在特定的社會環境中發展問題解決策略和語言反應的(Miller-Jones, 1989)。精通語言至少包括兩個方面(Snow, 1987)，一方面是在面對面的互動中運用語言——專用於社會情境的語言，另一方面是從任何特定背景中得到的語言——如詞彙測驗、語詞推理和寫作中通常測驗的語言知識。精通一個方面並不意味著也精通另一個方面。

以**雙語**(bilingualism)為例。雙語既是一種語言特性，也是一種社會特性。精通兩門或更多語言的兒童也是生活在一個複雜的社會文化環境中所常見的(Hakuta & Garcia, 1989)。研究發現，學習雙語一般並不妨礙兒童的認知發展，特別是，母語為那種語言並沒有什麼不良後果(Diaz, 1983)。似乎年幼的雙語兒童能敏捷地依據對話的情境要求，從一種語言轉到另一種語言。事實上，兒童可能是在將他們的兩種語言用作社會性互動時設限，而為社會關係增加明確性。

然而，美國學校都更偏重於對英語的精通。即使是在教育家們為美國學齡兒童忽視外語而感到遺憾的時候，雙語教育中的成功標準仍然是精通抽象的、學院式的英語語言技能。因而學校便在精通英語和精通母語之間的設置有了衝突，這種衝突既使兒童對非英語的語言環境的社會性認同受到挑戰，也使兒童的語言才能受到挑戰(Olsen, 1988)。

父母在兒童的雙語的發展中起著重要作用。這位西班牙母親在鼓勵她的女兒遊戲
式地從西班牙語轉換爲英語，然後又轉換回來。

　　語言技能的發展到幼兒期結束時尙未完成。重要的語言功能在學齡早
期和中期得到更完整的發展。年齡大的兒童可以運用語言來幫助自己計劃
一項問題解決策略，指導一系列複雜的動作活動，或確定物體之間的關係。
詞彙數量在擴大，詞語的運用越來越多地遵循成人運用語言的方式。句子
變得更爲複雜，包括條件從句和描述從句。能正確地掌握和運用不規則的
動詞和名詞(Moskowitz, 1978)。當兒童進入學校後，他們學習將自己的語
言中的語法結構概念化。除了詞彙、語法、閱讀和寫作這些常規的成分外，
語言發展還在今後的心理社會危機——特別是群體認同、親密關係和創生
力的建立——中發揮關鍵作用。人們主要是透過自己口語的性質來達到能
維持重要個人關係的坦白及揭露程度。語言還在作爲調解衝突，在朋友、
同事或家庭成員這些群體中建立一種凝聚感的機轉而發揮作用。

自我控制

　　自我控制(self-control)一直被定義爲不必在他人的引導或指示下便
能遵從要求、根據情境改變行爲、延緩行動以及以社會所接受的方式進行

活動的能力(Kopp, 1982)。這些能力反映出一種不斷增長的自我感。它們也反映了評估情境並將它與以前習得的行為規範進行比較的認知能力。最後，它們還反映了為降低緊張感而表現或改變衝動方向的能力。

早在嬰兒期，兒童便能提高或降低他們的喚醒水平(Kopp, 1982)。例如，嬰兒能透過吸吮或搖晃來使自己平靜。嬰兒能透過轉開身、哭叫或入睡來反抗過度刺激。從三個月齡左右到九個月齡期間，動作的發展使得對物體和行為的控制越來越強。伸手抓物和爬行使嬰兒獲得指導自己的行動和嘗試行動後果的經驗。從九個月齡到十八個月齡期間，嬰兒表現出遵從請求的能力。他們能摟抱人、把玩具遞給別的兒童，或是當父母說「不」的時候把手縮回來。他們也開始抑制自己的行為。一個兒童可能在伸手拿櫃台上的刀子時，一邊搖著頭說「不要摸」，一邊縮回自己的手。

㈠衝動的控制

在學步期，自我控制沿兩個方向發展：衝動的控制和自我調節的目標實現。首先，兒童加強了他們改變和控制衝動的能力。Colin的情形說明了學步兒童是如何成為自己的衝動的犧牲品。有時候他們僅僅只是不能中止一個正在進行的行動，即使他們知道這個行動不恰當。Colin,兩歲零九個月，剛上托兒所：

> 在他與其他兒童的關係上，Colin很快地從最初幾天的安靜、友好、旁觀的關係轉變為主動摟抱其他兒童。這種摟抱似乎是一種過分的友好而且只具有輕微的攻擊性。一旦開始摟抱，他就不知道如何才能停下，常常是一直抱到他把那個兒童摔到地板上為止。緊接著便是抓頭髮。他抓時並無惡意，但一直不停的抓以至於受到那名兒童的反抗。他奪走別人的玩具。當成人制止他的上述行為時，他非常地懂道理，會微笑著說：「我再也不那樣做了。」然後在房間裏到處亂竄，進行無組織的活動，然後又重新開始摟抱和抓頭髮。(Murphy, 1956, p. 11-12)

在二至四歲期間，兒童忍受延遲滿足其衝動的能力在發展。一方面，兒童經歷到的挫折遠比以前少；另一方面，他們發展起有效地對付自己所經歷到挫折的方法(Vaughn, Kopp & Krakow, 1984)。

兒童體驗較少挫折的一個原因是他們開始發展基本的時間感。這種時

帕伯羅·畢卡索，〈驢背上的保羅〉，1923年。保羅的自我控制從他的神態、他信任的表情和他對驢子自信的把握中表現出來。

間感涉及到對未來的某種正確評價。學步兒童一再地發現。儘管他們不能立即得到自己所想要的東西，經過短暫的間隔，他們通常都能得到。他們的信任感也有助於兒童認識到這一點。當他們意識到他們的需要在經過一段延緩期後很可能得到滿足，這種延緩便較少引起挫折感。這一序列極大地依賴於照顧者的反應性，以及他們為要求兒童延緩滿足其需要而提供報償的能力。

當然，即使最有耐性的兒童的承受限度也會受到一些事件的考驗。兒童必須學會在他們的情緒被喚醒的時候控制它們的技巧。兒童最早用來抑制其衝動的策略之一，是將他們的注意力從被禁止的對象上移開。在一項對延遲行為的能力的研究中，一位成人向兩歲兒童出示一個不尋常的電話，並要求他們不要碰它，然後他就走出房間一會兒。當實驗者不在場時，對兒童的行為進行觀察，記下兒童碰電話前的那段時間。當一名兒童一碰電話，實驗者立即返回，或者在兩分半鐘後返回。與延緩觸摸電話的能力相聯繫的行為有：視線避開電話，玩雙手或用雙手掩住自己的臉，以及談論一些電話之外的事情。隨著這項研究的進行，可以清楚地看到一些初期的延遲策略到三歲和四歲時變得越來越複雜、有效（Vaughn et al., 1986）。

語言和幻想是兒童所具有的應付衝動的最有效的工具。兒童在表達他

專欄6‧1

對憤怒情緒的控制

　　表現憤怒對兒童的自主感的發展是很重要的，但却常常在父母與孩子之間造成緊張(Wenar, 1982)。學步兒童出於許多原因而發怒，諸如不能完成一項任務，父母限制其行為，同伴或兄弟姐妹與他進行競爭。當學步兒童越來越多地參與對他們的活動結果的引導時，如果有人打擾他或給予他未經要求的幫助，他便會發怒(Bullock & Lutken-haus, 1988)。此外，有的兒童似乎比其他兒童在氣質上更富於攻擊性(Olweus, 1979; Parke & Slaby, 1983)。雖然表現憤怒是不可避免的、可以理解的，但它却是不愉快的。父母們雖鼓勵自己的孩子要獨立，嘗試新鮮事物以及表達自己的情感，他們仍然會覺得難以接受那伴隨著自我發展而來的敵意。父母們面臨著為兒童表現自己的憤怒提供適宜的機轉並教育兒童如何控制憤怒感的任務。

　　兒童在學習如何控制憤怒時非常依賴於父母的榜樣作用。父母發怒的頻率是很重要的。兒童透過觀察發怒時的父母而學習表現憤怒，比透過語言解釋或懲罰而學習表現憤怒有過之而無不及(Bandura, 1977)。兒童對父母之間所表現的憤怒很敏感，即使這種憤怒不是針對

們的希望時說得越清楚，他們的需要得到滿足的可能性就越高。當他們的希望得不到滿足時，他們可以運用語言來表達自己的感受。表達出來的情感對兒童來說要比沒有表達出來的情感容易控制。兒童還能夠學會運用語言來中斷衝動性行動。例如，當兒童面前放著一個小丑盒時，他們可以透過說「我不會看小丑先生的盒子」或「不要煩我」這樣的話來抗拒分心，轉而做自己的事(Mischel & Patterson, 1976; Patterson & Mischel, 1976)。

　　當要求兒童抗拒誘惑時，他們運用了多種言語策略，包括安靜地對自己說話、唱歌來分散自己的注意(Mischel, Shoda & Rodriguez, 1989)。

他們的。父母之間透過爭吵、諷刺和身體打鬥所表現出來的敵意，提高了兒童對憤怒的敏感性，而且與今後發展中的失調密切相關(Cummings, Pellegrini, Notarius & Cummings, 1989)。

能夠表現憤怒而又不失去控制的兒童在其自主性的發展上獲得巨大的成就。憤怒和與父母間的衝突使兒童認識到，他們實際上與父母是完全分離的，這種分離儘管很痛苦，都是正常的。因為發怒而受到嚴厲懲罰或諷刺的兒童，會陷入懷疑狀態之中。他們從父母對他們的反應方式中看到了表現憤怒的榜樣，但成人卻又告訴他們，發怒對他們來說是不當的。

有幾種策略有助於幼兒控制或降低憤怒的強度。其中包括不理睬攻擊；在附近一個安靜地方給予他一段短暫的「暫停」時間，直到情緒平息之後；喚起與憤怒不相容的情感，特別是對受害者的同情；減少接觸能喚醒攻擊性衝動的刺激；解釋攻擊性行動對他人的後果；解釋導致最初的憤怒感和挫折感的環境(Berkowitz, 1973)。為兒童正在形成中的自我概念起見，應該讓他們的憤怒感以某種合法的形式表現出來。在表現憤怒感的過程中，兒童學會控制自己並將這些情緒引導到建設性的而不是破壞性的活動中去。在二至五歲這段時間中，隨著兒童獲得了有效的自我控制策略，憤怒和攻擊行為的頻率便降低了(Cummings, Iannotti & Zahn-Waxler, 1989)。

會對自己說話的學步兒童也許能夠控制自己的恐懼，修正自己的憤怒，減輕自己的失望。他們可能重覆他們父母或照顧者對他們說過的安慰話，也可能自己發展一套言語策略來降低疼痛和痛苦。當一個為某種事感到不好受的男孩對你說「超級英雄是不哭的」時，你會瞭解他正在努力控制自己的情緒狀態。

象徵性想像的發展使兒童能夠創造想像的情境，惱人的問題可以在這種想像的情境中得到表達和解決。在幻想性遊戲中，學步兒童能控制超越其現實能力的情境(Singer,1973, 1975)。他們能夠懲罰和原諒，傷害和治癒，害怕和戰勝害怕，所有這些都在他們的想像範圍內。

透過談論自己和把自己編排進幻想性情境，兒童能夠減輕他們的一部分衝動強度。他們逐漸地成為自己的情緒需要的主宰，而不是它們的奴隸。兒童是在情緒衝動的鞭策下進入學步期這個階段的。他們似乎很容易受挫、不耐煩和苛求。他們的情感能夠迅速地獲得動力，直到超出他們的控制範圍。到學步期末，兒童開始佔據控制地位。他們能夠較好地控制情緒發展的速度和表達情緒的方式。兒童也會不時失去控制，正像趕車的人偶爾也會脫離正常速度一樣。但總體來說，隨著對時間的理解、語言運用和幻想性表達能力的發展，學步兒童開始有效地調節自己的衝動了。

Walter Mischel及其同事用三十年的時間研究了兒童延遲滿足的過程。他們的一項一致性發現是：延遲滿足的能力因人而異。在四歲的時候，傾向於較長時間地延遲滿足的兒童，也傾向於更聰明，更有可能抗拒誘惑，表現出更強的社會責任感，具有更高的成就奮鬥性(Mischel, Shoda & Rodriguez, 1989)。

四歲兒童運用自我調節策略來延遲滿足的能力，似乎具有持久的影響。在十多年後，那些曾在四歲時在要求自我實施延遲滿足的實驗情境中等待過較長時間的兒童，現在被他們的父母描述為比同伴具有較強的社會性和學術才能。父母們把這些兒童評定為言語較流利、善於表達思想；他們已習慣並服從於說理，而且他們更富於才能和技巧。他們的注意力更強，能夠全神貫注，能事先計劃和思考。他們還被認為能更好地應付挫折和抵抗誘惑。

正如Freud所假設的那樣，延遲滿足的能力似乎是自我發展的一個重要成分。Mischel和他的同事們的工作顯示：能夠延遲滿足的學步兒童在整個學步期的自我發展中前進得較快。雖然大多數兒童在長大後都能獲得成功地進行延遲所需要的技巧，但最早表現出這些技巧的兒童，似乎由於能更有效地組織不斷發展的自我技能的網絡而贏得了一定的優勢。

(二)自我調節的目標實現

自我控制的發展在第二種意義上言是與學步兒童的、能指導自己和他人的行為來實現期望中的結果的情感相聯繫(Messer et al., 1987)。在嬰兒期，兒童已愈來愈意識到自己是引起某種結果的主體。他們能使種種事情發生。在學步期，兒童在發起行動、堅持活動、決定什麼時候應該結束活動等願望上變得更為武斷。他們的**主體**(ageney)感——關於他們是活動

發起者的看法——擴大到包括大量的行為。兒童努力參與決定什麼時候上床、穿什麼衣服，吃什麼東西和進行什麼樣的家庭活動。他們想做他們見到父母和哥哥姐姐所做的事情。他們對自己能夠完成非常困難的任務的自信並不會因對他們技能的真實評估而修正。在學步兒童看來「你能做的事，我都能做得更好」。當他們有機會進行一些生疏而複雜的事情並獲得成功時，他們便產生了對自己和自己能力的自信。當他們幫助完成每天的家務事時，他們便會感到自己是這個家庭中的一名有用的成員。他們的自信和價值感是與獲得廣泛的複雜而協調的技能相匹配的。

在兒童能夠進行自我調節的、目標指向性的行為之前，兒童必須具有幾種能力。

首先，行動者必須能期待尚未實現的目標狀態，並必須瞭解目標可透過特定活動而達到。其次，行動者必須能描述出在活動與其結果之間的手段—目的關係……然而，除這種表徵能力之外，我們稱作為意志技能(volitional skill)的其他技能，對於將知識化為成功的行動也是必不可少的。一般說來，意志技能涉及到保持任務的定向，亦即在頭腦中保持所預期的目標，並監視邁向預期目標狀態的進展。這其中包括等待或尋找恰當的行動機會，抗拒分心，克服障礙，導正行動以及在實現目標後停止行動。(Bullock & Lutkenhaus, 1988, p.664)

有時候學步兒童的熱情和自信超出了他們的操作潛能。他們見到父母很輕易地從事一項任務，便以為自己也同樣能輕易地完成它。如果讓他們自己去嘗試那項任務，他們便會失敗。由於他們並沒有預期到不成功的後果，他們變得洩氣和沮喪。如果父母勸他們不要去嘗試，他們也會感到喪氣，因為他們肯定自己能做得很好。解決這種問題的最好方法也許是和學步兒童一起合作，讓他們去做他們能完成的部分，在他們需要的時候給予幫助。當兒童進行某種在一定程度上超越其能力的任務時，他們便學會更現實地評價他們的力量和技能，而不會因失敗感到丟臉。到學步期末，兒童能更好地評價完成許多種任務的要求。他們能夠判斷自己是否能單獨完成一項任務。

在自我控制這一發展任務中，我們已經討論了兩種相當不同的現象。兒童控制自己的衝動的能力是與Freud(1957)用來描述口腔期和肛門期的

對學步兒童來說，洗碗碟是件很有趣的任務。它是成人每天都在做的事；它要求有多種動作協調，而且如果碗碟是金屬的或塑膠的，它還是一件安全的活動。

發展的心理分析概念——延遲滿足——密切相關的。能夠說明兒童透過持續的探索和靈巧的問題解決能力來努力提高自己能力的普通動機，則是專精或控制(Harter, 1982; White, 1960)。上述兩種能力都促進了學步兒童對自身的意識的不斷增長。要想作為家庭成員有效地發揮作用，學步兒童必須確信自己具有控制內在情感世界和外在決策與任務世界的能力。當學步兒童發現自己能承受緊張壓力，適當地表現或抑制憤怒，進行困難的任務並獲得成功，他們也會提出重新確定其自我的要求。學步期在個人的自我效用感，即對自己能夠完成某一特定情境所要求的行為之信心的發展上，是一段重要的時期(Bandura, 1989)。學步兒童自己能做的事越多，他們對自己控制自身行動後果和實現自己目標的能力便具有越強的信心。

小結

我們討論了學步期的四項發展任務：運動技能的精細化、幻想遊戲、語言發展和自我控制。在嬰兒期間，發展的任務集中於產生自我與環境中的其他物體和人之間的區分及對其間聯繫的意識上。一旦自我從其他事物

中明確分離出來，重點便轉移到對控制的關注——控制自我和控制環境。因此可以把學步期的任務看作是努力提高兒童的使自己的世界變得有秩序和一致性的能力。透過自我控制，他們對於應付自己的衝動感到更有信心。憑藉語言，他們開始能要求他人對自己的需要作出反應，並給予自己更多關於這個世界的訊息。愈來愈高的敏捷性和速度使他們與環境中更多的事物發生接觸。這些運動技能也提高了他們個人的控制感。在很難予以控制或不可能予以控制的領域內，幻想可允許一種**假想式控制**(pseudo—mastery)，在這種幻想中，障礙被克服了，現實的局限性變得無關緊要。在這些任務上獲得的成功可以提高兒童的能力感和效用感。

心理社會的危機：自主VS.羞怯與懷疑

在學步期，兒童開始意識到自己的游離性。透過各種經驗，他們發現，自己的父母並非總是知道他們想要什麼，或能夠完全理解他們的情感。在學步期的早期階段，兒童使用相當簡單的方法來探索自己的獨立性。他們可能會對給予他們的任何東西都說不，無論他們是否想要它。這個階段人們常常稱之為**可怕的兩歲期**(terrible twos)。學步兒童似乎非常苛求，並堅持按照他們的方式做事情。對一個兩歲兒童講道理是非常困難的。

兒童可能對進行諸如上床、穿衣和離開家庭這類事情形成相當有條理的習慣(Albert et al., 1977)。他們堅持要嚴格地按照習慣進行，並威脅如果違反習慣他們就會極為憤怒。習慣代表著兒童將控制和秩序帶給環境所做的努力。它們還有助於在環境或狀態發生的變化可能對兒童的自我感造成威脅的情況下，為兒童提供依然如故的感覺和連續感。在日復一日的活動中，學步兒童遇到大量的他們無法解釋的情境。在他們努力使這些事件具有可預測性的時候，他們設計了自己的習慣。該習慣通常並不重複成人做事情的方式。但學步兒童的習慣和成人的習慣一樣，具有重要的心理功能。

在自主性的發展過程中，學步兒童從一種有些刻板的否定的、儀式化和非理性的風格，轉變為一種獨立的、精力充沛的、堅持不懈的風格(Erikson, 1963)。年齡較大的學步兒童的特徵是說「我自己會做」這句話。他們

較少關注以自己的方式來做事情，而是較關注於自己去做事情。學步兒童表現出越來越多樣的技能。每一個新成就都給予他們極大的自豪。當獨立做事獲得了積極的結果，其自主感便有所增長。學步兒童開始把自己的形象樹立爲能較好地應付環境並能滿足自己的多種需要的人物。被允許去體驗自主的兒童在學步期末期時會具有牢固的自信心基礎，並會在獨立行動時體驗到愉快感。

自主性的發展所具有的獨特特徵，是其活力和堅持性。兒童並不只是偏愛自己來做大部分事情；他們是堅持要這樣做。一旦兒童開始進行一項任務，諸如穿睡衣或穿鞋，他們就會一直奮鬥下去，直到他們掌握了爲止。他們可能堅決反對他人的幫助，並堅持他們自己能應付。只有當他們肯定自己不會再有什麼進展時，他們才會讓別人幫助自己。

自主感的建立不但要求兒童付出巨大的努力，而且還要求父母有極大的耐心和支持。學步兒童對自己的要求常常是很惱人的。他們反對父母的好意、良好的願望和意圖。父母們必須學會教導、好言相哄、容忍無禮、等待和表揚。有時候父母必須允許孩子們去嘗試一些他們不太可能做到的事情。透過鼓勵兒童參與新的任務，父母們希望能提高他們的能力感。

有些兒童在學步期時未能獲得控制感。由於在大多數所嘗試的任務上遭遇到失敗，或由於不斷受到父母的批評和阻止——或者最有可能的是由於這兩種原因的共同作用——有的兒童產生了一種極度的羞怯和自我懷疑感。這是學步期心理社會危機的消極解決(Erikson, 1963)。**羞怯**(shame)是一種強烈的情緒，可來源於兩種不同類型的經驗(Morrison,1989)。羞怯的一個來源是社會的諷刺或批評。你可以想像你因潑灑了牛奶或丟失了上衣而受到譏諷，由此重新體驗羞怯感。當你感到羞怯的時候，你會覺得自己很渺小、可笑、而且屈辱。有些文化極大地依賴公眾的貶抑作爲社會控制的手段。在那樣的文化中成長起來的成人對於「保持面子」極爲關注，他們最大的恐懼之一，是害怕被公眾指責爲具有不道德或不誠實的行爲。在有些情況下，這種羞愧會導致自殺。

羞怯的另一來源是內部的衝突。當兒童形成了對作爲一個有教養、正派、有能力的人之含義的理解時，他便建立了一個關於理想的人之心理表象，即**自我理想**(ego ideal)。當兒童認識到自己的行爲不符合自己理想的標準時，他便感到羞愧。即使他們並沒有破壞規則或做什麼淘氣的事，他

們也仍可能因為自己沒有遵從自己所想像的應該怎樣做的個人理想而感到
羞愧。

　　羞愧的經驗是極不愉快的。為了避免它，兒童可能躲避各種新活動。
這類兒童對自己的能力缺乏自信；他們預料自己做什麼都會失敗，因而新
技能的獲得就變得緩慢而艱難，自信感和價值感被持久的懷疑所代替。具
有擴散性的**懷疑感**(doubt)的兒童只有在高度結構化和熟悉的情境下才會
感到自在，在這種情境下，失敗的危險性降到最低。在自主VS.羞怯和懷疑
的衝突中，這是最為消極的一種解決方法。

　　在正常情況下，所有的兒童在他們的大量成功中都經歷過一些失敗。
即便是最有耐心的父母偶爾也會因為孩子把事情搞得亂七八糟或打擾他人
而羞辱他。這種事例有助於兒童對自己的獨立性和技能作出更現實的評
估。已獲得自主性而解決危機的兒童，仍然會對自己是否能成功表示疑問。
當他們失敗的時候，他們可能仍然會感到羞愧。但是他們的性情通常是傾
向於嘗試大量的活動。促成羞怯和懷疑而解決危機的少數兒童，將避免新
的活動，並墨守他們已經知道的東西。

大小便訓練

　　在個人的自主性和社會對服從性的要求之間所存在的典型心理衝突，
是如廁訓練。正如Robert White (1960)所指出的，在這一特殊的衝突中，
兒童注定要有所喪失。他們必須使自己的自主性服從於明確的排便常規的
期望。學步兒童必須掌握許多技能，以便於在如廁訓練中取得成功。他們
必須擁有一些詞語或信號，透過它們向父母表達他們想上洗手間的需要。
他們必須自己能找到洗手間，或找到某人幫助自己去洗手間。他們還必須
能將排便延遲到進入洗手間並脫下衣服之後。

　　只有在肌肉系統得到充分的發展之後，兒童才能夠控制自己的大小
便。這一點是顯而易見但又極重要的。一般兒童只有到了一歲半至兩歲時，
他們的控制大小便的儲留和排放的括約肌才會變得完全成熟並發揮作用。
這一生理發展的事實意味著：在括約肌達到成熟之前，兒童是不可能控制
排便的。

　　對兒童來說，要在如廁訓練期間體驗到能力感，必須要發生這些事件：
(1)他的身體必須是有所準備的。(2)他必須能夠在要如廁時給出訊號。(3)他

必須能對內部線索作出反應，並預料必要的動作。有證據顯示，女孩達到對膀胱的控制的時期要比男孩來得早。進入青少年期後，遺尿的男孩要比女孩多。控制膀胱方面的這種差異也許反映的是肌肉發展上的差異，而不是動機、挫折或活動水平上的差異。

如果父母們在兒童的各方面都已達到準備狀態之後才開始如廁訓練，那麼兒童有可能把這一任務看作是驕傲和成就的來源，而不是一種意志的鬥爭。他們會因為自己能夠完成在父母看來是很重要的事情而感到快樂。他們的成功可以增強他們的自信。

古典的心理分析理論(Freud, 1905／1953, 1913／1958)把二至四歲看作是具有固執觀念和強迫症的特徵以及神經症的階段。**固執觀念**(obsession)是固執的重現出現的思想，它是一種壓制焦慮的機轉。**強迫症**(compulsion)是反覆出現的、儀式化的動作，它的作用與固執觀念相同。根據心理分析理論，激起固執的、強迫性行為的焦慮，是來源於與身體的生殖器區和控制排便過程有誤的潛意識衝突。在正常人對秩序、整潔和計劃性的關注中，也可以觀察到固執的和強迫性行為。它們通常是處於當事者的控制之下，並可作為一種有用的進行個人組織的工具。然而，在神經症的個體身上，這種思想和行為超出了個人的控制，阻礙個體發展有效行為的能力。

雖然如廁訓練是一個很有趣的範例，它強調了意志、身體控制和父母的權威等問題，但是，自主性這一概念包容了更為廣泛的行為範圍。歷史上對如廁訓練在人格發展中的作用強調，似乎是太狹隘和侷限了。排便控制只是在學步期中發展起來的大量技能之一。健康兒童在掌握許多種技能時所獲得的經驗，都融入到自主性和才能的發展之中。

核心過程：模仿

學步兒童透過**模仿**(imitation)這一主要機轉發展成為一個自主的個體。雖然模仿要求有活生生的榜樣在場，但模仿的結果導致行為從榜樣向模仿者轉移。換句話說，一旦學步兒童成功地模仿了某種技能，那種技能便屬於他們了，他們可將其用於任何所喜歡的目的。學步兒童似乎是被驅策著去模仿他們所觀察到的幾乎每一件事情，包括父母如廁的姿勢。透過模仿在與成人談話、電視和故事中聽到的語詞，學步兒童的詞彙量得到顯

模仿形成了一種聯繫，有助於兄弟姐妹之間一起玩耍。

著的增加。他們對舞蹈、音樂和其他活動的興趣來源於對父母和同伴的模
仿。當遊戲團體中的一名兒童發出一個有趣的聲音或做出一個大膽的動作
時，其他兒童馬上像被強迫著一樣，重新做出這一新奇的行為。

　　學步兒童的模仿行為與較大的兒童身上可觀察到的由社會引起的服
從，是很不相同的。學步兒童沒有意識到許多社會標準，因此很少感到服
從這些標準的壓力。模仿行為實際上是一種學習的手段（Bandura， 1977;
Parton, 1976）。每一種行為都是屬於行為者自己的，即使它是受其他人影
響而產生的。在學步期間，模仿的主要動機是在獲得控制和才能的驅力。

　　在關於家庭環境下模仿的研究中，學步兒童表現出令人深刻印象的對
父母的家務、自理和撫養活動的模仿模式。他們對模仿那些具有社會性意
義和價值的行為表現出越來越高的興趣。這些觀察使研究者們認為：模仿
在滿足學步兒童對社會性才能的需要中具有關鍵性的作用（Kuczynski,
Zahn-Waxler & Radke-Yarrow, 1987）。透過模仿，兒童還可能從他們
所知覺到的自己與榜樣之間的相似性之中獲得愉快。這種感知到的相似性
是模仿過程的附帶益處（Kagan,1958）。

模仿也是參與和維持社會互動的一種手段(Grusec & Abramovitch,
1982)。在同伴情境中,模仿是兒童用以協調自己與其他學步兒童的行為的
一種首要策略。在言語交流成為建立或維持社會聯繫的主要有效工具之
前,學步兒童彼此間進行模仿。透過模仿,學步兒童能夠感到彼此間是聯
繫在一起的,並能開始發明相互協調的遊戲(Eckerman, Davis & Didow,
1989)。隨著認知的不斷成熟,兒童選擇與他們對控制、教養和社會交互作
用需要有關的行為進行模仿。

前面我們指出了模仿對於詞彙發展的重要性。然而,學習語法規則卻
似乎要求能有創新性和問題解決技巧。在語言學習中,模仿為積累作為建
構的語詞提供了一種手段,但要想自如地運用語言,兒童還必須瞭解能使
自己的思想轉換為詞語的形式。在詞語的模仿和語言自主性之間存在的關
係,同樣存在於活動模仿與人格自主性之間。兒童透過模仿而學習廣泛的
行為,逐漸地根據他們自己的傾向性而被整理。兒童依靠模仿來獲得很多
技能,但對那些技能的獨特運用很快地便處於他們自己意志的控制之下。

小結

自主VS.羞怯和懷疑的心理社會危機,是在二至四歲期間形成並得到
解決的。這個階段以兒童對自我表達和控制的不斷需要為主導。自我懷疑
來源於不斷的失敗和無能的經驗。涉及多方面技能的才能的發展是達到強
烈自主感的機轉。模仿是學步期中主要的技能學習手段。透過模仿,兒童
的語言和技能得到了發展,這使得他們能夠表達自己的需要,並能將自己
的行為與他人的行為協調起來。

專題:紀律訓練與托育服務

紀律訓練

紀律訓練(discipline)是一種工具,父母們運用它來塑造自己孩子的行
為,使他們符合自己關於被社會所接受和重視的事物的期望。紀律訓練的
內容(被禁止的行為種類)和技巧(控制的方法)使得兒童的行為範圍限制在

社會公認的規範之內。紀律訓練還使得兒童獲得一些控制自己行為的技巧。人們在努力創造一個道德的社會時，長期存在著一種緊張狀態，即滿足自我、肯定自我和滿足他人的需要之間的衝突。父母們只有透過幫助兒童掌握他們的行為後果，才能成功地克服兒童們的自我中心。

學步兒童那種天真的自我中心和充沛的精力，常常使他們與父母、兄弟姐妹和同伴發生衝突。否定或明確地拒絕服從他人的要求是學步期的一種標誌性特徵(Haswell, Hock & Wenar, 1981; Wenar, 1982)。兒童對服從的拒絕終有一天會與父母對做某種行為的堅持發生衝突。因而我們可以認為，紀律訓練的必要性是學步期間親子交互作用中的一個不可避免的成分。我們在討論學步期的心理社會危機時談到過，父母進行紀律訓練時，理想的結果是使兒童對自己限制自身行為的能力具有信心，而不因為害怕受父母的嘲笑而感到極端地受壓抑。

紀律訓練活動被描述為三大種類(Hoffman, 1977)：

(1)**以權服人**(power assertion)：身體懲罰，吼叫，試圖在身體方面移動兒童或制止一項行為，取消特權或各項來源，或用任何一種這類事情進行威脅。

(2)**取消愛**(love withdrawal)：表現出憤怒、失望或不贊成；拒絕進行溝通；走開或轉到一邊去。

(3)**誘導**(induction)：解釋一項行為為什麼是錯的；指出該行為對他人的影響；透過喚起兒童的控制感、公平遊戲和對他人的愛，轉移兒童的行為。

除上述三大類紀律訓練技巧外，父母的榜樣作用以及對可接受行為的增強，在兒童內部控制的發展中也佔據重要地位(Mussen & Eisenberg-Berg, 1977)。如果兒童要改正他們的行為，那麼他們既要知道怎樣抑制不當的行為，又要知道什麼樣的行為是恰當的。榜樣和增強幫助兒童指導自己的行為，而紀律訓練的作用是抑制或改正兒童的行為。

關於父母的紀律訓練的早期研究，集中在它對道德條律的內化的影響上。在一種主要的紀律訓練方式下成長起來的兒童，能在多大的程度上控制自己的行為，並在失敗時認錯？Hoffman(1970)對各種發現作了如下總結：

學步兒童天真的、生氣勃勃的行為和任性，常常與父母的希望發生衝突，從而造成受懲罰的情境。幸運的是，兒童懇求的模樣和動人的方式常常使成人的憤怒得以平息。

　　母親使用以權服人的頻繁性是與較低的道德發展是相關的，並且有高度的一貫性。反之，誘導型紀律訓練與愛則養育較高道德發展的孩子。雖然這些關係在不同年齡水平上並不如以權服人的消極關係那樣明顯和前後一致。……與誘導型不同的是，愛的取消與較少道德指標不相聯繫，而且所獲得的為數不多的顯著發現並不符合任何明確的模式。(p.292)

　　種種研究一致地發現：那些父母頻繁地運用以權服人技巧的兒童，本身也傾向於表現出高度的攻擊水平(Anthony, 1970; Chwast, 1972)。對於這一關係的解釋，已提出有幾個假說。首先，身體懲罰可能使兒童受挫折，進而引起新的攻擊衝動。其次，用身體懲罰來約束兒童的父母，可能為攻擊行為提供了一種榜樣。第三，對指向自己的攻擊行為加以懲罰的父母，可能也會鼓勵或獎賞指向他人的攻擊行為，這便可能導致兒童具有攻擊性。最後，攻擊型兒童可能激起其父母運用以權服人的策略。例如，Buss (1981)指出，在具有高度活動水平的兒童與其父母的互動中，存在著較多的衝突。活動性較高的兒童的父母更有可能運用身體控制，並捲入他們孩子之間的權力鬥爭中，而活動性較低的兒童的父母則不然。

然而，有些實驗研究卻認為：當身體懲罰用在一種討人厭的行為剛剛出現的時候，它可以成功地制止此種行為(Aronfreed & Reber,1965; Walter, Parke & Cane, 1965)。這種懲罰的應用可以更確切地描述為**逃避制約**(avoidance conditioning)。在這種情況下，正當兒童要擺弄一件他喜歡的玩具之前便制止兒童去觸摸它。當他們被留下獨自與該玩具在一起的時候，受到過這種懲罰的兒童便把自己的注意轉移到其他玩具上。我們認為，在自然情形下運用懲罰時，它往往是用在錯誤行為已發生之後。在這種情況下，身體懲罰傾向於加強而不是抑制攻擊衝動。

　　愛的取消很少，如果有一些的話，對道德條律的內化有什麼積極的作用？它也許能有效地使兒童服從於成人的期望(Forehand et al., 1976)。愛的取消的作用在於刺激兒童對讚賞的需要，並增加兒童對表現敵意的焦慮。使用愛的取消作為主要紀律訓練技巧的父母，他們的孩子傾向於為衝動的表現而感到焦慮，並願意服從成人的權威(Hoffman, 1980)。這些特徵是有別於道德的，因為其中很少有概念的成分(兒童並不知道為什麼自己不應該進行某些活動)，並對外在的後果具有高度的焦慮(父母可能會取消愛)。

　　在其他兩種技巧都失敗時，誘導卻取得了成功，因為它為兒童引導自己的行為提供了一個概念架構。它指出兒童的行為對他人的影響，由此喚起兒童的同理(Leizer & Rogers, 1974)。用誘導作為主要紀律訓練技巧的家庭可以被描述為民主的，而不是獨裁的。這種家庭的特徵是，擁有一種溫暖的氣氛、家庭成員之間高度的溝通，以及關心和容納他人的傾向(Odom, Seeman & Newbrough, 1971)。其父母確定了嚴格的、適合其年齡的行為標準的兒童，通常是友善的、有責任心的、自信的，並能體諒他人(Baumrind, 1971)。誘導除了能有效地使兒童遵從父母的願望以外，和其他技巧相比，還包含更複雜的親子交流，因而誘導既能加強「良好」行為，還能加強言語技能(Lytton, 1976)。

　　表 6-3 總結了我們所討論的三種紀律訓練技巧。每一種技巧都與對道德行為和不同方面的人格發展的特定影響相聯繫。

· 紀律訓練的背景

　　最近的研究較多地考慮了影響父母的紀律訓練方式的一些直接的背景向度。似乎有三種成分與紀律訓練形式有關。

表6-3　紀律訓練技巧以及它們對人格和道德發展的影響

紀律訓練技術	相關的人格	道德行為
以權服人	攻擊行為和幻想	道德條律較少內化
愛的消除	焦慮和依賴	與道德行為無明顯關係
誘導	自主和對他人的關心	道德高度發展

　　首先，成人關於父母在指導不同年齡兒童的行為中的適當父母角色的個人理論，會影響到他如何對兒童的行為作出解釋和反應。這種理論是由個人自己的心理社會成熟水平、由文化對兒童以及應該如何對待兒童的假設，以及由個人觀察和與兒童交互作用的早期經驗所塑造的。當Mondell和Tyler(1981)調查父母的心理社會成熟性與親子互動之間的關係時，他們發現：能力和信任感較高的父母，更有可能認為他們的孩子是有能力且機智的，而能力與信任感品質較低的父母則不然。能力與信任感高的父母有可能透過溫暖的、積極而有益的互動行為，與兒童共同完成一項問題解決任務。

　　成人進行紀律訓練的方式是受他對兒童行為的主觀評估所影響的。當父母們認為兒童並不理解自己的所作所為是錯誤的時候，他們在懲罰這種行為時可能就不太嚴厲。父母們對兒童的能力、責任感和不良行為的動機的看法，會影響到他們運用紀律訓練的類型和嚴厲性(Dix, Ruble & Zambarano, 1989)。父母們在評估一個錯誤行為的嚴重性時，往往考慮到兒童的年齡和有關技能。而當他們認為兒童事實上是有意做出錯誤的行為時，他們也會感到更加憤怒，並往往更為嚴厲。

　　父母對不良行為評估的第二種成分，是父母認為究竟兒童的行為是其個人特質的產物，還是情境的產物(Mill & Rubin, 1990)。父母親如果認為一個兒童「本性上」就具有攻擊性，是吵鬧的，那麼他或她便會平靜地對待攻擊性的爆發。認為兒童是有意地冒犯的父親或母親，則會以較有力的方式作出反應。這一模式極大地依賴於父母親的文化觀和價值意識。

　　另一類父母親則相信：應該嚴格地對待氣質上具有攻擊性的兒童，以便於幫助他發展自我控制。這類成人對待平常很隨和而突然變得放肆的兒童的反應，可能是更為理解和平靜的。文化和育兒價值觀影響著一個成人

對兒童行為的解釋，因而也影響了他的行為過程(Kochanska, Kuczynski & Radke-Yarrow, 1989)。

其次，情境會對兒童是否以及怎樣受懲罰產生影響。我們都知道，當大家都娛樂的時候，大聲唱歌或要媽媽玩扮家家酒的遊戲之類的行為，是可以讓人接受的。然而，同一種行為在媽媽付帳單或準備晚餐時發生，則是令人難以接受的。在一項對這種現象的實驗室模擬中，父母親與他們的兩個孩子在一起，一個孩子在三至五歲之間，另一個小於三歲(Zussman, 1980)。在兩種條件下觀察父母對孩子的行為：當父母能夠與孩子一起遊戲的時候和當父母專注於一項引起兒童相互競爭父母注意的任務的時候。當父母在進行競爭性任務時，他們與較大的孩子很少有積極性交往，而對較小的孩子則較多地進行批評或懲罰性的交往。從中我們可以看到，導致懲罰的環境既反映了兒童的活動內容，也反映了父母的活動內容。

第三，兒童對其父母關於服從性的最初要求所作出的反應會影響到以後的行為。紀律訓練是交互作用式的。就極年幼的兒童來看，父母的要求或命令常常是得到服從的。父親說：「不，別碰！」兒童就會縮回自己的手。在其他的情況下，成人可以透過轉移兒童的注意並提供一些替代性活動或物體的方法，來改正幼小兒童的錯誤行為。但是兒童到了三歲或四歲時，他們變得更為靈活地堅持自己的希望。他們可以透過協商來抗拒一項命令：「我晚一會再做」、「我已經試過了」或「只要多一點點」。當父母指出錯誤或不良行為時，三歲兒童能夠提供理由，並力圖避免處罰：「是弟弟(或妹妹)弄的」、「我累了」、「我需要它」、「這是我的」。這些理由可以導致新的協調。在某些情況下，父母在聽到兒童的說理之後，會改變自己的主意並允許兒童繼續原來的行為。一般來說，當學步兒童的父母參與上述的互動時，學步兒童能夠更有效地提供正當理由並商量替代行為；而實施嚴格的命令和運用身體懲罰的父母的孩子則不能(Dunn & Munn, 1987; Kuczynski, Kochanska, Radke-Yarrow & Girnius-Brown, 1987)。

總體說來，學步兒童對父母不贊成的表示是非常敏感的。在整個學步期中，他們開始瞭解自己對父母的依賴程度。兒童的大多數行為可以由成人最小的反應強度所調整。兒童在做了錯事之後常常立即就意識到自己做錯了。在這個時候，大量的懲罰和羞辱只會引起焦慮，而不能強化兒童對

不恰當行爲的內在認識。

當父母決定採用一項紀律訓練策略時,他們必須敏感於兒童動機、希望、能力和恐懼的變化。如果一項紀律訓練技巧不能成功地抑制某一特定行爲,如果不得不重複地應用同一種威脅或懲罰,那麼我們可以認爲,從兒童的角度來看,這種技巧是無意義的。試想像一個男孩,他只要有朋友在場便變得喧鬧、活動過度、粗魯。父母總是以送他離開房間作爲一種懲罰。如果這一模式重複了許多次,那麼我們就可以假設,這個男孩知道他的行爲的後果並且不認爲那是消極的。也許他是因爲有許多陌生人在場而變得非常焦慮,因此很樂意離開他們以避免問話。也許他母親在將他送離房間時所給予他的特殊注意,正是他在從成人爲中心的所有活動中所希望的。只有當能夠成功地降低某項特定行爲的可能性時,懲罰才成其爲懲罰的特性。

控制兒童的三種取向——以權服人、取消愛和誘導——均對兒童內化道德控制的能力具有影響。這些紀律訓練技巧反映了育兒活動中存在的更爲普遍的意向,表現出父母對親密感、衝動性和對權威的尊重的態度。紀律訓練技巧必須依據行爲背景、兒童能力的發展,以及早期紀律訓練過程的歷史進行評價。

托育服務

我們已經討論了紀律訓練的部分細節,特別是在親子關係結構這個方面,因爲這是社會化的一種主要機轉。實際上,今日的幼兒大多數是處於形式各異的社會化環境中,在這些環境中,對行爲的期望也是各不相同的。

以 1987 年爲例,有六歲以下孩子的已婚美國婦女有 57%是社會勞力。而離婚婦女的社會勞力比率是 70%(U. S. Bureau of the Census, 1987a, 1987b)。年幼兒童的母親走出家門就業已經比比皆是。隨著家庭中父親的存在,兒童的年齡以及母親是全職工作還是半職工作的不同,其托育的安排也不同。就業母親的五歲以下的孩子約有 28%是在有組織的托育機構中,42%是在他人家庭中,24%是在他們自己的家庭中進行看護。家庭成員,特別是父親和祖父母,負責了在自己家中或在他人家中予以看護的三分之一的兒童。約有 13%的兒童具有兩種或兩種以上的托育安排。兒童可能先去半日制托兒所,然後其餘時間由保母看護;也可能整天在托育機構

在合格的托育中心中，日程安排十分靈活，能夠吸收兒童的想法。這是兒童在池中潑水的一天。

中，傍晚由親戚予以看護。

　　看護兒童的需要和對範圍廣泛的托兒安排的需要在不斷增長，在這種背景下，父母、教育者和政策決策者提出了以下關鍵的問題：(1)合格托育的基本特徵是什麼？(2)托育對幼兒發展有什麼作用？(3)今後我們應該怎樣做以保證對那些其父母在工作的兒童的看護品質？

㈠合格托育的基本特徵

　　合格的護理包括那些內容？對於二至四歲的學步兒童而言，品質是建立在「三個P」的基礎上：人事、計劃、硬體設備。

　　與**人事**(personnel)有關的關鍵成分是：教師所擁有的訓練品質，每一位教師只負責較小的兒童群體，以及員工的低流動率(Phillips, McCartney & Scarr, 1987)。教員必須有兒童發展方面的訓練。他們必須具有監察幼兒工作的經驗，以及將自己的知識有效地傳授給兒童父母的能力。如果他們得到有關自身角色的恰當教育，他們將會懂得如何作為一個敏感的

關懷成人而發揮作用的需要。他們會知道如何提供適合於發展水平的經驗，如何擴展幼兒的興趣以便促進認知和社會性的發展。這樣的照顧者會重視幼兒體驗控制感的需要，並為鍛鍊自主能力提供各種機會。他們會理解所有的象徵性活動對兒童智力和情緒幸福感的作用，並能透過不同的媒介來促進想像遊戲。他們會期望兒童具有強烈的進行身體活動的願望，並會贊成活潑的運動。他們還會期望兒童具有強烈的得到愛和讚賞的需要，並會慷慨地給予兒童慈愛。

在與大量的幼兒進行交往後，托育護理人員會熟悉兒童在氣質、學習風格、情緒表現和精力上存在的個別差異。他們會為表現這些差異而設計活動，他們也會鼓勵自己所照料的兒童瞭解並重視彼此間的差異。

計劃(program)的重點在不同的托育中心可以是不同的。但是，高品質的計劃應該照顧到兒童的整體發展，包括生理、情緒、智力和社會性的發展。因為兒童需要有機會體驗多樣性，所以計劃應該為兒童提供各種各樣的感覺經驗，或者請客人來訪問兒童，或者把兒童帶入社會之中，以此引進新鮮題材和機會，使兒童體會到社會的不同風貌。

計劃應予結構化，以使其具有可預測性。這意味著應遵循一個有計劃的日程表，其中的一些常規步驟是兒童能夠預料的。計劃還應具有足夠的靈活性，以便能對群體的興趣和需要的變化作出反應。活動應設計得適合於兒童的不同發展水平，這樣，當兒童還沒有達到某種技能水平時也不會被排斥在外。

為了發展能促進從屬感和友誼的一系列社會技能，兒童應該有機會在大、小群體中，以及兩者之間進行交互作用。兒童還應該有機會與成人進行一對一的互動，他們也應該有獨處的時間，這並不是受群體的孤立或排斥，而是自願的獨處。

計劃應該包括許多能促進溝通、為兒童進入讀寫環境作準備的策略。這意味著：應鼓勵兒童用言語表達自己的思想和情感，描述自己觀察到的事物，大聲地作計劃、講故事並對故事作出反應，透過詩歌、音樂、舞蹈、戲劇和藝術來體驗表達方式，探索印刷類的材料，以及瞭解口語和書面詞語之間的關係。

一個托育中心的**硬體設備**(physical plant)在相當大的程度上取決於它的座落位置。在教堂的底層、專為托養兒童設計的建築物、小學教室，

重點放在早期言語發展和問題解決上的托育中心，能對兒童長遠的智力發展具有積極的影響。

以及醫院的病房中，都可找到托育中心。要想得到執照，托育中心必須符合國家關於建築法規、防火及安全規則、相對於收托兒童數目的室內室外空間的最小面積等的具體法律。通常國家標準規定出最低要求。

　　然而，所有高品質的托育中心都具有某些物理特徵。它們有足夠大的建築面積以便兒童在惡劣的天氣裏在室內安全地進行大肌肉活動。室外空間方便以利於隨時使用，並不受環境中的意外事件和闖入者的干擾。家具、洗手間和生飲機的規格應適合於兒童，以使兒童在該環境中能盡量自主地生活。應有安靜的地方供兒童睡覺，也應有不受他人干擾的地方以供兒童脫離群體片刻，同時又不走出照顧者的視線範圍。光線、溫度和通風情況應能使兒童活躍地玩耍時不會過熱，同時又能在地板上舒適地活動。材料應是耐用的。兒童的探索活動不應因為害怕他們會損壞設施而受到限制。兒童應有機會擁有能保留個人物品的特殊小房間、小臥房、有鎖的抽屜或架子，以此來標示某些地方是屬於他們自己的。

　　除這些要素外，合格的計劃還主動地將父母包括在內。教職員努力與兒童父母形成同僚，將有助於孩子的生長與發育。父母會在家庭中進一步延伸托育中心的活動，並瞭解兒童在發展上取得的進步。教職員鼓勵父母

們幫助制定和評估計劃。他們力圖對困擾父母們並影響兒童成功參與托育計劃能力的那些生活條件，諸如貧困、疾病或離婚保持敏感。托育中心的老師常常透過將父母們與他們所需要的健康、教育和經濟的支援聯繫起來，而對一個家庭的幸福作出貢獻(Schweinhart & Weikart, 1988)。

(二)托育的影響

托育經驗對兒童的影響，一般是從它對智慧能力、社會情緒發展和同儕關係的影響來評估的。研究傾向重視托育中心及極貧困家庭的兒童，以及尤其有學習不及格、文盲和由此造成日後低就業率或失業的危險的兒童所具有的影響。

儘管研究者們越來越一致地認爲托育中心對二歲到三歲兒童具有積極的影響，有關的文獻尙在發展中，而且許多問題仍未得到解答。從IQ分數來看，合格的托育中心對學前兒童和一年級兒童的智力成就有促進作用(Burchinal, Lee & Ramey, 1989)。在一項長期的追踪研究中，早期接受過合格的托育計劃的十九歲靑年，與對照組的從未參加過合格的托育計劃的極貧窮的年輕人相比，具有更高的成績，較少的成績不及格，對學校生活的態度更爲積極，而且會閱讀寫作的比率也更高(Schweinhart & Wei-kart, 1988)。

美國的研究者在探討托育中心對智力和學習成績的影響時，傾向於關心合格的托兒活動在克服貧窮消極影響上的作用。這樣的偏重使人無法瞭解早期托育經驗是否能有益於中產階級父母們的孩子，這一階層的人們的經濟來源和教育背景對兒童的智力成就可能具有更強的支持作用。在一項對瑞士的兒童養育進行的研究中，對具有低、中兩種收入水平和具有不同的教育背景的父母們的孩子進行了觀察，發現早期托育經驗(有時是從六或七個月齡時開始)對認知活動和教師的評分有著正向的影響(Andersson, 1989)。

合格托育對社會情緒的影響被描述爲能提高社會性才能、自尊及同理心。在托育環境中與成人進行過積極的互動的兒童，在小學中更有可能繼續積極而自如地與學校中的成人和同學進行互動(Vandell, Handerson & Wilson, 1988)。有些研究發現，具有托育中心經驗的兒童比未進過托育中心的兒童更少服從父母，對同伴更具有攻擊性(Clarke Stewart & Fein, 1983)。這種任性表現也許是由於爲滿足個人需要而在群體中堅持自

　我的較強要求所造成的。它也可能反映了由於生活於多種社會化環境而帶來的較高的獨立性水平(Clarke-Stewart, 1989)。這些不服從和攻擊的特性是否會造成長期的社會適應問題，尚未確定。

　　合格的托育中心也對同伴關係有所影響。在隨時有成人幫助兒童作決策和解除差異的環境中，兒童可以從與各種夥伴進行交互作用的機會中獲益。當兒童一直待在同一個托兒環境，而不是從一種環境換到另一種環境時，社會性遊戲的品質和複雜程度會特別得到提高。在穩定的條件下，語言技能有限的學步兒童與他人協調遊戲和探索共同的幻想的策略會得到擴大(Clarte-Stewart, 1989; Howes & Stewart, 1987)。當他們到八歲時，那些在四歲時曾經歷過合格托育中心的兒童和經歷低品質托育中心的兒童相比，更有可能與同儕友好地進行交互作用，較少單獨地遊玩、較少被描述為羞怯的(Vandell, Henderson & Wilson, 1989)。

(三)今後的步驟

　　對收費適中的合格托育中心的需求和它的現存數目之間，存在著嚴重的差距。對收費適中的合格托育中心需求的關注，既表現在希望進入勞力

市場的人們身上，也表現在正處於勞力市場中的人們身上。我們需要制訂允許父母請假的政策，這樣父母們就可以花時間照料自己的新生兒，同時又不存在失業的危險。此外，還需要有政策和資金來提高對專業幼保人員的訓練、提供津貼來彌補托兒費用、改進在家庭中開辦托育中心的人們發放執照的法規(Buie, 1988)。

公司及企業正體認到滿足它們的雇員照顧孩子需要的必要性。對孩子的擔心和提供足夠托兒安排的困難，會令父母焦慮、曉班或生產力下降。公司正以幾種方式解決這個問題(Quinn, 1987)。

緊急照顧(emergency care)：當雇員平時的托育安排落空時，暫時看顧孩子幾天。

優惠(discount)：公司為雇員安排優惠10%的公立托兒機構，或代付10%的費用。

擔保(voucher)：公司為父母們選擇的任意一種托兒安排承擔費用。某個公司為所有收入低於某個標準的雇員提供特別資助。另一個公司在雇員的孩子不滿一歲時提供津貼。

參考服務(referral service)：公司確定和列出可向其雇員推薦的托育中心。

現場托育(on-site day care)：在工作場所創辦托兒所。美國的參議院和眾議院為其成員和雇員提供現場托育中心。

靈活的優惠(flexible benefit)：雇員決定從自己的工資中扣除錢款來支付托兒費用。這部分錢款不算在應稅收入之內。

製訂一項詳盡的、將合格幼保視作當務之急的國家政策的進展相當緩慢。部分人始終不願意接受婦女、特別是有幼兒的母親進入勞動市場。公眾傾向於低估和輕視對於提供合格的護理十分必要的訓練及專業知識。這種態度導致了專業幼保人員的薪金較低、工作條件非常艱苦。不僅如此，大多數成人很少或從未受過兒童發展及為人父母方面的訓練，因此對合格的幼保的特徵也所知甚少。他們不知道該尋求什麼或提出什麼問題。結果是，他們終於把自己的孩子安置到符合他們對收費和方便性的要求、但並不能促進孩子的健康發展的環境中。

本章總結

　　控制和自主是緊密地交織在一起的。幼兒的個性是透過運用學步期中形成的技能而發展起來的。自主的範圍是受兒童的能力及文化中的行為標準所限制的。

　　語言既是表達情感和觀念的工具，又是社會化的主要機轉。從學步兒童對語言的運用中，我們可以瞭解他們的認知發展和需要。幻想的出現為兒童提供了一種更為內在的、個人的符號表徵形式。語言可以促進幻想，但在沒有言語活動時，幻想最有可能興旺活躍。

　　自主和個性化通常是在親子關係的背景下出現的。應該記住學步兒童是熱切的觀察者，他們模仿父母的行為和價值觀，並將其具體表現在自己的作息中。父母的互動、接納和紀律訓練，都能促進兒童的個性意識的出現。

　　愈來愈多的兒童正在接受集體環境下的兒童托育。這些經驗對兒童的影響極大地依賴於人事的品質、教養計劃的性質及適當的硬體環境。許多研究顯示：合格的幼兒托育能促進學步兒童的健康發展。然而，最令人關心的，是價格能否適合於所有需要托育的家庭，及合格托育中心的數量。

參考文獻

Albert, S., Amgott, T., Krakow, M., & Marcus, H. (1977). Children's bedtime rituals as a prototype rite of safe passage. Paper presented at the annual convention of the American Psychological Association, San Francisco.

Andersson, B. (1989). Effects of public day care: A longitudinal study. *Child Development, 60,* 857–866.

Anglin, J. M. (1977). *Word, object, and conceptual development.* New York: Norton.

Anthony, E. J. (1970). The behavior disorders of children. In P. H. Mussen (ed.), *Carmichael's manual of child psychology* (3rd ed., vol. 2). New York: Wiley.

Aronfreed, J., & Reber, A. (1965). Internalized behavioral suppression and the timing of social punishment. *Journal of Personality and Social Psychology, 1,* 3–16.

Bandura, A. (1977). *Social learning theory.* Englewood Cliffs, N.J.: Prentice-Hall.

Bandura, A. (1989). Regulation of cognitive processes through perceived self-efficacy. *Developmental Psychology, 25,* 729–735.

Bates, E., Bretherton, I., & Snyder, L. (1988). *From first words to grammar.* Cambridge: Cambridge University Press.

Bates, E., O'Connell, B., & Shore, C. (1987). Language and communication in infancy. In J. Osofsky (ed.), *Handbook of infant development* (2nd ed., pp. 149–203). New York: Wiley.

Baumrind, D. (1971). Current patterns of parental authority. *Developmental Psychology Monographs, 4,* 99–103.

Berkowitz, L. (1973). Control of aggression. In B. M. Caldwell & H. N. Ricciuti (eds.), *Review of child development research* (vol. 3). Chicago: University of Chicago Press.

Bernstein, B. (1972). Social class, language, and socialisation. In P. P. Giglioli (ed.), *Language and social context*. Harmondsworth: Penguin.

Best, C. T., McRoberts, G. W., & Sithole, N. M. (1988). Examination of perceptual reorganization for nonnative speech contrasts. Zulu click discrimination by English-speaking adults and infants. *Journal of Experimental Psychology: Human Perception and Performance, 14,* 345–360.

Bloom, L., Lightbown, P., & Hood, B. (1975). *Structure and variation in child language*. Monographs of the Society for Research in Child Development, 40 (2, serial no. 160).

Braine, M. D. S. (1976). *Children's first word combinations*. Monographs of the Society for Research in Child Development, *41* (1).

Brown, R. (1973). *A first language: The early stages*. Cambridge, Mass: Harvard University Press.

Buie, J. (1988). Efforts for better child care increase. *APA Monitor, 19,* 28.

Bullock, M., & Lutkenhaus, P. (1988). The development of volitional behavior in the toddler years. *Child Development, 59,* 664–674.

Burchinal, M., Lee, M., & Ramey, C. (1989). Type of daycare and preschool intellectual development in disadvantaged children. *Child Development, 60,* 128–137.

Burke, B. (1987). The role of playfulness in developing thinking skills: A review with implementation strategies. In S. Moore & K. Kolb (eds.), *Reviews of research for practitioners and parents*, no. 3 (pp. 3–8). Minneapolis: Center for Early Education and Development.

Buss, D. M. (1981). Predicting parent-child interactions from children's activity level. *Developmental Psychology, 17,* 59–65.

Carey, S. (1978). The child as word learner. In M. Halle, G. Miller & J. Bresnan (eds.), *Linguistic theory and psychological reality* (pp. 264–293). Cambridge, Mass.: MIT Press.

Chwast, J. (1972). Sociopathic behavior in children. In B. B. Wolman (ed.), *Manual of child psychopathology*. New York: McGraw-Hill.

Clark, J. E., Phillips, S. J., & Petersen, R. (1989). Developmental stability in jumping. *Developmental Psychology, 25,* 929–935.

Clarke-Stewart, K. A. (1989). Infant day care: Maligned or malignant? *American Psychologist, 44,* 266–273.

Clarke-Stewart, K. A., & Fein, G. G. (1983). Early childhood programs. In P. H. Mussen (ed.), *Handbook of child psychology*, vol. 2, *Infancy and developmental psychobiology* (pp. 917–1000). New York: Wiley.

Cole, D., & La Voie, J. C. (1985). Fantasy play and related cognitive development in 2 to 6 year olds. *Developmental Psychology, 21,* 233–240.

Cummings, E. M., Iannotti, R. J., & Zahn-Waxler, C. (1989). Aggression between peers in early childhood: Individual continuity and developmental change. *Child Development, 60,* 887–895.

Cummings, J. S., Pellegrini, D. S., Notarius, C. I., & Cummings, E. M. (1989). Children's responses to angry adult behavior as a function of marital distress and history of interparent hostility. *Child Development, 60,* 1035–1043.

Diaz, R. M. (1983). Thought and two languages: The impact of bilingualism on cognitive development. *Review of Research in Education, 10,* 23–54.

Dix, T., Ruble, D. N., Zambarano, R. J. (1989). Mothers' implicit theories of discipline: Child effects, parent effects, and the attribution process. *Child Development, 60,* 1373–1391.

Dore, J. (1978). Conditions for the acquisition of speech acts. In I. Markova (ed.), *The social context of language*. New York: Wiley.

Dunn, J., & Munn, P. (1987). Development of justification in disputes with mother and sibling. *Developmental Psychology, 23,* 791–798.

Eckerman, C. O., Davis, C. C., & Didow, S. M. (1989). Toddlers' emerging ways of achieving social coordinations with a peer. *Child Development, 60,* 440–453.

Eckerman, C. O., & Didow, S. M. (1989). Toddlers' social coordinations: Changing responses to another's invitation to play. *Developmental Psychology, 25,* 794–804.

Eimas, P. D. (1975). Auditory and phonetic coding of the cues for speech: Discrimination of the (r-l) distinction by young infants. *Perception and Psychophysics, 18,* 341–347.

Erikson, E. H. (1963). *Childhood and society* (2nd ed.). New York: Norton.

Ferguson, C. (1989). Individual differences in language learning. In M. L. Rice & R. L. Schiefelbusch (eds.), *Teachability of language*. Baltimore: Brookes.

Flavell, J. H., Flavell, E. R., & Green, F. L. (1987). Young children's knowledge about the apparent-real and pretend-real distinctions. *Developmental Psychology, 23,* 816–822.

Forehand, R., Roberts, M. W., Doleys, D. M., Hobbs, S. A., & Resick, P. A. (1976). An examination of disciplinary procedures with children. *Journal of Experimental Child Psychology, 21,* 109–120.

Freud, S. (1905/1953). Three essays on the theory of sexuality. In J. Strachey (ed.), *The standard edition of the complete psychological works of Sigmund Freud* (vol. 7). London: Hogarth Press.

Freud, S. (1913/1958). The disposition to obsessional neurosis: A contribution to the problem of choice of neurosis. In J. Strachey (ed.), *The standard edition of the complete psychological works of Sigmund Freud* (vol. 2). London: Hogarth Press.

Greenfield, P. M., & Smith, J. H. (1976). *The structure of communication in early language development*. New York: Academic Press.

Grusec, J. E., & Abramovitch, R. (1982). Imitation of peers and adults in a natural setting: A functional analysis. *Child Development, 53,* 636–642.

Hakuta, K., & Garcia, E. E. (1989). Bilingualism and education. *American Psychologist, 44,* 374–379.

Harter, S. (1982). The perceived competence scale for children. *Child Development, 53,* 87–97.

Haswell, K., Hock, E., & Wenar, C. (1981). Oppositional behavior of preschool children: Theory and intervention. *Family Relations, 30,* 440–446.

Heath, S. B. (1989). Oral and literate traditions among black Americans living in poverty. *American Psychologist, 44,* 367–372.

Hess, R. D., & Shipman, V. C. (1965). Early experiences and the socialization of cognitive modes in children. *Child Development, 36,* 869–886.

Hoffman, M. L. (1970). Moral development. In P. H. Mussen (ed.), *Carmichael's manual of child psychology* (3rd ed., vol. 2). New York: Wiley.

Hoffman, M. L. (1977). Moral internalization: Current theory and research. In L. Berkowitz (ed.), *Advances in experimental social psychology* (vol. 10). New York: Academic Press.

Hoffman, M. L. (1980). Moral development in adolescence. In J. Adelson (ed.), *Handbook of adolescent psychology*. New York: Wiley.

Hoffman, S. J. (1985). Play and the acquisition of literacy. *Quarterly Newsletter of the Laboratory of Comparative Human Cognition, 7*, 89–95.

Howes, C. (1987). *Peer interaction of young children*. Monographs of the Society for Research in Child Development, *53* (1, serial no. 217).

Howes, C., & Stewart, P. (1987). Child's play with adults, toys, and peers: An examination of family and child-care influences. *Developmental Psychology, 23*, 423–430.

Howes, C., Unger, O., & Seidner, L. B. (1989). Social pretend play in toddlers: Parallels with social play and with solitary pretend. *Child Development, 60*, 77–84.

Hutt, S. J., Tyler, S., Hutt, C., & Foy, H. (1988). *Play exploration and learning: A natural history of the preschool*. New York: Routledge.

Huttenlocher, J. (1974). The origins of language comprehension. In R. L. Solso (ed.), *Theories in cognitive psychology*. Potomac, Md.: Erlbaum.

Hymes, D. (1972). On communicative competence. In J. B. Pride & J. Holmes (eds.), *Sociolinguistics*, (pp. 269–285). Harmondsworth: Penguin.

Kagan, J. (1958). The concept of identification. *Psychological Review, 65*, 296–305.

Kochanska, G., Kuczynski, L, & Radke-Yarrow, M. (1989). Correspondence between mothers' self-reported and observed child-rearing practices. *Child Development, 60*, 56–63.

Kopp, C. B. (1982). Antecedents of self-regulation: A developmental perspective. *Developmental Psychology, 18*, 199–214.

Kuczynski, L., Kochanska, G., Radke-Yarrow, M., & Girnius-Brown, O. (1987). A developmental interpretation of young children's noncompliance. *Developmental Psychology, 23*, 799–806.

Kuczynski, L., Zahn-Waxler, C., & Radke-Yarrow, M. (1987). Development and content of imitation in the second and third years of life: A socialization perspective. *Developmental Psychology, 23*, 276–282.

Ladd, G. W., Price, J. M., & Hart, C. H. (1988). Predicting preschoolers' peer status from their playground behaviors. *Child Development, 59*, 986–992.

Leizer, J. I., & Rogers, R. W. (1974). Effects of method of discipline, timing of punishment, and timing of test on resistance to temptation. *Child Development, 45*, 790–793.

Lenneberg, E. H. (1967). *Biological foundations of language*. New York: Wiley.

Lucariello, J. (1987). Spinning fantasy: Themes, structure, and the knowledge base. *Child Development, 58*, 434–442.

Lytton, H. (1976). The socialization of two-year-old boys: Ecological findings. *Journal of Child Psychology and Psychiatry, 17*, 287–304.

Messer, D. J., Rachford, D., McCarthy, M. E., & Yarrow, L. J. (1987). Assessment of mastery behavior at 30 months: Analysis of task-directed activities. *Developmental Psychology, 23*, 771–781.

Miller, P. H. (1989). *Theories of developmental psychology* (2nd ed.). New York: W. H. Freeman.

Miller-Jones, D. (1989). Culture and testing. *American Psychologist, 44*, 360–366.

Mills, R. S. L., & Rubin, K. H. (1990). Parental beliefs about problematic social behaviors in early childhood. *Child Development, 61*, 138–151.

Mischel, W., & Patterson, C. J. (1976). Substantive and structural elements of effective plans. *Journal of Personality and Social Psychology, 34*, 942–950.

Mischel, W., Shoda, Y., & Rodriguez, M. L. (1989). Delay of gratification in children. *Science, 244*, 933–938.

Molfese, D. L., Molfese, V. J., & Carrell, P. L. (1982). Early language development. In B. B. Wolman (ed.), *Handbook of developmental psychology* (pp. 301–322). Englewood Cliffs, N.J.: Prentice-Hall.

Mondell, S., & Tyler, F. B. (1981). Parental competence and styles of problem-solving/play behavior with children. *Developmental Psychology, 17*, 73–78.

Morrison, A. P. (1989). *Shame: The underside of narcissism*. Hillsdale, N.J.: Analytic Press.

Moskowitz, B. A. (1978). The acquisition of language. *Scientific American, 239*, 92–108.

Murphy, L. (1956). *Personality in young children, vol. 2., Colin, a normal child*. New York: Basic Books.

Mussen, P. H., & Eisenberg-Berg, N. (1977). *Roots of caring, sharing, and helping*. San Francisco: W. H. Freeman.

Nelson, K. (1973). *Structure and strategy in learning to talk*. Monographs of the Society for Research in Child Development, *38* (1–2).

Nelson, K. (1981). Individual differences in language development: Implications for development and language. *Developmental Psychology, 17*, 170–187.

Norman-Jackson, J. (1982). Family interactions, language development, and primary reading achievement of black children in families of low income. *Child Development, 53*, 349–358.

Odom, R., Seeman, J., & Newbrough, J. R. (1971). A study of family communication patterns and personality integration in children. *Child Psychiatry and Human Development, 1*, 275–285.

Olsen, L. (1988). *Crossing the schoolhouse border: Immigrant students and the California public schools*. San Francisco: California Tomorrow.

Olweus, D. (1979). Stability and aggressive reaction patterns in males: A review. *Psychological Bulletin, 86*, 852–875.

Oviatt, S. L. (1980). The emerging ability to comprehend language: An experimental approach. *Child Development, 51*, 97–106.

Oviatt, S. L. (1982). Inferring what words mean: Early development in infants' comprehension of common objects' names. *Child Development, 53*, 274–277.

Parke, R. D., & Slaby, R. G. (1983). The development of aggression. In E. M. Hetherington (ed.), *Handbook of child psychology*, vol. 4, *Socialization, personality, and social development* (4th ed., pp. 547–641). New York: Wiley.

Parton, D. A. (1976). Learning to imitate in infancy. *Child Development, 47*, 14–31.

Patterson, C. J., & Mischel, W. (1976). Effects of temptation-inhibiting and task-facilitating plans on self-control. *Journal of Personality and Social Psychology, 33*, 209–217.

Phillips, D., McCartney, K., & Scarr, S. (1987). Child care quality and children's social development. *Developmental Psychology, 23*, 537–543.

Piaget, J. (1962). *Play, dreams, and imitation in child-*

hood. New York: Norton.

Piaget, J. (1970). Piaget's theory. In P. H. Mussen (ed.), *Carmichael's manual of child psychology* (3rd ed., vol. 1). New York: Wiley.

Pick, H. L. (1989). Motor development: The control of action. *Developmental Psychology, 25,* 867–870.

Piers, M. W., & Landau, G. M. (1980). *The gift of play*. New York: Walker.

Pye, C. (1986). Quiché Mayan speech to children. *Journal of Child Language, 13,* 85–100.

Quinn, J. B. (1988). A crisis in child care. *Newsweek,* February 15, p. 57.

Rice, M. L. (1989). Children's language acquisition. *American Psychologist, 44,* 149–156.

Rice, M. L., & Woodsmall, L. (1988). Lessons from television: Children's word learning when viewing. *Child Development, 59,* 420–429.

Ridenour, M. V. (ed.) (1978). *Motor development: Issues and applications*. Princeton, N.J.: Princeton Books.

Rogoff, B., & Morelli, G. (1989). Perspectives on children's development from cultural psychology. *American Psychologist, 44,* 343–348.

Rubin, K. H. (1980). Fantasy play: Its role in the development of social skills and social cognition. *New Directions in Child Development, 9,* 69–84.

Saltz, R., & Saltz, E. (1986). Pretend play training and its outcomes. In G. Fein & M. Rivkin (eds.), *The young child at play: Reviews of research* (vol. 4, pp. 155–173). Washington, D.C.: National Association for the Education of Young Children.

Schatz, M. (1983). Communication. In J. H. Flavell & E. M. Markman (eds.), *Handbook of child psychology* (vol. 3, pp. 841–889). New York: Wiley.

Schweinhart, L. J., & Weikart, D. P. (1988). The High/Scope Perry preschool program. In R. H. Price, E. L. Cowen, R. P. Lorion, & J. Ramos-McKay (eds.), *Fourteen ounces of prevention* (pp. 53–66). Washington, D.C.: American Psychological Association.

Singer, J. L. (1973). *The child's world of make-believe: Experimental studies of imaginative play*. New York: Academic Press.

Singer, J. L. (1975). *The inner world of daydreaming*. New York: Colophon Books.

Slade, A. (1987). A longitudinal study of maternal involvement and symbolic play during the toddler period. *Child Development, 58,* 367–375.

Slobin, D. I. (1985). *The cross-linguistic study of language acquisition* (vols. 1 & 2). Hillsdale, N.J.: Erlbaum.

Snow, C. E. (1984). Parent-child interaction and the development of communicative ability. In R. L. Schiefelbusch & J. Pickar (eds.), *Communicative competence: Acquisition and intervention* (pp. 69–108). Baltimore: University Park Press.

Snow, C. E. (1987). Beyond conversation: Second language learners' acquisition of description and explanation. In J. P. Lantolf & A. Labarca (eds.), *Research in second language learning: Focus on the class-*

room (pp. 3–16) Norwood, N.J.: Ablex.

Templin, M. C. (1957). *Certain language skills in children*. Minneapolis: University of Minnesota Press.

Tinsley, V. S., & Waters, H. S. (1982). The development of verbal control over motor behavior: A replication and extension of Luria's findings. *Child Development, 53,* 746–753.

Trawick-Smith, J. (1988). "Let's say you're the baby, OK?": Play leadership and following behavior of young children. *Young Children, 43,* 51–59.

Trehub, S. E. (1973). Infants' sensitivity to vowel and tonal contrasts. *Developmental Psychology, 9,* 91–96.

U.S. Bureau of the Census (1987a). *Who's minding the kids? Childcare arrangements: Winter 1984–85*. Current Population Reports, ser. P-70, no. 9. Washington, D.C.: U.S. Government Printing Office.

U.S. Bureau of the Census (1987b). *Statistical Abstract of the United States, 1988*. (Table 624). Washington, D.C.: U.S. Government Printing Office.

Vandell, D. L., Henderson, V. K., & Wilson, K. S. (1988). A longitudinal study of children with day-care experiences of varying quality. *Child Development, 59,* 1286–1292.

Vaughn, B. E., Kopp, C. B., & Krakow, J. B. (1984). The emergence and consolidation of self-control from 18 to 30 months of age: Normative trends and individual differences. *Child Development, 55,* 990–1004.

Vaughn, B. E., Kopp, C. B., Krakow, J. B., Johnson, K., & Schwartz, S. S. (1986). Process analyses of the behavior of very young children in delay tasks. *Developmental Psychology, 22,* 752–759.

Walters, R. H., Parke, R. D., & Cane, V. A. (1965). Timing of punishment and the observation of consequences to others as determinants of response inhibition. *Journal of Experimental Child Psychology, 2,* 10–30.

Wenar, C. (1982). On negativism. *Human Development, 25,* 1–23.

Werker, J. F., & Lalonde, C. E. (1988). Cross-language speech perception: Initial capabilities and developmental change. *Developmental Psychology, 24,* 672–683.

Wertsch, J. V. (1978). Adult-child interaction and the roots of metacognition. *Quarterly Newsletter of the Institute for Comparative Human Development, 2,* 15–18.

White, B. L., Kaban, B. T., & Attanucci, J. S. (1979). *The origins of human competence*. Lexington, Mass.: D. C. Heath.

White, B. L., & Watts, J. C. (1973). *Experience and environment* (vol. 1). Englewood Cliffs. N.J.: Prentice-Hall.

White, R. W. (1960). Competence and the psychosexual stages of development. In M. R. Jones (ed.), *Nebraska Symposium on Motivation* (vol. 8). Lincoln: University of Nebraska Press.

Zussman, J. V. (1980). Situational determinants of parental behavior: Effects of competing cognitive activity. *Child Development, 51,* 792–800.

上學不僅是長大的標誌。隨著他或她進入正式的學生角色，兒童的自我概念發生了變化。

第 7 章

幼兒期(四至六歲)

從心理社會學角度來看，幼兒期這一階段給兒童帶來愈來愈複雜的社會影響。所有的美國兒童到六歲時都已入學。今日的兒童比過去的兒童更早接觸學校或類似學校的經歷。在 1986 年，約有 40％的三至四歲兒童入學，而在 1970 年只有 20％(U.S. Bureau of Census, 1987)。學校給兒童帶來外部評價、新的成功或失敗的可能，同儕群體和進行社會評價的環境，以及一系列經驗的源始，將導致日後成年期社經地位的優越性。甚至於，學校介紹了超越家庭的資源，而這些資源也影響孩子至鉅。在家庭中遵守的信條和實踐，將受到社會標準和價值觀的仔細審查並受到考驗。父母對其孩子的希望和抱負將會被兒童在學校中的現實表現所緩和。除家庭和學校外，同儕群體、鄰居和電視在幼兒期都對兒童的自我概念產生具體的影響。

為適應於所面臨的多種社會影響，大多數幼兒期兒童都對生活的各方面表現出廣泛的好奇心。一旦兒童開始認識到可代替自己家庭的哲學和生活方式的東西，他們的行為便有所變化，就好像熟悉的看法是正當的疑問對象。在學步兒童身上表現出的行為的反叛性，在幼兒期兒童卻由思想上的反叛性格所取代。

發展的任務

性別角色的認同

在幼兒期，一個人的性別以及它對行為和社會關係的意義成為中心焦點。這一年齡階段的兒童更傾向於和同性朋友交往(Maccoby, 1988)。他們認識到對衣著、遊戲和生涯抱負的性別化的期望(Martin, 1989)。事實上，許多雙生涯家庭的父母十分沮喪地發現：儘管他們認為他們給孩子規定的是平等的模式，孩子仍將說：「婦女不能當醫生，只能當護士。」

目前關於明確的男性或女性的性別身份所具有的適應價值，有一些爭論。人們提出這樣一個論點：把被確認的男性和女性的最優秀的品質混合起來，比僵化地拘泥於一種性別的行為而拒絕另一性別的行為更加合適(Bem, 1975; Spence, 1982)。相反的觀點是：明確的性別角色認同是與能

圖7-1 性別概念的發展

力和直率有關的積極的特性，特別是當一個人充當父母的角色時 (Baumrind, 1982)。

我們並不希望一生中關於性別角色認同的要求都在幼兒期時完成。但是，在這一時期重大的概念和情緒上的變化，使性別角色更明確，並且增強了在總體的自我概念中一個人性別的相關意義。性別角色認同的主要方面是對性別的理解、性別角色標準、與父母的認同和性別角色的偏愛。

(一)理解性別

正確地運用恰當的性別標誌，是最早實現性別角色認同的一個組成部分。甚至在抽象的男人和女人的分類被理解以前，孩子們便透過模仿父母的說法把自己歸為男孩或是女孩。從嬰兒期起，父母不斷地用「那是一個好男孩」或「那是一個好女孩」這樣的句子提醒兒童的性別。

在第二年間，兒童開始準確地使用如「媽媽」和「爸爸」，「兄弟」和「姐妹」、「男孩」和「女孩」這樣的標記(Thompson, 1975)。在已經獲得這些與性別有關標記的情況下，兒童尋找其他能幫助他們正確理解這些差別的線索。因此他們的注意力便指向了男性與女性之間的差異。

對性別的理解包括從學步期到幼兒期以一定發展順序出現的四個成份（見**圖 7-1**）。第一個成份是，當被問到「你是男孩還是女孩？」時，正確地運用性別標記。第二個成份是，理解性別是穩定的：假如一個人是男孩，

他將長大成爲男人。第三個成份是對性別一致性。即便有一孩子，其穿衣服或留髮型都和異性一樣，他或她的性別仍然不變。第四個成份是對性別生殖器基礎的理解。在對三、四和五歲兒童進行的研究中，理解兩性之間生殖器差異的兒童，大部分能瞭解，一個兒童的性別不會簡單地因爲這個兒童穿得像一名異性而改變。這些兒童懂得性別是一個人的不變特徵，而不管這個人穿什麼或這個人的頭髮是長還是短。對生殖器差異不瞭解的兒童，大部分不能對關於一致性的問題作出正確的回答(Bem, 1989)。

〇性別角色的標準

性別角色標準(sex-role standard)是文化和次文化對男孩和女孩以及男人和女人適當舉止的期望。什麼是性別角色標準？由於在定義上次文化的差異，以及過去幾年間發生的關於男性和女性角色在概念形成上的變化，這個問題很難予以回答。傳統上把力量大、個子高、短頭髮、結實的肌肉塊、粗壯等身體特徵與男性聯繫在一起；女性則被描述爲纖巧、白皙、溫柔、長頭髮和有曲線美。這兩組特徵一直是(並且現在仍是)男性和女性生理屬性的粗略描寫或刻板化。

性別角色標準對幼稚兒童的重要性，是使他們符合成人和同伴對他們行爲的期望。伴隨著這些期望的，是制約獎勵、鼓勵和承認。父母不僅期待兒童的各方面與其性別相聯繫，而且還做一些事情以使兒童符合他們的期望。一些父母認爲：男孩應該是果斷的，並能爲他們的權力而競爭。另一些父母認爲：男孩應該仔細思考什麼是對的、什麼是錯的，並且用理智而不是衝動的攻擊行爲來導引他們的行動。這兩類父母各有各的關於男性屬性的概念，這種概念在很長的期間內透過各種方法傳給了他們的兒子。父母給孩子的玩具、他們讓孩子接受的經驗，以及他們鼓勵孩子所參與的活動，都反映了父母的性別角色標準的某些向度。兒童到了上小學年齡的時候，他們被鼓勵採用這些標準，並由於被父母認爲不適合其性別的行爲而受罰。小女孩可能會因他人說她們表現得「很魯莽」而爲自己的果斷感到羞愧，而小男孩可能會被警告「不要娘娘腔」。

Langlois和Downs(1980)比較了母親、父親和同伴對兒童玩同性別或異性的玩具的反應。對男孩和女孩來說，選擇異性玩具有不同的結果。女孩很可能因玩同性別的玩具受到獎勵，而因玩異性玩具受到懲罰，無論她是和母親還是和父親或同儕在一起。男孩因爲玩同性別的玩具而受同伴的

帕伯羅・畢卡索，〈作爲鬥牛士的保羅〉，1925
年。任何文化都有它自己的性角色標準。對西
班牙兒童來說，鬥牛士是男性化的一個標準。

懲罰，比因爲玩異性的玩具而受到同伴的懲罰來得多。母親事實上可能更
多地**獎勵**(reward)男孩玩異性的玩具而不是同性的玩具。但是，父親傾向
於懲罰男孩對異性玩具的選擇。我們從這個研究中得到的印象是，女孩從
父母和同伴那兒接受的性角色社會化，要比男孩更爲一致。男孩則遇到了
更多的、相互矛盾的社會化壓力。此外，父親在指導男孩和女孩向傳統的
遊戲行爲發展時顯得比母親更一致。母親似乎引導男孩、女孩都進行女性
化的活動。

　　由於習得性別角色期望和尋找指導行爲的準則，幼兒開始把性別角色
標準應用於自己和同伴的行爲上(Eisenberg, Murray & Hite, 1982;
Martin, 1989)。Damon(1977)對四歲到九歲的兒童進行了訪談，以確定他
們怎樣把性別角色標準運用到其他兒童的行爲上。在訪談中，他們談論了
一個喜歡和洋娃娃玩的名叫George的小男孩，並詢問兒童們：爲什麼人們
告訴George不要和洋娃娃玩？George和洋娃娃玩對不對？如果George仍

然這樣做的話會發生什麼事？接近六歲的兒童相信George用女孩的方式玩耍是不對的。下面是五歲十一個月的Micheal對這件事的看法：

> 他應該只玩男孩的東西，他現在玩的東西是女孩的東西……〔假如George想玩芭比娃娃的話，他能玩嗎？〕不行，先生！〔爲什麼？〕假如他不想和洋娃娃玩，那他是對的；如果他確實想和洋娃娃玩，那他就加倍地錯了。〔爲什麼他加倍地錯了？〕他一直在玩女孩的東西。〔當人們告訴George不要和洋娃娃玩時，他們做對了嗎？〕對。〔George應該怎樣做？〕他應該停止玩洋娃娃，開始玩美國大兵。〔爲什麼男孩可以玩美國大兵而不能玩芭比娃娃？〕因爲如果男孩玩一種東西，譬如芭比娃娃，那麼他只會得到人們對他的嘲笑；如果他還要玩它，想得到女孩的好感，那麼女孩也都不會喜歡他。（255頁）

在幼兒期，兒童對性別角色行爲有相當嚴格又刻板化的觀念。他們的觀點一部分可能是以他們聽到的東西或觀察到的行爲爲基礎，也有可能是因爲對社會行爲的、富於個人色彩並與文化相關聯的觀點產生無力感所致。

在小學時期，對超越性別界限的行爲的接受變得更普遍。八至十歲的兒童較少批評表現異性化行爲的男孩和女孩，例如男孩擦指甲油或女孩穿男孩的服裝。但是在青少年期，這種跨性別的舉止再次被認爲是非常不合適(Stoddart & Turiel, 1985)。幼兒期和青少年期，人們在對性別角色行爲嚴格標準上的執著十分相似。

(三)與父母的認同

性別角色認同的第三個成分涉及到與父母的認同。**認同**(identification)是一種過程，人們透過它把他人的價值觀和信仰汲取過來。與某人認同並不是要變得和那個人完全相同，而是增加對那個人的忠誠和親近感。在幼兒期，大部分兒童敬慕和模仿他們的父母。他們開始把父母的價值觀、態度和世界觀內化。我們把認同作爲童年期主要的社會化機轉來強調，但它可以在生命中的任何時間發生。

認同在心理學文獻中受到極大的重視。最常提到的問題是：爲什麼兒童改變行爲以變得與父親或母親更相像？在這一過程中得到滿足的動機是什麼？關於認同的動機大概有四種有實質差別的理論(見**表 7-1**)。其中的

表7-1　與父母認同的四種動機

動　機	定　義
害怕失去愛	兒童舉止像父母是為了保證持續的良好的愛的關係。
與攻擊者的認同	兒童舉止像父母是為了保護他或她免遭父母的憤怒之苦。
為了滿足權力需要而進行的認同	兒童舉止像父母是為了獲得替代性的與父母相聯繫的權力感。
為了增加知覺到的相似性而進行的認同	兒童舉止像父母是為了增加知覺與父母的相似性，並因此分享父母的積極屬性。

兩個過程是由心理分析理論提出的：對失去愛的恐懼和與攻擊者的認同。

　　對失去愛的恐懼(fear loss of love)是一個十分原始的動機。它以兒童最初的對父母的依賴的認識為基礎。兒童的行為之所以像父母其中之一，是為了保證持續不斷的良好關係。最後兒童把他或她熱愛的人的個人特質方面，汲取到自己的自我概念中。這樣兒童感到和他所熱愛的人更接近了，即使那個人實際上沒有和他在一起(Jacobson, 1964)。假如一個兒童能像他所愛的父親或母親，那麼就不需要那位父親或母親的持續存在，也能使兒童對這種愛具有信心。

　　Anna　Freud(1936)對**與攻擊者的認同**(identification with the aggressor)有更詳盡的描述。這個動機是當兒童體驗到對他們父母的某種程度的恐懼時被喚醒的。為了保護自己免受傷害，他們做出與他們所害怕的行為類似的行為。這種認同能給兒童一種魔術般的力量感，並減少父母侵犯他們的傾向。在自己和孩子之間看到很多共同點的父母，較少威脅或傷害他們的孩子。

　　社會學習理論把注意力集中在認同的第三個動機上──對**地位和權力**(status and power)的需求(Bandura, 1977, 1986; Mischel, 1966)。關於模塑作用的研究顯示：兒童傾向於模仿控制情境中各項來源榜樣的行為，而不是受到獎勵榜樣的行為。模仿行為是受他們按照類似強有力的榜樣之方式行為時所體驗到的權力感所驅動的。在家庭中，兒童很容易擁有類似於父母中佔優勢一方的人格特徵(Hetherington, 1967)。

　　Kagan(1958)提出了第四種認同的動機。他認為兒童表現得像其父母，是為了增加他們之間**知覺到的相似性**(perceived similarity)。兒童賦予他們的父母很多有價值的特徵，包括身材的大小、漂亮的外貌、特殊的

才能、權力、成功和尊敬。當兒童知覺到他們與父母之間有一定的相似性時，他們更容易分享這些正向的屬性。兒童透過下述三種主要的方式可以體驗到這種相似感，增加對相似性的感知可以促進較強的認同。

(1)知覺到實際存在的生理和心理上的相似性。
(2)採取父母的行為。
(3)他人告知兒童這種相似性。

這些動機適用於所有年齡的認同過程，而不管認同者或榜樣的性別是什麼。這些動機在形成性別角色認同這一具體任務中是怎樣引起作用的呢？對某個特定的兒童來說，這些動機中的任何一個都可能是性別角色認同的動力的主導，但所有的四個動機都與這一過程有關。最明顯的動機是知覺到的相似性產生的動機(Heilbrun, 1974)。五歲或六歲的兒童已認識到了自己和同性別的家長在性別上的相似之處。這種知覺常常透過這樣的評論得到加強：「當你做父親的時候，你也會這樣做」或「你有你母親的耐心」。認為與自己同性別的家長擁有有價值屬性的兒童，為使自尊增加，將會提高現存的相似性。在性別角色身份的初期內容中，兒童試圖刻意模仿的、與他們性別相同的家長的那些屬性佔了很大比重。

認同這一過程並不是像「知覺到的相似性」這一假說所暗示的那樣，沿著單方向進行的。根據兒童與父母之間發生的互動的多寡，兒童形成了對父親和母親強烈的依戀。而且，按照Freud(1929/1955)的說法，幼兒是兩性的，他們對男性和女性對象都有性的衝動和願望。

沒有有力的證據能證明男孩優先模仿或認同於父親，而女孩優先模仿或認同於母親(Maccoby, 1980)。父親和母親的性別化並不一定顯示著孩子的性別化。換言之，最女性化的母親不見得有最女性化的女兒。這個發現提示我們：父母一方的熱情和優勢地位比他或她的性別化更能促進認同。

㈣性別角色的偏愛

性別角色認同的第四個成份，是形成與男性或女性性別角色有關的活動和態度類型的個人偏愛。對性別化的遊戲活動和同性遊戲夥伴的偏愛，在學齡前兒童以及較大的兒童中已經發現(Caldera, Huston & O'Brein, 1989; Maccoby, 1988)。這些偏愛的產生是一個超乎人們想像的更複雜的

成就。事實上，一個人對性別角色的偏愛在一生中可能有相當大的波動。

性別角色偏愛(sex-role preference)主要取決於三個因素。首先，自身的力量和才能愈接近某種性別角色標準，他就愈會嚮往成為那種性別中的一員。第二，一個人愈喜歡父母中與他同性的那一個，他就愈會嚮往成為那個性別中的一員。當自我概念分化得更清楚時，這兩個因素開始對兒童的性別角色偏愛產生巨大的影響。隨著兒童進入學校並面臨著評價過程，他們開始對自己獨特的特質有了更現實的認識。隨著他們獲得自我反省的能力，他們能夠鑑別出在自我和性別角色標準之間，以及自我和同性別的家長之間的相似和不同之處。

性別角色偏愛的第三個決定因素由環境關於性別價值的暗示組成。這些暗示可能來自家庭、種族和宗教團體、傳播媒體、社會機構(例如學校)和其他的文化團體。很多文化在傳統上認為男性比女性有價值，並賦予男性較高地位(Huber, 1990)，當這種為文化所決定的價值被傳給兒童時，男性便可能形成對自己的性別群體更牢固的偏愛，而女性則可能對自己的性別群體即使不嫌棄，也會感到弱勢般的矛盾心理。也就是說，假如一個人感到受重視，他便很容易感到快樂和滿足，反之則很困難。

一些家庭對未出生孩子的性別具有強烈的偏愛。在一個對六千多名美國已婚婦女的抽樣調查中，63%的沒有孩子的婦女表示她們喜歡第一個孩子是男孩，第二個則是女孩。認為雙數個孩子最為理想的婦女，希望男孩和女孩數目相等。喜歡單數個孩子的婦女，希望兒子能比女兒多一個(Westoff & Rindfuss, 1974)。如果父母希望孩子是某種性別而未能實現，並且父母仍不能擺脫對「未得到的性別」的承諾，那麼這個家庭就可能在性別角色偏愛上存在障礙。

因而，可能明知一個孩子的性別和作為這個性別的成員被人們期待的行為是什麼，仍然希望這孩子是異性中的一員。根據我們的經驗，假如問一群男人和婦女是否曾經希望成為異性，承認曾經希望成為異性的婦女要比男人多得多。這個發現可能反映出在我們的文化中男性角色的一些優越性，也可能反映了人們對看重或表現出在他們看來屬於女性行為的男人更嚴重的處罰。

獲得性別角色認同的四個成分——(1)形成對性別的理解；(2)學習性別角色標準；(3)與父母的認同；(4)形成性別角色偏愛——總結在**表7-2**中。

表7-2　性角色認同的維度

維　度	性角色的結果
形成對性別的理解	我是男孩，我將長大成為男人。
	我是女孩，我將長大成為女人。
習得性角色標準	男孩是獨立的，他們玩卡車。
	女孩是善於社交的，她們玩洋娃娃。
與同性別的家長認同	我很像爸爸，我想長大後像他。
	我很像媽媽，我想長大後像她。
形成性角色的偏愛	我喜歡是個男孩，我寧可是男孩而不是女孩；
	我喜歡是個女孩，我寧可是女孩而不是男孩。

對個別兒童來說，這個過程的結果在相當程度上取決於他或她的父母的特徵、個人能力和偏愛以及文化和家庭賦予某種性別的價值。

(五)性別角色的認同與對經驗的解釋

兒童的性別角色身分成為主要的認知結構(Bem, 1981; Martin, 1989)。它成為影響兒童理解其經驗的基本基模。兒童知道人可以分成男人和女人兩種性別。在我們的社會中，這種二分法傾向存在於各種社會情境中，即使是在與一個人的生殖性別並不一定有關係的情境中。一旦兒童獲得這種強而有力的分類，他們便忙於瞭解怎樣來運用它。他們把人們看作是男人和女人，男孩和女孩；他們把自己看作是這兩組中之一組的成員。不僅如此，他們還建立了這樣的期望：某些玩具、興趣和行為適合男孩，而另一些則適合女孩；某些活動、氣質和職業適合男人和婦女。這些期望通常被與他們互動的較大的男孩和女孩、男人和婦女的信念所強化。

男孩和女孩與同性別的成員建立了同伴友誼團體，排斥異性或與異性成員進行競爭(Maccoby, 1988)。隨著時間的推移，在這些同性別團體中發生的活動的種類和社會交互作用的動力不斷地分化，進而，大多數男孩真正體會到的遊戲性質和大多數女孩體會到的遊戲性質不同。較大的兒童可能認識到不是所有的男孩都符合他們關於男孩應該像什麼和做什麼的期望，也不是所有的女孩都符合女孩應該像什麼和做什麼的期望。但這種認識並不一定妨礙他們接受這樣的信念：兩性在某些基本方面是非常不同的，而且行為太像異性中的某人是很危險的。

早期的道德發展

在學步期，兒童的注意力集中在行為的界限和標準上。兒童感到對正確行為的要求並不是來自他們自己，而是來源於外部世界。在幼兒期，行為的標準和界限變成了兒童自我概念的一部分。特殊的價值觀是從父母那裏獲得的，但它們會被整合成兒童的世界觀。

早期的道德發展涉及到一個把父母的標準和價值觀據為己有的過程。這個過程叫**內化**(internalization)，它是在幼兒期這幾年中逐漸發生的。

例如，一個三歲的男孩可能從他用棍棒打狗的過程中獲得很大的快樂。在一次這樣的攻擊中，他的母親訓斥了他。她堅持他應該停止這樣做，並解釋說傷害狗是很殘忍的。假如她的懲罰不是十分嚴厲，她可能必須一再提醒這個男孩打狗是不允許的。當這個男孩內化了這個標準，他開始體驗到對他自己行為的內部控制。他看見狗靜靜地躺在陽光下，眼睛一亮，開始撿棍棒。就在這時，他的行為被一種緊張感打斷，與之伴隨而來的正是那一想法：打狗是錯誤的。假如這個標準已被成功地內化，這種情緒的緊張以及想法便足以阻止這個男孩打狗了。

對學齡兒童來說，在道德發展上的成就包括學習家庭和社會的道德規範，並用它們指導行為。心理學家提出的主要問題是：「內化過程是怎樣發生的？」對此有各種理論闡述(Windmiller, Lambert & Turiel, 1980)，茲分述如下：

(一)學習理論

行為學習理論提供了對道德行為塑化的解釋。人們可以把道德行為看作是對環境的增強和懲罰的反應(Aronfreed, 1969)。受到獎賞的行為有可能被重複。假如一個兒童處在一個不愉快的或令人痛苦的環境中，他作出了一種行為使不愉快得以減少或消除，那麼他或她很可能在類似的情境下再次作出同樣的行為。例如一個兒童說：「對不起，下次我會努力做得好一些」，並且這個道歉降低了父母的怒氣或激動，那麼在其他時候父母對這個兒童生氣時，這種行為就有可能被重複。因此，內化可能來源於產生能導致較為舒適、較少不愉快或威脅的環境的行為。假如一種行為被忽視或被懲罰，它便不大可能發生。假如兒童因作出惡劣行為或蔑視而得到負向的結果，這些結果應該能減少這種行為再發生的可能性。如果這個兒童打

在日本兒童到達學齡前，強烈而一致的關於家庭、學校和社會的道德標準已牢固
地內化了。

算作出一種惡劣行為，便會因以前的懲罰而產生緊張感。避免或抑制做出
錯誤行為的衝動能夠降低緊張感，因此具有強化作用。

　　社會學習理論提出了道德學習的另一個來源──對榜樣的觀察。透過
觀察和模仿有益的榜樣，兒童能學會利社會行為。透過觀察跟隨榜樣的惡
劣行為而來的負向後果，兒童也能學會抑制不當行為。他們的道德行為不
僅局限於他們已做出的行為上。透過觀察相關榜樣的行為被獎賞或懲罰的
方式，兒童形成了一定的期望，為其道德行為奠定了基礎(Bandura,
1977)。透過從一些觀察性學習事件中汲取有意義的成分，兒童甚至可以形
成抽象的規則、概念和成套的關於道德行為的見解。在這個過程中，兒童
透過選擇和組織觀察到的反應，在腦中形成一個表徵性榜樣，並用這種心
理表徵來指導、比較和修改道德行為(Bandura, 1986)。

　　最後，認知學習理論描述了道德行為是怎樣被情境因素與來自早期學
習的期望、價值觀和目標之間的交互作用所影響的(Mischel, 1973)。例
如，一些人十分看重體育上的成功，他們為了在體育環境而不是學校環境
中成功，更有可能違反準則。預期到錯誤行為將被觀察並被懲罰，要比預

期錯誤行爲不會引人注意，導致對誘惑的更強的抗拒。同樣地，預期到積極的、利社會行爲是爲人所愛的並會引人注意，將會對兒童的慷慨和助人行爲產生影響(Froming, Allen & Jensen, 1985)。這些因素顯示，雖然持久的道德品質可以透過對同理心、敏感性和恰當的反應作出一致的增強而形成，然而具體的情境也會影響到道德行爲的表現程度(Carroll & Rest, 1982)。

(二)認知發展理論

認知發展理論強調兒童關於道德問題的思維的有序發展過程。Piaget(1932／1948)將道德判斷中的主要轉變，描述爲從他律道德向自律道德的轉化。對**他律**(heteronomous)道德來說，規則被理解爲是固定的、不可改變的，是社會現實的組成部分。兒童的道德判斷反映了他們對權威人物的服從感。判斷一項行爲的對錯是取決於法律的字面意義、造成的損失的大小，以及該行爲是否受到懲罰。對**自律**(autonomous)道德來說，兒童把規則看作是共同協商的結果。兒童的道德判斷反映他們同時具備多種社會角色以及與朋友之間平等待人的關係。同伴之間的付出與獲取突出地表現作爲遵從協議或法律的獎賞的相互尊重及互惠的關係。

認知發展學者進一步拓展這一觀點，描述出道德思維的發展階段(Damon, 1980; Gibbs, 1979; Kohlberg, 1976)。隨著兒童在評價一個進退兩難的道德問題中的抽象邏輯成分時變得越來越熟練，道德判斷也在發生變化。這些變化中關鍵的成分是公平概念的轉換。Kohlberg(1969, 1976)把道德思維劃分爲三個層次，各個層次又包括道德判斷的兩個階段(見**表7-3**)。在第一層次的**前習俗道德**(preconventional morality)中，階段一對公平的判斷是基於一項行爲是受到獎勵還是懲罰；階段二的判斷是基於一種功用觀，即行爲的後果是否有利於「我和我的家庭」。這種道德思維層次存在於學齡前的兒童身上。第二層次的**習俗道德**(conventional morality)在階段三是有關於維持權威人物的贊成，在階段四是有關於遵守社會制度。第三層次的**後習俗道德**(postconventional morality)中，道德原則被視爲個人的意識型態，而不只是社會秩序。在階段五，正義和道德是根據民主產生的社會契約而決定的；在階段六，個人形成了超越歷史和文化背景的普遍的倫理原則意識。在第十章中我們將深入探討第二和第三層次的道德觀。

表7-3　　道德判斷的階段

I、前習俗層次
　　階段 1　　判斷是基於行為是否受到獎賞或懲罰。
　　階段 2　　判斷是基於行為後果是不是有益於自己或所愛的人。
II、習俗層次
　　階段 3　　判斷是基於權威人物是贊成還是反對。
　　階段 4　　判斷是基於行為是符合還是違反了社會法律。
III、後習俗層次
　　階段 5　　判斷是基於建立在協同合作基礎上的社會契約。
　　階段 6　　判斷是基於適應於不同時間和不同文化的倫理原則。

　　　研究指出，很少有人達到第六階段的推理，而且極少有人始終表現在
這種層次上。人們可以想到少數幾個人如Ghandi(甘地)、Mother Theresa
(泰麗莎修女)和Martin Luther King, Jr(馬丁‧路德‧金二世)，他們的
道德判斷是基於適用於不同時間和不同文化的倫理原則，超越了某個特定
社會的法律和習俗。Kohlberg (1978)承認這種思維類型的罕見性，並認
為，第六階段的推理更多的是一種假設性的道德推理可能達到的結構。絕
大多數研究的受試者包括了兒童、青少年和年輕成人。從我們心理社會觀
的角度來看，當人們開始進入成年中期時，他們開始忙碌於超出自己壽命
範圍的生殖和關懷問題，有理由認為此時最有可能觀察到第六階段的推
理。

　　　關於階段之間變化發展的研究顯示，這些階段反映了一種發展過程。
人們在某個時候並不一定只使用一種道德推理層次。但是，隨著時間的推
移，的確出現了一種逐漸的轉移：一種觀點逐漸得到最大限度的運用，而
其他較不成熟的觀點愈來愈少地被運用(Carroll & Rest, 1982; Kohlber-
g, 1979; Rest, 1983)。

　　　這種道德發展理論使人預見學齡前兒童的道德推理是以關注其行為後
果為主導的。在第一階段，對好和壞、對和錯的判斷，是根據行為是受到
獎勵還是受到懲罰而定；在第二階段，道德判斷是根據行為是否給兒童自
身或他所關心的人們帶來好處而作出的。因而幼兒的道德表現具有功利主
義傾向(Kohlberg, 1976)。對一年級兒童進行的研究證實，無論是討論假
設的進退兩難的道德問題(如漢斯的故事)，還是生活中真實的道德情境，

在道德推理的第一階段，對與錯的判斷是基於行為的結果。如果這個小男孩因為剪壞了重要的東西而受到懲罰，學齡前的兒童便會認為他的行為是錯誤的；如果他因為剪得很仔細而受到表揚，他們就會認為這是正確的。

兒童們這種功利主義的表現是相當普遍的。

　　兒童對後果的專注突顯地說明了家庭和學校環境在形成和支持幼兒的道德準則中的重要性。要想形成進行道德判斷的基礎，兒童必須理解他們的行為對他人造成的後果。由此我們可以清楚地看到為什麼誘導——有關強調兒童的行為給他人造成的影響的解釋——是對幼兒進行紀律訓練的一種關鍵方法。此外，家庭和學校中的道德氣氛，為道德準則內容提供了一種初期結構。與道德原則相聯繫的行為，如說實話、慷慨、尊重他人的情感、尊重權威人士等，開始被結合到兒童關於是與非的概念之中。這種道德準則的強度，取決於對正向例子所得到積極結果、負向例子得到消極結果的一致性程度。

　　並不是所有的規則或禁律都與道德問題有關。在道德領域（通常涉及他人的權利、尊嚴和福利）與社會習俗領域（涉及為社會所接受的規範和法則）之間存在著區別（Turiel, 1983）。例如，在學前背景下，違反道德涉及偷竊其他兒童的玩具，違反社會習俗則是在集體活動時間站起來亂逛。學齡前的兒童能夠在違反道德和違反社會習俗之間作出一致的區分。他們懂得：違反道德會影響他人的利益，所以是錯誤的；違反社會習俗則是由於其破

壞性或造成混亂而構成錯誤(Smetana, 1985)。對社會習俗的違反依賴於情境。在家中進晚餐時也許是允許從桌旁站起來並走開的，而在幼稚園卻不能允許離開餐桌。對道德的違反在不同情境中的適用性則更爲一致；在家中偷東西是不道德的，在幼稚園或在朋友家中偷東西亦然。四或五歲的幼兒在評價違禁事例時便能作出這種區分，這是很了不起的。人們可以認爲，兒童遇到的情境越多，他們作出的區分便越明確。

(三)心理分析理論

　　心理分析學家認爲道德意識是兒童對父母強烈認同的產物。心理分析理論在道德發展中強調價值觀的內化，以及在有誘惑的條件下維持衝動控制的因素。前面關於與父母認同的討論以及第三章中對超我發展的討論，爲理解心理分析理論對道德發展的看法提供了很好的基礎。心理分析理論將兒童的良心(或說超我)，看作是其父母的價值觀和道德標準在兒童身上的內化。該理論相信，兒童的超我是其內在的性衝動、攻擊衝動與其父母對待這些衝動的外顯行爲的方式之間的衝突的產物。

　　在心理分析理論看來，父母越是嚴格地強制兒童抑制衝動，兒童的超我將會越強烈。Freud (1925／1961)假設男性的超我比女性的超我更爲高度分化並更具有懲罰性，因爲他認爲男性的衝動更爲強烈。他還認爲，由於男性表現出的衝動性能量更高，所以父母對待男孩比對待女孩更嚴厲。最後，Freud認爲男性與其父親認同的原因有二：害怕失去父親的愛和把父親視作攻擊者而產生恐懼。與父親的認同是很強烈的，會導致道德標準的全盤接受。在Freud看來，女性與其母親認同的原因只有一個：害怕失去愛。由於Freud認爲這種認同動機不如男性的認同動機強，所以他認爲女性的超我相對也比較弱。

(四)良心發展的研究

　　關於良心發展的研究未能支持Freud的假說。針對抗拒誘惑或做錯事後認錯的能力進行的研究顯示，年幼的女孩比男孩更能抗拒誘惑，而且前者在學步期和學齡前期表現出違反道德的行爲有越來越少的趨向(Mischel et al., 1989)。試圖評估母親和父親對兒童道德行爲的相對貢獻所進行的研究發現，母親的價值觀和態度與其孩子的道德行爲有高度的相關，而父親的價值觀和態度則很少表現出與其孩子的道德行爲有任何關係(Hoffman, 1970)。最後，探討父母的紀律訓練技巧與兒童道德行爲之間關

帕伯羅・畢卡索，〈四個女孩與怪獸〉，1934年。兒童的良心是從強烈的衝動與對
父母的愛的需要之間的緊張狀態中發展起來的。在這幅畫中，四個甜蜜天真的小
女孩與可怕而醜陋的巨獸形成對比。從心理分析的角度來看，巨獸實際上存在於
我們每個人的心中，對我們發號施令，並要求得到滿足。

係的研究發現，使用嚴厲的身體懲罰的父母們的孩子，傾向於具有身體侵
犯性，而且他們在家庭外也不能很好地控制自己的行為(Anthony, 1970;
Chwast, 1972)。父母的熱情、民主決策和抗拒誘惑的模塑，似較能促成高
層次的利社會行為和社會責任感(Baumrind, 1975; Hoffman, 1979)。

　　這些發現對Freud關於良心的形成以及男性和女性超我的相對強度的
看法提出了疑問。事實上，心理分析理論現在傾向於認為人格發展的關鍵
期在生命的早期，在嬰兒期(Kohut, 1971; Mahler, 1963)。嬰兒形成了三
方面的認識：自己的身體及其生理體驗的需要，他人的存在，以及自我與
他人之間的關係(Beit-Hallahmi, 1987)。以後所有的心理發展都必須同化
到這三方面之中。因此，根據這種觀點，道德推理和道德行為的起源是與

關於自我及其需要的極早期情感相聯繫的，特別是與愉快和痛苦的情感有關。道德將立足於對那些在兒童生活中具有重要性的人的認識，立足於那些強化或威脅自我與他人聯繫的行為。這種觀點認為，早期道德的部分基礎存在於兒童的自愛意識 —— 一種提高而不傷害或違背自我的願望——之中。另外的基礎是這種自愛擴及到其他人，並希望保持在早期親子關係中形成的聯結、信任和安全的情感。如果我們接受這些假設，我們便能合理地認為，父母傳達熱情和教養的策略，是與兒童延遲滿足和抗拒違反道德的能力密切聯繫在一起的。

Freud的工作仍然是對道德發展領域的一個重大貢獻，因為他使我們注意到超我和自我理想在驅動和抑制行為中的強大作用。他還引起了對童年早期道德信念的起源的興趣。但是，他對父母的價值觀被結合到兒童的道德準則中去的過程的描述，似乎是錯誤的。很有可能是，Freud低估了兒童對確保父母的愛的需要所起的作用。在父母與孩子之間的強烈的感情聯繫，是促進積極道德行為最有效的力量。

(五)同理心與角色取替的研究

同理心(empathy)被定義為共同感受所知覺到的他人的情緒——「與他人一起感受」(Eisenberg & Strayer, 1987, p.5)。這個定義強調人們在觀察到他人的情緒狀態後的情緒反應。兒童只需要觀察其他人的面部表情、身體姿勢和發音，便能確定這個人的情緒，且能親自感受到它。一個人能夠同理的情緒範圍，取決於他人所發出的訊息的清晰性，以及他本人以前的經驗。

同理的能力隨發展而變化。Hoffman (1987)描述了四種同理層次，尤其是關於對他人的痛苦的知覺：

> **整體的同理**(global empathy)：你由於目睹他人的痛苦而體驗並表現出痛苦。例如：一個嬰兒在聽到別的嬰兒的哭聲時自己也哭起來。
>
> **自我中心的同理**(egocentric empathy)：你認識到他人的痛苦並對它做出反應，就如同這種痛苦是你自己的一樣。例如：一個學步兒童將自己的裹毯給另一個正在哭泣的兒童。
>
> **對他人情感的同理**(empathy for another's feeling)：你對範圍廣泛

的情感表現出移情，並能預測可以真正地安慰他人的反應類型。

對他人的生活狀況的同理(empathy for another's life condi-
tion)：當你瞭解到一個人或一個群體的生活狀況或個人境遇時體
驗到同理。

因此同理能力是從嬰兒期開始的。隨著兒童對自我及他人的理解達到
新的層次以及使用語言來描述情緒的能力不斷增加，同理能力逐漸得到提
高。極年幼的兒童似已能確認和理解他人代表情緒表現的聲音和臉部線
索。在新生兒護理室，當一個嬰兒開始哭嚎的時候，其餘的嬰兒也開始哭
叫(Martin & Clark, 1982; Sagi & Hoffman, 1976)。三歲和四歲的兒
童能夠認識到在特定的問題情境中兒童會有什麼樣的情緒反應。美國和中
國的兒童到三歲時均能確認「快樂」和「不快樂」的反應。對「害怕」、「悲
傷」和「憤怒」的區分發展得稍晚。這些情感的具體線索是與情緒表現的
文化模式相聯繫的。儘管如此，這兩種文化群體中最年幼的兒童，很明顯
都具有確認他人的情緒狀態的能力(Borke, 1973)。此外，學齡前的兒童還
透過造成某個兒童的情緒反應(特別是憤怒和痛苦的反應)的社會環境對另
一個兒童的情感予以理解和同理(Fabes et al., 1988; Hoffner & Badzin-
ski, 1989)。

辨別他人的愉快和不愉快的情緒並同理其中的能力使兒童易於接受道
德教導。同理使兒童能努力幫助他人，從而產生促動的作用；同理還能夠
使兒童在造成他人的情緒狀態後感到後悔，從而具有制動的功能。在這兩
種情況下，兒童都能體驗到他人的感受，從而改變自己的行為(Hoffman,
1989)。

在道德概念化的發展中，另一個成分是兒童對他人的瞭解(Chandler
& Boyes, 1982)。**觀點取替**(perspective taking)是指一個人從他人的立
場來看待一種情境的能力。這種才能要求能認識到其他人的觀點與自己的
觀點會有不同。它還要求具有對說明這些差異的因素進行分析的能力。當
兒童能評估這些因素時，他們便能開始超越自己的視野，並試圖從他人的
立場來看待一種情境。

試想像一個兒童想要玩另一個兒童的玩具。假設這個孩子這樣想：「如
果我得到那個玩具，我會高興的。如果我高興，別人都會高興的。」那麼

這位母親要想保護她的新生兒,就必須提高她的大女兒的同理層次。

他就會拿走那個玩具,而預料不到另外那個孩子會感到失望。雖然同理為兒童提供了一種情緒性橋樑以發現自我與他人之間的相似性,但它並不能教會兒童瞭解差異性。這就要求有觀點取替。事實上,一些心理學家已指出:只有透過同伴間的互動和衝突,採取他人立場的能力才能逐漸得以形成(Flavell, 1974; Piaget, 1932/1948; Selman, 1971)。

　　四歲和五歲的兒童頻繁地表現出利社會行為,這表明了他們對他人的需要的理解。這類行為中最常見的是分享、合作和助人。下面兩個例子說明了社會性觀點取替的特點:

　　　　一個雙手抱滿黏土的孩子要經過的路被兩把椅子擋住了。另一個孩子放下他正在進行的活動,在那個孩子到達椅子之前把椅子挪開了。

　　　　一個男孩看見另一個孩子掉了一個玩具,便幫他撿起來。(Iannotti, 1985, p.53)

　　有趣的是,在正式的觀點取替測量中得分最高的幼兒,在幼稚園中並不一定表現出高層次的利社會行為。在這麼小的年齡時,決定兒童是否會主動地給予他人幫助的一個重要因素是,他們是否能準確地瞭解他人的

情緒狀態。

Robert Selman（1980）通過分析兒童在結構化訪談中的反應，來研究社會性觀點取替的發展過程。兒童觀看描述人際衝突的電影片段，然後要求兒童說明每個演員的動機以及他們之間的不同關係。他得到四種社會性觀點取替層次。在第一種層次，最年幼的兒童（四至六歲）能夠認識到不同演員的不同情緒，但他們以為所有演員都像他們一樣來看待那種情境。而第四種層次的兒童（大約十至十二歲）認識到兩個人在決定如何行為之前能考慮到對方的觀點。而且，他們還認識到這些人看待情境的方式可能與自己不同。

許多進退兩難的道德問題都要求兒童使個人需要服從於他人。要解決這類情境，兒童必須能將個人願望與他人的願望區分開，Selman的研究顯示，十歲以下的兒童很少能以這種客觀性來解決人際衝突。

㈥父母的紀律訓練的研究

我們最後將考慮對道德發展理論的貢獻，來自於父母的紀律訓練方面的研究，這在第六章中已詳細討論過。在對兒童進行紀律訓練的過程中，父母強調某些行為根本就是錯誤的，這本身就是開始培養兒童道德準則的內容。

另外，父母運用了一些具體的紀律訓練技巧。似乎有四種重要成分決定了這些紀律訓練的技巧對兒童將來行為的影響。首先，紀律訓練應幫助兒童停止或抑制被禁止的行為。其次，紀律訓練應指出較易接受的行為形式，這樣兒童就會知道在今後的情況下什麼是正確的。第三，紀律訓練應指出能為兒童所理解的一定理由，向兒童解釋為什麼某項行為是不恰當的，而另一項行為則是較受歡迎的。第四，紀律訓練應激發兒童與錯誤行為的受害者同理的能力。換句話說，應要求兒童把自己放在其受害者的地位，看看自己是多麼不喜歡自己在他人身上引起的情感。

在把紀律訓練看作是道德教育的一種機轉時，人們開始認識到一項道德行為中的許多交互影響、相互交織的成分。在對兒童進行道德教育時，最有效的紀律訓練技巧是那些能幫助兒童控制自己行為、懂得自己行為對他人的影響，以及擴展自己同理的情感的技巧。不包含這些特徵的紀律訓練技巧也許能成功地抑制不受歡迎的行為，但不能達到把道德價值觀整合到今日行為中的長期目標。

表7-4　對道德發展研究的貢獻

概念來源	重要的貢獻	對道德行為的特定方面的影響
學習理論	外在的獎勵和懲罰系統的相關性	道德行為
		道德準則的內化
	對榜樣的模仿	
	形成對獎賞結構的期望	
認知理論	對意圖、規則、公平和權威的認識的概念化發展	道德判斷
		對違反道德和違反社會習俗的區分
	道德判斷的階段	
心理分析理論	與父母的認同	父母價值觀的內化
	超我的形成	內疚體驗
對良心發展的研究	性別差異	衝動控制
	父母的教育：紀律訓練和溫暖	價值觀的內化
對同理和角色取替的研究	體驗他人的情感的能力很早就產生了，並隨著年齡而變化。	同理加強了對他人的關心；有助於抑制可能造成痛苦的行為
	對觀點上的差異的認識能力在學齡前和學齡期慢慢出現。	角色取替能夠促進助人和利他主義。
	同伴間的衝突和互動以及具體的角色扮演訓練，均能提高角色取替技巧。	
對父母的紀律訓練的研究	父母確定道德內容。	道德行為
	父母指出兒童的行為對他人的影響。	道德推理
		道德價值的內化
	創造一種獎賞結構。	同理和內疚
	強制、愛的取消、慈愛和誘導對兒童的不同影響	

㈦小結

　　學齡前的兒童正處於早期道德規範的發展過程中。對這一課題的六種理論總結在**表 7-4** 中。每一種方法都突顯說明了較廣泛、較複雜的現象中的一種基本元素。學習理論指出，一種外在的獎賞結構抑制或增強行為。認知理論指出，這一道德發展階段的特徵是概念的不成熟性。心理分析理論特別關注對父母的認同與良心發展之間的關係。關於良心發展的研究對Freud關於超我形成過程的某些看法提出了挑戰，關於同理心和觀點取替的研究顯示，道德行為要求對他人的需要有情緒和認知上的理解。這些利社會技能有助於兒童瞭解其他兒童或成人是怎樣感受現實的。透過這種洞

察，兒童能改變自己的行為以使之有利於他人。關於父母的紀律訓練的理論和研究指出，當父母努力促進兒童理解自己行為對他人產生的影響時，道德發展便可提高。似乎有理由得到這樣的結論：道德行為涉及道德判斷、對獎賞結構的理解、與父母的認同，以及對他人的同理的一種整合。

自尊

在生活的每一時期，透過與環境中的物體和人進行互動，兒童關於自我和自我理解的思想不斷形成和改變。我們可以認為：自我觀念是一種理論，它把一個人對世界本質的理解、自我本質的理解，以及自我和環境交互作用的意義的理解相聯繫(Epstein, 1973)。一個人的自我理論依賴於一些內在現象(例如：夢、情緒、思想、幻想、歡樂和痛苦)的感受。它也以與環境交流的結果為基礎。和任何概念的集合一樣，自我理論的複雜性和邏輯性取決於認知功能的成熟。進一步說，由於自我理論是以個人的經驗和觀察力為基礎的，所以我們可以認為它既會因參與新的角色而改變，也會因不斷變化的生理和社會情緒才能而改變，這是因為它們均為經驗帶來新的內容。

(一)自我理論

在每個階段，自我理論是一個人的認知能力和主導動機與這一階段的文化期望相互作用的結果。在嬰兒期，自我主要包括對自身獨立存在的認知。嬰兒發現身體的界限，學習辨認再現的需要狀態，並以與照顧者的愛的關係中感受到溫暖。這些經歷，作為永恆的客觀存在逐漸被整合到自我意識中，它存在的背景是一組其他的永久的客觀存在——有的能、有的不能對嬰兒的內部狀態作出充分的反應。

在學步時期，自我理論透過主動的自我分化的過程得到充實。兒童探索自己能力的極限以及自己對他人影響的性質。由於學步兒童無法接受抽象概念，加上他們的自我中心傾向——把自己看作是世界的中心——他們的自我理論很可能取決於是否有能力以及是否得到愛護，而很少考慮到別人的感覺、文化的規範和未來的計劃。

在學齡前與學齡期中，兒童更加意識到人們在觀點上的不同。對邏輯關係的理解帶來了對文化規範的瞭解：假如一個人充當某一特定的角色，他就應該以一種特定的方式行動。在這方面，性別角色標準尤其重要。對

空手道訓練能提高兒童的自律能力，並形成一種與古代的榮譽準則相聯繫的意
識，從而有助於發展自尊。

於任何關於兒童不符合男孩或女孩應該如何行動的期望的暗示，兒童都是
非常敏感的。兒童們也認識到確定善和惡的道德準則。所有這些認知成果
使兒童對社會壓力更敏感，更可能體驗到內疚或失敗，並且更加關心社會
比較、自我批評和自我評價等問題。與此同時，兒童仍然依靠成人作為物
質上和感情上的後盾，由於這些原因，在學齡前與學齡期，自尊問題顯得
尤其重要。

㈡自我評價

　　人們對自我各個方面──身體的自我，反映在別人行動中的自我，一
連串的個人的願望和目標──作出價值評估。這種自我評價，或**自我尊重**
(self-esteem)，以下面三個基本方面為基礎：

　　(1)來自別人的愛、支持和贊成的訊息。
　　(2)具體的特性和才能。
　　(3)在與別人進行比較和與理想自我的關係這兩個方面，一個人對待上

述自我的具體方面的方式。(Pelham & Swann, 1989)

被愛、被肯定、被稱讚和成功的感受，促成一種價值感；被忽視、被拒絕、被嘲笑和缺陷的感受，促成一種無價值感。這些極早期的感情體驗，對總體的自信或是自卑、有價值或是無價值的意識——這可從三或四歲的兒童關於自己的全部陳述中捕捉到——的形成有著極大的影響(Eder, 1989; Eder, Gerlach & Perlmutter, 1987)。

自我的特定方面的訊息，是在日常生活中透過成功或失敗的經歷，或是在一個人能力的某些方面受到挑戰時積累起來的。在體育、問題解決或社會技能這些領域中，兒童透過他人的鼓勵性反應，以及在各個領域中取得成功時的喜悅，可以形成有關積極的自我意識。

根據對不同的角色和環境的體驗，每一種特定的能力對一個人來說具有不同的重要性。並不是所有的能力在家中、在學校中和在朋友們眼中都具有同樣的價值。一些人可能認為他們在一些方面具有能力，但在那些他們認為很重要的方面卻缺乏能力。另一些人則可能認為他們僅在一、兩個方面有能力，但他們可能非常重視這些方面，並且堅信它們對全面成功是非常重要的。自尊受一個人對關係到總體人生目標和個人理想的特殊能力的評價所影響。所以可能有這樣的情況：在別人眼裏是一個成功的人，而自己仍有一種惱人的無價值感。同樣地，即使別人並不看重一個人從中獲得極大滿足的那些活動和特質，他自己仍然感到非常驕傲和自信。

到了成年期，人們有了一種散佈性的關於自我價值的認識，這種認識決定了對未來的生活事件是持樂觀態度還是持悲觀態度。自尊的程度影響了一個人冒險的願望、對成功或失敗的期望，以及他將對別人產生有意義影響的期望。

Rosenberg(1979)研究了他稱之為**背景性失調**(contextual dis-sonance)對自尊的影響。兒童是受他們直接接觸的社會群體所影響。在學齡前，兒童從與家庭和鄰居的密切聯繫中轉向更多樣化的學校背景。這種新的背景可能與家庭的主要社會特徵，特別是宗教、種族和社會階層等特徵相一致，也可能有差別。

Rosenberg提出了這三方面不和諧的環境所具有的消極影響的證據。在非天主教街鄰中長大的天主教徒，很可能比在天主教街鄰中長大的天主

教徒具有較低的自尊。類似的情況在成長於不和睦的街鄰中的新教教徒和猶太教徒中也可以發現。種族和經驗的不協調也與較低的自尊有關。例如，在全是黑人的密西西比村鎮中的學齡前黑人兒童，比在人種混雜的密西根城市中的學齡前黑人兒童有較高的自尊(McAdoo, 1985)。這些研究給予我們啓示，密切的關聯感和歸屬感能增強自尊。如果兒童的家庭和兒童直接接觸的社會背景所重視的品質不同，那麼即使兒童的品質在家庭背景中受到重視，也會使兒童認爲自己是古怪的、錯誤的。這種感受將埋下懷疑其自我價值的種籽。

自我價值感在自我的四周建立了一層保護屏障。假如一個人具有積極的、樂觀的自我評價，那麼與其自我評價相左的、不協調的訊息便會被改造。一個具有高度自尊的人會用對任務的檢查、完成任務需要的時間、參與任務的其他人，以及評價成功和失敗的標準等方面的理由，來解釋自己的失敗。相比之下，一個具有較低自尊的人，將把失敗看作是他或她缺乏價值的又一證據(Newman & Newman, 1980; Wells & Marwell, 1976)。

(三)自尊和學齡前兒童

在生活的各個階段，當個體爲自己設立了新的目標，或是當能力上的差距變得較明顯時，可以預見到短時間內會有自尊心的下降。關於自尊的研究告訴我們，學齡前的兒童在自我價值觀方面很脆弱、很容易波動(Cicirelli, 1976; Kegan, 1982; Long, Henderson & Ziller, 1967)。學齡前和幼稚園年齡的孩子對自己能力的評估明顯高於一至四年級的孩子。此外，低年級的女孩對自己的能力比男孩更挑剔，並且對成功抱較少的希望(Bulter, 1990; Frey & Ruble, 1987)。

學步兒童被認爲是極端自我中心的。一般來說，他們自我感覺良好，並且不去區分自己的能力和社會贊同之間的差別；相反，他們把所有積極的經歷看作是他們根本的重要性和價值的證據。他們透過社會比較和模仿建立起更強的自我優勢感(Butler, 1989)。

相比之下，學齡前的兒童越來越能體認自己的能力和他們認爲是大孩子應具有的技能之間的差別。他們能把自己看作是別人評價的對象，也意識到被成人和家庭外的同伴(特別是被老師和同學們)接受的重要性(Weinstein et al., 1987)。這些新的、重要的他人可能並不像他們的家庭

成員那樣對他們的技能感到驕傲，或對他們的限制性感到理解。在同伴競爭的情況下，他們開始為自己的成績以及在和他人相比之下自己的能力會得到的評價而感到焦慮(Butler, 1989)。例如在學校，年幼的兒童經常對別人的工作吹毛求疵，批評多於稱讚；並且男孩比女孩對同伴的工作更為挑剔(Frey & Ruble, 1987)。同伴的公開批評和強調同伴競爭的混合作用，可能使學校成為個人自尊經常受到挑戰的環境。

最後，學齡前的兒童開始達到一定程度的社會規範的內化。這些規範中既包括將要實現的理想，也包括各種禁律；他們以一種相當嚴格的、受規則限制的方式來執行這些社會規範。他們對違反規則的行為非常嚴厲，不論違反的人是自己還是別人。對學齡前的兒童來說，目的、動機與具體的環境不如行為的外在結果那麼突出。因而當他們未能符合自己的道德準則時，他們新產生的內疚能力將會導致更高的焦慮。

因為上述所有原因，學齡前兒童很可能體驗到沮喪和無價值感。這種自尊的降低可以看作是暫時的波動。幼兒需要成人經常向他們保證他們是有能力的而且是可愛的。他們需要大量的機會，以發現他們特有的天份和能力是有用、很重要的。隨著能力的增長，隨著思維變得更靈活，隨著兒童建立起有意義的友誼，我們可以預期他們的自尊將會提高。

團體遊戲

(一)團體遊戲

學齡前兒童在遊戲中繼續使用生動的幻想。在這個時期，出現了一種新的遊戲形式。孩子們表現出對團體遊戲的興趣。和主要基於想像的遊戲相比，團體遊戲結構性更強，現實性也更強。轉圈折玫瑰(ring-around-the-rosie)、倫敦大橋(London Bridge)、幽谷裏的農夫(farmer-in-the-dell)這一類遊戲，是早期團體遊戲的範例。捉迷藏(hide-and-seek)和木頭人(statue maker)是更複雜的學齡前兒童的遊戲，它們涉及到更多的複雜的認知活動、身體技巧和儀式。這些遊戲既強調同伴間的合作，也具有幻想成分。我們可以把團體遊戲看作是介於學步兒童的幻想遊戲與學齡兒童有組織的團隊體育活動和其他的規則遊戲之間的過渡性遊戲形式(Erikson, 1977)。

團體遊戲具有一定的規則，這使它們和進行中的自由玩耍活動區分開

帕伯羅・畢卡索，〈兒童組成的圓圈〉，1952年。團體遊戲在強調同伴間合作的同時結合了幻想的成分。轉圈折玫瑰和倫敦大橋垮下來是兒童們在一起唱歌跳舞的兩種遊戲。

來。這些規則很簡單，這樣兒童可以有效地利用它們來開始一個遊戲，並能在沒有成人幫助的情況下定出勝利者。通常在這些遊戲中沒有團隊概念，同一個遊戲要玩很多次以使多數兒童有獲勝的機會。孩子們從這些遊戲中獲得的特殊的快樂，似乎更多地來自於同伴間的合作和互動，而不是獲勝的可能性(Garvey, 1977)。

很多這樣的遊戲允許兒童們變換角色，躲藏者一會兒變成了尋人者，接物者一會兒成了拋物者，做鬼的一會兒成了木頭人。透過團體遊戲活動，孩子們有機會體驗角色關係的互惠性質。雖然他們的很多社會角色——兒子或女兒，兄弟姐妹，學生——是固定的，但在與同伴的遊戲活動中，兒童們有機會體驗各式各樣的觀點(Lee, 1975; Sutton-Smith, 1972)。

(二)友誼團體

在學齡前時期，友誼是建立在交換具體物品和共同分享活動的歡樂之上的。友誼可以透過愛的行為、分享幻想或是結構性遊戲中的合作來維持。孩子們在一起用雪來堆造城堡，一起玩太空探險，或在彼此的家中睡覺。但也可能因搶奪玩具、打架或罵人而彼此中斷友誼(Damon, 1977)。

兒童們傾向於從結果而不是從目的來評價情境。因此，他們經常對帶來消極結果的事件給予嚴厲的譴責。例如，詢問孩子們他們對於一個兒童的受傷應受何種責備。這裏，「受傷」發生在六種不同的假設情況。在責任最輕的情況下，某人的玩具偶然傷害了那位兒童，但實際上並不是玩具的

在學齡前時期，大多數兒童按性別建立友誼團體。這是他或她的世界的開始。

主人造成了這種傷害。在這種情況下，六歲的兒童和較大的兒童或成人相比，更容易因這種結果而責備自己(Fincham & Jaspars, 1979)。由於這種對社會責任的嚴格的觀點，同伴間的遊戲經常被爭吵、搬弄別人的是非和強烈的不公平感所打斷。即使孩子們似乎是被帶入了活潑生動的同伴友誼世界，但對多數的學齡前兒童來說，這是一個很難征服的、艱難的、經常使人受到很大挫折的領域。

　　幼兒友誼團體的一個最引人注目的特徵是他們按性別分組。當男孩和女孩自由選擇玩伴時，他們傾向於選擇同性玩伴。兒童中的這種同性社會團體模式不僅在美國而且在大多數其他文化中也可以見到(Edwards & Whiting, 1988)。在一項縱貫研究中發現：四歲半的兒童與同性朋友玩耍的時間，比和異性朋友玩耍的時間多三倍，到了六歲半則高達十一倍(Maccoby & Jacklin, 1987)。

　　形成同性社會團體的重大意義在於男孩和女孩在十分不同的同伴環境中長大(Maccoby, 1988)。為了在他們的團體中獲得優勢或主導地位，男孩和女孩傾向於使用不同的策略。男孩們喜歡用實際的果斷行動和直接的要求；女孩們則傾向於採取口頭勸說和客氣的建議。在全是男孩的團體

中，口頭交流主要包括頻繁的自誇、命令，打斷別人的談話、質問和一般的遊戲性玩笑。男孩們試圖透過口頭的威脅壓倒別人的談話，建立自己的優勢地位。在全是女孩的團體中的互動，主要包括同意和承認別人的解釋，細心地傾聽相互間的敍述，談論那些將團體聯繫起來、使團體具有共同的觀點或經歷的事情。在男孩女孩都有的團體中，女孩可能會發現，她們在女孩團體中培養出來的領導才能和人際關係的技巧，並不能很有效地控制男孩的行為。因此，她們對於男孩的消極看法得到了強化，並且使她們尋求全是女孩同伴交往的傾向得到加強。

儘管很多幼兒確實與異性兒童建立了友誼，但形成同性友誼團體的普遍傾向是社會發展的一個重要方面，它形成於童年早期，持續到青少年期。即使一個男孩和一個女孩在同樣的文化背景、同樣的地區、甚至同一家庭長大，他們兩人所處的社會背景仍有一些十分不同的特點。學齡前的男孩和女孩認為同性玩伴更合適一些。建立不同性別的遊戲和友誼團體的傾向，促進了與性別相聯繫的不同交流策略的發展，並使男孩和女孩之間的相互理解變得很困難。

小結

學齡前兒童的四項任務具有緊密的內在聯繫。性角色認同這一複雜過程具有認知、感情、生理和人際關係方面的成分。當幼兒明確了他們的性別角色身分的內涵，他們便形成了一套關於他們的自我價值、他們與別的兒童的關係，以及他們的未來的信念。由於這個年齡的具有道德思維特點嚴格的規則意向，兒童們有可能認為在性別角色標準和道德標準間具有一些根本的共同點。他們對維護特定的性別角色標準有一種道德義務感，而如果他們觸犯了這些標準，便有一種道德上的內疚。由於良心具有獎賞和懲罰的能力，它的發展使得道德標準得以內化。自尊可能因兒童的違紀、內疚或由於利社會行為而受到讚賞等經歷產生波動。透過同伴間的互動以及接觸新的社會環境，特別是托育中心、保育學校和幼稚園，帶來了對自我概念的清醒認識和能力與價值感的發展。道德的發展顯示：兒童開始產生對包括誠實和忠誠等基本價值觀在內的文化標準的服從。

隨著遊戲行為的變化，兒童產生了一項重大的認知變化。當兒童與同伴交往時，他們逐漸認識到其他兒童帶進遊戲中的不同觀點。他們學會對

這一事實更加敏感：他人並非總是像自己那樣理解事物。在學齡前出現的自我中心的降低，促進了邏輯思維的發展和道德上的成熟，這些發展任務共同促進兒童形成一套關於基本規則的有影響力的初稿。這些基本規則決定了在與主要的社會團體(特別是家庭、教師、同學和朋友)交往時兒童關於自我的看法。

心理社會危機：主動創造VS.內疚

當兒童以一種積極的方式解決了學步時期自主VS.羞怯和懷疑的危機時，他們帶著把自己看作獨特個體的強烈意識從那個階段脫胎出來。在學齡前期這段時間，他們把注意的焦點轉移到對外部環境的調查上。他們試圖在外部世界中發現曾在自己身上發現的同一類型的穩定性、力量和規律性。

這種對環境的積極調查，就是Erikson(1963)所說的**主動創造**(initiative)。在調查時，兒童的動機和技巧取決於強烈的自主意識的成功發展。當兒童獲得了自我控制能力和自信心時，他們就能採取各種行為並觀察其結果。例如，他們發現了使父母或老師生氣的各類事情和使他們高興的各類事情，為了激起敵對的反應，他們可能故意採取一種敵對行為。他們對宇宙秩序的好奇心涉及從物質層面直至形而上學的各個方面。他們可能問有關天空的顏色、頭髮的用途、上帝的本質、嬰兒的起源，或手指甲的生長速度的問題。他們喜歡拆東西、探索周圍的小巷和黑暗角落，並用零星雜物來做玩具和玩遊戲。自主是指用身體進行的對世界的積極探索，與此類似，主動創造是用概念進行的對世界積極的調查。

好奇心的一個表現是，兒童對自己的身體，有時還對朋友的身體，進行玩耍性質的探索。不難發現，五歲和六歲的兒童喜歡玩一種「醫生」的遊戲。在這種遊戲中，所有的「醫生」和「病人」都把褲子脫掉。人們不時觀察到這個年齡的兒童在玩這樣一種遊戲：誰把尿撒得最遠誰就贏了；據報載女孩有的時候試圖「像男孩那樣」用站著的姿勢小便；男孩和女孩均進行某種形式的手淫。這些行為證明孩子們對自己身體和生理功能的好奇心以及他們從中獲得的快感。

兒童期的恐懼症

兒童偶爾體驗到不堪忍受的內疚感而不是通常的主動創造意識。極度的內疚感的一種表現,是對一些物體或情境的強烈的、不合情理的恐懼,這叫做恐懼症(phobia)。在童年早期形成的部分常見的恐懼症有:怕上學,怕黑暗和怕某種動物。這些恐懼佔據了兒童的幻想並且限制了他或(她)探索環境的能力。兒童往往想出許多恐懼的對象,並且在產生這些想法時體驗到極大的焦慮。

學校恐懼症是一個有趣的例子。每年估計約有千分之十七的兒童產生學校恐懼症(Davison & Neale, 1990)。這種恐懼症包括對學校情境的某些方面的畏懼,例如一個老師、另一個兒童、一個看門人或甚至是吃學校的食物。每天早晨一到上學時間,兒童的焦慮便增加。兒童可能抱怨噁心、肚子痛,甚至可能嘔吐。一旦父母同意孩子留在家裏,這些焦慮和症狀便迅速消失——直至第二天早晨(Coolidge, 1979)。

從心理分析的角度來看,學校恐懼症被看作是一種衝突,這種衝突與離開父母——通常是母親——密切相關,而不是對學校本身害

每一種文化都為合法的實驗和調查設置了限制。某些問題是不能問的,某些行為是不可以做的。成人的反應將決定兒童是學會把性遊戲和手淫看作是錯誤的還是可接受的。兒童逐漸把自己民族文化的禁律內化,並學會在這些禁忌領域內抑制自己的好奇心。內疚感是一種內部心理機轉,它在一項禁忌將被違反時發出訊號,內疚感是當一個人認識到自己對一種不被接受的想法、幻想或行為負有責任時所伴隨而來的一種情緒(Izard, 1977)。

大多數文化共有的一項禁忌是禁止亂倫(Gagnon, 1977; McCary, 1978)。大多數兒童知道在家庭成員之間任何暗示著性親密的舉止都是絕對

怕。兒童最初對學校的某些事物的恐懼得到父母的響應，他們也不願與孩子分離。在符號象徵上，兒童感到他或她的母親處在重病或死亡的威脅中。這些恐懼是兒童難以接受的對自己母親的敵意感情的一種投射。兒童只有留在家裏保護母親，對母親的這種威脅才能被防止。於是上學就與失去母親、失去童年和失去安全等相同。由於對學校實實在在的恐懼沒有得到正視，由於對母親的潛意識的敵意沒有得到表現，因此對兒童來說，上學的念頭就變得更加可怕了。

恐懼症可以被看作是一種手段，它把因不接受的想法、行為或幻想而產生的焦慮和內疚感，引向一個特定的目標。兒童把不能被接受的衝動投射到環境中的一個成分上，例如一匹馬或一隻狗，而不是對不適應的行為承擔個人的責任。正在做可怕而有害的事情的不是兒童，而是外界條件中引起兒童恐懼的東西。

恐懼症為兒童提供了一種既能表達內疚感同時又不得承擔罪名的方法。在這種意義上說，在兒童能夠分辨和控制那些社會肯定不能贊成的衝動之前，恐懼症實際上是一種保護措施。對於不能對社會所輕視的衝動負責，或對於在很多方面體驗到極度焦慮的兒童來說，他害怕的物體或環境可能增多而不是減少。一個極端恐懼的兒童在大多數環境下害怕危險，並且不能區分那些來自個人衝動的恐懼或那些對外部危險真實的恐懼。

禁止的。即使是關於這種關係的想法也會產生焦慮和犯罪的感覺。兒童對其他領域的好奇心也被限制在一定的範圍之內，即家庭和學校為可以合法詢問和行動的領域設置了一些限制。

主動創造VS.內疚的心理社會的危機，透過形成這樣一種認識——即對環境的主動的詢問式考察是一種可以增長見識的愉快的經驗——可以得到積極的解決。詢問會因對個人隱私的尊重和文化價值觀而受限制。但心靈中佔優勢的心理狀態是好奇心和實驗性。兒童知道，儘管某些領域是不能進入的，但努力理解世界的大多數方面卻是正當的。

內疚感，像心理社會危機的其他消極方面一樣，有適應性功能。當兒

童的同理意識以及對自己的行為負責的能力提高時，兒童在自己的行為可能造成危害或者自己的言辭可能刺傷別人時，便能承認錯誤。內疚感通常是帶來悔恨和使事情重新正常、恢復某一關係中的積極感受的一些嘗試。但是，在極端的情況下，兒童可能受極度的內疚感折磨。當成人嚴厲地限制兒童的實驗性和調查時，兒童便開始覺得關於這個世界的每個問題和懷疑都是不正當的侵犯。他們開始認為自己的思想和行為對別人的許多不幸或痛苦負有責任。例如，抑鬱型母親的幼兒表現出異常高水平的抑鬱、關注和對別人的痛苦的責任感。經常悲傷的母親為兒童樹立了一個為發生的大多數壞事責備自己的榜樣。此外，抑鬱型母親很可能在孩子舉止不當時取消對孩子的愛，這種紀律訓練手段是與高度的內疚感和焦慮相關的(Zahn-Waxler et al., 1990)。在這種環境下，兒童因為害怕可能對他人造成危害或痛苦，學會了嚴格限制自己的新行為。結果是，兒童覺得好奇心本身是被禁止的，並且只要它一出現就感到內疚。從內疚感方面來解決這一危機的兒童，便處在一種幾乎完全依靠父母或其他權威人物來指導怎樣在這個世界中產生作用的狀態。

主動創造VS.對內疚的心理社會危機，突出表現了理性的好奇與情緒發展之間的緊密聯繫。在這一階段。父母和學校傳遞了本土民族文化對實驗性、好奇心和調查的態度。他們還提出種種要求，以使兒童的好奇心避開家庭、次群體和文化的禁忌領域。他們期望兒童養成控制自己疑問和行為的能力。鑑於違禁可能帶來羞辱和懲罰，成功的自我控制恐怕不會引起任何注意。兒童必須形成能幫助他們避免懲罰的有力的內在道德準則。他們還必須形成為正確行為獎勵自己的能力。對兒童來說，給兒童的思維設置的限制區域越多，兒童越難以區分合理的和不正當的探索領域。兒童處理這個問題的唯一方法，便是形成一套嚴格的、限制思想和行為的許多方面的道德準則。

核心過程：認同

關於學齡前的發展任務的討論，直接把認同看作是解決主動創造和內疚之間衝突的核心過程。這個年齡的兒童透過把父母展現出來的有價值的一些特徵結合到自己的行為之中，來努力加強他們的自我概念。認同是兒童用來維持與父母聯繫的一種機轉。兒童甚至與極端蠻橫的父母認同。由

於兒童汲取的大部分是攻擊性行為，所以攻擊型父母的孩子對別人經常是攻擊性的。與父母的認同使孩子們感到父母和他們在一起，即使實際上並不在一起。與父母的這種聯繫感為處於各式各樣情境中的兒童提供了一種潛在的安全感。

從另一個角度來看，認同使兒童增加了相對於父母的獨立意識（Jacobson, 1964）。知道自己的父母在一特定情境下會怎樣反應的兒童，便不再需要父母實際在場指導他們的行為。能讚賞或懲罰自己的行為的兒童較少依賴父母來表揚或懲罰自己。

與父母的認同以兩種十分不同的方式出現在兒童的發展中。一方面，與父母的親密性為兒童汲取父母的讚許與禁律提供了基礎。一旦兒童整合了這些行為準則，每當他們預感到要放棄這些準則時便會感到內疚。另一方面，源於與父母強烈的認同作用的安全感，使兒童在離開父母時具有更高的自由度。與父母的認同作用較強烈的兒童，更傾向於探究環境、冒險和主動地行動。

與父母的認同使兒童的人格得到加強。學齡前的認同作用的一個重要結果就是形成理想的自我形象。精神分析學派的理論家有時把這稱作為**自我理想**(ego ideal)（Freud, 1925／1955; Sandler et al., 1963）。良心的作用不僅在於懲罰錯誤的行為，而且在於獎勵那些能使兒童更接近理想的自我形象的某些方面的行動。理想的自我是關於將來自我會是什麼樣的一種複雜看法，包括技能、職業、價值觀和人際關係。理想的自我是一個幻想，是一個即使在成年期也不大可能達到的目標。儘管如此，現實的自我與理想的自我之間的差距仍是一種強烈的動機因素。當兒童為了達到他們的理想而努力奮鬥時，他們嘗試新的活動，設計能突破自己的能力限制的事情，冒險，並且抵制可能干擾他們所渴望的目標的誘惑。

學齡前的自我理想與其後各時期的相比很不實際。兒童能幻想出未來對自己所希望的一切。他們刻板地依照父母的價值觀，並用它們構成一個具有神話成分的理想的人。理想的自我可能具有海格立斯（天神宙斯之子，是位大力神）的力量、伊麗莎白女王的財富、孔子的智慧和耶穌的同情心。由於自我理想缺乏現實的約束，這使得孩子們可以透過假想去研究和體驗某種人類可能永遠達不到的特性。當人們長大以後，把關於理想的自我形象的幻想變得更容易實現是很重要的，雖然這種幻想仍超出人們已經實現

帕伯羅・畢卡索,〈母親與女兒〉,1904年。與
父母的認同給兒童提供了安全感和自由。由於
蛻變成更像母親,小女孩即使在與母親分開
時,仍然感到離母親很近。

的內容。那些感到很難改變自己的理想自我形象的人,將很容易感受到個
人的挫折及心理的絕望,因爲他們不能成爲他們所希望的人。很多六歲兒
童可能都希望成爲美國總統。這個很不實際的幻想是非常激動人心的,並
且對一些人來說是十分神聖的。但是,實際上只有極少數的人能達到這一
地位。人們在進入成年早期之前,形成一個更接近於實際可以達到的目標
的職業理想是很重要的。

　　透過與父母認同這一過程,理想的自我形象和道德規範被結合到兒童
的人格之中。當兒童不能控制自己的行爲以使之符合他們已內化的道德力
量和理想時,兒童將會體驗到內疚感。當兒童的行爲接近他們的理想並符
合內化的道德力量時,兒童將會體驗到自信感,這使他們具有主動創造性。
內疚和自信之間的平衡,決定著主動創造對內疚的心理社會危機的最終解
決。

小結

　　主動創造VS.內疚的危機,反映了當兒童對討論現存的準則需要和正
在形成的準則被違反時道德上的感受。這一危機並不特別強調智力的發
展。然而,我們必須假設:在這一階段發生的探究水平,只有在認知複雜

性提高時才能成爲可能。對父母的積極認同過程促進了兒童對文化標準的汲取，並使兒童的能力感得以增強。這一階段的社會化既可能提高創造性的開放，也可能加強對新事物的焦慮不安的恐懼。

專題：電視的影響

在幼兒的生活中，電視是一種重要的社會化代理人。假如你能環顧一下四十年代初期的美國家庭，你會發現只有極少數最富有的家庭才有電視。今天，美國90%以上的家庭至少有一台電視機，很多家庭還不只一台。大學生在宿舍房間裏有電視機，醫院在病房裏提供電視機，汽車旅館和大旅店有另外付費可看電影的電視機，有插在汽車點菸器上能「在路上收看」的電視機，還有孩子們能像隨身聽那樣便於携帶的手提式電視機。從電影《雨人》中可以生動地看到電視在日常生活中的重要地位。在這部影片中，主角達斯汀霍夫曼如果想到他將錯過他那有規律的白天電視節目，他就會變得十分焦躁不安。

在美國家庭中一天平均須收看七個小時的電視(Steinberg, 1985)。關

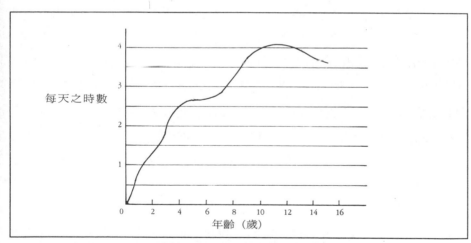

圖7-2　估算的收看電視的時間平均值與年齡的關係曲線（美國，1987）

Source：R.M. Liebert and J. Sprafkin, *The Early Window: Effects of Television on Children and Youth,* 3rd ed. (New York: Pergamon), Fig, 1.2, p.5. Reprinted by permission.

於不同年齡的人收看電視時間的研究顯示，即使是嬰兒，每天也有半個小時暴露在電視下。關於看電視時間的曲線見圖 7-2。平均起來，四至六歲的兒童每天大約看兩個半小時的電視(Liebert & Sprafrin, 1988)。這一平均時間值並沒有表現出實際觀察到的這一年齡範圍的兒童存在的廣泛差異。在周末，有的兒童一天收看電視多達六至八個小時。一項對一年級學生的研究發現，大約三分之一的兒童每天看四個小時以上的電視，而約百分之三十的兒童一點也不看(Lyle & Hoffman, 1972)。

由於電視在我們的生活中如此的普及，瞭解它對成長的影響是很有意義的。看電視的時間數量和節目內容是怎樣影響幼兒的認知能力和社會情緒的發展呢？電視能在多大程度上成為刺激完美發展的因素呢？我們能夠得出任何有益於父母和老師——他們有責任指導幼兒收看電視——的結論嗎？

認知後果

很多父母和教育者擔心：電視會把我們的孩子變成「沙發上的馬鈴薯」(generation of couch potato)，他們被誘哄而過著身體和精神上都十分消極的生活。對二百多項關於電視對兒童認知發展影響的研究所進行的綜述發現：研究者們對電視的影響力描繪出一幅雜亂的圖象(Landers, 1989 a)。收看電視確實取代了孩子們可能參與的其他活動，例如看電影、看連環漫畫雜誌、聽收音機，以及參加有組織的體育活動。在一項自然實驗中，Williams和Handford(1986)對加拿大的三個鄉鎮中成人和兒童的日常活動進行了比較，其中一個鎮沒有電視，一個鎮只有一個電視頻道，一個鎮有四個電視頻道。他們收集了電視進入無電視鎮之前和四年後電視進入該鎮的數據。有電視之前，無電視鎮的兒童和青年明顯比另兩個鎮的青年更多地參加社會活動和體育活動。而一旦無電視鎮有了電視接收設備，對這些活動的參與便急遽地下降了。

電視似乎並不侵佔做家庭作業的時間。使許多成人苦惱的是，孩子們經常在做家庭作業的時候開著電視(Sheehan, 1983)。但是，即使電視開著，孩子們實際並沒有不停地盯著電視看。人們觀察到，學齡前兒童在看電視時經常注意別處。他們經常忽略電視中長時段的利用聽覺的節目(Hayes & Birnbaum, 1980)。他們特別容易因玩具的出現、節目中看起

當父母和他們的孩子一起觀看電視時，他們能**幫助兒童解釋**他們正在收看的內容。

來沒有生氣或令人討厭的部分，以及反正是已經看了一段時間電視這一事實而分散注意力(Anderson, 1977)。一項關於在自己家裏的五歲兒童的研究發現：當電視開著的時候，兒童看電視的時間只佔他們在房間中的時間的 67%(Anderson et al., 1985)。在任何評估電視的影響作用的嘗試中，分清經常看電視者確實是把注意力集中在電視上，還是把它作為其他活動的背景，是很重要的。

關於認知發展的研究顯示：社會互動是認知發展的重要刺激因素。透過與表達不同觀念和意見的人進行交流，孩子們獲益非淺。日復一日的與成人和同伴的交流，迫使孩子們檢查自己的觀點，並且在孩子們作為團體中的一員而尋找解決問題的方法或制訂計劃時，促使他們「減自我中心化」(decentration)。從這個角度來看，由於電視減少了社會互動，所以電視對認知發展具有消極影響。我們已經看到，在一個社區中僅僅因為電視的存

在，便減少了對社區活動的參加。即使是在家庭中，當電視開著的時候，交談也減少了。一項關於家庭收看電視情況的觀察研究發現：在看電視時，兒童彼此之間以及與其父親之間的互動比不看電視時少(Brody, Stoneman & Sandens, 1980)。和同伴團體進行互動的需要，在兒童收看電視的那段時間內肯定得不到滿足(Gadberry, 1974)。對多數幼兒來說，看電視是一種寂寞的活動，這是一段既不與同伴也不與成人進行互動的時間。電視無互動的特點沒有減少幼兒的自我中心主義。由於沒有互動，孩子們不可能發現他們對觀看到東西的理解與它本來的意思是相同的還是不同的。

已經引起注意的關於看電視問題的一個方面，是電視廣告對兒童的態度和購物傾向的影響(Comstock, 1977; Liebert & Sprafkin, 1988)。小到三、四歲的兒童通常便能講出電視節目和商業廣告的不同。但是，八歲以下的兒童並不能清楚地認識到廣告的市場意圖。兒童們往往相信在商業廣告中關於一件產品所說的或所展示的是準確、真實的。他們不懂得否認，不懂得公司推出商業廣告的意圖。從八歲到十二歲，兒童在理解廣告的獲利動機方面有顯著的進步，隨之而來的是對商業訊息信賴程度的降低。

以年輕觀衆爲目標的廣告至少有兩個不良後果。首先，當兒童想購買從電視廣告上看到的產品時，他們有可能與其父母發生衝突。因爲兒童與成年人相比更容易受騙。他們感到很難接受他們的父母對作廣告的產品的實際價值作出的判斷。產品是否真像孩子們所相信的那樣有趣？在這個問題上，父母和孩子極可能不一致。能使某些孩子更有鑑別力的唯一方法是買一樣東西，然後便對它感到失望。

第二個不良後果主要是與高糖分食品有關——糖果、水果味甜飲料、加糖的麥片粥。這類產品的廣告約佔兒童電視廣告的 80%(Liebert & Sprafkin, 1988)。看這些廣告很可能影響兒童對食物和進餐的選擇，同時可能影響兒童的營養觀。兒童並不知道吃這些高糖分食物會引起蛀牙，也不知道吃過多高糖分食物有可能增加體重。當孩子們看到這些含糖小吃的商業廣告時，他們一有機會便可能選擇這些東西，即使他們知道水果和蔬菜是比糖果更有益於健康的食物(Gorn & Goldberg, 1982)。

社會情緒後果

關於收看電視對社會情緒的影響作用的研究重點集中在電視中的暴力行為在兒童的信仰和行為中會起什麼樣的作用。兒童的道德意識正在形成發展之中，在這一背景下關心電視暴力就更有意義。二十多年的實驗室實驗、田野實驗和對自然發生的行為的分析得出這樣的結論：電視暴力對幼兒的信仰和行為具有明確的不良後果。

對美國和其他國家的兒童進行的研究支持這一看法：至少有三種過程可能提高收看電視暴力的兒童的攻擊層次(見**表 7-5**)(Huesmann & Eron, 1986; Huesmann & Malamuth, 1986; Josephson, 1987; Liebert & Sprafkin, 1988)。首先，兒童觀察電視中採取攻擊性行為的角色榜樣，特別是當英雄受到挑釁並以攻擊性行為還擊時，兒童很可能模仿這種攻擊性行為。於是收看電視暴力在兒童的行為項目中增加了新的暴力行動。此外，當英雄獲得獎勵或因他(或她)的暴力行為而被視作成功者時，兒童表現攻擊性行為的傾向更加強了(Bandura, 1973)。

與電視暴力相聯繫的第二個過程是喚醒水平的提高。通常是與電視暴力相伴隨的快速動作吸引住了觀眾的注意力。暴力事件提高了兒童的情緒

表7-5　可能提高收看電視暴力的兒童的攻擊層次的三種過程

過　　程	可能的結果
觀察正在進行攻擊性行為的角色榜樣	在下述情況下可能模仿暴力行為： 1.英雄受到挑釁並以攻擊性行為還擊。 2.英雄因為暴力行為而受到獎賞，在兒童的行為項目中增加了新的暴力行為。
觀看攻擊性行為導致更高的喚醒水準	使各種攻擊性想法、情感、記憶和行為傾向構成的網絡進入意識。 重複的刺激加強了這一網絡。 刺激與攻擊性氣質交互作用，提高了攻擊性行為的可能性。
觀看攻擊性行為影響了人們的信仰和價值觀	攻擊性行為被看作是可接受的解決衝突的方法。 收看者在同伴間的交互作用中更堅定地運用攻擊性行為。 攻擊性行為被用作受挫折時的反應。 收看者期待他人對別人有攻擊性。 收看者擔心成為攻擊性行為的受害者。 收看者把這個世界看作是一個危險的地方。

性，使其他的攻擊性情感、想法、記憶和行爲傾向復甦。這些成分構成的網絡被激起得愈頻繁，它們之間的聯繫就會愈強。因而，看過大量的電視暴力、氣質上又具有攻擊性的幼兒，很可能由於電視刺激所引發的喚醒強度而進行外顯的攻擊行爲(Berkowitz, 1984, 1986)。

最後，觀看電視暴力影響到兒童的信仰和價值觀。經常觀看電視暴力情節的兒童，很可能相信攻擊性行爲是一種可以接受的解決衝突的方法，並且在同伴間的互動中使用攻擊性行爲時變得更堅定；他們在遇到挫折時更容易運用攻擊性行爲作爲反應。此外，觀看電視暴力的兒童(以及成人)很可能認爲別人將對他們採取攻擊性行爲；他們更容易擔心自己會成爲攻擊性行爲的受害者；並把這個世界看作是一個危險的地方(Bryant, Carveth & Brown, 1981; Gerbner et al., 1980; Thomas & Drabman, 1977)。

電視作爲刺激最佳發展的因素

研究人員幾乎還沒有開始對電視促進最佳發展的用途有任何的瞭解。有明確的證據顯示，收看利社會型電視節目的兒童可受影響而有更多的積極的社會性行爲(Hearold, 1986)。諸如「羅傑先生的鄰居」之類的節目努力教給兒童積極的社會訊息，這有助於兒童發展自我價值感，接受自己的情感，表達對他人的關心以及重視社會中的其他成員。人們發現，與沒有看過「羅傑先生的鄰居」這個節目的兒童相比，把這個節目作爲有計劃的學前課程的一部分來收看的兒童，對任務表現出更高的堅持性。他們也更願意容忍延遲，更容易與權威人物合作(Friedrich & Stein, 1973)。

很多別的節目——其中一些是爲兒童製作的，另一些則爲廣大的觀衆服務——傳遞了關於家庭生活的價值、爲了達到重要目標而努力工作並作出犧牲的需要、友誼的價值、忠實和承諾在人際關係中的重要性，以及其他許多文化價值觀的積極的倫理訊息。當前的許多節目都包含具有各種種族及倫理背景的角色。許多節目刻畫了在權威地位上發揮作用或表現出英雄主義行爲的婦女。透過觀看這些節目，兒童可以學會抗拒陳腐的種族和性別觀，並對其他種族和文化群體的人們形成良好的印象。觀看這類節目並且有機會和別人討論其潛在觀點的兒童，有可能把這些觀點結合到自己的信仰和價值觀中去(Liebert & Sprafkin, 1988)。

公共電視在直接面對幼小兒童在教育上的需要而製作節目方面是成功的。「芝麻街」是這類工作中最著名並被引用得最多的節目。經常收看「芝麻街」的兒童明顯地在各種各樣的智力性任務中獲得幫助,例如辨認字母、數字和形狀,把物體按類分組,以及確定物體間的關係。當「芝麻街」介紹一個簡單的西班牙語詞語時,經常收看這個節目的兒童在辨認這些詞語時也有所獲(Bogatz & Ball, 1972)。儘管製作這個節目最初的打算是努力促進各種類型的兒童學習方面的技能的發展,但看起來卻像是,富裕家庭中與父母一起收看「芝麻街」的兒童,比社會經濟地位較低的兒童更有可能表現出智力的提高(Cook, 1975)。

在「芝麻街」獲得成功之後,其他以閱讀書寫、科學教育和數學技巧的培養為目標的節目也出現了。專業人員們相信,我們可以向兒童介紹知識和觀念,並且有能力生產出高質量的公共電視節目,以對各種類型的兒童進行補充教育,並提高他們的閱讀書寫能力。但是,這種活動面臨缺少資金的困難。日本、英國和澳洲在發展針對兒童的公共電視節目上的投資,都比美國多得多。「在 1985 年,英國廣播公司(BBC)播出了 590 個小時新製作的兒童節目,相比之下,美國只有 87.5 個小時」(Landers, 1989 b)。

對父母和教師的忠告

很多家庭發現他們最後談論的往往是孩子看電視時間的多少。不能看電視成了對許多種錯誤行為的懲罰,包括說謊話或在學校裏惹了麻煩。父母和兒童可能為了應該看哪個節目或是到就寢時間是否要關電視而爭論。孩子們可能覺得父母對電視太入迷,以致他們無法引起父母的注意;並且,當父母不在家時,他們可能用電視代替自己與孩子作伴。由於電視是現代生活的組成成分,所以,幫助兒童盡量從電視中獲得助益,是很有意義的。把電視變成因為控制而產生的衝突和爭鬥的焦點,似乎並不是很有建設性。父母和教師必須對兒童的電視經驗採取更積極的姿態(Tangney, 1987)。他們應該更多地強調怎樣做而不是不許做。

(1)在你可能的時候和你的孩子一起看電視,並談論播出的故事和訊息,談論在電視上出現的情境與真實生活是怎樣的相似或不同(真實的代言人)。

(2)在恰當的時候，按照教育節目的想法和建議在家中或教室中進行一些活動，這些活動教給孩子們怎樣更積極地對待在電視中出現的訊息。

(3)鼓勵孩子們看各種各樣的電視節目。除兒童節目以外，也向他們介紹特別新聞、科技節目、歌劇、音樂會、古典電影，以及對特殊事件的報導。

(4)和孩子們談廣告的目的，它們是如何製作的，它們打算怎樣影響孩子們的行為，以及孩子們在評價商業廣告時應該注意什麼。

(5)限制幼兒觀看電視暴力行為。完全取消它大概是不可能的。但是，應該做一些特別的努力以減少學齡前兒童在睡覺前收看暴力節目，並且和孩子們一起談論暴力的使用方式和原因。

(6)談論孩子們可以不看電視而去參加的其他活動，幫助孩子們在時間的多種用途中進行選擇。

(7)用錄影機選擇適合於兒童發展的節目。當孩子生病在家時，或者當晚間的固定節目被認為不適合某種氣質或發展層次的兒童時，這樣做尤其重要。

本章總結

學齡前兒童標誌著將持續到成人期的發展任務的開始。當學齡前兒童的性別角色身分在青少年期成為個人認同的核心成分時，它將被修正和重整。持續不斷的道德發展形成一種生活哲學。

儘管當兒童進入新的角色時自尊受到修正，但是當兒童面臨新的挑戰時，積極的價值感給兒童帶來重要的樂觀主義傾向。能力和社會的承認是自尊的基本前提。在遊戲中與同伴愈來愈多的交往使兒童獲得對他人觀點的瞭解、社會的承認，以及與朋友間愉快的親密感。

主動創造VS.內疚的心理社會危機對於自尊、創造性、好奇心和冒險行動這樣一些基本人格特徵有直接的影響。能積極地解決了這一危機的兒童，將會更堅強地對環境進行主動的探索、瞭解。但對這個概念的直接調查還很少。

電視對學齡前兒童的影響突出了情緒和認知發展的內在聯繫。電視促進兒童最佳發展的潛在能力剛剛才被人體認到。

參考文獻

Anderson, D. R. (1977). Children's attention to television. Paper presented at the biennial meeting of the Society for Research in Child Development, New Orleans.

Anderson, D. R., Field, D. E., Collins, E. P. L., & Nathan, J. G. (1985). Estimates of young children's time with television: A methodological comparison of parent reports with time-lapse video home observation. *Child Development, 56,* 1345–1357.

Anthony, E. J. (1970). The behavior disorders of children. In P. H. Mussen (ed.), *Carmichael's manual of child psychology* (3rd ed., vol. 2). New York: Wiley.

Aronfreed, J. (1969). The concept of internalization. In D. A. Goslin (ed.), *Handbook of socialization theory and research.* Chicago: Rand McNally.

Bandura, A. (1973). *Aggression: A social learning analysis.* Englewood Cliffs, N.J.: Prentice-Hall.

Bandura, A. (1977). *Social learning theory.* Englewood Cliffs, N.J.: Prentice-Hall.

Bandura, A. (1986). *Social foundations of thought and action.* Englewood Cliffs, N.J.: Prentice-Hall.

Baumrind, D. (1975). *Early socialization and the discipline controversy.* Morristown, N.J.: General Learning Press.

Baumrind, D. (1982). Are androgynous individuals more effective persons and parents? *Child Development, 53,* 44–75.

Beit-Hallahmi, B. (1987). Critical periods in psychoanalytic theories of personality development. In M. H. Bornstein (ed.), *Sensitive periods in development: Interdisciplinary perspectives* (pp. 211–221). Hillsdale, N.J.: Erlbaum.

Bem, S. L. (1975). Sex-role adaptability: One consequence of psychological androgyny. *Journal of Personality and Social Psychology, 31,* 634–643.

Bem, S. L. (1981). Gender schema theory: A cognitive account of sex-typing. *Psychological Bulletin, 88,* 354–364.

Bem, S. L. (1989). Genital knowledge and gender constancy in preschool children. *Child Development, 60,* 649–662.

Berkowitz, L. (1984). Some effects of thoughts on anti- and prosocial influences of media events: A cognitive-neoassociation analysis. *Psychological Bulletin, 95,* 419–427.

Berkowitz, L. (1986). Situational influences on reactions to observed violence. *Journal of Social Issues, 42,* 93–103.

Bogatz, G. A., & Ball, S. (1972). *The second year of "Sesame Street": A continuing evaluation.* Princeton, N.J.: Educational Testing Service.

Borke, H. (1973). The development of empathy in Chinese and American children between 3 and 6 years of age: A cross-cultural study. *Developmental Psychology, 9,* 102–108.

Brody, G. H., Stoneman, Z., & Sanders, A. K. (1980). Effects of television viewing on family interactions: An observational study. *Family Relations, 29,* 216–220.

Bryant, J., Carveth, R. A., & Brown, D. (1981). Television viewing and anxiety: An experimental examination. *Journal of Communication, 31,* 106–119.

Butler, R. (1989). Mastery versus ability appraisal: A developmental study of children's observations of peers' work. *Child Development, 60,* 1350–1361.

Butler, R. (1990). The effects of mastery and competitive conditions on self-assessment at different ages. *Child Development, 61,* 201–210.

Caldera, Y. M., Huston, A. C., & O'Brien, M. (1989). Social interactions and play patterns of parents and toddlers with feminine, masculine, and neutral toys. *Child Development, 60,* 70–76.

Carroll, J. L., & Rest, J. R. (1982). Moral development. In B. B. Wolman (ed.), *Handbook of developmental psychology* (pp. 434–451). Englewood Cliffs, N.J.: Prentice-Hall.

Chandler, M., & Boyes, M. (1982). Social-cognitive development. In B. B. Wolman (ed.), *Handbook of developmental psychology* (pp. 387–402). Englewood Cliffs, N.J.: Prentice-Hall.

Chwast, J. (1972). Sociopathic behavior in children. In B. B. Wolman (ed.), *Manual of child psychopathology.* New York: McGraw-Hill.

Cicirelli, V. G. (1976). Effects of evaluating task competence on the self-concept of children from different socioeconomic status levels. *Journal of Psychology, 94,* 217–223.

Comstock, G. (1977). Priorities for action-oriented psychological studies of television and behavior. Paper presented at the annual convention of the American Psychological Association, San Francisco.

Cook, T. D., Appleton, H., Conner, R. F., Shaffer, A., Tabkin, G., & Weber, J. S. (1975). *"Sesame Street" revisited.* New York: Russell Sage.

Coolidge, J. C. (1979). School phobia. In J. D. Noshpitz (ed.), *Basic handbook of child psychiatry* (pp. 453–463). New York: Basic Books.

Damon, W. (1977). *The social world of the child.* San Francisco: Jossey-Bass.

Damon, W. (1980). Patterns of change in children's social reasoning. A two-year longitudinal study. *Child Development, 51,* 1010–1017.

Davison, G. C., & Neale, J. M. (1980). *Abnormal psychology: An experimental clinical approach* (5th ed.). New York: Wiley.

Eder, R. A. (1989). The emergent personologist: The structure and content of 3½-, 5½-, and 7½-year-olds' concepts of themselves and other persons. *Child Devel-*

opment, 60, 1218–1228.

Eder, R. A., Gerlach, S. G., & Perlmutter, M. (1987). In search of children's selves: Development of the specific and general components of the self-concept. *Child Development, 58,* 1044–1050.

Edwards, C. P., & Whiting, B. B. (1988). *Children of different worlds.* Cambridge, Mass.: Harvard University Press.

Eisenberg, N., Murray, E., & Hite, T. (1982). Children's reasoning regarding sex-typed toy choice. *Child Development, 53,* 81–86.

Eisenberg, N., & Strayer, J. (1987). Critical issues in the study of empathy. In N. Eisenberg & J. Strayer (eds.), *Empathy and its development* (pp. 3–13). Cambridge: Cambridge University Press.

Epstein, S. (1973). The self-concept revisited; or, a theory of a theory. *American Psychologist, 28,* 404–416.

Erikson, E. H. (1963). *Childhood and society* (2nd ed.). New York: Norton.

Erikson, E. H. (1977). *Toys and reasons.* New York: Norton.

Fabès, R. A., Eisenberg, N., McCormick, S. E., & Wilson, M. S. (1988). Preschoolers' attributions of the situational determinants of others' naturally occurring emotions. *Developmental Psychology, 24,* 376–385.

Fincham, F., & Jaspars, J. (1979). Attribution of responsibility to the self and other in children and adults. *Journal of Personality and Social Psychology, 37,* 1589–1602.

Flavell, J. H. (1974). The development of inferences about others. In W. Mischel (ed.), *Understanding other persons.* Oxford: Blackwell, Basil & Mott.

Freud, A. (1936). *The ego and mechanisms of defense.* New York: International University Press.

Freud, S. (1925/1961). Some psychical consequences of the anatomical distinction between the sexes. In J. Strachey (ed.), *The standard edition of the complete psychological works of Sigmund Freud* (vol. 19). London: Hogarth Press.

Freud, S. (1929/1955). Three essays on the theory of sexuality. In J. Strachey (ed.), *The standard edition of the complete psychological works of Sigmund Freud* (vol. 7). London: Hogarth Press.

Frey, K. S., & Ruble, D. N. (1987). What children say about classroom performance: Sex and grade differences in perceived competence. *Child Development, 58,* 1066–1078.

Friedrich, L. K., & Stein, A. H. (1973). *Aggressive and prosocial television programs and the natural behavior of pre-school children.* Monographs of the Society for Research in Child Development, 38 (whole no. 4).

Froming, W. J., Allen, L., & Jensen, R. (1985). Altruism, role-taking, and self-awareness: The acquisition of norms governing altruistic behavior. *Child Development, 56,* 1123–1228.

Gadberry, S. (1974). Television as baby-sitter: A field comparison of preschoolers' behavior during playtime and during television viewing. *Child Development, 45,* 1132–1136.

Gagnon, J. H. (1977). *Human sexualities.* Glenview, Ill.: Scott, Foresman.

Garvey, C. (1977). *Play.* Cambridge, Mass.: Harvard University Press.

Gerbner, G., Gross, L., Morgan, M., & Signorelli, N. (1980). The "mainstreaming" of America: Violence profile no. 11. *Journal of Communication, 30,* 10–29.

Gibbs, J. C. (1979). Kohlberg's moral stage theory: A

Piagetian revision. *Human Development, 22,* 89–112.

Gorn, G. J., & Goldberg, M. E. (1982). Behavioral evidence of the effects of televised food messages on children. *Journal of Consumer Research, 9,* 200–205.

Hayes, D. S., & Birnbaum, D. W. (1980). Preschoolers' retention of televised events: Is a picture worth a thousand words? *Developmental Psychology, 16,* 410–416.

Hearold, S. (1986). A synthesis of 1043 effects of television on social behavior. In G. Comstock (ed.), *Public communications and behavior* (vol. 1, pp. 65–133). New York: Academic Press.

Heilbrun, A. B., Jr. (1974). Parent-identification and filial sex role behavior: The importance of biological context. In J. K. Cole & R. Dienstbier (eds.), *Nebraska Symposium on Motivation* (pp. 125–194). Lincoln: University of Nebraska Press.

Hetherington, E. M. (1967). The effects of familial variables on sex typing, on parent-child similarity, and on imitation in children. In J. P. Hill (ed.), *Minnesota Symposium on Child Psychology* (vol. 1, pp. 82–107) Minneapolis: University of Minnesota Press.

Hoffman, M. L. (1970). Moral development. In P. H. Mussen (ed.), *Carmichael's manual of child psychology* (3rd ed., vol. 2). New York: Wiley

Hoffman, M. L. (1979). Development of moral thought, feeling, and behavior. *American Psychologist, 34,* 958–966.

Hoffman, M. L. (1987). The contribution of empathy to justice and moral judgment. In N. Eisenberg & J. Strayer (eds.), *Empathy and its development* (pp. 47–80). Cambridge: Cambridge University Press.

Hoffner, C., & Badzinski, D. M. (1989). Children's integration of facial and situational cues to emotion. *Child Development, 60,* 411–422.

Huber, J. (1990). Macro-micro links in gender stratification. *American Sociological Review, 55,* 1–10.

Huesmann, L. R., & Eron, L. D. (1986). *Television and the aggressive child: A cross-national comparison.* Hillsdale, N.J.: Erlbaum.

Huesmann, L. R., & Malamuth, N. M. (1986). Media violence and antisocial behavior: An overview. *Journal of Social Issues, 42,* 1–6.

Iannotti, R. J. (1985). Naturalistic and structured assessments of prosocial behavior in preschool children: The influence of empathy and perspective taking. *Developmental Psychology, 21,* 46–55.

Izard, C. E. (1977). *Human emotion.* New York: Plenum.

Jacobson, E. (1964). *The self and the object world.* New York: International Universities Press.

Josephson, W. L. (1987). Television violence and children's aggression: testing the priming, social script, and disinhibition predictions. *Journal of Personality and Social Psychology, 53,* 882–890.

Kagan, J. (1958). The concept of identification, *Psychological Review, 65,* 296–305.

Kegan, R. (1982). *The evolving self: Problems and process in human development.* Cambridge, Mass.: Harvard University Press.

Kohlberg, L. (1969). Stage and sequence: The cognitive-developmental approach to socialization. In D. A. Goslin (ed.), *Handbook of socialization theory and research.* Chicago: Rand McNally.

Kohlberg, L. (1976). Moral stages and moralization: The cognitive-developmental approach. In T. Lickona (ed.), *Moral development and behavior.* New York: Holt,

Rinehart & Winston.

Kohlberg, L. (1978). Revisions in the theory and practice of moral development. In W. Damon (ed.), *Moral development: New directions for child development* (vol. 2, pp. 83–88). San Francisco: Jossey-Bass.

Kohlberg, L. (1979). *The meaning and measurement of moral development.* Worcester, Mass.: Clark Lectures, Clark University.

Kohut, H. (1971). *The analysis of the self.* New York: International Universities Press.

Landers, S. (1989a). Watching TV, children *do* learn. *APA Monitor, 20*(3), 25.

Landers, S. (1989b). Big Bird, experts sing praises of kids' shows. *APA Monitor, 20*(7), 32.

Langlois, J. H., and Downs, A. C. (1980). Mothers, fathers, and peers as socialization agents of sex-typed play behaviors in young children. *Child Development, 51,* 1217–1247.

Lee, L. C. (1975). Toward a cognitive theory of interpersonal development: Importance of peers. In M. Lewis & L. A. Rosenblum (eds.), *Friendship and peer relations.* New York: Wiley.

Liebert, R. M., & Sprafkin, J. (1988). *The early window: Effects of television on children and youth* (3rd ed.). New York: Pergamon.

Long, B. H., Henderson, E. H., & Ziller, R. C. (1967). Developmental changes in the self-concept during middle childhood. *Merrill-Palmer Quarterly, 13,* 201–215.

Lyle, J., & Hoffman, H. R. (1972). Children's use of television and other media. In E. A. Rubinstein, G. A. Comstock, & J. P. Murray (eds.), *Television in day-to-day life: Patterns of use* (pp. 129–256). Washington, D.C.: U.S. Government Printing Office.

Maccoby, E. E. (1980). *Social development: Psychological growth and the parent-child relationship.* New York: Harcourt Brace Jovanovich.

Maccoby, E. E. (1988). Gender as a social category. *Developmental Psychology, 24,* 755–765.

Maccoby, E. E., & Jacklin, C. N. (1987). Gender segregation in childhood. In E. H. Reese (ed.), *Advances in child development and behavior* (vol. 20, pp. 239–287). New York: Academic Press.

Mahler, M. S. (1963). Thoughts about development and individuation. *Psychoanalytic Study of the Child, 18,* 307–324.

Martin, C. L. (1989). Children's use of gender-related information in making social judgments. *Developmental Psychology, 25,* 80–88.

Martin, G. B., & Clark, R. D., III. (1982). Distress crying in neonates: Species and peer specificity. *Developmental Psychology, 18,* 3–9.

McAdoo, H. P. (1985). Racial attitude and self-concept of young black children over time. In H. P. McAdoo & J. L. McAdoo (eds.), *Black children: Social, educational, and parental environments* (pp. 213–242). Newbury Park, Calif.: Sage.

McCary, J. L. (1978). *McCary's human sexuality* (3rd ed.). New York: Van Nostrand.

Mischel, W. (1966). Theory and research on the antecedents of self-imposed delay of reward. In B. A. Maher (ed.), *Progress in experimental personality research* (vol. 3, pp. 81–132). New York: Academic Press.

Mischel, W. (1973). Toward a cognitive social learning reconceptualization of personality. *Psychological Review, 80,* 252–283.

Mischel, W., Shoda, Y., & Rodriguez, M. L. (1989). Delay

of gratification in children. *Science, 244,* 933–938.

Newman, B. M., & Newman, P. R. (1980). *Personality development through the life span.* Pacific Grove, Calif.: Brooks/Cole.

Pelham, B. W., & Swann, W. B., Jr. (1989). From self-conceptions to self-worth: On the sources and structure of global self-esteem. *Journal of Personality and Social Psychology, 57,* 672–680.

Piaget, J. (1932/1948). *The moral judgment of the child.* Glencoe, Ill.: Free Press.

Rest, J. R. (1983). Morality. In J. H. Flavell & E. M. Markman (eds.), *Handbook of child psychology: Cognitive development* (vol. 3). New York: Wiley.

Rosenberg, M. (1979). *Conceiving the self.* New York: Basic Books.

Sagi, A., & Hoffman, M. L. (1976). Empathic distress in the newborn. *Developmental Psychology, 12,* 175–176.

Sandler, J., et al. (1963). The ego ideal and the ideal self. *Psychoanalytic Study of the Child, 18,* 139–158.

Selman, R. (1980). *The growth of interpersonal understanding: Developmental and clinical analysis.* New York: Academic Press.

Selman, R. L. (1971). Taking another's perspective: Role-taking development in early childhood. *Child Development, 42,* 1721–1734.

Sheehan, P. W. (1983). Age trends and the correlates of children's television viewing. *Australian Journal of Psychology, 35,* 417–431.

Smetana, J. G. (1985). Preschool children's conceptions of transgressions: Effects of varying moral and conventional domain-related attributes. *Developmental Psychology, 21,* 18–29.

Spence, J. T. (1982). Comments on Baumrind's "Are androgynous individuals more effective persons and parents?" *Child Development, 53,* 76–80.

Steinberg, C. (1985). *TV facts.* New York: Facts on File.

Stoddart, T., & Turiel, E. (1985). Children's concepts of cross-gender activities. *Child Development, 56,* 1241–1252.

Sutton-Smith, B. A. (1972). Syntax for play and games. In R. E. Herron & B. Sutton-Smith (eds.), *Child's play.* New York: Wiley.

Tangney, J. P. (1987). TV in the family. *Bryn Mawr Now, 14,* 1, 14.

Thomas, M. H., & Drabman, R. S. (1977). Effects of television violence on expectations of others' aggression. Paper presented at the annual convention of the American Psychological Association, San Francisco.

Thompson, S. K. (1975). Gender labels and early sex role development. *Child Development, 46,* 339–347.

Turiel, E. (1983). *The development of social knowledge: Morality and convention.* Cambridge, Mass.: Cambridge University Press.

U.S. Bureau of the Census (1987). *Statistical Abstract of the United States, 1988.* Washington, D.C.: U.S. Government Printing Office.

Walker, L. J. (1989). A longitudinal study of moral reasoning. *Child Development, 60,* 157–166.

Weinstein, R. S., Marshall, H. H., Sharp, L., & Botkin, M. (1987). Pygmalion and the student: Age and classroom differences in children's awareness of teacher expectations. *Child Development, 58,* 1079–1093.

Wells, L. E., & Marwell, G. (1976). *Self-esteem: Its conceptualization and measurement.* Newbury Park, Calif.: Sage.

Westoff, C. F., & Rindfuss, R. R. (1974). Sex preselection

in the United States: Some implications. *Science, 184,* 633–636.

Williams, T. H., & Handford, A. G. (1986). Television and other leisure activities. In T. H. Williams (ed.), *The impact of television: A natural experiment in three communities* (pp. 143–213). Orlando, Fla.: Academic Press.

Windmiller, M., Lambert, N., & Turiel, E. (1980). *Moral development and socialization.* Boston: Allyn & Bacon.

Zahn-Waxler, C., Kochanska, G., Krupnick, J., & McKnew, D. (1990). Patterns of guilt in children of depressed and well mothers. *Developmental Psychology, 26,* 51–59.

兒童在給予他們鼓勵、表揚和批評的母親、教師或文化的龐大身軀保護下，努力
增強自己的能力。

第 **8** 章

學齡兒童期_(六至十二歲)

在歷史上，人們認為學齡期對瞭解發展並不十分重要。Sigmund Freud的心理分析理論把繼戀母情結衝突解決之後的一段時期，看作是性慾和攻擊衝動受到壓抑並僅在潛意識中活躍的時期。他稱這一時期為**潛伏期**(latency stage)，潛伏期一詞暗示著，對人格形成所做出的任何重大貢獻都不可能追溯到這一時期。長期以來，心理學家們傾向於不去研究學齡期的心理發展。

近來，對Erik Erikson和Jean Piaget的理論的興趣，刺激了對六至十二歲的兒童所進行的發展研究。Erikson和Piaget的理論強調智力成長、能力和對工作的愈來愈多的投入。在這一時期，兒童學習著他們的文化中的基本技能。他們花大量的日常時間學習社會所規定了價值的技能，不論這些技能是閱讀、寫作和算術，還是狩獵、釣魚和編織。當兒童對自己的技能充滿自信時，他們便開始更現實地想像自己對較大的團體所可能做出的貢獻。

學齡期發展起來的能力既適用於與工作有關的技能，又適用於社會技能。學齡期是親子關係、同伴友誼，以及參與有意義的人際交往等方面，能夠為兒童提供他們以後應付青少年期的挑戰所需要的社會技能的時期。兒童的認知才能似乎是與社會和情感領域的成就同時發展的。

對許多學齡期的兒童來說，這是一個快樂的、充滿活力的時期。學齡前期的恐懼和脆弱現已消逝。由於被希望、願望和目標的自我品質注入了活力，大多數學齡期的兒童都能夠享受其團體中的許多資源和機會。就在他的家庭成員的出現能繼續給他安慰時，他們開始探索與同伴的其他重要成人之間的更複雜的社會關係(Galbo, 1983)。

在出現核心病症的那些兒童中，我們可以看到退縮、強迫做出重複行為以及抑制思想、表情和活動的症狀。當這些兒童開始在生活中的各個方面表現出阻礙創造性工作的行動和思維的麻痺時，他們通常會引起學校老師的注意。

發展的任務

友誼

你能記得你十歲時的一個朋友的一些事嗎？學齡期的友誼不可能像依戀關係一樣持久。當然，這種友誼有些是非常難忘的；它們可擁有親密的情感聯結的許多成分。在這段年齡中，兒童把親密的朋友描述成是喜歡同樣的活動、具有共同的興趣、喜愛彼此交往，並能彼此依賴、互相幫助的人(Ainsworth, 1989; Youniss, 1980)。

友誼也許不像依戀關係那樣對生存來說不可或缺，但是它的確提供了社會和發展的優勢(Ainsworth, 1989; Hartup, 1989)。成為一個群體中的一員具有保護性優勢。群體合作給許多社會種屬以選擇的優勢，特別是在尋覓和獵取食物方面。因此，合作與交際的能力被證明為不僅從各個個體而且從整體上促進種屬發展。在個體上來看，能夠加入積極的同伴友誼中的兒童，處在一種智力和社會刺激豐富的環境中。

(一)家庭對社會能力的影響

並非所有的兒童在進入學齡期時都具有同樣的交友能力和享受親密同伴關係帶來好處的能力。早期的家庭經驗有助於兒童的交際和社會能力的發展。友誼的準備過程始於嬰兒期。在嬰兒期擁有安全依戀的兒童在上學以前更討人喜歡，而且能更自如地進行社會交互作用。他們被人們看作是更有幫助的且更能考慮他人需要的孩子(Park & Waters, 1989; Sroufe & Fleeson, 1986)。

母親的管教方法，她對孩子的說話方式，以及她撫養孩子的價值觀，都與孩子的社會能力和討人喜歡的程度聯繫在一起。運用權力─獨斷的管教方法的母親和認為攻擊是解決衝突可接受方式的母親，其孩子會希望用武力來解決同伴間的衝突。而母親以積極的、令人愉快的方式與孩子相互作用以及母親能公開地表達其情感的孩子，則可能具有更積極的友誼關係。這些模式早在學齡前就可以觀察得到，並可持續到小學階段。

家庭環境至少以三種方式影響兒童的社會能力。首先，兒童會直接模

在熟悉的跳繩遊戲中，朋友們學習解決問題、制定並改變規則，以及採納彼此的
觀點。朋友們本著友好競爭的精神互相競爭，以達到新的成就能力。

仿其父母的積極的與攻擊性行為。例如，如果父母提出許多問題並徵求孩
子的意見，孩子則可能會對別人的觀點和意見更感興趣。第二，父母的管
教方法會影響兒童在社會互動中的期望。曾處於攻擊方法管教下的兒童確
信，這些策略對同伴也同樣有效。結果，這些兒童就更可能體驗到社會拒
絕。第三，非常嚴厲的和試圖控制孩子行為的父母，更不可能允許其孩子
有較多的同伴社會互動的社會。這些孩子到了學齡期時只有很少的同伴遊
戲經驗（ Hart, Ladd & Burleson, 1990; Pettit, Dodge & Brown, 1988;
Putallaz, 1987）。

(二)關於友誼的三種課程

　　兒童從與同伴的日常互動中至少學習三種課程。第一課教兒童日益瞭
解同伴群體中出現有許多不同觀點。當兒童在一起玩時，他們會發現，同
一首歌可能有好幾個版本，同樣的遊戲可以有不同的規則，而同樣的節日
可能有不同風俗。第二課教兒童對社會的行為規範和同伴群體的壓力日益

敏感。第三課教兒童體驗與同性夥伴間的親密關係。

隨著兒童與對世界持不同看法的同伴間的互動，他們開始領會自己的觀點所受的限制。Piaget(1932／1948)提出，同伴對減少彼此的自我中心觀點之所以具有重要影響，恰恰是因為他們以平等的身分相互作用。兒童並不像他們被迫接受成人的觀點那樣，被迫接受彼此的觀點。他們爭論、談判，最後妥協，以維持他們的友誼。在社會同伴群體中進行工作和遊戲的機會，使兒童遠離了童年早期的自我中心主義，並日益接近成人思維的最終靈活性。有大量可靠的證據表明，適應良好的、有能力的兒童的行為，是由若干社會認知能力，包括社會性別觀點取替、人際問題解決和訊息處理的能力所部分維持的(Asarnow & Callan, 1985; Dodge, Murphy & Buchsbaum, 1984; Dodge et al., 1986; Downey & Walker, 1989; Elian, Beier & Gara, 1989; Renshaw & Asher, 1982)。這些認知能力似乎能促進兒童參與成功的同伴互動。同時，與同伴的積極合作又傾向於促進這些社會——認知能力的發展。

觀點取替的能力與其他對兒童的社會關係的品質有所貢獻的社會技能有關。這些技能包括分析社會問題的能力，感受別人的情緒狀態的同理能力，以及承認個體差異的願望(Chalmers & Townsend, 1990)。對某一社會情境中同時存在的各種觀點很敏感的兒童，也可能得到其同伴的更積極的評價(Pellegrini, 1985)。受拒絕的、退縮的兒童則缺乏能使其得到同齡夥伴的接受的社會技能(French, 1988; Patterson, 1982)。

互動的過程處於動態之中。有機會共享同伴友誼的兒童在達到新的人際理解水平方面會有所進步。隨著人際理解的發展，兒童便獲得了在其同伴看來是更有效的——而且通常是更有價值的——技能和敏感性。而對於被拒絕的兒童，人們則會預見到他們的消極行為。這樣，在被拒絕的兒童和他的同伴間便形成了一個惡性循環，每一方都對另一方持有消極的期望。隨著這種循環的繼續，被拒絕兒童的名聲就會越來越壞，而他也就幾乎沒有機會去發展積極關係的技能(Waas, 1988)。

同伴群體漸漸形成接受與拒絕的常模規範。當兒童覺察到這些社會規範時，他們便開始體驗到遵循規範的壓力。成人，特別是教師，則會失去他們影響兒童行為的一些權力。在課堂上，學齡前期的兒童主要把教師看作是認可與接受的來源，而學齡期的兒童則把同伴群體看作是與教師同樣

當朋友們反對時

我們已指出，同儕互動能夠促進認知成長的原因在於，同儕既能自由地分享他人的觀點，又能自由地反對他人的觀點。但是，這種情況真的會發生嗎？兒童與他們的朋友在一起，比和與不是他們的朋友的孩子在一起時，會更坦率和誠實嗎？當朋友們不同意他們的觀點時，兒童會改變其觀點嗎？

對八至十歲的男孩和女孩進行的一項研究，探討了這樣一個問題：朋友與非朋友是如何處理衝突的(Nelson & Aboud, 1985)？研究者探討彼此是朋友的成對兒童與彼此不是朋友的成對兒童，解決他們看待社會／倫理問題的差異。他們要討論的問題有：「如果你回家後發現你在商店偶然拿了某個東西而忘了付錢，你該怎麼辦？」和「如果一個比你小得多的男孩(女孩)與你打架，你會怎麼做？」等。在對成對兒童間互動的描述中，我們可以看到三種差異：

1. 朋友比非朋友彼此間要作出更多的解釋。
2. 朋友比非朋友彼此間的批評更多。
3. 看法不一致的朋友比非朋友繼討論之後更容易改變其看法。而且，這種變化可能向著更高的社會責任方面變化。

儘管朋友們可能不去尋求其友誼中的衝突和批評，但是它們的存在似乎在促進道德推理和社會認知中起著寶貴的作用。

重要的觀眾。兒童經常對全班同學表現自己而不是對教師作出反應。學齡期出現了班級的滑稽人物、班級的勢力小人，以及班級的男英雄或女英雄的角色，扮演這些角色成了從同伴群體中獲得認可的方式。

獲得同伴認可的需要成了遵從的強大力量(Pepitone, Loeb & Murdock, 1977)。兒童學習以同伴可接受的方式打扮、談話和開玩笑。從國小三年級到國中三年級，兒童變得愈來愈願意遵從同伴的行為。這些行為也

許是反社會的，例如，根據報告，國中三年級的學生比國小三年級的學生更願意隨同伴一起欺騙、偷盜與侵犯別人(Berndt, 1979)。異性對立在這一階段非常普遍，它主要是藉助於遵從的壓力而得以持續的。如果所有國小五年級的男孩都憎恨女孩，那麼Johnny則不太可能公開承認他喜歡與Mary一起玩。有證據指出，兒童在國小五年級和六年級時知覺到的遵從的壓力，比以後的壓力還要強大，即使特定同伴群體的重要性尚未達到巔峰(Gavin & Furman, 1989)。

隨著對同伴認可和遵從的日益重視，兒童遇到了遭受同伴拒絕和體驗孤獨感的危險。在對五百多名八至十一歲兒童進行的一項研究中，有10%以上的兒童表達了孤獨感和社會缺失(Asher, Hymel & Renshaw, 1984)。值得注意的是，這些兒童中有一部分人有交友上的困難(17%)，感到自己被遺忘(18%)，並承認自己感到孤獨(14%)。毫不奇怪，很少被其他孩子當作好朋友的兒童，比那些被三個或更多別的孩子當作好朋友的兒童更加孤獨。同伴拒絕的影響在產生孤獨感方面尤其明顯。

遭受拒絕的某些兒童傾向於擾亂並攻擊同伴；另一些兒童則傾向於社會退縮，但不表現出攻擊傾向。兩組兒童都有多重問題。前一組兒童除了表現出攻擊行為以外，還表現出焦慮、自我控制差和社會退縮。他們比無攻擊性的兒童更可能把敵對的意圖歸因於他人。這樣，他們便傾向於把同伴的互動看成是具有威脅性的(Sancilio, Plumert & Hartup, 1989)。後一組的兒童則傾向於壓抑、焦慮，且對人冷漠。他們體驗到難以應付壓力。這些兒童也表現出不適當的情感和各種不尋常的行為怪癖，而這些都可能遭到同伴的嘲笑(French, 1988)。受拒絕的兒童往往在整個小學期間都是處於這種情境。他們可能會有未來適應的問題，而且在青少年期或成年期經常需要心理治療(Coie & Krehbiel, 1984)。

同伴群體互動的機會通常會導致相互友誼的形成。這種友誼可以變得非常親密(Berndt, 1981)。這是兒童擁有「最好的朋友」的時期。在這些友誼的進展中，兒童分享各自的笑話，建立秘密的暗號，講述家中的秘密，開始「危險的」歷險，並在遇到困難時互相幫助。同時他們也打架、威脅、分手及和好。Sullivan(1949)指出，這些早期同性友誼的重要性在於，它是成人關係的建築基石。兒童體驗同伴的而不是成人的愛與親密是非常重要的。這種友誼更有可能允許兒童互相擁有權力、地位與接近資源(French,

男孩子比女孩子更有可能在校外交朋友，且更有可能在附近集會中聚集。

1984)。關係中的衝突可在兒童的控制下而不是上升到成人影響的範圍中得以解決。當衝突出現時，一個兒童既不能拿走另一個兒童的零用錢，也不能將另一個兒童趕到屋外。兒童們必須在彼此約束的架構中解決他們的分歧。

學校或課堂的結構影響著友誼的形成。親密的朋友在每天上學的課堂上和課外活動中彼此經常見面(Epstein, 1983 b; Hallinan, 1979)。親密的友誼似乎受吸引力、智力、課堂上的社會地位、以及對最好的朋友的喜歡與承諾的影響(Clark & Ayers, 1988)。

男孩子的友誼結構與女孩子的友誼結構稍有不同；男孩子的友誼網絡稍微大些、鬆些(Karweit & Hansell, 1983)。互惠的女性友誼的數量隨年齡而增加(Epstein, 1983 a)。學齡期的女孩子比男孩子每天花更多的時間與好朋友通電話，而且她們與朋友交談所花的時間從國小六年級到國中二年級逐漸增多(Crockett, Losoff & Peterson, 1984)。女孩子在俱樂部和學生機構與親密朋友有更多的在校接觸，而男孩子則在體育課上與親密朋友有最多的接觸(Karweit, 1983)。男孩子比女孩子在非校方的集會上與

其好朋友有更多的接觸，而且比女孩子交往的校外朋友多。男孩子比女孩子在擇友中更關心地位；結果，他們會作出更多非互惠友誼的選擇(Clark & Ayers, 1988; Karweit & Hansell, 1983)。

兒童對同伴友誼的需要把他們帶進了一個愈來愈複雜的社會系統。他們懂得：贊同要以遵從某些常模規範為條件，其他兒童不必分享他們對世界的看法，以及擁有在家裏不可能重現的獨特情感體驗的機會。友誼群體是介乎對於家庭和更大的社會群體之間的過渡性忠誠。

具體運思

我們已描述過，嬰兒期的智力由兒童用以探索其環境並達到特殊目的的感覺和運動模式構成。在蹣跚學步期，兒童形成了種種表徵技能。這些技能使兒童擺脫了對他們當前的自然環境的依賴。他們能夠創造新的情境並運用思維、幻想和語言來解決問題。Piaget(Piaget & Inhelder, 1969)提出，大約在六或七歲時，一種性質全新的思維形式便產生了。他把智力發展的這一新階段描述為**具體運算思維**(concrete operational thought)。

在開始說明具體運算思維以前，讓我們先討論一下皮亞傑學派的心理操作概念。**操作**(operation)一詞暗示著對一個物體或一組物體所施加的動作。心理操作是在思維中而不是在行動中完成的一種轉換。Piaget認為，這種轉換建立在幼兒能夠做出但卻不能說出的某些物理關係上。例如，蹣跚學步的孩子能夠在一根棍上套上由大到小的一組圓圈，使最大的圓圈在棍的最下面，最小的圓圈在棍的最上面。兒童雖然不能說出這種順序操作，但卻可以做出來。在具體運思期間，兒童開始瞭解能施加於物體上的大量動作，並能在內心裏做出這些動作而不必在行為上有所表現。可見，心理操作是在物體間的關係中進行轉換的內部表徵。

在具體運思階段，兒童漸漸獲得了許多抽象的技能。最引人注目的技能有：(1)保留概念技能；(2)分類技能；(3)組合技能。每一技能都包含一組相互聯繫的操作。這些技能使兒童與客觀世界的邏輯與順序保持一致。它們允許兒童體驗外部事件的可預言性。當兒童透過運用與具體運算思維相聯繫的邏輯原則而採納了新的問題解決方法時，他們就會把這些原則遷移到他們對友誼、具有規則的小組遊戲和其他遊戲，以及自我評價的思考中。

當外界順序變得更明顯時，兒童便開始尋求社會和個人領域的邏輯與順序。有時，這種對順序的搜尋會受到社會不可預言性的阻撓。兒童常常發現，他們能夠運用自己增強了的推理能力來解決人際問題，並安排他們的日常生活，以便能更好地滿足他們的興趣和需要。

㈠保留概念

　　保留概念（conservation）基模的基本含義是，外界物質並不會如魔術般地出現或消失，儘管它們可在形式上或容器上發生變化。保留概念可適用於各種向度，包括質量、重量、數量、長度和容積。具保留概念的兒童能夠抵制變換物體形式的知識線索。他們堅持認爲，儘管物體的形式發生了變化，但是其數量卻保持不變。Piaget研究的這類保留概念的一個最普遍的問題涉及到質量不變。他在兒童面前呈現兩個黏土球，要求兒童回答兩個球是否一樣。一旦兒童確信兩個球一樣，就把其中的一個球壓成圓餅。然後再問兒童「哪一個多些──這一個（圓餅）還是這一個（球）？」有時也問兒童黏土球的碎塊是否仍然同樣多。不具保留概念的兒童會說圓餅的泥土更多，因爲它比球寬許多。這個孩子仍處於前運算思維階段。他或她還在運用個人的知覺進行判斷。具保留概念的兒童則知道兩塊泥土仍然是同樣多的，並且能夠解釋原因。

　　Piaget最後使用了三個概念。這三個概念使兒童得以確定在任何一個物理向度上的均等都沒有改變（見**圖8-1**）。首先，兒童會解釋說，圓餅與球

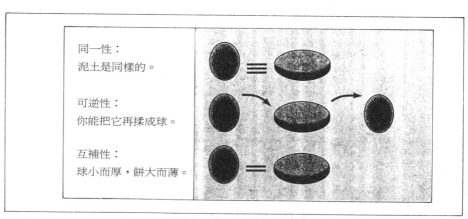

圖8-1　對保留概念有貢獻的三個概念

的泥土同樣多；泥土既沒有增加也沒有被取走。這是**同一性**(identity)概念的一個例子：圓餅仍然是同樣的泥土做的——除了外形以外什麼都沒變。第二，兒童會指出，實驗者能把圓餅再變成球。這是**可逆性**(reversibility)概念的一個例子：兒童開始意識到，操作可以逆轉，所以它們的作用便抵消了。第三，兒童會注意到，雖然圓餅的周長更大，可是球卻更厚。當兒童能夠同時處理二個向度如周長與厚度時，我們則可觀察到**互補性**(reciprocity)的概念。在泥球的例子中，一個向度的變化可由另一向度的變化得到補償；總的質量保持不變。隨著同一性、可逆性和互補性概念的統一，兒童能夠沿著任何物理向度具保留概念。

保留概念能力似乎有一個發展序列。兒童一般最先有質量和數量的保留概念，然後是重量，最後是容量。Piaget也指出，保留概念的發展並非在所有的物理方式上都一樣。研究顯示，在不熟悉的物體如樸克牌上沒有數量保留概念的兒童，在較熟悉的物質如M&M's牌巧克力上則能較具有保留概念(Goodnow, 1969; Gulko et al., 1988; Lovell, 1961; Uzgiris, 1964)。

關於保留概念課題的意義、保留概念出現的時間，以及教會孩子具保留概念的可能性，人們已提出了質疑。呈現任務的方式與所問問題的種類都能影響兒童的反應。例如，任務既可強調同一性，也可強調均等性。

在同一性任務中，兒童要判斷一個黏土球(v)在被揉成香腸狀(v_1)以後，泥土的數量是否沒變。在均等性任務中，有兩個黏土球。兒童要判斷被揉成香腸狀的黏土球與作為比較標準的黏土球兩者的黏土數量是否相同。有些研究發現，兒童完成同一性任務早於均等性任務；有些研究發現的結果正相反；而有些研究則認為，同一性和均等性是同時獲得的(Brainerd & Hooper, 1978; Miller, 1978; Silverstein et al., 1982)。在對五至七歲兒童進行的一項研究中，研究者要求兒童說出某物質看起來是什麼樣子，然後再說出它們實際是什麼樣子。在指出外觀與事實差異的程序中，兒童作出的正確回答，比在沒有指出這種差異的標準程序中要多(Bijstra, Van Geert & Jackson, 1989)。

一些研究指出，訓練學齡前的幼兒學會保留概念是可能的(Brainerd, 1977)。這些訓練研究既有理論意義又有實際意義。在理論上，Piaget的發展觀提出，邏輯運算應用於外界物體有一個成熟準備期。這樣，對規則和

關係的解釋就不應該給予尚未具備理解它們的認知準備的兒童。訓練研究提出，引入同一性和可逆性這樣的概念以便使四歲的幼兒獲得保留概念是可能的。而且，保留概念還能從訓練中涉及的課題遷移到其他物質和向度上(Field, 1981; May & Norton, 1981)。這裏的蘊意是，新的思維階段的出現可以發生得更早，且更容易受Piaget的認知發展理論所預言環境的影響。

從實際上說，訓練研究的含意在於，學齡前兒童能夠整合與應用比教育家曾設想的還要抽象的概念。研究童年早期的教育家發現，透過探索、實驗以及描述物質轉換的系統程序，人們可以指導幼兒以一種系統的、抽象的方式形成自然界的概念。

Piaget警告了這種訓練的可能危險：「每當一個人過早地教兒童某些東西時，他就會親自發現，這種做法阻礙了兒童去發現它，結果也就阻礙了兒童完全地理解它」(Piaget, 1983, p. 113)。對邏輯問題解決的早期策略訓練與更開放的探索和頓悟過程之間的長遠權衡，尚未得到真正理解。

(二)分類技能

分類(classification)技能的一個成分是依據物體具有的向度對其進行分組的能力。另一個成分是建立子群的等級順序，以便每一新的分類能包括先前的所有子群的能力。Vygotsky(1932/1962)提出了研究幼兒分類的一種方法。給兒童提供形狀、大小和顏色均不相同的各種積木。每一積木下面都有一個無意義音節。要求兒童連續選出具有相同音節的所有積木。最小的、僅具有Piaget階段理論的前運算特徵的兒童，傾向於根據顏色來選擇積木。他們分組的技術具有高度的聯想性(Nelson, 1974)。他們每選擇一個新的積木，都要與先前選擇的一些特性相匹配，而他們頭腦中並沒有指導他們選擇的單一概念。

已進入具體運算階段的年紀較大的兒童，傾向於先注意一個向度，也許是形狀，並繼續選擇積木，直到他們發現自己選錯了為止。他們運用這種發現來改變他們對於那些積木特性與無意義音節相聯繫的假設。這種分類任務指出，具體運算的兒童具有在頭腦中保持一個概念，並根據這一概念作出一系列選擇的能力。它同時亦指出，在具體運算階段，兒童能夠利用錯誤來重新調整問題解決策略。

Piaget透過提問一組物體所包括的次級成員是否多於整個組的成員，

帕伯羅・畢卡索，〈美食家〉，1901年。在具體
運算思維階段，組合技能可用於解決現實世界
的課題，如烹調。

研究關於分類等級或種類包含的推理。這樣，當一套圖片呈現了三隻鴨子、
六隻麻雀和兩隻知更鳥時，主試者可能會問：「在這些圖片中，麻雀較多
還是鳥較多？」這是一種不常見的問題，兒童可能很少被問這種問題。然
而，到了八或九歲，許多兒童都能作出正確回答，因為他們認識類與子類
的區別。為了處理這類問題，兒童必須抑制自己將問題轉譯成一個更一般
的比較句式的傾向，如「麻雀比鴨子多嗎？」

在種類包含推理的一項研究中，發現了一個有趣的模式。三歲和四歲
的兒童不能重複問題，而且顯然沒有學過關於種類的任何規則，但他們卻
比五歲和六歲的兒童更有可能作出正確回答。七歲和八歲的兒童則比所有
年齡小的兒童回答得都好。五歲和六歲的孩子，他們回答得很快，也很自
信，但卻經常出錯。他們似乎不能夠抑制更明顯的比較型式，以便去考慮
實際的問題(McCabe et al., 1982)。

許多兒童都享受著對環境分類並建立秩序的樂趣。這些兒童頭腦中充
滿了說明其家系的一系列關係。他們依據親密程度將朋友排成順序：第一
好的朋友、第二好的朋友等等。在這段時期，兒童可能開始收集洋娃娃、
小汽車、模型飛機或者玻璃球。玩這些收集品的一大樂趣在於對各個組成

表8-1　具體運算思維的成分

成　　分	新的能力
保留概念	覺察同一性的能力。
	覺察可逆性的能力。
	在互補性中同時操縱二個向度的能力。
分　　類	根據一些共同的向度對物體進行分組的能力。
	建立子群的等級順序的能力。
組合技能	在加法、減法、乘法和除法中處理數字的能力。

部分進行鑑定、排序與再排序。

(三)組合技能

　　具體運算思維的第三個特徵是**組合技能**(combinatorial skill)的發展。兒童一旦獲得了數量保留概念基模,他們就會明白,某些物理轉換並不會改變集合中的單位數量。如果十張撲克牌排成一行,那麼無論它們被分散開、緊緊地壓在一起,還是一張疊在另一張上部,它們始終是十張牌。數量保留概念在六歲或七歲左右獲得(Halford & Boyle, 1985)。在這一階段,加法、減法、乘法和除法,兒童都已學會。無論涉及的是什麼特殊的物體或數量,兒童都學著應用同樣的運算。Piaget斷言,學校教兒童算術的基本技能始於六歲絕非巧合。兒童在這個特定時期滿足了智力準備的重要方面。這很可能是我們學校的長處。

　　我們確定的學齡期代表著具體運算思維的開始。在這段時期,兒童在認知成熟測驗上的表現可能反覆無常。例如,兒童能夠有數量保留概念,但在重量、體積或空間保留概念上卻會出錯。當他們按照一個向度如顏色來分類時,他們能夠正確完成分類任務,但是當要求他們對具有一個以上共同向度的物體進行分類時,他們就可能會出錯。對物體分類的過程或保留概念的邏輯的理性認識,直到學齡期的某個時候才能完全整合,並且直到青少年期或成年期才有可能達到巔峰水平(Flavell, 1982)。

　　隨著具體運算智力的發展,兒童頓悟了自然界的規則和控制物體間關係的原則。**表 8-1**總結了具體運算思維的成分。對現實世界的知覺已不如對世界的組織形式的邏輯認識更有說服力。例如,儘管看起來太陽好像是沉入水中,但是我們會知道我們所看到的是地球繞著太陽軸線自轉的結

像跳棋和象棋這樣的遊戲，都需要後設認知能力。兒童必須針對對手可能採取的
各種行動，來評價選擇性的問題解決策略。

果。然而，由對食品雜貨店裏很大的、裝了部分麥片的箱子及外觀吸引人
的洗髮精瓶子的經驗證明，控制知覺經驗的認知系統也會偶爾出錯。

(四)後設認知

　　當Piaget開創關於具體運算思維的調查法時，他指出了後設認知研究
的方向。與其說他在關心兒童對他所問的問題作出的精確答案，不如說他
是在關心兒童是怎樣解釋其答案的。兒童是怎樣知道他們所知道的事情
的？他們用什麼樣的解釋來證明或支持他們的答案呢？**後設認知**
(metacognition)指的是我們用以評價和監控我們知識的一整套過程和策
略。它包括伴隨著問題解決的「認知的感覺」，區分哪些是我們確信的答案
與哪些是我們有疑問的答案的能力(Butterfield, Nelson & Peck,
1988)。後設認知包括審查探討問題的各種策略，以便選出一個最有可能導
出解法的策略的能力(Carr et al., 1989)。它包括監控一個人理解剛剛讀過
材料的能力，以及選擇增加理解策略的能力(Cross & Paris, 1988)。

　　後設認知與其他認知能力並行發展。隨著兒童在探討問題中注意更多

變項能力的發展，他們同時也增強了作出關於認知課題的「執行」準備的能力。他們能夠發覺不確定性，並採用策略去減少它。他們能夠學會可增強其組織與回憶訊息能力的學習方法。隨著兒童變爲更老練的學習者，這些能力不斷地得到發展。他們無論在家裏還是在學校都非常服從訓練。後設認知似乎是認知發展的一個固有成分，但是，一個關心它的人可以用增強認知感的有效策略，來幫助兒童對懷疑作出反應，以此來培育並刺激後設認知。

技能學習

在學齡期，給人印象最深的成長領域也許是技能的獲得。當兒童進入具體運思階段時，他們既能透過知覺事件又能透過運用抽象原則來支配自己的注意。自然科學、歷史和數學領域，都是能夠掌握分類和因果關係原則的兒童所容易理解的。

學齡期的兒童日益瞭解到時間是一個非主觀性的單位。作爲具體運算思維成熟的結果，他們能夠使用測量技術。他們能夠接受解釋性假設，並且能夠評價支持或反駁它的證據。所有這些認知技能都允許兒童迅速超越其自身經驗的限度，進而考慮那些發生在很久以前、也許發生在將來、或者被假定一直在發生的事件。

兒童的智力發展速度有所差異。對國小五年級和國中一年級學生的一項比較研究發現，聰明的五年級學生比一般的國中一年級學生能夠運用形式運算技能解決更複雜的問題(Keating, 1975)。在認知成長的一項縱貫研究中，Klausmeier(1977)報告了各種概念獲得的巨大差異。例如，17%的國小四年級學生能理解上級——下級關係的概念，而30%的高中三年級的學生仍不能理解。到十一歲或十二歲，有些兒童已能夠運用包括假設、推理、組織和概括在內的策略，而一些發展緩慢的兒童則要到十七或十八歲時才能獲得這套技能。

在某些角度上來說，閱讀是學齡期發展起來的最重要的智力技能，因爲它打開了通往其他智力技能的大門。閱讀提供了接觸新的訊息、新的語言習慣和新的思維形式的機會。如果兒童不能閱讀，那麼他們學習教學、社會科學和自然科學的能力就會受到限制。一旦兒童能夠流利地閱讀，運用各種方法獨立探索的可能性則會顯著增加。

熟練的讀者能運用各種策略來增強其理解。學齡期的兒童能夠透過一起閱讀課外讀物並分享彼此的解釋，來發展他們的理解力。

　　兒童可能以各種方式開始閱讀。David和他的母親，即我們在第六章中談到的，是運用沿著公路的路標遊戲來建構從語言到讀寫能力的橋樑的。David透過認識及記憶與路標的某些形狀和式樣相聯繫的單詞或詞組，來開始「閱讀」。其他兒童則透過學習與它們相聯繫的字母和發音，並嘗試在字母排在一起時進行發音，來開始閱讀的。最初，大多數兒童都被這些經驗弄得狼狽不堪，不知所措。在這段時間裏，他們會因自己的努力而得到大量的支持和鼓勵。漸漸地，透過嘗試、回饋和重複，兒童學會了閱讀簡單的詞彙和簡單的句子。

　　在學習閱讀過程的早期，兒童口頭上能夠理解和交流的內容，遠遠超出了他們自己能夠閱讀的範圍。他們必須學會如何把這些口頭交流技能用於書面語言的理解(Carroll, 1986)。在某一時刻，兒童開始清楚地表達「我能閱讀」或「我是一個讀者」的意思。一旦兒童把這種觀念作爲他或她的自我概念的組成部分，他在閱讀上付出的努力就會增加，而且這種努力會

專欄8‧2

熟練閱讀的特徵

人們已描述了關於熟練閱讀特徵的四個基本假設(Spiro, Bruce & Brewer, 1980)。這些假設似乎已得到了研究上的支持(Hall, 1989)：

1. 熟練閱讀仰賴於知覺的、認知的和語言的過程。

2. 熟練的讀者透過綜合來自形音素(與聲音相聯繫的字母的形狀)、詞素(構成詞的基本單元)、語義(意義)、句法(支配詞序的語法規則)、語用學(由上下文和過去經驗提供的線索)、基模的(說明訊息的排列方式的抽象圖表的結構與應用；關於存儲結構的先前的知識)和解釋的訊息，在很多層次上同時獲得知識。於是閱讀就可以看作是一種同時性相互作用的過程，這種相互作用的進行並不遵循由基本的知覺單元到對課文的一般性解釋的嚴格順序。

3. 人的訊息處理系統的容量，限制了一個人在一次注視課文中所覺察到的訊息量、眼動的速度、短時記憶中所能容納的信息的組塊數量，以及從長時記憶中提取訊息的速度。看起來，熟練的讀者的較低層次的過程，如譯碼，是自動進行的，從而允許他去注意較高級的理解過程。

4. 閱讀包含著策略的運用。熟練的讀者帶著目的閱讀，並且不斷地監控理解(過程)。熟練的讀者能覺察到理解中的偏差，有選擇地集中注意他們正在閱讀的各個方面，並在閱讀中精練對課文的解釋。

我們尚需進行大量的研究，才能解釋這些過程是怎樣進行的，才能確定熟練閱讀所必須的其他過程。我們已確認的特徵還給我們這樣一種感覺，即閱讀過程是非常複雜的。學齡期的兒童學會成爲熟練的讀者所要獲得的技能的陣容實在是不可思議的。

被他對成功潛力的自信所加強。

　　閱讀是一種複雜的技能，它涉及到學齡期的許多新的技能的習得。專欄 8‧2 有助於我們理解熟練的閱讀的複雜性。兒童要在學習閱讀中取得顯著進步，並不一定要在智力測驗中得極高的分數(Share, McGee & Silva, 1989)。不幸的是，大多數兒童課外都很少或不花時間讀書；經過一段時間以後，那些讀了些書的兒童在國小二年級到五年級之間閱讀成績進步最大(Anderson, Wilson & Fielding, 1988)。

　　有關父母對兒童閱讀成績的影響得到了一致的證實。父母至少以五種方式影響其孩子的閱讀：他們賦予讀寫能力的價值，他們賦予學業成績的重要性，他們在家中提供的閱讀材料，他們與孩子一起閱讀的時間，以及他們在家裏提供的言語互動的機會(Hess & Holloway, 1984)。著重閱讀能力、鼓勵孩子在學校好好學習、提供閱讀資料、與孩子一起閱讀並與孩子進行交流的父母，比不這樣做的父母更能使孩子成為熟練的閱讀者。

　　父母也可能會透過影響孩子在學校閱讀小組中的安排，來間接地影響孩子學習閱讀的好壞(Goldenberg, 1989)。他們可能透過幫助孩子理解他或她的學校閱讀課程(學校與他們教閱讀的方法有所不同)、鼓勵好的學習習慣和適當的課堂行為，來施加這種影響。施行這種做法的父母可以影響教師對其孩子的認識，結果，他的孩子就被分配到具有閱讀能力的小組中。事實上，閱讀教學的能力分組在小學是很普遍的(Slavin, 1987)。教師對學生進行的閱讀分組，取決於他們對兒童的能力、學習習慣和行為的洞察(Haller & Waterman, 1985)。兒童所處的閱讀小組的水平越高，他們對怎樣閱讀學得就越好。

　　一系列廣泛的其他技能的雛形在學齡期也已習得：

數學	舞蹈
自然科學	戲劇
寫作	藝術
計算機操作(電腦)	烹調
運動	縫紉
機械	工藝
音樂	

運用專欄 8‧2 提供的關於熟練閱讀的特徵的訊息，我們可以構建一個比較一般的模型。這一模型有助於我們理解在複雜的行為技能的建立中所實現的內容。

首先，技能的發展依賴於感覺的、運動的、知覺的、認知的、語言的、情緒的和社會的過程的共同作用。

第二，技能是透過技能行為的組成成分的許多層次同時進行整合而獲得的。技能並不是按照從簡單到複雜的嚴格順序來習得的。技巧行為的簡單與較複雜的成分是同時被塑造的。

第三，人的機體的極限抑制了個體表現技能行為的能力。經過練習，較低層次的過程開始自動起作用，於是個人便能夠注意較高級的過程。例如，熟練的作家可以在注意情節或人物發展的問題的時候自動地書寫或打字。

第四，技能行為要求運用策略。熟練的人帶著目的操作，並不斷地監控自己的表現。他們能覺察到操作中的失誤，有選擇地將注意力集中於他們正在做的事情的各個方面，並在他們表現技能時改善得更為理想。

培養技能以及學齡期兒童對獲得新技能所投注精力的重要性，顯示出學齡期與學步期具有極大的相似性。在這兩個時期，兒童對能力和控制的動機都指向於環境。在這兩個時期，幾乎每一個新的經驗所提供的學習的可能性，都會使兒童感到快樂無比。然而，作為認知能力和對社會期望覺察的結果，學齡期的技能學習進入了一個不停地監控和自我評價的更加複雜的架構中。

自我評價

對學齡期技能培養的強調伴隨著對自我評價新的注意。兒童努力將他們的成就與內化後的目標和外部標準相匹配。同時，他們也從其他人那兒得到了關於他們的行為品質的回饋。在學齡前，兒童開始得到有關他們對所面臨的任務完成的好壞的消息。他們可能被指定為「紅小組」的讀者，或者他們會在公告牌上看到他們的名字後面有一長串五角星。他們可能會被要求坐在左邊的位置上以便得到「特殊」的幫助，或者被告知需要進行課外輔導。所有這些以及許多其他的信號，都會成為兒童納入到他們自己的自我評價中去的社會評價的來源。到了十一歲，兒童便能夠區分有助於

帕伯羅·畢卡索，〈瑪雅〉，1943年。兒童形成判斷自己價值的獨立標準是極其困難的。(畫面上)這種一本正經地沉思的瞬間，使人聯想到學齡期的兒童所能勝任的這種自我評價。

全面自我評價的特定的能力領域。特別是，他們能夠分別察覺認知、身體和社會的能力領域，並且以不同的方式衡量它們對自我滿足的貢獻(Harter, 1982; Stigler, Smith & Mao, 1985)。

在學齡期，自我評價的過程更爲複雜，因爲同伴群體併入了成人世界作爲批評和讚許的來源。遵從、競爭的壓力以及認可的需要進入了評價過程。兒童的運動技能、智力能力與藝術天資已不再僅僅是教師和父母評論的內容。同伴也在鑑定他人的技能，並勾勒出相互的形象：「Bob的數學學得好，但是他跑步像女孩」；「Jane有點兒胖，但她小說寫得好極了」；「我最喜歡Lisa，因爲她樣樣都行」。兒童是從自信還是從自疑的架構去接近自我評價過程，決取於學步期和學齡早期的危機的解決。他們可能期望發現容易完成的課題並精神奕奕地探討它們，或者可能預期到失敗而滿懷躊躇地探討課題。

㈠自我功效

Albert Bandura(1982)提出一種理論，認爲自我功效的判斷對理解一個人的行爲來說是尤爲關鍵的。**自我功效**(self-efficacy)被定義爲個人對表現出特定環境所要求的行爲的自信感。功效的期望隨情境而變化。換言之，兒童在要求數學能力的情境中可能以一種方式看待功效，而在要求體力的情境中則會以另一種方式看待功效。

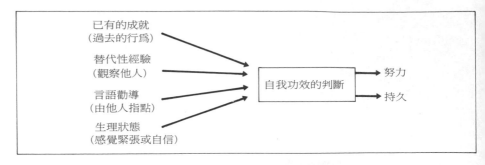

圖8-2　我功效的四個成分

　　Bandure提出了有助於自我功效判斷的四種訊息來源(見**圖 8-2**)。第一個來源是**已有的成就**(enactive attainment)，或掌握所面對的種種課題類型的先前經驗。兒童對任何一個領域(數學、寫作、體育)的能力的一般性評價都基於這一領域的成就(Skaalvik & Hagtvet, 1990)。成功的經驗增加所覺察到的自我功效，而重複的失敗則減少自我功效。失敗的經驗在嘗試掌握課題的過程中過早出現時，尤為不利。許多男孩和女孩都由網球和棒球這類運動中改行，就是因為他們在最初參加這類運動時出了很多錯誤。他們對自己的能力產生了懷疑，這阻止了他們繼續從事那項運動。

　　第二個來源是**替代性經驗**(vicarious experience)。看到與自己相似的人成功地完成了課題，能夠提高個人的自我功效感；看到與自己相似的人沒能成功地完成課題，則會降低個人的自我功效感(Brown & Inouye, 1978)。

　　言語勸導(verbal persuasion)是第三個來源。鼓勵能使兒童相信自己並去嘗試新的課題。勸導對於曾經相信自己能力的兒童可能最有效。勸導將有助於提高他們的行為層次。

　　第四個來源是**生理方面的**(physiological)。人們監視著他們的身體狀態以判斷他們能否做好。當兒童感到過於焦慮或恐懼時，他們可能預期要失敗。興奮而好奇但又不過於緊張的兒童，更有可能覺得自己能夠成功。

　　自我功效判斷與兒童對成功的可能性的知覺有關。他們也決定著兒童將其成功或失敗歸因於何種因素(McAuley, Duncan & McElroy, 1989)。在困難或失敗面前，對自己能力有自信的學齡兒童會更加努力地工作以戰勝挑戰。他們會把自己的困難歸因於沒有付出足夠的努力，因而他

們會加倍努力。具有低自我功效感的兒童傾向於在困難面前放棄努力，因為他們把失敗歸因於根本缺乏能力(Bandure & Schunck, 1981)。自我功效的層次水準也影響兒童如何準備應付新的挑戰。充滿自疑的人的思想、情緒和行動的準備，與相信自己的人有所不同。

(二)社會期望

在我們的社會中，兒童形成判斷其能力的獨立的內部標準是極其困難的。如果文化中的技能更加可操作的話，也許兒童作出這類判斷就更容易些。例如，在學習耕地時，人們可以回頭看看土地，看看壟溝是否夠深，每行是否筆直。然而，許多重要的成就領域並沒有明確的、客觀的標準，以使兒童能夠據此容易地比較過去的行為。在學習寫英語作文時，人們怎樣才能判斷自己寫的是否令人滿意？實際上，兒童怎樣才能評價自己的進步呢？

為了試圖評價自己的能力，兒童傾向於依靠許多外部的評價來源，包括分數、教師的評語、父母的稱讚以及同伴的讚許(Crooks, 1988)。如果來自重要成人的回饋表明兒童是肯合作、聰明且具有創造性的，那麼，這些品質就可能會被兒童納入到他們的自我評價中(Jensen & Moore, 1977)。認為自己善於合作且聰明的兒童，可能帶著對行為的樂觀期望去探討社會的和智力的課題。相反，暗示著兒童缺乏競爭性、智慧和創造性的回饋，則會導致兒童對技能發展的挑戰持悲觀的或敵視的看法。

學生從他們的老師那兒得到的回饋並不是完全客觀的。它受教師對學生能力的期望的影響。在一項研究中發現，當教師錯誤地把聰明的兒童看成是「一般的」兒童時，這些兒童在班裏過五個月以後智商分數顯著下降(Sutherland & Goldschmid, 1974)。在對國小五年級到國中三年級的數學課的一項觀察性研究中，人們研究了教師的期望、學生與教師的互動，以及學生的能力。當教師對女生的數學能力持有高期望時，這些學生得到的稱讚則比其他組的少。當教師對男生的數學能力持有低期望時，這些學生受到的批評則比其他組的多(Parsons, Kaczala & Meece, 1982)。

教師對學生的行為的期望受他們對學生的能力和努力的評價的影響。在對小學教師的一項研究中，發現了教師對學生的成功和失敗的期望與他們在不同條件下感受到的情緒之間的關係(見**圖 8-3**)。假定，這些情緒反應是教師向學生傳遞他們的行為的主要線索。當教師確信學生的不良表現是

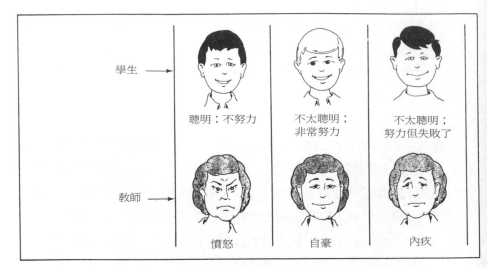

學生 →

聰明；不努力　　　不太聰明；　　　不太聰明；
　　　　　　　　　非常努力　　　努力但失敗了

教師 →

憤怒　　　　　　　自豪　　　　　　　內疚

圖8-3　學生的能力與努力──教師的反應

由於缺乏努力的緣故時，他們可能對學生感到憤怒，特別是當他們確信這些學生能夠做得很好時。當能力差的兒童突然開始付出很大的努力時，教師可能會為他們自己取得的成就而感到自豪。如果能力差的學生非常努力但卻失敗了，教師則會體驗到內疚感。教師對學生成功和失敗的某些組合比其他組合更願意承擔個人責任。令教師憤怒的學生是不用功的聰明學生。關於教師期望的研究說明了社會期望是如何運轉而影響了其他人的知覺和人際交往的性質(Prawat, Byers & Anderson, 1983)。

社會期望也有助於兒童對他們自己的能力和行為的期望(Harris & Rosenthal, 1985)。與智力或技能相聯繫的評價性回饋，傾向於進入兒童形成的關於自身能力的概念中。暗示著缺乏能力的重複失敗的訊息或評語，傾向於使兒童減少對以後任務成功的自信。期望的模式似乎是在二年級和三年級固定下來的。學前兒童並不系統地運用成功或失敗的回饋去預期他們下一次的成功(Parsons & Ruble, 1977)。甚至在小學一年級，兒童對他們在第一次的成績單上將得到的分數的期望，既不與他們的智商或父母或教師的期望明顯相關，也不與他們以後對分數的估計緊密相聯。然而，到了一年級末，兒童開始更準確地預期他們的行為(Alexander & Entwisle, 1988; Entwisle et al., 1987)。到了小學五年級，兒童非常注意教師對他們的行為的期望，而且他們可能會把這些期望反映到他們自己的

對自己在學校中的行為期望高的兒童，比認為自己在學業上處於平均水平以下的兒童更有可能冒險並自願回答問題。

學業成績中去(Weinstein et al., 1987)。社會期望的衝擊可見於一項關於父母和兒童對待教學能力傾向的態度的研究(Parsons, Adler & Kaczala, 1982)。研究者要求從小學五年級到高中二年級的學生和他們的父母，回答他們對待自己或孩子的數學成績的態度。父母對他們的女兒的數學成績的期望比對兒子的低。他們認為，數學對女兒比對兒子來說要難，它要求女兒付出更多的努力。他們對孩子的能力傾向的期望，比孩子自己過去在數學上的表現更能預期孩子的自我評價。

其他的研究檢驗了父母的期望對學業上有能力的兒童關於自己能力的判斷的影響。在一種被描述為「無能錯覺」的現象中，一些在學業成績測驗上表現很好(百分位數在 90 或 90 以上)的兒童，認為自己的學習能力低於平均水平。這些兒童期望的成功層次較低、自信心較少、嘗試的課題的挑戰性較小，並聲稱他們的課外作業需要付出的時間和精力較多，而與他們擁有同樣高能力的同伴則具有較積極的自我評價。看來父母在建立這些孩子的低自我評價上具有重要作用。有無能錯覺的兒童認為，他們的父母

認為他們的能力差且不抱有什麼期望。特別是他們認為父母持有一種不指望他們能達到的嚴格標準(Phillips, 1984, 1987)。在對三歲半到十一歲的兒童的一項比較中,不及格的期望傾向於在二年級和三年級贏得優勢,並成為兒童預期他們自己在小學的以後幾年裏潛力的基礎(Parsons & Ruble, 1977)。在六歲半到八歲的年齡組中,女孩子在失敗以後比男孩子期望下降的多。在這項研究的所有兒童中,年齡最大的女孩對成功的最初期望最低。其他研究進一步證明,女孩子比男孩子更有可能得到與他們的功課品質不相干的或不一致的回饋。此外,女孩子對於有關她們的公開言論應該表現出謙虛的社會期望變得敏感。因而,當被詢問時,女孩子往往表現出關心其能力的不足,而不是關心自信(Frey & Ruble, 1987)。

關於社會期望的討論強調了兒童對其社會環境的敏感性。他們開始注意到目前的角色、規範,以及違反規範後的懲罰。成功與失敗的直接經驗是非常重要的,不過,它們都被包容於社會期望的範圍中。來自父母和教師的安慰與鼓勵的訊息,在建立積極的勝任感和鼓勵兒童持之以恆地面對困難的挑戰方面具有關鍵作用。

團隊遊戲

在學齡期,兒童遊戲的品質增加了一個新的方面。兒童既開始形成個人成功感,也開始形成團隊成功感。在這一階段,團隊成員體驗有三個重要特徵與發展有關:(1)個人目標服從於團隊目標;(2)分工的原則;(3)競爭。

團隊運動通常比第七章中描述的小組遊戲的遊戲類型更加複雜。由於規則非常複雜,以至於如果要準確地遵守這些規則,就需要有一個仲裁者或評判員。在這些運動中,一些兒童一塊兒加入某一團隊並在遊戲期間始終待在一起。有些兒童加入整個季節都在一起遊戲的團隊,如少年棒球協會。團隊成員都有這樣一種意識,即個人的行動會影響整個團隊的成功或失敗。這裏明確地強調著贏和輸。如果兒童給團隊造成了損失,他們就會遭到排斥或嘲笑。儘管團隊運動確實提供了個人認可的機會,但是很顯然,團隊的成功會使最差的選手也來分享榮譽,而團隊的失敗則會使最好的選手也蒙上陰影。從這種意義上說,參與團隊運動是關於相互依賴的最初一課。所有的團隊成員都相互依賴,而且在理論上,幫助較差的成員改善他

學齡期的兒童進入了競爭性運動的舞台。制服（運動衫）、練習、訓練、比賽、觀衆（大多是父母），以及運動隊的合影，都是施加於這一遊戲世界的新儀式的組成部分。

們遊戲的品質對每一個人都有好處。然而，通常發生的情況是，最差的選手遭到蔑視並成了替罪羔羊，尤其是在團隊輸了的時候。

　　兒童透過與團隊中的同伴的合作，體驗到了分工是達到目標的有效策略的觀念。兒童瞭解到，團隊中的每一個位置都有獨特的功能，如果每一個選手都完成一個特定的功能而不是去做所有其他選手的工作，那麼團隊就有獲勝的最佳機會。團隊的概念包含著每一個團隊成員所實際從事的各種各樣的活動。補充的概念是合作。團隊成員瞭解到，如果作爲一個整體的團隊要取得最佳成績，那麼團隊成員就必須互相幫助。一個團隊成員應盡可能地幫助每一個其他成員扮演他或她的角色，而不是去扮演所有的角色。合作可採取很多形式：成員們分享資源，花時間幫助其他隊員改進技能，一起設計策略，帶來設備或賽後清掃場地。在許多運動中，競爭與合作之間存在一個動態的張力。團隊的成員可能會爲了一個更理想的位置或成爲最佳選手而彼此競爭。同時，團隊的成員也意識到，他們必須彼此支持，特別是在他們與另一個團隊對壘的時候。

　　團隊可以成爲探討其他的複雜組織的一個很好的經驗模型(Shears & Bower, 1974)。一旦兒童瞭解到，只有在把任務分配給一群人的時候，某些目標才有可能達到時，他們就會形成社會團體的組織原則的概念。隨後的任務則是承認，一些兒童較適合於處理任務的某一方面，而另一些兒童

則較擅長任務的另一方面。一些兒童喜歡發展與團隊遊戲相聯繫的技能，另一些兒童喜歡學習規則與設計策略，另一些兒童特別看重同伴交往的機會，還有一些兒童則有著競爭與試圖獲勝的強烈的內部動機(Klint & Weiss, 1987)。適合兒童的個人技能與愛好的角色分配，是透過團隊遊戲而獲得的學習的一個微妙的成分。

最後，團隊遊戲教給兒童競爭的本質和獲勝的重要性(Sutton-Smith, 1971)。兒童對失敗的痛苦已很敏感。即使是學齡前的兒童，伴隨著失敗而來的當眾的難堪和個人的羞愧，也都是非常強烈的情緒。有些兒童為了避免失敗而走向極端。在團隊運動中，每場比賽結束都會有贏的一方和輸的一方。人們無法逃避輸就是失敗的解釋，自尊感低的兒童更有可能體驗到競爭性情境中失敗的強烈焦慮(Brustad, 1988)。人們可能聲稱，輸是兒童學習的一個重要類型，但是，正如我們熟知的Vince Lombardi所說，「你先輸給我，我再輸給你」。參與團隊運動肯定會帶來失敗的痛苦和避免失敗的意願。

在團隊運動中，雙方不能都贏；一方的成功必然導致另一方的失敗。如果團隊體驗是學習較大的社會團體體驗的試驗，那麼，團隊比賽的這種特點當然會造成團隊內和團體外的永久對立。兒童學會了用競爭性的術語來談論社會情境。他們認為，政治不是贏就是輸，戰爭不是戰勝就是戰敗，個人衝突不是導致成功就是導致失敗。團隊運動教育兒童要擊敗對手。

團隊遊戲對智慧和社會學習都有所啟發。做團隊運動的兒童學會了用與團隊運動更有關的術語，來形成比賽和他們在比賽中角色的概念。他們把自己看成是對團隊做出了較大成就的貢獻者，並且學會了預期他們的行為的結果。團隊進行的比賽通常都很複雜，以至於需要召集兒童學習許多規則，作出有關這些規則的判斷，設計策略，並評價對方選手的長處和弱點。可以認為，所有這些團隊遊戲的成分都潛在地刺激了兒童的認知成長和他們的普遍價值感(Smith, 1986)。

團隊遊戲的社會影響可以分為隊內與隊外態度。關於隊內，兒童學會了看重團隊的目標，並為實現這些目標作出貢獻。對團隊目標的認同甚至會要求兒童為了團隊的利益而放棄個人的目標，如爭打第一棒。兒童會從團隊成員那兒得到關於他們的技能的回饋訊息，而團隊成員甚至會幫助他們改進技能。兒童學會了把自己的角色看成是更大系統的組成部分，並領

表8-2　作爲團隊遊戲體驗之結果的態度的發展

隊內態度	隊外態度
兒童學習：	兒童學習：
1.看重團隊目標並爲之做出貢獻。	1.競爭的結果不是贏就是輸。
2.爲了團隊的目標放棄個人目標。	2.對方是「仇敵」。
3.得到並運用來自團隊成員的回饋和幫助。	3.個人必須盡最大努力擊敗對方。
4.把個人的角色看成是更大的系統的一個組成部分並覺察相互依賴。	4.團隊間(應)有對立存在。
5.團隊的勝利帶來了個人的滿足，而團隊的失敗則導致挫折與消沉。	5.幫助對方是不道德的。

會他們自己與對方選手間的相互依賴。他們瞭解到，團隊的勝利會給予他們極大的個人滿足，而團隊的失敗則會成爲他們挫折和消沉的來源。

兒童學會了把競爭的結果看成是贏或輸的情境。對壘的團隊是「仇敵」，除了盡最大努力去擊敗它以外，別無選擇。團隊運動看重與隊外的對立，而且任何幫助另一方的企圖都被看成是極不道德的。

所有的人類社會都可觀察到隊內與隊外的態度和行爲間的差異。與某一團隊的凝聚感和相似性，會鼓勵支持該團隊生存的行爲。我們瞭解到，適合於隊內成員的道德原則不一定適合隊外成員。許多成人甚至會極端地認爲殺害一個隊外成員是合法的，如果我們的政府對那個團隊宣戰的話。

兒童對隊內和隊外的表現，可以在關於學齡期的兒童間共享的一項研究中觀察到(Dickstein, 1979)。兒童和朋友在一起比和不喜歡的同伴在一起共享的成分更多些。和朋友在一起時，兒童總是傾向選擇一個平等對待的標準。和非朋友在一起時，兒童總是傾向選擇一個競爭的標準。甚至那些非常擅長採納他人觀點的兒童，也不見得會採納不喜歡的同伴的觀點。**表 8-2** 顯示了由團隊遊戲體驗而產生的隊內與隊外態度。

小結

學齡期的發展任務反映了兒童關於友誼關係、技能發展、邏輯推理、對社會團體的責任以及日益增強的獨立感方面的發展。兒童對其他人對其行爲的評價日益敏感。這些評價可以教會他們如何評價自己的行爲以及如

何建立個人的目標。學齡期的兒童能夠為他們所歸屬的社會群體作出重大貢獻。他們也會從那些群體中尋求讚許和認可。

心理社會危機：勤奮VS.自卑

根據心理社會理論(Erikson, 1963)，個人對工作的基本態度是在學齡期確立的，隨著兒童發展技能並獲得個人的評價標準，他們開始對自己是否能對社會團體有所貢獻作出評價。他們也在內心許下了力求成功的諾言。一些兒童強烈地渴望達到優秀的標準並獲得成功。另一些兒童則對成功的可能性持有低期望並不為成就情境所打動。兒童獲得成功的需要的強度，到這一階段結束時已經完全建立了(Atkinson & Birch, 1978)。

勤奮(industry)的概念指的是對獲得技能與從事有意義工作的渴望。在學齡中期，工作的許多方面都具有內在的驅動作用。技能也都是新的。它們使兒童更加接近成人的能力。每一新的技能都允許兒童擁有一些獨立性，甚至還給兒童帶來了增強他或她的價值感的新責任。除了與增強的能力相聯繫的自我驅動因素以外，獎賞的外部來源也促進了技能的發展。父母和教師透過分數、物質獎勵、額外的特權與表揚，鼓勵兒童將所做的事情「做得更好些」。同伴也是對兒童獲得技能的鼓勵的來源，儘管他們可能會提供一些消極的回饋訊息。某些少年組織，如女童子軍和男童子軍，使兒童的技能的獲得沿著一個非常特殊的途徑通向成功或更高的地位。

勝任技能的動機與掌握技能的外部獎賞所產生的動機，推動著技能的形成，因而在這一階段似乎不存在真正的衝突。人們可能會認為，每個人都會沈浸在由才能的體驗所產生的快樂和滿足之中。

那麼，學齡期兒童的何種體驗會產生自卑感呢？無用與無能感來自兩個方面：自我和社會環境。Alfred Adler (1935)已將我們的注意引向了機體自卑在塑造個人能力中所起的中心作用。**機體自卑**(organ inferiority)指任何阻礙獲得某些技能的生理或心理限制。不能掌握某些技能的兒童，將體驗到自卑感。能力、生理發展與先前經驗上的個體差異，不可避免地要導致某些領域的無能感。沒有人能把每一件事都做好。兒童在這個時期必須發現，他們不可能掌握自己想要掌握的每一項技能。即使是對工作非

兒童對待勤奮感非常認真。他們想要表現，他們能夠成功地完成成人所看重的課題。

常自信且對新的挑戰感到振奮的兒童，也會為無法掌握的某一特定技能而體驗到某種程度的自卑。

如果我們認為，一個領域的成功會補償另一個領域的失敗，那麼我們減少個體在某些領域的缺失就可增加其對全面解決心理社會衝突的影響。然而，社會環境並不是同樣地增強所有領域的成功。在學齡期，閱讀上的成功比修理損壞了的汽車發動機上的成功會得到更大的獎勵。團隊運動中的成功比操縱一個蹩腳的收音機上的成功更被重視。不擅長文化所重視的技能的兒童，想透過掌握其他技能來得到補償是極其困難的。

社會環境也透過社會比較的過程產生自卑感。兒童面對著暗示他們不如某些同伴、同胞或文化子群「好」的種種言論，特別是在學校情境中，在家裏也一樣。教師對兒童的分組、評分與當眾批評，都是基於他們的努力與別人的努力之間的比較。兒童因接受任務的挑戰而探索任務的內在快樂，會與刺激自我意識感、競爭感和懷疑感的訊息發生衝突。「我喜歡玩球，但是我不如Ted玩得那麼好，所以我不想再玩了。」在學齡期，兒童會因為

害怕被同伴超過自己而拒絕嘗試一種新的活動(Crooks, 1988)。

最後，社會環境透過它對任何一種失敗的消極評價而刺激了自卑感。有兩類失敗的訊息會導致我們所說的自卑感。一類由對兒童的動機的批評構成。這類批評暗示著，如果人們真的盡力了，那麼本來是可以避免失敗的。另一類則指能力的缺乏。它意味著兒童恰好不具備獲得成功的必要能力。這類失敗的訊息與被描述為**學來的無助感**(learned helplessness)的自我的態度模式緊密地聯繫在一起。即使是關於他們缺乏能力的幾句話，也會使兒童產生一種悲觀地看待未來的成功的自我定義(Holloway, 1988; Phillips, 1984)。

學齡期的兒童通常都為失敗而感到羞愧，正如學步期的孩子尿濕了褲子時感到羞愧一樣。早期的懷疑與內疚的主題與自卑感緊密聯繫在一起。關於失敗的訊息通常暗示著有一個兒童沒有達到的完美的外部標準，一種理想。有些失敗的經驗會產生非常強烈的消極情感，以至於兒童會為了防止失敗而逃避探索新的課題。

已有證據指出，學業失敗以及隨之遭到的公眾嘲笑，對產生消極的自我形象起著核心作用。尤其是在最初的自我概念消極的情況下(Calhoun & Morse, 1977)。學校代表著更大的社會的聲音。經常達不到學校老師標準的兒童，除了接受自己定會失敗的觀點以外，別無選擇。即使兒童努力透過同伴影響或社會偏離來進行補償，也不能減輕由學業失敗引起的自卑感。毋庸置疑地，即使兒童不再關心學校或蔑視學校的目標，學校依然是文化權威的象徵。學業失敗很容易使兒童感到自己被排斥在較大的社會團體之外。

在極端的情形中，我們可以看到非常自卑的兒童表現出的勉強、自疑和退縮。這種向著自卑方向解決危機的情形表明，這些兒童認為自己沒有能力為較大團體的繁榮做出貢獻。這是一個非常嚴重的後果。它使個人非常難於逐步融入有意義的社會群體。社會環境在理論上仰賴於個體為生存而控制環境的動機，然而，它本身卻透過傳達自卑的訊息，成了否定這些動機的強大力量。這正是這一階段的危機的嘲諷。

核心過程：教育

每一種文化都必須制定將前人的智慧和技能傳遞給年輕一代的方式。

在學校教育中，成群的兒童置身於正規教學的環境中，學校教育已成為一種普及
的經驗。

這就是廣義上的教育的含義。教育與辦學有所不同。正規的教育經驗由家
庭與團體中的直接的、個別的、親自傳遞的活動中分離出來的實踐，僅僅
一百年左右。在工業革命以前，大多數兒童透過與父母一起參與家庭生活、
耕作、與鄰居交往，以及參與宗教生活，來接受教育(Coleman, 1987)。

　　然而，今天，學校承擔起了教育的主要責任。教學，最初是父母角色
的延伸，現已成為一種獨特的職業。在我們的文化中，教育已不再是傳統
文化中的那種具技能者與無技能者之間的不斷地相互作用。正規學習在每
天的確定的時間裏、在特定的房屋裏進行。的確，兒童確立技能及作為學
習者的自我感的成功經驗，仰賴於家庭成員介入其學習的程度和對其學習
承擔的責任(Coleman, 1987; Stevenson & Baker, 1987)。然而，對當代
的兒童來說，學校經驗對個人的勤奮感的形成具有關鍵作用。

　　在小學期間，教育的目標是幫助兒童擴大學習的基本工具。這一過程
的中心是使學生初步掌握使他們能組織經驗的概念、理論和關係的語言
(Cole & D'Andrade, 1982)。學校的目標在於發展言語的／分析的問題解

決的能力。教學集中於規則、陳述以及抽象的概念(Tharp, 1989)。兒童置身於一系列的學科和處理複雜問題的探究方法中。在整個教育過程中，兒童面對的問題愈來愈難，他們得到許多機會去練習新獲得的技能。練習為兒童提供了關於他們能力連續的回饋。在技能獲得的過程中，大多數兒童都會體驗到較多的成功經驗。他們瞭解到，努力與勤奮是獲得重要能力的有意義的途徑。經過一段時間以後，發展著勤奮感的兒童會發現，他們已獲得了新的技能。他們認識到，他們能夠駕馭需要付出更多的時間和精力的挑戰。

進入學校環境會置身於提供學習榜樣的成人之中(Rutter, 1983)。這些成人一般都有各自的技能，這使兒童感覺到需要學習的技能非常多。因此，進入學校不僅為掌握而且為形成更高級的技能發展目標及標準提供了機會。

學齡期的兒童處於認知發展的階段。這一階段允許他們掌握學校向他們提出的問題的根本原則。教學的藝術在於使提供的問題的複雜層次恰到好處，使問題既對兒童有意義，又是兒童在現有的能力水平上透過進一步的努力所能解決的。按照這種方式，學習則會成為一個具有誘惑性的過程，在這個過程中，問題本身即誘惑兒童付出努力去解決它們。

然而，並非所有的兒童都帶著對成功的同樣期望或對正規教育過程的同樣信任來看待學校教育。一些群體把教育看作是獲得經濟保障、智力發展和政治權力的工具。另一些群體則不信任教師、學校和教育。他們希望透過貶低基本語言、傳統和信念來脫離學習。他們確信，改善其身分的唯一辦法來自重大的政治與經濟變化。按照他們的觀點，教育本身並不授權於他們或他們的孩子。這些群體中的兒童會斷定，他們保持基本的自信感的唯一方式是脫離學校，並努力在同伴中間確立他們的能力(Ogbu, 1987; Spencer, 1985)。

為所有的兒童提供一個成功的教育環境的主要方法，是學習過程的網絡化。**網絡化**(contextualize)教學的實施方法是，首先喚起兒童的已有經驗、先前的知識和概念，然後將這些認識向新的方向擴展。網絡化需要識別課堂的各種組織方式。例如，兒童既可以組成大團體聽教師講課並做出反應，也可以進行個別學習和小團體的問題解決。網絡化要求教師例舉文化群體中的男英雄與女英雄、故事、歌曲和神話，以便幫助兒童愉快地接

受較抽象的概念。它要求承認不同的表達方式、社會交往模式和語言。最後，網絡化還要求父母和其他重要的團體人物介入學習過程，以便兒童不被他們的重要的社會團體所孤立(Tharp, 1989; Tharp & Gallimore, 1988)。

所有這些努力可能對脫離了學校教育或帶著不信任感看待學校教育的群體尤其有利。當教育過程網絡化時，兒童便加強了他們自己的文化認同。當他們為個人和文化成就付出的努力生效時，通常發生在學校專家和少數民族文化成員間的衝突就不會出現。教師與學校行政官員對兒童的學業能力會更有信心，而兒童則變得更願意持之以恆，以建立解決與學業有關的課題的能力(Comer, 1985)。

小結

在成功與失敗的日常經驗中，大多數學齡期的兒童瞭解到，工作、努力和堅持不懈會使他們得到他們所希望的勝任、控制和讚許的獎賞。當兒童內化這些行為的時候，他們便發展了勤奮感。當困難問題出現時，他們已作好準備去面對困難並堅持不懈，直至問題解決。在學齡期體驗到較多的失敗的兒童，有將自卑感內化的危險。當這樣的兒童面對困難問題時，他們會感到力不從心，且不能找到任何解決問題的方法。教育是兒童解決勤奮與自卑的危機的過程。學校是對兒童在各種學習任務上的成功或失敗給予不斷地注意的環境。心理社會危機的解決，在於能力與努力、對成功的社會期望，以及學校環境與兒童對教育的文化和家庭意向的一致性等方面的個體差異的結果。

專題：性教育

為什麼應該把性教育看作是學齡期的問題？沒有哪個發展理論認為學齡期是一個性慾增強的時期——事實上，大多數研究此階段兒童的人們都報告說，男孩和女孩在這一階段經常表現出相互對立。然而，終身發展的研究鼓勵人們在先前的階段為以後的階段裏將出現的事件做出可能的準備。我們知道，發展的下一個階段，青少年期，是一個喚起對性慾衝突的

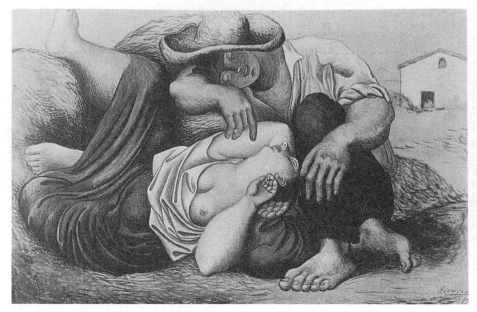

帕伯羅・畢卡索，〈睡夢中的農民〉，巴黎，1919年。性教育在青少年期的強烈的
性慾衝動被完全喚醒以前進行是最合適的。對這兩個睡夢中的農民來說，性慾似
乎沒有阻礙的、輕鬆的、不受約束的關係。
Tempera, watercolor, and pencil on paper, 12¼″×19¼″. Collection, The
Museum of Modern Art, New York. Abby Aldrich Rockefeller Fund. ©
1991, ARS, New York/SPADEM.

焦慮和興奮的時期。許多女孩在十一歲或十二歲將體驗到思春期的變化。
男孩子在十三歲到十五歲也緊跟著體驗到了這種變化。美國是工業化國家
中思春期少女的生育率最高的國家之一(這個問題在第十章中會更加詳細
地論述)。年齡很小就做父母會給年輕的母親和父親以及他們的嬰兒帶來重
大的發展風險。將性教育延遲到大多數兒童都已進入思春期，並且嘗試了
性活動，而未曾有機會討論並預料其可能的後果，似乎是一個嚴重的社會
錯誤。

　　而且，進入小學或初中對很多兒童來說是一個非常重要的事件。這種
學校變化通常伴隨著自尊與學業成績的下降。沒有適當的支持，青少年的
學業抱負水平及增強探索性的願望很可能會降低(Brooks-Gunn & Fur-
stenberg, 1989)。因此，我們認為學齡期引入性教育帶來的好處是，降低
不應有的青少年未婚懷孕，並提供有助於維持青少年持續的認知成長新層

次上的情感支持。

　　有關性慾和生殖過程的知識的有效性，可以透過這類知識減少兒童在思春期的實際事件中的不確定性、窘迫和孤立感的程度來衡量。此外，還可以根據青少年作出的性決定的類型對它進行評價。

　　這種課程如何組織才能被兒童容易地整合到他們對世界的理解中去呢？學齡期的發展任務在設計這一問題的探討方法中很有用處。兒童參與技能學習、邏輯推理能力的增強、投入社會群體，以及設立標準和評價個人行為的能力的不斷增強，都暗示著：相對有組織的小組學習情境是討論性慾問題的成功模式。

　　性教育在這一時期有兩個特別重要的主題。首先，應該在作為進化與文化生存的主要機轉的性慾作用的背景中談論性，按照這種定向，兒童可以把這一話題作為更大的自然系統的一個成分來合乎邏輯地接近它。他們可以先提出關於生殖機轉的問題，把它作為對物種生存更複雜內容的研究之一部分。然後，可以把性成熟的事實作為一種自然需要而提出。兒童開始瞭解，他們自己的成熟允許他們參加一種既在個人層次上又在生物、人類學和歷史層次上有意義的活動。性教育已成為一種工具，為一系列問題的更廣泛的理性探討引入了性與生殖的生物因素。這些問題包括人類進化，社會生活單元的適應本性，男性和女性在社會中促進生殖成功的作用，以及男性和女性對兒童生存的貢獻。

　　在這種背景中提供關於性慾的事實有幾種結果。它允許兒童把這一內容作為理性問題來探討。解決這一問題需要大量的技能和訊息。它也擴展了兒童的視野，使其將自己的發展看成是更大的進化過程中的一種表現。由於看到了他們自己的身體機能和衝動與物種的生存之間的聯繫，兒童放棄了他們對行為的有點自我中心的看法。最後兒童還注意到了他們自己的文化和其他文化中已經確立的表達性慾衝動的常模規範。當他們熟悉了其他文化群體中實行的儀式、禮節和常規時，他們便學會了評價他們自己的文化認同化的意義。

　　第二，兒童必須學會在親密的個人關係和有關人類生存的背景中看待性親密。這裏我們強調作為生物方面的性和作為心理方面的愛之間的區別。瞭解性生殖的事實，並不能幫助大多數兒童接受他們的父母有過性交的事實。它也不能幫助他們支配衝動表現或評價性慾的情緒代價。在兒童

處理關於性慾事件訊息的能力與將訊息應用於現實事件的力之間，存在著代溝。

　　教師必須幫助兒童擴展他們對親密性的理解，以便增加他們對青少年及成人關係中的性慾作用的瞭解。兒童必須理解，性親密既是生育孩子又是交流愛的工具。這種類型的性教育課程可檢驗人類努力交流愛的情感和表現性慾衝動的範圍。繪畫、雕塑、戲劇、詩歌和歌曲都是人們企圖分享他們對愛的困惑、歡喜和悲哀的媒介。兒童可以學會認識這些藝術表現中蘊含的美，並由此開始分享他們自己愛的情感。其目的在於增強兒童表達個人情緒的勝任感，並幫助他們評價作爲其性格的一部分的情緒生活。

　　愛的能力直到成年期才完全成熟。不過在學齡期，兒童能夠瞭解到，他們體驗到的針對他人的情感，是伴隨著人們奮鬥了若干世紀的情感。沉溺於這些情感之中將導致極大的個人快樂。兒童能夠瞭解到，他們現在與朋友、父母以及男朋友或女朋友分享的愛的情感，以及他們以後可以與丈夫或妻子及他們自己的孩子分享的愛的情感，都將使他們更加接近最終的個人滿足。

　　第三，性慾必須在青少年可能體驗到的人際背景中進行研究（Boltan & MacEachron, 1988; Juhasz & Sonnenshein-Schneider, 1987; Marsiglio, 1988）。人們必須幫助學生確定性慾在他們對剛毅和溫柔的定義中的位置。人們也需要調查形成這些定義的家庭和文化因素。兒童需要瞭解男人和女人生育及撫養子女的責任，包括關於他們各自對避免不需要的生殖的責任的文化常模。這種課程應包括調查家庭和團體對避孕的態度和價值，以及防礙堅持使用避孕用品的那些因素。透過角色扮演與問題解決，兒童可以根據他們對個人自由、學術成就和職業的目標，來評價早期懷孕（青少年懷孕）的後果。在人際層次上，他們需要練習滿足其親密與性慾需要的自我肯定策略和允許選擇的策略。在理想上，這種課題將幫助年輕人建立一種同伴文化，在這種文化中，他們贊成的價值觀是：延遲發生性活動的年齡和避免不需要的懷孕。

　　這種對性教育過程的核心的描述，明確地擴大了目前探討的概念。性教育可以被看作是一個激動人心的請柬，它邀請兒童瞭解他們的身體、他們在進化史中的作用，以及他們的創造性表現的潛力。這個性教育課程的版本具有正統的以學校爲中心的機能。這一機能將實現我們先前描述的教

育過程的一個精神。這種課程可以看作是智力刺激的過程，而不是通常與傳統的「保健課」並存的令人窘迫、討厭瑣事的堆砌。這使人們有機會採納兒童已經強烈地感興趣的題目，並使兒童由天真的好奇發展為全面地看待人類歷史上最有力量的主題之一。

本章總結

學齡期的兒童發展了對以後的生活階段極為重要的工作與社會技能。除了獲得與學業有關的技能外，兒童還增強了關於社會合作、自我評價和參與同儕的能力。

勤奮，正像我們已討論的那樣，主要集中於能力的形成上。不過，很顯然，家庭、同儕小組和學校環境都在支持控制感或失敗感中起著各自的作用。理解技能的發展必須把對兒童的智力成熟的瞭解與可能影響他或她的學習願望的重要動機結合起來。

儘管先前的心理學理論並不認為學齡期是心理發展過程中的很有影響的時期，但是這一階段的事件在個人的心理上卻起著極其重要的作用。勤奮、控制、成就、成功、社會技能、合作以及人際敏感性的問題，在學齡期的經歷中都極為引人注目。個人對友誼與工作——成年生活的兩個必要方向，在這一階段已開始孕育。

參考文獻

Adler, A. (1935). The fundamental views of individual psychology. *International Journal of Individual Psychology, 1*, 5–8.

Ainsworth, M. D. S. (1989). Attachments beyond infancy. *American Psychologist, 44*, 709–716.

Alexander, K. L., & Entwisle, D. R. (1988). *Achievement in the first two years of school: Patterns and processes.* Monographs of the Society for Research in Child Development, 53, (2, serial no. 218).

Anderson, R. C., Wilson, P. T., & Fielding, L. G. (1988). Growth in reading and how children spend their time outside of school. *Reading Research Quarterly, 23*, 285–303.

Asarnow, J. R., & Callan, J. W. (1985). Boys with social adjustment problems: Social cognitive processes. *Journal of Consulting and Clinical Psychology, 53*, 80–87.

Asher, S. R., Hymel, S., & Renshaw, P. D. (1984). Loneliness in children. *Child Development, 55*, 1456–1464.

Atkinson, J. W., & Birch, D. (1978). *Introduction to motivation* (2nd ed.). New York: Van Nostrand.

Bandura, A. (1982). Self-efficacy mechanism in human agency. *American Psychologist, 37*, 122–147.

Bandura, A., & Schunck, D. H. (1981). Cultivating competence, self-efficacy, and intrinsic interest through proximal self-motivation. *Journal of Personality and Social Psychology, 41*, 586–598.

Berndt, T. J. (1979). Development changes in conformity

to peers and parents. *Developmental Psychology, 15,* 608–616.

Berndt, T. J. (1981). Relations between social cognition, nonsocial cognition, and social behavior: The case of friendship. In J. H. Flavell & L. D. Ross (eds.), *Social cognitive development: Frontiers and possible futures.* Cambridge: Cambridge University Press.

Bijstra, J., Van Geert, P., & Jackson, S. (1989). Conservation and the appearance-reality distinction: What do children really know and what do they answer? *British Journal of Developmental Psychology, 7,* 43–53.

Bolton, F. G., Jr., & MacEachron, A. E. (1988). Adolescent male sexuality: A developmental perspective. *Journal of Adolescent Research, 3,* 259–273.

Brainerd, C. J. (1977). Cognitive development and concept learning: An interpretive review. *Psychological Bulletin, 84,* 919–939.

Brainerd, C. J., & Hooper, F. H. (1978). More on the identity-equivalence sequence: An update and some replies to Miller. *Psychological Bulletin, 85,* 70–75.

Brooks-Gunn, J., & Furstenberg, F. F., Jr. (1989). Adolescent sexual behavior. *American Psychologist, 44,* 249–257.

Brown, I., Jr., & Inouye, D. K. (1978). Learned helplessness through modeling: The role of perceived similarity in competence. *Journal of Personality and Social Psychology, 36,* 900–908.

Brustad, R. J. (1988). Affective outcomes in competitive youth sport: The influence of intrapersonal and socialization factors. *Journal of Sport and Exercise Psychology, 10,* 307–321.

Butterfield, E. C., Nelson, T. O., & Peck, V. (1988). Developmental aspects of the feeling of knowing. *Developmental Psychology, 24,* 654–663.

Calhoun, G., Jr., & Morse, W. C. (1977). Self-concept and self-esteem: Another perspective. *Psychology in the Schools, 14,* 318–322.

Carr, M., Kurtz, B. E., Schneider, W., Turner, L. A., & Borkowski, J. G. (1989). Strategy acquisition and transfer among American and German children: Environmental influences on metacognitive development. *Developmental Psychology, 25,* 765–771.

Carroll, D. W. (1986). *Psychology of language.* Pacific Grove, Calif.: Brooks/Cole.

Chalmers, J. B., & Townsend, M. A. R. (1990). The effects of training in social perspective taking on socially maladjusted girls. *Child Development, 61,* 178–190.

Clark, M. L., & Ayers, M. (1988). The role of reciprocity and proximity in junior high school friendships. *Journal of Youth and Adolescence, 17,* 403–411.

Coie, J. D., & Krehbiel, G. (1984). Effects of academic tutoring on the social status of low-achieving, socially rejected children. *Child Development, 55,* 1465–1478.

Cole, M., & D'Andrade, R. (1982). The influence of schooling on concept formation: Some preliminary conclusions. *Quarterly Newsletter of the Laboratory of Comparative Cognition, 4,* 19–26.

Coleman, J. S. (1987). Families and schools. *Educational Researcher, 16,* 32–38.

Comer, J. P. (1985). Empowering black children's educational environments. In H. P. McAdoo & J. L. McAdoo (eds.), *Black children: Social, educational, and parental environments* (pp. 123–138). Newbury Park, Calif.: Sage.

Crockett, L., Losoff, M., & Petersen, A. (1984). Perceptions of the peer group and friendship in early adolescence. *Journal of Early Adolescence, 4,* 155–181.

Crooks, T. J. (1988). The impact of classroom evaluation practices on students. *Review of Educational Research, 58,* 438–481.

Cross, D. R., & Paris, S. G. (1988). Developmental and instructional analyses of children's metacognition and reading comprehension. *Journal of Educational Psychology, 80,* 131–142.

Dickstein, E. B. (1979). Biological and cognitive bases of moral functioning. *Human Development, 22,* 37–59.

Dodge, K. A., Murphy, R. R., & Buchsbaum, K. (1984). The assessment of intention-cue detection skills in children: Implications for developmental psychopathology. *Child Development, 55,* 163–173.

Dodge, K. A., Petit, G. S., McClaskey, C. L., & Brown, M. M. (1986). *Social competence in children.* Monographs of the Society for Research in Child Development, 51 (2, serial no. 213).

Downey, G., & Walker, E. (1989). Social cognition and adjustment in children at risk for psychopathology. *Developmental Psychology, 25,* 835–845.

Elias, M. J., Beier, J. J., & Gara, M. A. (1989). Children's responses to interpersonal obstacles as a predictor of social competence. *Journal of Youth and Adolescence, 18,* 451–465.

Entwisle, D. R., Alexander, K. L., Pallas, A. M., & Cadigan, D. (1987). The emergent academic self-image of first-graders: Its response to social structure. *Child Development, 58,* 1190–1206.

Epstein, J. (1983a). Examining theories of adolescent friendships. In J. Epstein & N. Karweit (eds.), *Friends in school: Patterns of selection and influence in secondary schools.* New York: Academic Press.

Epstein, J. (1983b). Selection of friends in differently organized schools and classrooms. In J. Epstein & N. Karweit (eds.), *Friends in school: Patterns of selection and influence in secondary schools.* New York: Academic Press.

Erikson, E. H. (1963). *Childhood and society,* (2nd ed.). New York: Norton.

Field, D. (1981). Can preschool children really learn to conserve? *Child Development, 52,* 326–334.

Flavell, J. H. (1982). On cognitive development. *Child Development, 53,* 1–10.

French, D. C. (1984). Children's knowledge of the social functions of younger, older and same-age peers. *Child Development, 55,* 1429–1433.

French, D. C. (1988). Heterogeneity of peer-rejected boys: Aggressive and nonaggressive subtypes. *Child Development, 59,* 976–985.

Frey, K. S., & Ruble, D. N. (1987). What children say about classroom performance: Sex and grade differences in perceived compliance. *Child Development, 58,* 1066–1078.

Galbo, J. J. (1983). Adolescents' perceptions of significant adults. *Adolescence, 18,* 417–428.

Gavin, L. A., & Furman, W. (1989). Age differences in adolescents' perceptions of their peer groups. *Developmental Psychology, 25,* 827–834.

Goldenberg, C. N. (1989). Parents' effects on academic grouping for reading: Three case studies. *American Educational Research Journal, 26,* 329–352.

Goodnow, J. J. (1969). Problems in research on culture and thought. In D. Elkind & J. H. Flavell (eds.), *Studies in cognitive development: Essays in honor of Jean Piaget.* New York: Oxford University Press.

Gulko, J., Doyle, A., Serbin, L. A., & White, D. R. (1988). Conservation skills: A replicated study of order of acquisition across tasks. *Journal of Genetic Psychology, 149,* 425–439.

Halford, G. S., & Boyle, F. M. (1985). Do young children understand conservation of number? *Child Development, 56,* 165–176.

Hall, W. S. (1989). Reading comprehension. *American Psychologist, 44,* 157–161.

Haller, E., & Waterman, M. (1985). The criteria of reading group assignments. *Reading Teacher, 38,* 772–782.

Hallinan, M. (1979). Structural effects on children's friendships and cliques. *Social Psychological Quarterly, 42,* 43–54.

Harris, M. J., & Rosenthal, R. (1985). Mediation of interpersonal expectancy effects: 31 meta-analyses. *Psychological Bulletin, 97,* 363–386.

Hart, C. H., Ladd, G. W., & Burleson, B. R. (1990). Children's expectations of the outcomes of social strategies: Relations with sociometric status and maternal disciplinary styles. *Child Development, 61,* 127–137.

Harter, S. (1982). The perceived competence scale for children. *Child Development, 53,* 87–97.

Hartup, W. W. (1989). Social relationships and their developmental significance. *American Psychologist, 44,* 120–126.

Hess, R., & Holloway, S. (1984). Family and school as educational institutions. *Review of Child Development Research,* vol. 7, *The Family* (pp. 179–222). University of Chicago Press.

Holloway, S. D. (1988). Concepts of ability and effort in Japan and the United States. *Review of Educational Research, 58,* 327–345.

Jensen, R. E., & Moore, S. G. (1977). The effect of attribute statements on cooperativeness and competitiveness in school-age boys. *Child Development, 48,* 305–307.

Juhasz, A. M., & Sonnenshein-Schneider, M. (1987). Adolescent sexuality: Values, morality, and decision making. *Adolescence, 22,* 579–590.

Karweit, N. (1983). Extracurricular activities and friendship selection. In J. Epstein & N. Karweit (eds.), *Friends in school: Patterns of selection and influence in secondary schools.* New York: Academic Press.

Karweit, N., & Hansell, S. (1983). Sex differences in adolescent relationships: Friendships and status. In J. Epstein & N. Karweit (eds.), *Friends in school: Patterns of selection and influence in secondary schools.* New York: Academic Press.

Keating, D. P. (1975). Precocious cognitive development at the level of formal operations. *Child Development, 46,* 276–280.

Klausmeier, H. J. (1977). Individual differences in cognitive development during the school years. Paper presented at the annual convention of the American Psychological Association, San Francisco.

Klint, K. A., & Weiss, M. R. (1987). Perceived competence and motives for participating in youth sports: A test of Harter's competence motivation theory. *Journal of Sport Psychology, 9,* 55–65.

Lovell, K. (1961). *The growth of basic mathematical and scientific concepts in children.* New York: Philosophical Library.

Marsiglio, W. (1988). Adolescent male sexuality and heterosexual masculinity: A conceptual model and review. *Journal of Adolescent Research, 3,* 285–303.

May, R. B., & Norton, J. M. (1981). Training-task orders and transfer in conservation. *Child Development, 52,* 904–913.

McAuley, E., Duncan, T. E., & McElroy, M. (1989). Self-efficacy cognitions and causal attributions for children's motor performance: An exploratory investigation. *Journal of Genetic Psychology, 150,* 65–73.

McCabe, A. E., Siegel, L. S., Spence, I., & Wilkinson, A. (1982). Class-inclusion reasoning: Patterns of performance from three to eight years. *Child Development, 53,* 780–785.

Miller, S. A. (1978). Identity conservation and equivalence conservation: A critique of Brainerd and Hooper's analysis. *Psychological Bulletin, 85,* 58–69.

Nelson, J., & Aboud, F. E. (1985). The resolution of social conflict between friends. *Child Development, 56,* 1009–1017.

Nelson, K. (1974). Variations in children's concepts by age and category. *Child Development, 45,* 577–584.

Ogbu, J. U. (1987). Variability in minority school performance: A problem in search of an explanation. *Anthropology and Education Quarterly, 18,* 312–334.

Park, K. A., & Waters, E. (1989). Security of attachment and preschool friendships. *Child Development, 60,* 1076–1081.

Parsons, J. E., Adler, T. F., & Kaczala, C. M. (1982). Socialization of achievement attitudes and beliefs: Parental influences. *Child Development, 53,* 310–321.

Parsons, J. E., Kaczala, C. M., & Meece, J. L. (1982). Socialization of achievement attitudes and beliefs: Classroom influences. *Child Development, 53,* 322–339.

Parsons, J. E., & Ruble, D. N. (1977). The development of achievement-related expectancies. *Child Development, 48,* 1075–1079.

Patterson, G. R. (1982). *Coercive family processes.* Eugene, Oreg.: Castalia.

Pellegrini, D. S. (1985). Social cognition and competence in middle childhood. *Child Development, 56,* 253–264.

Pepitone, E. A., Loeb, H. W., & Murdock, E. M. (1977). Social comparison and similarity of children's performance in competitive situations. Paper presented at the annual convention of the American Psychological Association, San Francisco.

Pettit, G. S., Dodge, K. A., & Brown, M. M. (1988). Early family experience, social problem-solving patterns, and children's social competence. *Child Development, 59,* 107–120.

Phillips, D. A. (1984). The illusion of incompetence among academically competent children. *Child Development, 55,* 2000–2016.

Phillips, D. A. (1987). Socialization of perceived academic competence among highly competent children. *Child Development, 58,* 1308–1320.

Piaget, J. (1932/1948). *The moral judgment of the child.* Glencoe, Ill.: Free Press.

Piaget, J. (1983). Piaget's theory. In W. Kessen (ed.), *Handbook of child psychology,* vol. 1, *History, theory, and methods* (4th ed.). New York: Wiley.

Piaget, J., & Inhelder, B. (1969). *The psychology of the child.* New York: Basic Books.

Prawat, R. S., Byers, J. L., & Anderson, A. H. (1983). An attributional analysis of teachers' affective reactions to student success and failure. *American Educational Research Journal, 20,* 137–152.

Putallaz, M. (1987). Maternal behavior and children's sociometric status. *Child Development, 58,* 324–340.

Renshaw, P. D., & Asher, S. R. (1982). Social competence

and peer status: The distinction between goals and strategies. In K. H. Rubin & H. S. Ross (eds.), *Peer relationships and social skills in childhood*. New York: Springer-Verlag.

Rutter, M. (1983). School effects on pupil progress: Research findings and policy implications. *Child Development, 54,* 1–29.

Sancilio, M. F. M., Plumert, J. M., & Hartup, W. W. (1989). Friendship and aggressiveness as determinants of conflict outcomes in middle childhood. *Developmental Psychology, 25,* 812–819.

Share, D. L., McGee, R., & Silva, P. A. (1989). IQ and reading progress: A test of the capacity notion of IQ. *Journal of the American Academy of Child and Adolescent Psychiatry, 28,* 97–100.

Shears, L. M., & Bower, E. M. (1974). *Games in education and development*. Springfield, Ill.: Charles C Thomas.

Silverstein, A. B., Pearson, L. B., Aguinaldo, N. E., Friedman, S. L., Tokayama, D. L., & Weiss, Z. T. (1982). Identity conservation and equivalence conservation: A question of developmental priority. *Child Development, 53,* 819–821.

Skaalvik, E. M., & Hagtvet, K. A. (1990). Academic achievement and self-concept: An analysis of causal predominance in a developmental perspective. *Journal of Personality and Social Psychology, 58,* 292–307.

Slavin, R. E. (1987). Grouping for instruction in the elementary school. *Educational Psychologist, 22,* 109–127.

Smith, T. L. (1986). Self-concepts of youth sport participants and nonparticipants in grades 3 and 6. *Perceptual and Motor Skills, 62,* 863–866.

Spencer, M. B. (1985). Racial variations in achievement prediction: The school as a conduit for macrostructural cultural tension. In H. P. McAdoo & J. L. McAdoo (eds.), *Black Children: Social, Educational, and Parental Environments* (pp. 85–111). Newbury Park, Calif.: Sage.

Spiro, R. J., Bruce, B. C., & Brewer, W. F. (eds.) (1980). *Theoretical issues in reading comprehension*. Hillsdale, N.J.: Erlbaum.

Sroufe, L. A., & Fleeson, J. (1986). Attachment and the construction of relationships. In W. W. Hartup and Z. Rubin (eds.), *Relationships and development* (pp. 51–72). Hillsdale, N.J.: Erlbaum.

Stevenson, D. L., & Baker, D. P. (1987). The family-school relation and the child's school performance. *Child Development, 58,* 1348–1357.

Stigler, J. W., Smith, S., & Mao, L. (1985). The self perception of competence by Chinese children. *Child Development, 56,* 1259–1270.

Sullivan, H. S. (1949). The collected works of Harry Stack Sullivan (vols. 1 and 2). New York: Norton.

Sutherland, A., & Goldschmid, M. L. (1974). Negative teacher expectation and IQ change in children with superior intellectual potential. *Child Development, 45,* 852–856.

Sutton-Smith, B. A. (1971). Syntax for play and games. In R. E. Herron & B. Sutton-Smith (eds.), *Child's Play* (pp. 298–310). New York: Wiley.

Tharp, R. G. (1989). Psychocultural variables and constants: Effects on teaching and learning in schools. *American Psychologist, 44,* 349–359.

Tharp, R. G., & Gallimore, R. (1988). *Rousing minds to life: Teaching, learning, and schooling in social context*. Cambridge: Cambridge University Press.

Uzgiris, I. C. (1964). Situational generality of conservation. *Child Development, 35,* 831–841.

Vygotsky, L. S. (1932/1962). *Thought and language*. Cambridge, Mass.: MIT Press; New York: Wiley.

Waas, G. A (1988). Social attributional biases of peer-rejected and aggressive children. *Child Development, 59,* 969–975.

Weinstein, R. S., Marshall, H. H., Sharp, L., & Botkin, M. (1987). Pygmalion and the student: Age and classroom differences in children's awareness of teacher expectations. *Child Development, 58,* 1079–1093.

Youniss, J. (1980). *Parents and peers in social development: A Sullivan-Piaget perspective*. Chicago: University of Chicago Press.

中英文名詞索引

A

abortion　墮胎　192

accommodation　順應　106

adaptation　適應　106

adaptive self-organization　適應性自我組織　133

adaptive self-regulation　適應性自我調節　133

adenine　腺嘌呤　143

ageney　主體　288

allele　等位基因　145

amniotic sac　羊膜囊　163

amount of time the role demand　角色要求的時間量　127

anal stage　肛門期　100

anomaly　異常　150

anxious-avoidant attachment　焦慮-躲避依戀型　209

anxious-resistant attachment　焦慮-反抗依戀　210

artificial insemination　人工受精　159

assimilation　同化　106

assumption　假定　41

attachment behavioral system　依戀行爲系統　85

autonomous　自律　327

avoidance conditioning　逃避制約　299

B

behavioral slowing　行爲遲緩　678

bilingualism　雙語　282

boundary　疆域　133

C

candelabra model　分支燭架模型　78

central process　核心過程　60

chromosome　染色體　144

circular reaction　循環反應　228

classification　分類　376

clinical study　臨床研究　16

機 53, 241

psychosocial evolution 心理社會進化 42

purine 嘌呤 143

Q

quasi-experimental 準實驗法 20

quickening 胎動 167

R

radius of significant relationship 重要關係的範圍 61

random sampling 隨機取樣 15

range of applicability 適用範圍 41

rationalization 合理化 98

reaction formation 反向作用 97

reaction range 反應範圍 156

reality principle 現實原則 95

reality testing 現實檢驗 95

receptive language 接受語言 271

recessive gene 隱性基因 146

reciprocal 互惠的 126

reciprocity 互補性 375

referral service 參考服務 308

reflex 反射 228

regression 退化 97

releasing stimulus 釋放刺激 84

reliable 可信的 21

reinforcement 增強 116

repeatability 重複性 13

repression 潛抑 97

reversibility 可逆性 375

reward 獎勵 319

role 角色 125

role enactment 角色扮演 126

role expectation 角色期望 87, 126

rough-and-tumble activity 狂野粗暴的活動 249

rule 規則 133

S

sampling 取樣 14

schedule of reinforcement 增強時制 118

scheme 基模 104

secondary process thought 次級過程思維 95

secure attachment 安全依戀型 209

self-control 自我控制 123, 283

terrible twos 可怕的兩歲期 291

testosterone 睪丸甾酮 166

theory 理論 40

thymine 胸腺嘧啶 143

toddler 學步兒童 263

toddlerhood 嬰幼兒期或學步期 262

toxemia 妊娠毒血 174

treatment 處理 19

trimester 三月期 162

trust 信任 241

U

unconditioned response, UR 非制約反應 113

unconditioned stimulus, US 非制約刺激 113

unconscious 潛意識 92, 93

underfunction 機能不足 135

uniformitarianism 均變 76

V

valid 有效的 22

value 價值 123

variability 變異性 76

verbal persuasion 言語勸導 386

vernix caseosa 胎兒皮脂 167

vicarious experience 替代性經驗 386

volunteer sampling 自願者取樣 15

voucher 擔保 308

W

word 字詞 265

本書由　Thomson International Publishing　授權發行國際中文版

兒童發展　　　　　　　　　　　　　　　　　幼教叢書 2

原　　　者／ Philip and Barbara Newman

譯　　　者／ 郭靜晃 吳幸玲

出 版 者／ 揚智文化事業股份有限公司

發 行 人／ 葉忠賢

責任編輯／ 賴筱彌

地　　　址／ 台北市新生南路三段 88 號 5 樓之 6

電　　　話／ (02)2366-0309　2366-0313

傳　　　真／ 886-2-2366-0310

郵政劃撥／ 14534976

登 記 證／ 局版北市業字第 1117 號

印　　　刷／ 偉勵彩色印刷股份有限公司

法律顧問／ 北辰著作權事務所 蕭雄淋律師

初版三刷／ 2001 年 3 月

定　　　價／ 380 元

本書如有缺頁、破損、裝訂錯誤、請寄回更換。

E-mail：tn605541@ms6.tisnet.net.tw

網址：http://www.ycrc.com.tw

ISBN：957-9091-15-3

國立中央圖書館出版品預行編目資料

兒童發展：心理社會理論與實務 ／ Philip and
Barbara Newman原著；郭靜晃，吳幸玲譯.
--初版. --臺北市：揚智文化，1993〔民82〕
面；　公分. --(愛彌兒叢書；2)
譯自：Development through life: a
psychosocial approach
含參考書目及索引
ISBN 957-9091-15-3（平裝）

1.發展心理學　2.兒童心理學

173.6　　　　　　　　　　　　　　82002380